Horst Fassel, Paul S. Ulrich (Hg./Eds.)

Alltag und Festtag deutschen Theater im Ausland vom 17. – 20. Jahrhundert

Festive Days and Everyday Life in German Theatres Abroad Between the 17th and 20th Centuries

THALIA GERMANICA

herausgegeben von

Horst Fassel und Paul S. Ulrich

Band 9

LIT

Horst Fassel, Paul S. Ulrich (Hg./Eds.)

Alltag und Festtag im deutschen Theater im Ausland vom 17. – 20. Jahrhundert

Repertoirepolitik zwischen Wunschvorstellungen der Kritik und des Publikums

Festive Days and Everyday Life in German Theatres Abroad Between the 17th and 20th Centuries

Repertoire Policies Between Critics' Concepts and Audience Demand

LIT

Bibliographic information published by the Deutsche Nationalbibliothek
The Deutsche Nationalbibliothek lists this publication in the Deutsche Nationalbibliografie; detailed bibliographic data are available in the Internet at http://dnb.d-nb.de.

ISBN 978-3-8258-0730-6
ISSN 1433-7592

A catalogue record for this book is available from the British Library

Auslieferung/Verlagskontakt:
Fresnostr. 2 48159 Münster
Tel. +49 (0)251–62 03 20 Fax +49 (0)251–23 19 72
e-Mail: lit@lit-verlag.de http://www.lit-verlag.de

Distributed in the UK by: Global Book Marketing, 99B Wallis Rd, London, E9 5LN
Phone: +44 (0) 20 8533 5800 – Fax: +44 (0) 1600 775 663
http://www.centralbooks.co.uk/acatalog/search.html

Distributed in North America by:

Transaction Publishers
New Brunswick (U.S.A.) and London (U.K.)

Transaction Publishers
Rutgers University
35 Berrue Circle
Piscataway, NJ 08854

Phone: +1 (732) 445 - 2280
Fax: + 1 (732) 445 - 3138
for orders (U. S. only):
toll free (888) 999 - 6778
e-mail:
orders@transactionspub.com

Inhaltsverzeichnis

IV. Deutsche Theater nach 1945

V. Perspektiven der Forschung: neue Projekte

Vorwort

Die 7. Tagung der Thalia Germanica war eine Gemeinschaftsveranstaltung mit dem Institut für donauschwäbische Geschichte und Landeskunde Tübingen und dem deutschen Studiengang der Geschichtefakultät der Babeş-Bolyai-Universität in Klausenburg. Die Tagung eröffnete Rektor Nicolae Bocşan von der gastgebenden Klausenburger Universität. Anschließend präsentierte der Vizepräsident des Wissenschaftsrates der Klausenburger Universität, Professor Dr. Wolfgang Breckner, Schwerpunkte der dreisprachigen Universität Klausenburg. Außer dem Vorsitzenden der Thalia Germanica, der die Gäste und TagungsteilnehmerInnen willkommen hieß, sprachen der Unterstaatssekretär für Minderheitenfragen der rumänischen Regierung, Professor Dr. Zeno Pinter, der Prorektor für die deutschen Studiengänge, Professor Dr. Wiilfried Schreiber und der Dekan der Fakultät für Theaterwissenschaften und Fernsehen, Professor Dr. Liviu Maliţa Grußworte. An den Arbeiten beteiligten sich zahlreiche Studenten der Germanistik und der Theaterwissenschaft, ebenso Dozenten der deutschen Studiengänge der Babeş-Bolyai-Universität. Ein besonderer dank galt dem Tagungspartner und Direktor der Österreich-Bibliothek in Klausenburg, Professor Dr. Rudolf Gräf, der die Infrastruktur vor Ort vorbereitet hatte. Dr. Anselm Heinrich, der sich bei der Vorbereitung des Tagungsprogramms sehr stark engagierte, wurde von den Tagungsteilnehmern ebenfalls gedankt. Erfreulich groß waren der Anteil jüngerer Wissenschaftler aus 10 Ländern und die erstmalige Präsenz von Beiträgen über deutsches Theater in Südamerika.

Im Euforion-Saal des Rumänischen Nationaltheaters Klausenburg gab es eine erfolgreiche Aufführung von Heiner Müllers *Quartett* durch die Theatergesellschaft Bronwyn Tweedle – Brian Hotter aus Wellington (Neuseeland). Über die Prinzipien einer körperbetonten Aufführung referierte die Hauptdarstellerin auch im Rahmen der Tagung.

Die Referattexte sollten bis Ende Dezember 2006 in Berlin und Tübingen vorliegen. Einige wenige trafen nicht ein und werden später in anderen Veröffentlichungen der Thalia Germanica vorgelegt. Besonders bedauert wurde die Abwesenheit des Belgrader Professors Alojz Ujes, der ein Vorhaben der serbischen Theaterwissenschaftler vorstellen wollte, das eine breit angelegte Dokumentation des deutschsprachigen Theaters in der Vojvodina galt. Die letzte Abteilung der Klausenburger Tagung (Forschungsvorhaben) wird bei den nächsten Tagungen der Thalia Germanica weiterhin eine wichtige Rolle spielen, weil an den diskutierten Vorhaben auch Mitglieder der Thalia-Germanica-Gesellschaft in zunehmend größerer Zahl beteiligt sein werden.

Der Tagungsband ist durch das Institut für donauschwäbische Geschichte und Landeskunde bezuschusst worden, was aufgrund der langjährigen Zusammenarbeit mit der Thalia Germanica möglich war. Kurz vor der Tagung lagen die Arbeiten der Tübinger Tagung, *welt macht theater* im Druck vor, und nachdem im Augenblick auch Band 3, der innerhalb der Schriftenreihe einen Stau verursacht hatte, nun vorliegt, ist die Buchreihe der Thalia Germanica auf 10 Bände angewachsen. Da weitere Einzelbände mit jeweils regionalen Schwerpunkten vorliegen und auch die Tagungsbände Lund und Riga in Vorbereitung sind, hat die Gesellschaft eine schwierige Phase in ihrer Existenz abgeschlossen.

Redigiert wurde der Sammelband von Horst Fassel, dem bei Korrekturen Barbara Schimmack mithalf. Die Register und das Layout wurden – wie bei allen Bänden nach Band 2 – von Paul S. Ulrich erstellt. Für die finanzielle Bezuschussung der Tagung ist der Donauschwäbischen Kulturstiftung des Landes Baden-Württemberg und der Klausenburger Universität zu danken.

Die Herausgeber

Horst Fassel

Rückblick und Ausblick. Thalia Germanica 2006

1784 schrieb Herder über den Handelsstaat an der Ostsee, er meinte die Hanse: „Er hat Europa mehr zu einem Gemeinwesen gemacht als alle Kreuzfahrten und römischen Gebräuche; denn über Religions- und Nationalunterschiede ging er hinaus und gründete die Verbindung der Staaten auf gegenseitigen Nutz, auf wetteifernden Fleiß, auf Redlichkeit und Ordnung. Städte haben vollführt, was Regenten, Priester und Edle nicht vollführen konnten und mochten: sie schufen ein gemeinschaftlich wirkendes Europa."[1] Und der gleiche Herder hat in seiner Volksliedsammlung auch folgendes Hochzeitlied aufgenommen:

> Herzchen, Blümchen, goldnes Mädchen,
> Wenn ich deinem Vater diene,
> Wenn ich deiner Mutter diene,
> Dann bist du die Meine;
> Herzchen, Blümchen, süßes Mädchen,
> Noch muss ich mir selber dienen,
> Bin noch nicht der Deine.[2]

Meine Damen und Herren, ich will Sie selbstverständlich nicht zu einer Hochzeit auffordern, habe das Lied aber gewählt, weil es ein estnisches Lied ist und – auch in der deutschen Übersetzung - weit von der Sensibilität des Originals entfernt bleibt, aber dennoch zeigt, wie verantwortungsbewusst, wie gefühlvoll die estnischen Sänger ihre Beziehungen zu anderen Menschen gestalten. Dieses Verständnis für andere, dieses Verantwortungsbewusstsein für eine Gemeinschaft zeichnet auch den Mann aus, auf den ein weiteres von Herder überliefertes estnisches Sprichwort zutrifft: „Sei selbst ein Kerl, aber achte einen anderen Kerl auch für einen Kerl."[3] Selbstachtung, Achtung für andere und dies alles im Zeichen einer europaweiten Verständigung. Das hat unseren lieben und verehrten Ehrenvorsitzenden Evald Kampus, denn von ihm möchte ich zunächst sprechen, dazu veranlasst, gemeinsam mit Professor Laurence Kitching 1993 im estnischen Tartu, keiner Hansestadt, eine wissenschaftliche Gesellschaft zu gründen, die sich Thalia Ger-

---

[1] Johann Gottfried Herder: „Ideen zur Philosophie der Geschichte der Menschheit." In: Ders.: *Werke*. Hrsg. von Theodor Matthias. Bd. 4. Leipzig, Wien: Bibliographisches Institut s.a., S. 534.

[2] Johann Gottfried Herder: *Werke*. Hrsg. von Theodor Matthias. Bd. 2. Leipzig, Wien: Bibliographisches Institut s.a., S. 372.

[3] Ebda., S. 365.

manica nannte und sich zum Ziel setzte, die historischen Leistungen deutscher Theaterensemble zu würdigen und dies im Rahmen einer Tätigkeit zu tun, die Wissenschaftler und Theaterliebhaber und Theaterfachleute weltweit zusammenzuführen.

Die Idee ging von einer Vision aus, aber das erstaunlich ist, dass sie – einmal in die Tat umgesetzt – sich behaupten konnte. Die Bescheidenheit und die freundlich-unverdrossene Selbstgewissheit von Evald Kampus haben entscheidend dazu beigetragen, diese zweite Hürde von Estland und Kanada aus zu überwinden. Die erste hatte Kampus selbst in seiner Heimatstadt, unter ungleich bedrohlicheren Bedingungen gemeistert. Es handelt sich um die Behauptung estnischer und nichtrussischer Werte in der sowjetischen Zeit. Damals übersetzte Kampus, der von 1957 bis 2000 Dramaturg des namhaften Vanemuine-Theaters in Tartu war, 40 bis 50 Opern, Musicals, Schauspiele aus dem internationalen Theaterrepertoire und tat so etwas gegen die Monotonie der staatlich verordneten Ideologieangebote.

Evald Kampus, Sohn eines Försters, mit der heiteren und weitflächigen Landschaft seiner Heimat vertraut, hat den Lehrerberuf gewählt, hat zunächst das Lehrerseminar, danach die philologische Fakultät in Tartu absolviert, mit einer Arbeit über finnisch-estnische Literatur- und Kulturbeziehungen, die noch heute zitiert wird, und er hat an der Universität Tartu im freien Estland in den neunziger Jahren Vorlesungen über estnisch-finnische Kulturbeziehungen gehalten, nachdem er zuvor im Studio des Vanemuine-Theaters Vortragsreihen über Theatergeschichte präsentiert hatte.

Der Dramaturg hat zu zahlreichen sowjetischen, ebenso zu Theatern der DDR (Potsdam), der Tschechoslowakei (Olomouc), Ungarns (das Budapester Thalia-Theater) Beziehungen angeknüpft, er war als Wissenschaftler im In- und Ausland auf Tagungen unterwegs, er hat viel publiziert und arbeitet im Augenblick an einer Geschichte des estnischen Berufstheaters ab 1906. Dass er sich sehr intensiv um deutsch-estnische Kulturbeziehungen bemüht hat, ebenso um finnisch-estnische, muss ebenso erwähnt werden wie die Tatsache, dass die Republik Estland ihn für seine Verdienste ehrte, der Zentralverband der finnischen Theaterorganisationen ebenfalls.

1994 hat Evald Kampus den traditionseichen estnischen Kulturverein Vanemuine zu neuem Leben erweckt. Der Verein war in sowjetischer Zeit verboten gewesen. Ein Jahr zuvor hatte Kampus – wie erwähnt – auch die Thalia Germanica aus der Taufe gehoben. Dass gerade er einer der Initiatoren war, ist nach dem Gesagten verständlich. Er hat sich immer bewusst in den Dienst der estnischen Kulturtraditionen gestellt, ohne dabei die Belange „eines gemeinschaftlich wirkenden Europa“ – siehe Herder – zu vergessen. Ich darf sagen, dass wir alle ihm dafür sehr herzlich danken, dass wir seine leistungsbewusste Bescheidenheit außerordentlich bewundern und schätzen.

Sie werden aber fragen: Weshalb beginnt eine Bericht über die Thalia Germanica mit dieser kurzen Würdigung? Die Antwort fällt leicht: wir treffen einander meist alle zwei Jahre, in Klausenburg zum siebten Mal nach Gründung der Thalia Germanica. Weil aber im Jahre 2007 ein wichtiges Ereignis bei unserem jugendlich unverwüstlich-tätigen Ehrenvorsitzenden ansteht, sein 80. Geburtstag, möchte ich, möchten wir diese Gelegenheit nutzen, ihm – in Deutschland wäre diese Vorwegnahme ein Sakrileg – gemeinsam alles Gute zu wünschen, weiterhin tätige Gesundheit, viel Freude an seiner Familie, an seinen Freunden, zu denen wir Thalianer und Thalianerinnen zweifellos auch gehören. Herzlichen Dank, verehrter Freund Kampus für alles, was Sie für unsere Gesellschaft, was Sie für Ihr Land und was Sie für die kulturelle Grundlage europäischer Verständigung getan haben!

Einzelne Persönlichkeiten bestimmen oft die Richtung und die Geschicke von Institutionen. Das ist bei der Thalia Germanica nicht anders gewesen. Hier waren es die beiden Gründer, die bis zur Jahrtausendwende die Weichen gestellt haben. Danach hat der eine, es war nicht Evald Kampus, aus sehr privaten Gründen, andere Betätigungsfelder aufgesucht, Kampus aber hielt in dieser für die Thalia Germanica krisenhaften Zeit durch, und damit besteht die Gesellschaft noch heute. Wie, warum, darauf will ich kurz eingehen

Die Unkenrufe, das Theater werde verschwinden und durch andere Medien ersetzt werden – man konnte sie schon vor 1945 hören, verstärkt in der Ära von Rundfunk und Fernsehen – haben sich nicht bestätigt, aber die frühere Dominanz des Theaters innerhalb der Kulturangebote hat abgenommen. Wir befürchten heute nicht mehr, dass das Theater verschwinden, ersetzt werden könnte, aber seine gesellschaftliche Relevanz ist eine andere als in den Jahrhunderten seiner Blüte im späten 18. und im 19. Jahrhundert, als es zu einem nationalen Anliegen, zur Nationaldramatik wurde, gleichzeitig aber die Universalsprache künstlerischer Schau-Stellung und freier Improvisation zum größten Teil aufgab. Im letzten halben Jahrhundert ist die Rückkehr zur Metasprache der Bühne längst wieder erfolgt, die neuen Medien helfen den Darstellern, ebenso den Chronisten und Kritikern dabei, die Leistungsmöglichkeiten darstellerischer Kunst auszuloten und zu erläutern. Die Hinwendung zum kreativen Akt, der in neuartigen Spiel-Räumen erfolgt, lässt das regelmäßige, textgebundene Theater in den Hintergrund rücken. Mit diesem aber hatte sich Theatergeschichte – nicht nur aufgrund ihrer Entstehung aus den Philologien – herausgebildet. Nicht nur, denn aus den vergangenen Zeiten sind die tatsächlichen Ereignisse, die tatsächlich nachvollziehbaren Schau- und Handlungsangebote schwer – wenn überhaupt kohärent – nachzuvollziehen. Einer Kritik, einem Programm, Bühnen- oder Kostümskizzen kann man nicht immer das Leben echter Kreativität, deren Einmaligkeit im Rückblick einhauchen.

Deshalb besteht Theatergeschichte aus Rekonstruktionen, die die Phantasie der Theaterhistoriker anregen, die auf einer Sammlung von Informationen aus den oft sehr fragmentarischen Aufzeichnungen über Aufführungen beruhen und die für ein breiteres Publikum natürlich weniger attraktiv ist wie ein unmittelbar miterlebtes Bühnenereignis. Ich halte dies fest, weil damit die Akzeptanz unserer Tätigkeit in der Öffentlichkeit zusammenhängt, auch die aufgrund langjähriger Erfahrung feststellbare Abstinenz von Geldgebern. Wenn wir – das Wie bleibt das Problem – das öffentliche Interesse an Teilaspekten der historischen Theaterwelten erwecken, damit eine Förderung unserer Tätigkeit erreichen könnten, wäre dies für den Bestand der Gesellschaft wichtig.

Ich fasse zusammen, was bisher geleistet wurde: man traf sich alle zwei Jahre bei einer Tagung, stellte erfreut fest, dass man Gleichgesinnte in über 24 Ländern vorfand, tauschte seine Erfahrungen aus, vermittelte aber meist vor allem Bestandaufnahmen, das heißt erste Informationen, seltener qualitative Analysen von Entwicklungen und gesamtgesellschaftlich und kulturell relevanten Zusammenhängen. Ein größeres Publikum nahm an den Veranstaltungen nicht teil, nicht einmal – was günstig gewesen wäre – eine größere Gruppe junger Studierender. Dass sich in den letzten Jahren zunehmend junge Wissenschaftler meldeten, ist einerseits sehr erfreulich, hat aber im Augenblick, wo die Berufschancen der meisten sehr problematisch sind, auch einen ephemeren Charakter: in dem Augenblick, wo sich einem jungen Wissenschaftler die Möglichkeit bietet, beruflich tätig zu werden – oft in einem Bereich, der mit Theatergeschichte kaum etwas zu tun hat -, kann er seine aufopferungsvolle Tätigkeit bzw. Teilnahme an den Arbeiten der Thalia Germanica nicht mehr oder nur sehr eingeschränkt wahrnehmen.

Wir haben – was wohl die faszinierendste Seite der Thalia Germanica ist – Mitglieder, Tagungsteilnehmer, die aus den unterschiedlichsten Ländern und Kontinenten kommen. Sie vereint das Interesse an deutschem Theater weltweit. Dass sie oft keine Deutschen sind, ist das Erfreuliche, denn Nationalismus ist von ihnen nicht zu erwarten. Dafür sind sie erfolgreiche Kulturvermittler, denn sie stellen Verbindungen zwischen den Trägern und Vermittlern eines deutschen Theaters und den Völkern und Ländern her, in denen dieses Theater tätig war. Dass es oft die nationale Theaterentwicklung – in Estland, in Ungarn, in Rumänien, in Serbien, in Russland – angeregt hat, ist nicht unwichtig, aber bedeutsamer erscheint es, dass sich zwischen den verschiedenen Theaterbewegungen Interferenzen, ein Neben- und ein Miteinander ergaben. Dies ist bis heute zu wenig dargestellt worden und ist eine der Hoffnungen der Thalia Germanica: es ist eine ihrer Aufgaben, diesen Dialog der Kultur, nicht nur in Europa zu fördern.

Es gab nicht nur die Tagungen in Tallinn (1993 und 1995), Blankenburg, Tübingen, Lund, Riga und jetzt Klausenburg, die oft mit Partnern organisiert wurden – eine solche Partnerschaft hat sich bewährt, weil sie sowohl das Potential der Angebote als auch die Finanzierung verbesserten (ich erwähne, keineswegs als Schleichwerbung, die Verbindung der Thalia Germanica zum Tübinger Institut für donauschwäbische Geschichte und Landeskunde und zum Theaterinstitut in Lodz). Es gab auch die Schriftenreihe der Gesellschaft, die nach außen für deren Tätigkeit hätte werben sollen. Von 1999 bis 2004 gab es nach den ersten beiden Nummern einen Publikationsstau. Ihn zu beseitigen sind die drei gewählten Gremiumsmitglieder nach der Tagung in Lodz (2004) angetreten: ich darf Ihnen mitteilen, dass mit Ausnahme der Nummer 3 (sie war die Stauursache und ist heute noch nicht ganz fertig gestellt) inzwischen die Nummern 4-8 der Schriftenreihe publiziert wurden. Ein weiterer Band über das deutsche Theater in Torun (Thorn) liegt bereits vor, und der Sammelband mit den Arbeiten dieser Tagung soll, wenn wir alle unsere Termine einhalten, bis Sommer 2007 vorliegen. Damit gibt es etwas Vorzeigbares, und es kann endlich mit weiterer Werbung begonnen werden.

Es gilt, weitere Mitglieder zu gewinnen, denn bisher sind oft die Tagungsteilnehmer automatisch als Mitglieder kooptiert worden, auch wenn sie danach nicht mehr bei den nächsten Veranstaltungen der Thalia Germanica in Erscheinung traten. Es ist zu fragen, ob man nicht in den Ländern, in denen es im Bereich der Theatergeschichte mehr Interesse und zahlreichere Mitwirkende gibt, nicht als eigenständige Filialen fungieren könnten, die dann auch wissen, was sie ihren Mitgliedern an Beiträgen und Tätigkeiten zumuten können. Ich denke dabei sicherlich an Deutschland, Österreich, Polen, eventuell an Ungarn und Rumänien.

Vielleicht sollte man auch überlegen, ob kleinere Tagungen – wie bisher auch – sinnvoll und machbar sind. Ich erwähne dabei Tagungen in Lodz (2006), in Klausenburg (2000), Temeswar (2003), wobei die letzterwähnten auch eine Koppelung zwischen Theateraufführungen und wissenschaftlicher Tagung, damit die Möglichkeit für einen Kontakt zwischen Künstlern und Historikern/Kritikern boten. Diesmal haben wir auch eine Theateraufführung, noch dazu aus Neuseeland, aber sie ist uns sozusagen in den Schoß gefallen, war nicht Teil einer Planung und ist das ausschließliche Verdienst von Bronwyn Tweedle, die zum ersten – hoffentlich nicht zum letzten – Mal an unserer Tagung teilnimmt. Vielleicht kann der Bezug zur Theaterpraxis auch das Interesse an unserer wissenschaftlichen Tätigkeit steigern.

In Lodz hatten wir angesprochen, eine Dokumentation zu erstellen, die festhält, was wir über Standorte und Leistungsträger des deutschen Theaters in Europa und Übersee wissen und die – wenn sie einmal vorliegt – später ergänzt und vervollständigt werden kann. Sie wäre eine wichtige Aufgabe der Thalia Germanica, die deren Leistungsvermögen veranschaulichen könnte. Wir haben darüber zu sprechen.

Man sollte auch über den Standort der Gesellschaft sprechen. Zu Beginn wurden Tallinn und Vancouver angegeben, aber die in Lodz angedachte Organisation mit Standbeinen in Berlin, Tübingen, Cambridge (heute: Glasgow), Lodz hat sich keineswegs als ideal erwiesen. Es kommt auf die Einzelnen an, zweifellos, aber diese allein können die Kontinuität nicht sichern. Mir ist es nicht gelungen, den Sitz der Gesellschaft nach Tübingen zu verlegen, und jetzt – nachdem die Buchreihe vorliegt und möglichen Förderern vorgelegt werden kann – kann man den Versuch unternehmen, den Sitz in Deutschland zu etablieren. Tübingen steht dabei auch deshalb nicht zur Diskussion, weil es dort ungewiss ist, dass man nach meinem Rentenantritt im Herbst 2007 das von mir vertretene Fachgebiet Kulturbeziehungen/ Literaturwissenschaft beibehält.

Wichtig ist, eine je zentralere Lage. Zu fragen ist, ob man die Tagungen nicht öfters am gleichen Ort abhalten sollte, wo dann in den Medien Hinweise auf die Bedeutung der Tagung und der behandelten Themen erscheinen müssten. Ich denke daran, dass mittelfristig – von den institutionellen Voraussetzungen und von den Leistungsträgern her – sich folgende Möglichkeiten ergeben, die man bedenken sollte: Lodz oder eine andere Stadt in Polen. Die dortigen Theaterwissenschaftler, verstärkt durch junge Germanisten, haben schon Beträchtliches geleistet und verleihen der Theaterwissenschaft in Polen einen Impetus, der hilfreich sein kann. Klausenburg: hier gibt es in unserer heutigen Gastuniversität 11 deutsche Studiengänge, eine Fakultät für Theaterwissenschaften, zwei Opernhäuser und zwei Theater (in rumänischer bzw. in ungarischer Sprache). Allerdings müsste sich vor Ort ein kleines Team bilden, das diese Aktivitäten unterstützt und durchführt. Ähnliches gilt für Temeswar: dort gibt es drei verschiedensprachige Theater, darunter das Deutsche Staatstheater, es gibt ebenfalls eine Fakultät für Theaterwissenschaften und für bildende Kunst und es gibt einen recht gut funktionierenden Germanistiklehrstuhl. In beiden Städten kann man auf die Unterstützung des Rektorats zählen, die in Lodz ebenfalls deutlich wurde. Budapest und Wien sind zwei weitere Standorte, an die man denken kann. Dass sich dort viele Quellen für unsere Forschung im Bereich Ostmittel- und Südosteuropa befinden, reicht nicht aus, denn mit dem Theaterinstituten in beiden Hauptstädten haben wir institutionell wenig bewirken können.

Ich spreche noch einmal die Beweggründe an, die jemanden zur Thalia Germanica führen: Berufsanfänger, Theaterbegeisterte, verbinden damit individuell auch Berufserwartungen. Sind diese nach dem Bestehen von Examina erfüllt, bewegen sie sich oft – gezwungen durch die Umstände – in andere Richtungen. Wie man die Zusammengehörigkeit, die gemeinsamen Projekte stabilisieren und vorantreiben sollte, auch darüber muss man sprechen. Schließlich gehören dazu auch die Partner und Förderer, an die man sich wenden kann. Die Frage, die mir vor der Tagung oft gestellt wurde, lautete: Wieviel finanzielle Hilfe erteilt die Thalia Germanica? Darauf konnte ich erst hier in Klausenburg antworten, aber generell ist es so, dass man auch selbst etwas für die Teilnahme tun darf, nicht nur, dass man – was selbstverständlich ist – einen Beitrag in Form eines Vortrags leistet. Vom Standpunkt der Gesellschaft Thalia Germanica könnte man auch zurückfragen: Was haben Sie (damit ist jeder Einzelne gemeint) für die Thalia Germanica geleistet.

Mit dieser Frage, deren Beantwortung in dem Einzelfall einfach ist, kehre ich zum Mitbegründer der Thalia Germanica zurück, zu Evald Kampus, was rückblickend auch deshalb noch sinnvoll ist, weil die Thalia Germanica – wie 1993 – in mancher Hinsicht vor Anfängen steht, die sie zu bewältigen hat. Mit unserer – Ihrer – gemeinsamen Kraft ist dies, wie ich glaube, auf jeden Fall möglich, und die Herdersche Idee eines „gemeinschaftlich wirkenden Europa“ – müssten wir ergänzen zu einem Zusammenwirken in verschiedenen Kontinenten, eine gemeinschaftlich wirkende Gruppe von Wissenschaftlern und Theaterliebhabern, denen Kultur als Medium einer Kulturenvielfalt wichtig ist. In unserem Fall geht sie von deutscher Bühnenkunst aus, aber sie betrachtet diese immer in transnationalen Bezügen, und diese tätige Gemeinschaft ist weiterhin möglich, wenn wir das Unsere dazu beitragen.

János-Szatmári Szabolcs

Zwischen Zentrum und Peripherie: die Vermittlerrolle des siebenbürgisch-deutschen Theaters
Deutsche Wandertruppen in Siebenbürgen in der zweiten Hälfte des 18. Jahrhunderts

Das 18. Jahrhundert ist das Zeitalter der Herausbildung der Nationaltheater, der Umwandlung der Hoftheater in eine öffentliche Theaterform, bzw. des Wandertheaters in ein ständiges, professionelles Theater. Nachdem der erste Versuch zur Gründung eines Nationaltheaters in Hamburg im Jahre 1769 scheitert, vollzieht sich 1776 ein theaterhistorisches Ereignis von beispielhafter Bedeutung für den ganzen deutschen Raum: Kaiser Joseph II. erhob das 1741 eingerichtete Theater nächst der Burg zum „k. k. Hof- und Nationaltheater" und statt italienischer Oper und Ballett das deutsche Schau- und Singspiel förderte. 1789 bestimmte der Kaiser Johann Franz Hieronymus Brockmann – der seine Theaterlaufbahn in der Truppe von Gertrud Bodenburg, der „siebenbürgischen Neuberin" begann – zum ersten Direktor des Burgtheaters, der Schauspieler aus allen Gebieten des deutschen Sprachraums engagierte.[1]

Nach der Mitte des Jahrhunderts wurde auch Siebenbürgen in die Routen verschiedener Wandertruppen einbezogen, die in den größeren Städten der k. k. Monarchie längere oder kürzere Gastspiele absolvierten. Deutsches Theater wurde dort gespielt, wo es eine deutschsprachige Bevölkerung gab, und die kulturtragenden Schichten die deutsche Sprache beherrschten (z.B. Arad, Großwardein, Hermannstadt, Klausenburg, Kronstadt). Hermannstadt, bis 1791 Hauptstadt des Großfürstentums, übte auf deutschsprachige Schauspielgesellschaften eine beträchtliche Anziehungskraft aus, nachdem aber das Gubernium – und damit ein wesentlicher Teil des Mäzenatentums und des ständigen Publikums – nach Klausenburg umzog, verlor es seinen Zentrums-Charakter.

---

[1] Peter Kriegsch, Souffleur bei Seipp, schriebt über die Anfänge seiner Laufbahn in seinen *Nachrichten von dem Zustande der Schaubühne zu Hermannstadt im Großfürstentum Siebenbürgen bis zum Jahr 1789*: „Bemerkt zu werden verdients, daß unter ihrer Leitung ein Mann seine theatralische Laufbahn eröffnete; der noch bist itzt in den Analen des Theaters einen rühmlichen Platz behauptet, nämlich Herr Brockmann, gegenwärtig Mitglied des Nationalschauspiels in Wien. Bei dieser Bodenburgin durchlebte er die Probejahre seines neuen Standes, und trat noch in nährere Verbindung mit ihr, indem er ihr Schwiegersohn wurde." In. *Nachrichten von dem Zustande der Schaubühne zu Hermannstadt im Großfürstentum Siebenbürgen bis zum Jahr 1789*. Hermannstadt, 1789, S. 7. (fortab: *Nachrichten*, 1789.)

In Hermannstadt, gelegentlich in Kronstadt und anderen Ortschaften Siebenbürgens, sorgten vor allem folgende Prinzipale und deren Schauspieltruppen dafür, dass das Schauspiel sich auch hier entwickelt: Gertrud Bodenburg, Josef Hasenhut, Josef Hülverding, Franz Düwald, Christoph Ludwig Seipp, Johann Christian Kunz, Franz Xaver Rünner.

Die erste bekannte Truppe, die in Hermannstadt gespielt hat (1761), war die Truppe von Gertraut Bodenburg. Die „siebenbürgische Neuberin“ hat in den Jahren 1761-1766 in Hermannstadt und Temesvar nicht improvisierte, sondern regelmäßige Stücke gegeben, und damit hat sie – ähnlich wie Caroline Neuber (1696-1760) in Deutschland – dafür gesorgt, dass dem Text eine besondere Bedeutung beigemessen wird, dass nur „regelgerechte Dramen“ inszeniert werden. Ihre Verdienste vergleicht Peter Kriegsch mit denen von Sonnenfels:

> Sie war es, die zu erst in Ungarn und Siebenbürgen regelmäßig eingelernte Stücke zu einer Zeit gab, wo die Sonnenfelse selbst, eben dieser Bemühung wegen regelmäßige Stücke einzuführen von Männern und Knaben Verunglimpfungen jeder Art erdulden mußten; diese Bodenburgin gab gelernte Stücke wie auch kleine Ballets.[2]

Nach dem kurzen und misslungenen Aufenthalt von Josef Hasenhut in Hermannstadt hat in den Jahren 1778 und 1779 in Hermannstadt die Truppe Josef Hülverdings gespielt. [3] Hülverding, dessen Repertoire aus den Erfolgsstücken der Wiener Bühnen seiner Zeit bestand, versuchte es, die sehr unterschiedlichen Publikumserwartungen zu erfüllen, wenigstens zeugen einige Texte des von ihm herausgegebenen *Theatral Wochenblatt*es davon: „Die Bühne war und ist dem Geschmack des Publikums untertan und wenn das Repertoire diesem nicht entspricht, dass ist mit dem Untergang des Theaters egal.”[4] Das Theater hängt in jedem Augenblick von Zeit und Zeitgenossen ab, davon, was der Autor schreiben, der Schauspieler spielen, das Publikum sehen und hören will. Die Existenz der gesamten Truppe hing vom Publikumserfolg ab. Ein ständiges Problem für die Gastgesellschaften war, dass das Interesse des Publikums sank, nachdem sie das Repertoire abgespielt hatten und die ersten Wiederholungen dargeboten wurden: „Was heute ge-

---

[2] *Nachrichten*, 1789, S. 6.

[3] „Während dieser Hilferdingischen Enterpriese schien sich für die deutsche Schaubühne ein günstiger Zeitpunkt zu nähern. Man besuchte nicht allein fleißig die von dieser Gesellschaft gegebenen Vorstellungen, sondern beeiferte sich auch durch eine vernünftige Kritik das Talent des geschickten Schauspielers zu ermuntern uns die Pfuscher der Kunst durch genaue Zergliederung und Darstellung ihrer Schwäche entweder zu bessern oder vor dem fernern Fortschritt auf dieser schlüpferichten Bahn abzuhalten.“ *Nachrichten*, 1789, S. 8.

[4] *Theatral Wochenblatt für das Jahr 1778*. Hermannstadt, gedruckt bey Samuel Schardi und Martin Hochmeister 1779, S. 149. (fortab: *Theatral Wochenblatt*, 1779.)

fällt, verlangt man morgen nicht mehr zu sehen. […] Was man einmal gesehen hat, wird es zum zweiten mal zum Eckel."[5]

Nach dem kurzen Aufenthalt der Truppe von Franz Düwald (1787), trat in Hermannstadt 1788 die Truppe von Christoph Ludwig Seipp auf. Direktor Seipp setzte sich die Aufgabe, die deutsche Schauspielkunst und damit deutsche und europäische Kultur in den Osten zu tragen. Seipp, der auch Stückeschreiber, Schauspieler, Regisseur und Organisator war, versuchte das Publikum zu erziehen, was auch sein Repertoire zeigt: nach dem Muster des Wiener Hofburgtheaters wurden Stücke französischer, englischer und deutscher Dramatiker vorgeführt. Sein Repertoire enthielt unter anderen *Minna von Barnhelm* und *Emilia Galotti* von Lessing, *Clavigo* von Goethe, *Die Räuber* und *Kabale und Liebe* von Schiller.

Dramentheoretische Modelle des 18. Jahrhunderts

Die dramatische Kunst erlebte im 18. Jahrhundert eine noch nie gesehene Aufwertung und — damit eng verbunden — eine radikale Erneuerung. Im Selbstverständnis der Aufklärer wurde dem Drama eine zentrale Rolle zugeschrieben: Ihm wurde stärker als den anderen literarischen Gattungen eine erzieherische, gesellschaftsverändernde Kraft zugebilligt. Als „weltliche Kanzel" (Gottsched), als „Schule der moralischen Welt" (Lessing), als „moralische Anstalt" (Schiller) von den Aufklärern betrachtet, wurde das Theater in wenigen Jahren zum wichtigsten Erziehungs- und Bildungsinstitut des Zeitalters. Im Wesentlichen ist dieser Erneuerungsprozess an zwei Namen anzuknüpfen, nämlich an Gottsched und Lessing.

Johann Christoph Gottsched hat in seiner Poetik *Versuch einer Critischen Dichtkunst vor die Deutschen* Regeln für die Produktion von Dramen bereitgestellt, deren Hauptaufgabe er in der sittlich-moralischen Erziehung der Deutschen sah.[6] Deshalb forderte vom Dichter, zunächst die intendierte Aussage festzulegen:

> Wie eine gute tragische Fabel gemacht werden müsse, ist schon [...] einigermaßen gewiesen worden. Der Poet wählet sich einen moralischen Lehr-Satz, den er seinen Zuschauern auf eine sinnliche Art einprägen will. Dazu ersinnt er sich eine allgemeine Fabel, daraus die Wahrheit seines Satzes erhellet. Hiernächst sucht er in der Historie solche berühmte Leute, denen etwas Ähnliches begegnet ist: und von diesen entlehnet er die Namen vor die Personen seiner Fabel, um derselben also ein Ansehen zu geben. Er erdenket sodann alle Umstände dazu, um die Haupt-Fabel recht wahrscheinlich zu machen, und das werden die Zwischen-Fabeln oder Episodia

[5] *Theatral Wochenblatt*, 1779, S. 116.

[6] Vgl. Johann Christoph Gottsched: „Versuch einer Critischen Dichtkunst vor die Deutschen." In: Ders: *Schriften zur Literatur*. Hrsg. von Horst Steinmetz. Stuttgart, 1972.

> genannt. Dieses teilt er denn in fünf Stücke [= Akte, Anm.] ein […]. Bekümmert sich aber weiter nicht, ob alles in der Historie so vorgegangen oder ob alle Neben-Personen wirklich so und nicht anders geheißen.[7]

Die Handlung des Dramas muss deshalb nach dem Vorbild der Wirklichkeit, der Natur dargestellt werden. Der Dichter muss das Gegebene nachahmen und darf mit seiner Darstellung das Wahrscheinliche nicht überschreiten. Götter, die in das Geschehen im Drama eingreifen, sind völlig unglaubwürdig und sollen von der Bühne verbannt werden. Die Konzentration auf Tragödie und Komödie war eng mit Gottscheds Theaterreform verbunden, die sowohl die Erschaffung einer dramatischen Nationalliteratur als auch eine aufklärerische Neuschaffung der deutschen Bühne bezweckte. Er hatte die Bedeutung des Theaters als Institution der bürgerlichen Öffentlichkeit erkannt und versuchte, die Bühne zu einem Ort der bürgerlichen Aufklärung umzugestalten. Die Aufgabe des Theaters sah er besonders in der Erziehung des bürgerlichen Publikums, aber auch als die eines Fürstenspiegels für den absolutistischen Herrscher. Das Publikum sollte „gebessert" werden und das Theater als „moralische Anstalt" wirken, wie es Schiller noch 1785 forderte. Aus diesem Grunde wandte sich Gottsched gegen die Hofoper und gegen die verschiedenen extemporierten Stücke der Wanderbühne. Er berichtet in der Vorrede zu seinem Musterdrama *Der sterbende Cato* über Erfahrungen mit dem „sächsischen Hofkomödianten" in Leipzig, die hohe Tragödien mit improvisierten komischen Szenen vermengten:

> Allein, ich ward auch die Großer Verwirrung bald gewahr, darin diese Schaubühne steckte. Lauter schwülstige und mit Harlekins Lustbarkeiten untermengte Haupt- und Staatsaktionen, lauter unnatürliche Romanstreiche und Liebesverwirrungen, lauter pöbelhafte Fratzen und Zoten waren dasjenige, so man daselbst zu sehen bekam.[8]

Die Hauptregeln der *Critischen Dichtkunst* sind Aristoteles, Horaz, Scaliger und den französischen Klassizisten entnommen. Sein gesamtes Literaturprogramm wurde von der Wolffschen Philosophie und der Aristoteles-Interpretation des französischen Klassizismus bestimmt. In Gottscheds Sicht besteht Aristoteles' Leistung vor allem darin, dass er verbindliche Normen entwickelte, die nicht nur Urteilsmaßstäbe bereitstellen, sondern auch die dichterische Praxis unmittelbar beeinflussen. Aristoteles ist für Gottsched Regelpoetiker, der handfeste Empfehlungen für nachfolgende Autorengenerationen abgegeben hat und als dichtungstheoretische Autorität noch im 18. Jahrhundert unangefochten bleibt.

---

[7] Vgl. Gottsched [wie Anm. 6], S. 57.
[8] Johann Christoph Gottsched: *Sterbender Cato*. Stuttgart, Leipzig: Reclam 2002, S. 7.

In der *Poetik* des Aristoteles werden sowohl die Lyrik, die Epik als auch die Dramatik als Nachahmungen charakterisiert. Tragödiendichtung ist Nachahmung von Lebenswirklichkeit und handelnden Menschen, diese Menschen sind entweder gut oder schlecht. Die Scheidung von guten und schlechten Menschen konstituiert auch die poetologische Unterscheidung von Tragödie und Komödie: "Die Komödie sucht schlechtere, die Tragödie bessere Menschen nachzuahmen, als sie in der Wirklichkeit vorkommen."[9] Hier finden wir die Keimzelle der bis ins 18. Jahrhundert vorherrschenden Ständeklausel, die die Tragödie für das adlige Personal reservierte, die Bürger und Bauern hingegen auf die Komödie verwies.

Welches Ziel verfolgt Aristoteles mit der Festschreibung dieser Grundsätze? Es geht ihm darum, eine größtmögliche Nachvollziehbarkeit der Handlung durch das Publikum zu erzeugen. Denn der Zweck der Tragödie ist es, Jammern (*eleos*) und Schaudern (*phobos*) hervorzurufen, um eine Reinigung (*katharsis*) des Zuschauers herbeizuführen. Anders aber als Aristoteles, betrachtet Gottsched die *eleos* (Mitleid) und *phobos* (Schrecken) als voneinander unabhängige Kategorien, und ordnet sie zwei unterschiedlichen Tragödientypen, den historisch-politischen Trauerspielen, bzw. den Märtyrerdramen zu:

> Das Trauerspiel sonderlich soll [...] dazu dienen, dass es die Leidenschaften der Menschen reinige.[...] Deswegen müssen eben Schrecken und Mitleiden in der Tragödie herrschen; das erste zwar bey den Unglücksfällen der Großen, die sehr weit über das gemeine Schicksal der Menschen erhaben zu seyn scheinen; das letzte aber bey dem Leiden der Unschuldigen und dem Elende der unterdrückten Tugend.[10]

Unter dem Einfluss der klassizistischen Dramatik und Dramentheorie in Frankreich versuchte Gottsched eine „regelmäßige und wohleingerichtete Tragödie", die die „Regeln und Beispiele der Alten" und der Franzosen beachtet, in Deutschland einzubürgern. Er forderte die Einheit der Handlung, der Zeit und des Ortes, diese Vorschrift wird von Gottsched mit der Einhaltung des Wahrscheinlichkeitsprinzips – in Gottscheds Auffassung das oberste Prinzip der Dichtung – begründet. Aus dem Reformer wurde bald der Dogmatiker, sein Beharren auf dem Fabelprinzip, sein Festhalten an der Ständeklausel, sein beschränktes Verständnis für lyrische Möglichkeiten haben die *Critische Dichtkunst* rasch zur Zielscheibe heftiger Kritik werden lassen. Die Kritik an Gottscheds Poetik eröffneten die Schweizer Bodmer und Breitinger. Johann Jacob Bodmer, der 1732 Miltons *Paradise Lost* ins Deutsche übersetzt hatte, sah sich in seiner *Kritischen Abhandlung von dem*

---

[9] Vgl. Gottsched [wie Anm. 8], S. 9.
[10] Gottsched [wie Anm. 6], 1972, S. 278.

Wunderbaren in der Poesie (1740) zu einer Verteidigung Miltons genötigt, dessen Hauptwerk den Forderungen Gottscheds kaum entsprach. Im „Zürcher Literaturstreit" wandte sich Bodmer insbesondere gegen Gottscheds fast dogmatischen Rationalismus, welcher der dichterischen Imagination keinen Spielraum ließ. Gegen französische Vorbilder favorisierte er den englischen Sensualismus von Milton; gegen die Verehrung der Antike hielt er das Mittelalter hoch, womit er die Romantik beeinflusste. Die das Schöpferische, das Wunderbare erfassende Phantasie war für ihn die elementare Grundkraft der Poesie.

Um die Mitte des 18. Jahrhunderts erlebte das Drama unter dem starken Einfluss der Empfindsamkeit eine Erneuerung. Die Empfindsamkeit, die 1740-1760 deutlich wurde, setzte sich von 1760 bis 1770 in allen literarischen Genres durch, wurde zur Mode, die weitere Bereiche des Lebens erfasste. Im Roman finden Nachahmungen von Laurence Sternes *Sentimental Journey*, Goethes *Werther* und Johann Martin Millers *Siegwart* bis über das Jahrhundertwende hinaus das Interesse der Leser und Romanautoren. Die Schriften von Sterne, vor allem die beiden Hauptwerke, *Sentimental Journey through France and Italy* (1768, dt. 1769) und *Sermons of Mr. Yorick* (1760/67; dt. 1766/67), in Deutschland früh bekannt und übersetzt, fanden breite Resonanz, was die zahlreichen Neuauflagen und Nachdrucke belegen. Die *Empfindsame Reise* hat die Rousseau-Rezeption verstärkt und das später einsetzende Werther-Fieber, Ausdruck einer bis zur Hysterie anfälligen Gefühlskultur, vorbereitet. Die bei Sterne zwischen Vernunft und Leidenschaft, Kopf und Herz, Witz und Empfindsamkeit schwankende und zur relativierenden Toleranz neigende epische Figurenkonstellation wurde in Deutschland von Verfechtern einer modischen Gefühlswillkür vereinnahmt, die dem moraldidaktischen Zweckdenken ablehnend gegenüberstanden.

Diese Neuorientierung an der englischen Literatur hatte weit reichende Folgen für das Drama: George Lillos *The London Merchant* wurde zum Musterbeispiel des neuen, bürgerlichen Dramas. Das aufklärerisch-empfindsame Drama mit auffälligen „Unregelmäßigkeiten", das heißt, echte Menschen anstelle der Ständeklischees, Wegfall der heroisch-politisch oder mythologisch beglaubigten Modellfiguren wurde für die dramatische Produktion der folgenden Jahrzehnte bestimmend: der Alexandriner wurde durch Prosa ersetzt; anstelle der klassizistischen drei Einheiten wurde eine offenere Form verwendet; auf die Bühne kamen empfindsame, den einzelnen (auch privat, die Familie) betreffende Problemkonstellationen anstelle heroischer Konflikte. Anstelle der Dramatisierung typisierter Fehler bzw. Normabweichungen werden positive Werte gezeigt (Ehrlichkeit, Aufrichtigkeit, verschiedene moralische Tugenden). Diese Neukonzeption des Dramas, die Herausbildung der neuen Gattung des bürgerlichen Trauerspiels ist eng mit dem Namen Lessings verbunden. Vor allem in seinem *Briefwechsel über das Trauerspiel* und in der *Hamburgischen Dramaturgie* distanzierte er sich von den drei Einheiten, der Ständeklausel, dem Nachahmungsprinzip und der moralischen Funktionalisierung der Dichtung bei Gottsched. Im Zentrum seiner Erörterungen steht das allgemein Menschliche und damit eng verbunden die Forderung nach Identifikation und Mitleid. Die bekannteste Formulierung dieser Thesen kann man im 14. Stück der *Hamburgischen Dramaturgie* nachlesen:

> Die Namen von Fürsten und Helden können einem Stücke Pomp und Majestät geben; aber zur Rührung tragen sie nichts bei. Das Unglück derjenigen, deren Umstände den unsrigen am nächsten kommen, muß natürlicher Weise am tiefsten in unsere Seele dringen; und wenn wir mit Königen Mitleiden haben, so haben wir es mit ihnen als mit Menschen, und nicht als mit Königen. Macht ihr Stand schon öfters ihre Unfälle wichtiger, so macht er sie darum nicht interessanter. „Man tut dem menschlichen Herze Unrecht," sagt auch Marmontel, man verkennet die Natur, wenn man glaubt, daß sie Titel bedürfe, uns zu bewegen und zu rühren. Die geheiligten Namen des Freundes, des Vaters, des Geliebten, des Gatten, des Sohnes, der Mutter, des Menschen überhaupt: diese sind pathetischer, als alles; diese behaupten ihre Rechte immer und ewig.[11]

Diese Berufung Lessings auf das Menschliche hing mit seinem Bemühen um einen neue Funktionsbestimmung der Literatur zusammen. Nicht moralische Belehrung (Gottsched), sondern eine sittliche Läuterung sollte erreicht werden. Für Lessing war das Ziel der Tragödie, Furcht und Mitleid beim Zuschauer zu erregen, dadurch sollte die Tragödie zur Reinigung der Leidenschaften (Katharsis) führen. Das Mitleid ist zentrales Element der Lessingschen Dramaturgie, durch die Erweckung des Mitleids kann das Trauerspiel seine gesellschaftliche Funktion ausüben:

> Der mitleidigste Mensch ist der beste Mensch, zu allen gesellschaftlichen Tugenden, zu allen Arten der Großmut der aufgelegteste. Wer uns also mitleidig macht, macht uns besser und tugendhafter, und das Trauerspiel, das jenes tut, tut auch dieses, oder – es tut jenes, um dieses tun zu können.[12]

Doch ist das typische bürgerliche Trauerspiel ist nicht das von Lessing, sondern einfacher, weniger selbstreflexiv und gattungsproblematisch als die *Miss Sara Sampson* und *Emilia Galotti.* Das populär gewordene bürgerliche Trauerspiel bietet Anlass zur Inszenierung des

---

[11] Gotthold Ephraim Lessing: *Werke*. Hrsg. von Herbert G. Göpfert mit Karl Eibl, Helmut Göbel, Karl S. Guthke, Gerd Hillen, Albert von Schirmding und Jörg Schönert. Bd. 4. München: Hanser, 1970, S. 294f.

[12] Lessing [wie Anm. 11], 1970, Bd. 4. S. 163.

bürgerlichen Lebens, der Schauplatz ist in der Regel binnenbürgerlich, Innenräume, Familienräume (halböffentlicher Gasthof als Ort des Familiendramas) wurden auf die Bühne gebracht, als höchste Erwartung gegenüber dem Drama wurde die Idee der poetischen Gerechtigkeit (eindeutig identifiziertes Laster, das bestraft wird durch irdische Gerichtsbarkeit, Wahnsinn, Ermordung, Selbstmord), postuliert, der gesellschaftskritische Aspekt geht verloren, dieser Typ des bürgerlichen Trauerspiels ist unpolitisch, vermeidet Staatskonflikte.

Theater- und dramentheoretische Standpunkte in Siebenbürgen im 18. Jahrhundert

Die Anfänge des professionellen, öffentlichen Theaters in Siebenbürgen erfolgen während der Epoche der Aufklärung. Mann kann vermuten, dass das Theater – als öffentliche Einrichtung des Staates – nicht außerhalb der pädagogischen, erzieherischen Denksysteme der Aufklärungszeit bleiben konnte. Wenn man die erhaltenen Dokumente des 18. Jahrhunderts liest, wird es klar, dass das professionelle deutsche Theater in Siebenbürgen vom Anfang an als moralische Anstalt konzipiert war. In den meisten theoretischen Schriften des 18. Jahrhunderts erscheint das Konzept des Theaters als öffentliche Einrichtung mit didaktischen Zielsetzungen. Dementsprechend wird das Theater als Ort der Bildung betrachtet (der Sitten, des Geschmacks und des Herzens). Darüber schreiben 1779 die Herausgeber des in Hermannstadt erschienenen *Theatral Wochenblatt*es:

> Zwar haben sich schon verehrungswürdige Männer – denn wo ist der, welcher denket, und nicht die Namen Leßing, Sonnenfels, Goethe, Wieland u.a.m. kennet und schätzet? – alle Mühe gegeben, die Ehre der Kunst zu retten und gründlich zu erläutern: wie viel eine gesittete Bühne zur Ausbreitung des beßern Geschmacks, Beschämung herrschender Thorheiten, und zur Bildung fühlbarer Herzen beytragen kann und bey gehöriger Pflege würklich beyträget.[13]

Im Hintergrunde der theatertheoretischen Schriften des Zeitalters steht das allgemeine Denksystem der Aufklärung, mit Vernunft und Fragen der Moral im Mittelpunkt. Als Wirkung des aufklärerischen Denkens stehen die zentralen Fragen der Aufklärung auch als Grundfragen der Theatertheorie des Zeitalters vor uns, z.B.: Worin besteht die Sittlichkeit menschlicher Handlungen? Wie erfolgt die Bildung des selbstbewussten, autonomen, moralisch vollkommenen Menschen? Zum Idealtyp der Aufklärung wird der unabhängige Mensch, der sich nur von der eigenen Vernunft leiten lässt, der die Gültigkeit von Dogmen, Vorschriften, Vorurteilen nicht anerkennt. Im Grun-

[13] *Theatral Wochenblatt*, 1779, S. 2.

de genommen wird immer wieder untersucht, wie man aus dem Individuum einen gebildeten, vernünftigen und gehorsamen Staatsbürger macht. Das Theater wollte sein Publikum verbessern und nach den pädagogischen Konzepten der Aufklärungszeit unterrichten. Das Theater ist der Ort, wo die Massen das moralische Wertesystem der Zeit, die Auffassungen über Mensch und Welt kennen lernen. Eine knappe Form des Konzepts findet man im *Theatral Wochenblatt*: „Den Reichen, wie den Armen, den Herrschenden, wie den Dienenden, den Eltern, wie den Kindern, mahlt sie mit lebhaften Farben ihre Pflichten, die unmöglich verkant werden können.“[14]

Das Konzept des Theaters als öffentliche Anstalt, als Sittenschule stammt von den bedeutenden Denkern der deutschen Aufklärung: Christian Wolff, Johann Christoph Gottsched, Joseph von Sonnenfels und selbstverständlich Schiller. Eine sehr brauchbare Synthese dieser theatertheoretischen Erwägungen haben die Zeitgenossen in Sulzers *Allgemeiner Theorie der schönen Künste* gefunden.

Die Rolle des Theaters als öffentliche Institution des aufgeklärten Absolutismus eines Josef II. war die Propagierung eines säkularisierten Weltbildes und die Heranbildung von guten, gehorsamen Bürgern. Deshalb sind die wichtigsten theoretischen Ansätze, die die Herausbildung des professionellen Theaters bestimmt haben, nicht von rein theatertheoretischen und künstlerischen Aspekten bestimmt: die meisten theoretischen Schriften, die sich mit den Problemen des Theaters befassen, nähern sich diesem eher aus pädagogischer Perspektive. So betrachteten diese Schriften die Wirkung der Theateraufführungen auf die menschliche Seele, die Möglichkeiten der Verfeinerung des ästhetischen Geschmacks und der Gefühle durch den Theaterbesuch, und – nicht in letzter Linie – die Rolle des Theaters bei der patriotischen Erziehung der Zuschauer. Eine frühe Formulierung dieses Konzeptes findet man in der Schrift *Abhandlung von der Schaubühne* (1734) des Theologen Johann Friedrich May, mit dem Gottsched zusammen mit Johann Georg Hamann die Moralische Wochenschrift die *Vernünftigen Tadlerinnen* herausgab: in seiner Vorstellung ist die Schaubühne „öffentlicher Ort [..] wo menschliche Handlungen durch geschickte Personen nach den regeln der Wahrscheinlichkeit, zur Beförderung der philosophischen Tugend, guter Sitten, und zum Ergetzen der Zuschauer vorgestellet werden.“[15]

In den Mittelpunkt der Diskussionen wurden Fragen gerückt, welche über die Problematik des guten Geschmacks, der Veredelung des Herzens und Bereicherung der Gefühlswelt, beziehungsweise über Möglichkeiten der pa-

---

[14] *Theatral Wochenblatt*, 1779, S. 21.

[15] Zitiert nach: Ruedi Graf: *Das Theater im Literaturstaat. Literarisches Theater auf dem Weg zur Bildungsmacht.* Tübingen: Niemeyer 1992, S. 147.

triotischen Erziehung des Publikums nachdenken. Als Ausgangspunkt und Maßstab werden immer wieder die Reformatoren des deutschen, bzw. österreichischen Theaters, Gottsched, Lessing und Sonnenfels erwähnt, und – nicht zuletzt – die Schriften des Aufklärungsphilosophen Christian Wolff. Der problematische Charakter dieser Ansichten wird schon vom siebenbürgischen Aufklärungsphilosophen Michael Hißmann vermerkt und zum Thema seiner Studie *Über den Hauptzweck der dramatischen Poesie* gemacht:[16]

> Man schrieb nämlich dem theatralischen Dichter die Regel vor, die Tugend in allen seinen Stücken in ihrem größten Glanze darzustellen, um sie dem Zuschauer um so viel liebenswürdiger, und um die Schaubühne zur vollkommensten Sittenschule zu machen. Man glaubte, der Dichter würde diese Absicht um so viel leichter erreichen, wenn er vollkommen tugendhafte Karaktere und verhältnißmässig glückliche Erfolge und Aufschlüsse seiner Geschichte dazu auswählte; wenn er dem Parterre Ideale von Tugend vorhielte, um die edle Betriebsamkeit, die ernstlose Begeisterung der gefühlvollen Zuschauer, deren Herz der Wahrheit und der Tugend schon lang ahnend entgegen schlug, immer mehr anzuflammen; wenn er die menschliche Tugend zu einer englischen hinaufidealisierte, und das menschliche Laster zur teufelischen Bosheit herabkarikaturirte, um jener liebenswürdigen Schönen noch mehr Reize.[17]

Die gesellschaftspolitische Konzeption des Theaters als Bildungsanstalt ist in Christian Wolffs *Vernünftige Gedanken von dem gesellschaftlichen Leben der Menschen und insbesonderheit dem gemeinen Wesen* vorgebildet.[18] Dort erscheint das Theater als „Einrichtung des gemeinen Wesens“ in einer Reihe mit Kirche und Schule, allerdings unter dem Vorbehalt, dass dort nur Stücke aufgeführt werden, die die „menschlichen Zufälle nach ihrer wahren Be-

---

[16] Michael Hißmann: „Über den Hauptzweck der dramatischen Poesie.“ In: *Deutsches Museum* 1778, S. 553-564.
Hißmann (1752-1784) studierte zuerst in seiner Heimatstadt, seit 1773 Theologie in Erlangen. Im Jahre 1774 finden wir ihn in Göttingen. Seit 1782 war er Professor der Universität zu Göttingen. Er ist ein Vertreter der deutschen Assoziationspsychologie und zugleich Vertreter der Populärphilosophie. Sein philosophisches Werk steht unter dem Einfluss von Leibniz. Der junge Professor war auch den Literaten des Zeitalters bekannt: Wieland, Lavater, Goethe haben ihn geschätzt. Werke u. a.: *Geschichte der Lehre von der Association der Ideen nebst einem Anhang vom Unterschied unter associirten und zusammengesetzten Begriffen und Ideenreihen* (1776); *Über Sprache und Schrift aus dem Französischen des Präsidenten von Brossé's übersetzt und mit Anmerkungen begleitet* (1777); *Psychologische Versuche, ein Beitrag zur esoterischen Logik* (1777); *Anleitung zur Kenntniß der auserlesenen Literatur in allen Theilen der Philosophie* (1778); *Briefe über Gegenstände der Philosophie an Leserinnen und Leser* (1778).

[17] Hißmann [wie Anm. 16], 1778, S. 556.

[18] Vgl. Christian Wolff: *Vernünftige Gedanken von dem gesellschaftlichen Leben der Menschen und insbesonderheit dem gemeinen Wesen*. Neue Auflage, Magdeburg. 1756.

schaffenheit" vorstellen. Mit der „wahren Beschaffenheit" ist nicht Faktentreue gemeint, sondern die Bearbeitung des Stoffes in einem moralischen Wirkungszusammenhang, der den Individuen als Exempel dienen soll:

> Es ist zur Gnüge ausgeführet worden, was lebhafte Exempel , sowohl in Erregung der Begierde zum Guten, und in Dämpfung der widrigen zum Bösen, als auch in Besserung des Willens, und Behauptung der Herrschaft über die Sinnen, Einbildungskraft und Affecten, absonderlich auch in Erlangung der Weisheit und Klugheit, wie nicht weniger zur Aufmunterung zum Gebethe, mit einem Worte, in Beförderung aller Tugend und Besiegung aller Laster, beytragen.[19]

Der von Wolff geforderte moralische Wirkungszusammenhang zeigt sich dem Interpreten in Geschichte und Leben, noch klarer aber in der literarischen Fiktion. Wolff gibt den erfundenen Exempeln auf dem Theater den Vorzug vor den „wahren Exempeln, die in der Welt passieren":

> Da nun im menschlichen Leben alles nach und nach geschieht, auch öfters lange Zeit hingeht, ehe das Unglück kömmt, welches man sich durch lasterhaftes Leben auf den Hals ziehet, oder man auch im Gegentheile das Glücke erwartet, damit die Tugend belohnet wird: so erkennet man öfters nicht, daß dieser oder jener Zufall aus diesen oder jenen Handlungen erfolget, oder auch aus unserem Vergnügen das gegenwärtige Misvergnügen erwachsen sey. Hingegen in Comödien und Tragödien folget alles, was zusammengehöret, in einer kurtzen Reihe aufeinander und läßt sich daraus den Erfolg der menschlichen Handlungen viel besser und leichter begreifen, als wenn man im menschlichen Leben darauf acht hat.[20]

Wolff siedelt die theatralische Fiktion auf einem Terrain an, wo sie zugleich selbständig der religiösen Botschaft der Kirche gegenübertritt und als gesellschaftliche Institution kompatibel erscheint. Die Tätigkeiten im Rahmen von Schule, Kirche und Theater, Unterricht, Predigt und Schauspiel vermitteln „den im gemeinen Wesen notwendigen Unterricht vom Guten und Bösen" entweder durch das persönliche Beispiel des Lehrmeisters, durch Vortrag oder Bücher. Den drei medialen Formen entsprechen die Erziehung durch Eltern, Lehrer und die Gelehrsamkeit. Die letzte Form ist, je nach Adressat, wieder von dreierlei Art. Sie gibt „Unterricht [...] durch gute Regel", sie beschreibt „Exempel der Tugenden und Laster" oder sie „mahlt" diese „durch Fabeln ab". darin verstecken sich die Regeln des Kanons, das Vorbild der Alten und die Naturnachahmung als Nachahmung des Wahren. Die These kann man fast in einer ähnlichen Formulierung auch bei Sulzer finden. Was das Schauspiel betrifft, ist Sulzer als einer der wichtigsten Verbreiter

---

[19] Ebd., S. 275.
[20] Ebd.

der Wolffschen Theorien anzusehen: in seinen philosophische Schriften und in seinem ästhetischen Lexikon finden sich die Auffassungen von Wolff in fast unveränderter Form. Trotzdem muss man anmerken, dass in der Beurteilung der Wirksamkeit Sulzer radikaler ist als Wolff; er schreibt dem Theater die höchste erzieherische Kraft zu:

> Es ist gewiß, daß der Mensch in keinerley Umständen lebhafterer Eindrücke und Empfindungen fähig ist, als bey dem öffentlichen Schauspiehl. Der Geist ist nicht nur da in völliger Freyheit, und durch Wegräumung aller andern Vorstellungen bereit, jeden Eindruck, den man ihm geben wird, anzunehmen, sondern erwartet dieses mit Lebhaftigkeit, und man freuet sich zum voraus darauf. Ein großer und höchstwichtiger Vortheil, den sich bey andern Gelegenheiten, wo die Menschen aus Pflicht oder Zwang zusammenkommen, ein Redner mit großer Müh und Kunst kaum verschaffen kann. Hier ist jeder schon zum voraus auf das, was er hören und sehen wird, begierig, und zum stärksten Eindruck vorbereitet.[21]

Eine ähnliche Stellung zum Theater nimmt Joseph von Sonnenfels ein, der Reformator der Wiener Schaubühne in der Zeit des aufgeklärten Absolutismus. Bemerkenswertes über das Theater äußert er in den *Briefen über die wienerische Schaubühne*, in denen er über die Funktion des Theaters, die Notwendigkeit eines regelmäßigen Theaters schreibt. Als Herausgeber der Moralischen Wochenschrift *Der Mann ohne Vorurteile* beschäftigt sich Sonnenfels auch mit dem Theater und schätzt es als das wirksamste Medium der Verbreitung von moralischen Lehren:

> Ich getraue mich, zu behaupten, daß das unterrichtende Schaubühne für manche von einem stärkeren Eindrucke und Nutzen ist, als ein moralisches Buch oder Predigt. Unter hundert Menschen, die die Schauspiele besuchen, sind vielleicht nicht zehn, die ein moralisches Buch zu lesen verlangen, vielleicht nicht drey, die in eine Predigt kommen. Das Abscheuliche des Lasters läßt sich für sinnliche Gemüther nirgend deutlicher, als auf der Schaubühne vorstellen. [...] Die Schaubühne waget oft Wahrheiten, die der Bußprediger in hundertelei Beziehungen nicht Wagen kann.[22]

Die Problematik des Verhältnisses von Wissenschaft und Theater, von Unterricht und theatralischer Darstellung wird auch von den Herausgebern des *Theatral Wochenblattes* oft erörtert, in dem Artikel „Von der Verbindlichkeit des Schauspiels mit Künsten und Wissenschaften“:

[21] Johann Georg Sulzer: *Allgemeine Theorie der Schönen Künste. In einzeln, nach alphabetischer Ordnung der Kunstwörter auf einander folgenden, Artikeln abgehandelt.* Bd. 2. Leipzig: M. G. Weidmanns Erben und Reich, S. 1021.

[22] Vgl. Wolfgang Martens: *Die Botschaft der Tugend. Die Aufklärung im Spiegel der deutschen moralischen Wochenschriften.* Stuttgart, 1971, S. 485.

> Philosophie – besonders Moral – setzt man in die Zahl der nothwendigen Wissenschaften. Warum? weil es uns die besten Lehren, zur Bildung des Herzens und zur Erhaltung der menschlichen Gesellschaft an die Hand giebt. Es herrscht darinn ein Überfluß an Sittenlehren. Es zeigt Vorschriften, wie der Mensch Handeln soll vor sich, gegen andere und im bürgerlichen Leben. – Aber zeigt uns die Schaubühne nicht ein eben so weites Feld, zum Unterricht? hat sie nicht ohne Beleidigung gesprochen, in einem gewissen Punkt betrachtet, ein grösseres Gewicht, als die Moral-Philosophie? denn diese lehrt in tiefen, systhematischen, endlich ermüdenden Abhandlungen; jene aber beweißt mit Exempeln, die angenehm, unterhaltend und doch lehrreich sind.[23]

Es ist eine noch umstrittene Frage, inwiefern diese theoretischen Anschauungen, die das siebenbürgische Theater geprägt haben, modern sind, oder in welchem Maße sie an die zeitgenössischen europäischen Tendenzen anknüpfen? Was als Theatertheorie des 18. Jahrhunderts in Siebenbürgen betrachtet werden kann – z.B. Programmschriften, kleinere oder größere Teile von ästhetische Schriften, Widmungen usw. –, ist aus der Sicht der Lessingschen Dramaturgie keineswegs modern: worüber Lessing mit Mendelssohn und Nicolai über das Trauerspiel korrespondierte, erscheint in diesen Dokumenten nur sporadisch. Die wichtigsten Ergebnisse dieser Diskussion – die Auflösung der drei Einheiten, der Verzicht auf die Ständeklausel – wurden recht schnell mittelbar auch in Siebenbürgen bekannt, in erster Linie durch die dramaturgische Praxis. Es ist festzustellen, dass über die Funktion des Theaters auch im deutschen Sprachgebiet nicht ausschließlich im Sinne Lessings diskutiert wurde, die Läuterung der Leidenschaften, die Erweckung von Furcht und Mitleid waren keineswegs die einzigen Ziele theatralischer Darstellung. Viel bekannter und anerkannter war die These, die in Sulzers Formulierung lautet:

> Wir wollen nun, ohne noch zu behaupten, daß die Sache sich würklich so verhalte, voraussezen, daß dem so vorbereiteten Zuschauer ein Schauspiehl vorgestellt werde, das nach seinem Inhalt lehrreich und wichtig sey; das seinen Verstand wichtige Vorstellungen, in seinem Herzen große und edle, oder doch wahrhaftig nüzliche Gesinnungen und Bewegungen rege mache; daß er da Menschen handeln sehe, deren Denkungsart, Maximen, Grundsäze und Gesinnungen er sich könne zum Muster nehmen, oder zur Warnung dienen lassen; daß er Handlungen sehe, deren einleuchtende Rechtschaffenheit und edle Größe, sein Herz mit Liebe für die Tugend entflamme, oder auf der andern Seite abschrekende Beyspiehle von der Niedrig-

[23] *Theatral Wochenblatt*, 1779, S. 20.

> keit, Abscheulichkeit und den traurigen Folgen des Lasters: kann man alsdenn an der Wichtigkeit solcher Schauspiehle noch zweifeln?[24]

Zweifellos entsprechen diese Thesen Lessing nicht, aber es wäre ein eilfertiges und einseitiges Urteil, sie als anachronistisch und überholt zu bezeichnen. Man kann nämlich davon nicht absehen, dass diese theatertheoretische Konzepte, die eigentlich von der Wirkung Wolffs zeugen, parallel mit Lessing wirkten. Diese Zielrichtung, die an den Namen von Johann Benjamin Pfeil gebunden ist, hat das dramaturgische Schaffen des Zeitalters stärker geprägt als Lessings Mitleidsdramaturgie. Während Lessing im *Briefwechsel* hauptsächlich auf das Mitleid als Medium der Besserung setzt, plädierte Pfeil für eine Kombination von Mitleidserregung und Abschreckung, wobei er die Abschreckung durch das Laster moraldidaktisch für unverzichtbar erklärt. Pfeils Argumentation beruht auf der Identifikation der aristotelischen Wirkungskategorien, Mitleid und Schrecken, mit der Doktrin der poetischen Gerechtigkeit.[25]

Das Konzept des Theaters als Sittenschule ist schnell zum Gemeinplatz geworden, die meisten Programmschriften, Widmungen usw. haben immer damit argumentiert. Trotzdem wurde das Konzept ziemlich früh zum Thema theoretischer Diskussionen, die moralische Läuterung der Zuschauer, die Darstellung der leidenden Tugend erwies sich als problematisch. Eine symptomatische Erörterung finden wir bei Hißmann:

> Ich habe noch nie einen bewährten Kunstkenner ein dramatisches Stück deswegen vortrefflicher, oder ein anderes deswegen schlechter nennen gehöret, weil jenes moralischer war, als dieses. Der Kritiker der Werke schöner Geister ist Kritiker, und nicht Moralist. Die Grundsätze der Aesthetik sind nicht Vorschriften der Sittenlehre. [...]Hier liegt abermal ein Hauptgrund, um welches willen die moralische Besserung des Menschen unmöglich als Hauptzweck der dramatischen Dichtkunst angesehen werden kann. Denn gerade die ersten Gründe der Sittlichkeit und der Religion lassen sich nicht in theatralischen Handlungen bringen. Der merkwürdigste Grundsatz der Moral, ohne welchen gerade in den verschlungensten Fällen nicht fertig werden kann, der Satz, – daß sich unser Leben nicht in diesem Irdischen wirbelt, sondern, daß gerade beym Herabsinken der Macht des Todes, Lichtsaame der Unsterblichkeit auf die zerfallende Seele fließt, – diese Grundfeste der Ruhe ist nicht theatralisch.[26]

Hißmann, der an der damals immer wieder auflebenden Diskussion über die in kleinbürgerlichen Kreisen verbreitete Meinung von der Unmoral der

[24] Sulzer [wie Anm. 21], 1771-1774. Bd. 2. S. 1022.

[25] Siehe darüber Cornelia Mönch: *Abschrecken oder Mitleiden. Das deutsche bürgerliche Trauerspiel im XVIII. Jahrhundert.* Tübingen 1993.

[26] Hißmann [wie Anm. 16], 1778, S. 557-560.

Schauspielkunst teilnahm, wollte mit seinen Behauptungen zweifellos nicht den Anschein erwecken, als spräche er einer moralisch indifferenten Dramaturgie das Wort: er erkennt zwar, dass die moralische Bildung des Publikums wichtige Funktion des Theaters ist, aber nicht die allerwichtigste. Und das aus rein dramaturgischen Gründen: die Darstellung der vollkommenen Tugend und der vollkommenen Charaktere macht das Drama statisch, während das Wesen des Dramas die Handlung ist. Ein dramatisches Werk, dessen Hauptabsicht die Inszenierung von moralisch vollkommenen Charakteren ist, kann nur sehr schwer Drama genannt werden, eher schon dramatisches Gemälde.

> Wichtig kann und muß also das Drama für die moralische Bildung, als für einen Nebenzweck, immer werden. Durch seine Zauberkraft werden die menschlichen Seelenkräfte auf die leichteste Art entwickelt und verfeinert [...] Geist und Herz wird in Bewegung gesetzt. Sinnen und Einbildungskraft werden gerührt, und alle Arten von Gefühlen des bürgerlichen Menschen werden angeschlagen. [...] Der dramatische Dichter kann einen vollkommenen tugendhaften Karakter als Hauptkarakter seiner Geschichte gar nicht gebrauchen, wenn er sein Stück nicht durch allerhand unzeitige Episoden zur Grösse eins Dramas auszerren will. Denn vollkommene Tugend müßte auf dem Theater zu ruhig sein, vielleicht würde sie einschlafen. der Dichter hingegen braucht Karaktere, die ihm Gelegenheit zu sehr vielen Handlungen geben.[27]

Die Bestimmung des Theaters liegt nach Hißmann darin, die Natur der menschlichen Seele und ihre Schönheit zu ergründen und nicht vor allem deren Tugend darzustellen, da diese erst durch Idealisierung erkennbar wird und dem Dramatiker und seinem Publikum keine adäquaten Motive liefert.

Das siebenbürgisch-deutsche Theater im Zeichen der Empfindsamkeit

Im Aufgabenkomplex des Theaters des 18. Jahrhunderts nimmt die Forderung nach der Bildung empfindsamer, fühlenden Herzen eine zentrale Stellung ein. Diese These, die schon in einer Verwandtschaft zu Lessings Mitleidsdramaturgie steht, wird in der siebenbürgisch-deutschen Theatertheorie am deutlichsten von Michael Hißmann vertreten:

> O Richter! [...] hättet ihr aus der Erfahrung gewusst, daß die dramatische Poesie, [...] die Menschen bis auf die niedrigste menschenklasse herab, empfindungsvoll, gefühlvoll, theilnehmend, mitleidig, menschenfreundlich macht.[28]

---

[27] Ebd., S. 561F.

[28] Hißmann [wie Anm. 16], 1778, S. 555.

Dem gleichen Zweck dient die Herausbildung einer neuen Theaterform: das 18. Jahrhundert ist eine wichtige Station in der Entwicklung des europäischen Theaters. Zu dieser Zeit entwickelt sich das bürgerliche Illusionstheater, an dessen Basis die These steht, der zufolge das Bühnengeschehen selbst die Wirklichkeit sei, während sich auf der Bühne das Leben abspiele.[29] Die berühmte „vierte Wand" diente auch zur Vollkommenheit der Illusion:

> Eigentlich ist ein Dramatisches Stück nichts anders, als eine wahre und natürliche Vorstellung einer interessanten Handlung, wodurch eine gewisse glückliche oder unglückliche Begebenheit in einem Staate, in einer Familie, oder in dem Leben eines einzigen Menschen hervorgebracht wird.[30]

Das 18. Jahrhundert ist in der Literatur- und Theatergeschichte als Epoche der Empfindsamkeit bekannt. In den letzten Jahrzehnten sind immer neue Untersuchungen zum Theater der Empfindsamkeit, zur Rezeption der empfindsamen Stücke erschienen. In einem Sammelband, *Das weinende Saeculum,* veröffentlichte Wolfgang Greisenegger seinen Beitrag: „Die Tränen der Schauspieler und ihre Wirkung auf das Publikum", Dieter Hildebrandt schrieb über die „Dramaturgie der Träne", Wilfried Barner untersuchte die Wirkung von Lessings Dramen auf das Publikum („Zu viel Thränen – nur Keime von Thränen").[31] Cornelia Mönch hat dem deutschen bürgerlichen Trauerspiel ein Buch gewidmet: *Abschrecken oder Mitleiden.* In dieser Reihe könnten wir auch Karl S. Guthke, Bengt Algot Sörensen usw. erwähnen. In der deutschen und österreichischen Theater- und Dramengeschichte wird das Thema intensiv behandelt, und zwar mit den spezifischen Methoden der Theaterwissenschaft.

Wenn man den Spielplan der in Siebenbürgen auftretenden Wandertruppen des 18. Jahrhunderts überblickt, wird es dem Betrachter deutlich, dass die Anfänge des deutschsprachigen professionellen Theaters in Siebenbürgen auch von dem entscheidenden Einfluss der Empfindsamkeit, beziehungsweise der empfindsamen und rührenden Dramen zeugen. Eben deshalb scheint es notwendig, die Bedeutung der Begriffe *empfindsam*, *rührend* usw. zu klären und die möglichen Erscheinungsformen der Empfindsamkeit zu untersuchen.

Der Begriff *Empfindsamkeit* wirft vielerlei Fragen auf: die verschiedenen theater- und dramentheoretische Schriften, Theaterzettel und Dramentexte

---

[29] Siehe Erika Fischer-Lichte: *Geschichte des Dramas.* Bd. I-II. Tübingen 1990.

[30] Sulzer [wie Anm. 21], 1773, S. 149.

[31] Siehe *Das weinende Saeculum.* Hrsg. vom Colloquium der Arbeitsstelle des 18. Jahrhunderts & GHS Wuppertal, Universität Münster, Schloß Dyck (Beiträge zur Geschichte der Literatur und Kunst des XVIII. Jahrhunderts Bd. 7). Heidelberg: Winter 1981.

zeugen davon, dass die einzelnen Autoren den Begriffen *Empfindsamkeit, Rührung, rühren* eine herausragende Funktion zuschrieben und versuchten, die Funktion des Theaters als kulturelle Einrichtung von hier aus zu bestimmen. Im Kontext der theaterwissenschaftlichen, dramaturgischen und literarischen Schriften des 18. und des frühen 19. Jahrhunderts erhielt der Begriff *Empfindsamkeit* verschiedene spezifische Bedeutungen und wurde als zentraler Begriff der Theaterdiskurse der Zeit in den folgenden Bedeutungen verwendet.

Erstens erscheint der Begriff *Empfindsamkeit* als zentrales Element des theatralischen Rezeptionsprozesses: in den meisten theoretischen Schriften erscheint das Wort *Empfindsamkeit,* beziehungsweise *empfindsam* in zwei Bedeutungen: einerseits gibt es die Interpretationsmöglichkeit, diesen Begriff auf der Ebene der Affekte zu beschreiben, und dann bezeichnet er die Fähigkeit des Menschen, Rührung zu empfinden, oder, wie bei Adelung: „Fähig, leicht sanfte Empfindungen zu bekommen, fähig leicht gerührt zu werden; für das gemeinere und vieldeutige empfindlich". Anhand dieser Fähigkeit bildet sich die positive Einstellung des Zuschauers angesichts der Bühnenereignisse heraus. Aus der Sicht der zeitgenössischen Theaterpraxis ist dieser Aspekt von besonderer Wichtigkeit, denn das Theater hat gerade durch die Erweckung solcher sanften Empfindungen versucht, die erzielte Wirkung auf das Publikum zu erreichen. Das Theater wollte den Zuschauer nicht schockieren oder erschrecken, sondern bilden, nach dem Wertesystem der Aufklärung. Das erwartete auch der Wiener Hof von dem professionellen Theater. Unter dem Einfluss solcher Erfordernisse steht das *Organisations-Statut* aus dem Jahre 1785. Das *Statut* enthält nicht nur allgemeine Anweisungen, sondern bestimmt die Eigenschaften der Tragödie, des Rührstücks und der Komödie ganz genau. Das ist nur ein Aspekt: in seiner 1753 veröffentlichten Schrift *Von der Zärtlichkeit* definiert Michael Ringeltaube die Empfindsamkeit/Zärtlichkeit als moralische Fertigkeit:

> Er ist ein vernünftiger und sittlicher Mensch, der eine vorzügliche Erkenntniß und Empfindung von sittlich wahren und guten hat. [...] der zärtliche Mensch aber ist ein reifer Kenner der sittlich wahren, Guten, Schönen und Rührenden. [...] Er besitzt eine Fertigkeit, das Moralische bald zu empfinden und dadurch leicht berührt zu werden. [...] Denn der moralzärtlichste Mensch ist der, welcher eine Fertigkeit hat in freyen Handlungen und Empfindungen das Wahre, Gute, Edle, Liebenswürdige und Rührende [...] wahrzunehmen, zu beurtheilen und darzulegen.[32]

Die Empfindsamkeit erweist sich in diesem Kontext als emphatische Fertigkeit und moralischer Sinn, und — als solche — bildet die wichtigste Vor-

[32] Vgl. Georg Jäger: *Empfindsamkeit und Roman.* Stuttgart 1969, S. 97f.

aussetzung der Rezeption. Daraus ergibt sich die folgende Konklusion: als die Theoretiker die *Bildung des Herzens* als wichtigste Aufgabe des Theaters postuliert haben, haben sie darunter nicht nur emotionale, sondern zur gleichen Zeit auch moralische Bildung verstanden. Diese These kann man auch bei Johann Georg Sulzer finden: „Nun ist unter allen Arten von Poesie die dramatische am geschicktesten, den Sentenzen diese große Kraft zu geben, weil sie die rührendesten Gemälde darstellet. Hat der Dichter erst unsre Aufmerksamkeit auf einen interessanten, unsere ganze Seele einnehmenden Auftritt gerichtet, so spricht er zwey oder drey nachdrucksvolle Wörter aus, welche die Seele der Bilder sind, wovon wir so sehr gerührt sind, und so ergreifen wir diese Wahrheiten mit der größten Lebhaftigkeit, und mit einer Überzeugung, die nichts zu schwächen vermag.[33]

Eine ähnliche Formulierung kann man auch in dem schon zitierten Artikel von Hißmann lesen:

> Wichtig kann und muss das Drama für die moralische Bildung immer werden. Durch seine Zauberkraft werden die menschlichen Seelenkräfte auf die leichteste Art entwickelt und verfeinert und ihre Wirksamkeit zur tugendhaften Tätigkeit gereizt. Geist und Herz wird in Bewegung gesetzt. Sinnen und Einbildungskraft werden gerührt, und alle Arten von Gefühlen des bürgerlichen Menschen werden angeschlagen.[34]

Zweitens erscheint der Begriff *Empfindsamkeit* als dramaturgische Kategorie im engeren Sinne, also als Stil der theatralischen Darstellung, als Mittel der Sprachregelung und Maßstab des kritischen Urteils. In diesem Zusammenhang werden die Kategorien *empfindsam* bzw. *rührend* als Charakteristika der Dramentexte, als Bezeichnung für die ausgeübte Wirkung und als Stil der theatralischen Darstellung verwendet. Wie schon erwähnt, stehen die Anfänge des siebenbürgischen Theaterwesens unter dem starken Einfluss des deutschen, noch genauer des österreichischen deutschsprachigen Theaters: der Spielplan bestand aus den Lieblingsstücken des Wiener Theaters. Beliebte Autoren waren Kotzebue, Iffland, Schröder, deren Schauspiele über Jahrzehnte hinweg den Spielplan bestimmten. Mann muss erwähnen, dass neben den Autoren der so genanten zweiten Linie auch die Klassiker der Empfindsamkeit – Lessings bürgerliche Trauerspiele, Goethes *Stella* usw. gespielt wurden. damit haben die verschiedenen Wandertruppen das Gedankengut der Aufklärung – wenn auch in einer profanierten Form – auch für das siebenbürgische Publikum bekannt gemacht, und weite Möglichkeiten zur Modellierung der eigenen Gefühlswelt angeboten.

---

[33] Sulzer [wie Anm. 21], 1773, S. 157.
[34] Hißmann [wie Anm. 16], 1777, S. 553-564.

Rezeption der empfindsamen Dramen auf den ungarischen Bühnen[35]

1809 hat der ungarische Dichter Mihály Vitkovics dem Dichterfreund Ferenc Kazinczy von der Wirkung des von ihm übersetzten Stückes Titels *A megengesztelés* berichtet:

> Das Stück brachte viele Zuschauer zum Weinen, ohne Träne ist kein Auge geblieben. Während der ersten zwei Aufzüge wurden auch meine Augen voll von Tränen, während des letzten habe ich selbst geweint.[36]

Im Vorwort der in Klausenburg erschienenen Dramensammlung *Erdélyi Játékos Gyűjtemény* kann man Folgendes lesen: *„Als das rührende Stück des berühmten Kotzebue zum ersten mal in Wien aufgeführt wurde, hat auch der strenge Joseph II. geweint."*

Die zitierten Fragmente erweisen sich aus der Perspektive der Forschung als mehrfach interessant. Erstens: die Texte berichten sie von der Aufführung beliebter Rührstücke, und den Autoren dieser Berichte schien es wichtig, die Wirkung der betrachteten Stücke, die die Zuschauer zum Weinen gebracht hatten, aufzuzeichnen. Man muss schon im voraus klären, dass dem Wort *weinen* in diesen Texten keine pejorative Bedeutung assoziiert wurde, Vitkovics ist sogar stolz auf seine Übersetzung, beziehungsweise auf die Wirkung der eigenen Dramenübersetzung.

Zweitens: in diesen Texten kann man keine Spure jener pejorativen Bedeutung entdecken, die später die meisten Studien zum Thema Sentimentalität, Siegeszug des Sentimentalität auf der Bühne bestimmen. Das Theater der Empfindsamkeit, die Rezeption der empfindsamen Dramen auf ungarischen Bühnen des 18.-19. Jahrhunderts sind früher in der ungarischen Theater- und Literaturgeschichte meist abgewertet worden, obwohl die Anfänge des professionellen Theaters in Ungarn und in Siebenbürgen von dem entscheidenden Einfluss der Empfindsamkeit, beziehungsweise der empfindsamen und rührenden Dramen zeugen. Es reicht, wenn wir an Joseph Bayer denken, der in seiner ungarischen Theater- und Dramengeschichte die Übersetzungen und Neubearbeitungen (mit dem zeitgenössischen Begriff „Magyarisierungen") von empfindsamen deutschen Dramen streng verurteilt hat, weil diese Texte bei uns einen fremden Geist eingebürgert haben. „Sie

---

[35] Hier muss man die Begriffe klären: dem ungarischen Wort *érzékeny* entsprechen im deutschen Sprachgebrauch *empfindsam*, *zärtlich* und *rührend*: in seiner Lessing-Übersetzung übersetzt Kazinczy das Wort *empfindsam* als *érzékeny,* aber auch die so genannten *Rührstücke* Kotzebues und Ifflands wurden als *érzékenyjáték* bezeichnet.

[36] Zitiert nach Ferenc Kerényi: *A regi magyar színpadon.* Budapest: Magvető Kiadó 1981, S. 142.

machten den krankhaften Sentimentalismus der rührenden Stücke zur Mode, und haben den Spielplan der ungarischen Bühne für Jahrzehnte verseucht."[37]

Diese Aspekte der ungarischen Theatergeschichte wurden in den letzten Jahrzehnten vor allem von Ferenc Kerényi und István Fried konsequent erforscht. Ihnen verdanken wir die Handbücher und grundlegenden Untersuchungen zum Thema: 1981 ist das Buch von Kerényi *Auf der alten ungarischen Bühne*, 1990 der erste Band der *Ungarischen Theatergeschichte* erschienen, 1994 wurde der Sammelband von István Fried über den „Empfindsamen“ Ferenc Kazinczy veröffentlicht.[38]

[37] József Bayer: *A nemzeti játékszín története*. Budapest 1887, Bd. I, S. 331.

[38] Ferenc Kerényi (Hrsg.): *Magyar színháztörténet*. Budapest 1990.; István Fried: „Adatok Kazinczy Ferenc színházi törekvéseihez." In: Ders: *Az érzékeny neoklasszicista. Vizsgálódások Kazinczy Ferenc körül*. Sátoraljaújhely – Szeged 1996, S. 85-98.

Margita Havlíčková

Die Anfänge des barocken Berufstheaters in Brünn, oder: „Etwas Modestes zur geistlichen erlustigung durch zichtige representirung der Persohnen“

Das gezielte Recherchen in den Archivsammlungen der Stadt Brünn erweisen immer häufiger, dass sich in ihnen eine beachtenswerte bislang unerforschte Fundgrube für Quellenmaterial zur Theatervergangenheit befindet. Im Bereich des barocken Berufstheaters reichen die vorliegenden Unterlagen über die intensive Tätigkeit der Wandertruppen in Brünn bis zum Jahre 1669, durch mittelbare Verweise auch weiter. Die Königsstadt Brünn war in der zweiten Hälfte des 17. Jahrhunderts weder flächenmäßig noch an Einwohnerzahl sehr groß und hatte den Charakter einer uneinnehmbaren Festung mit mächtigen Schanzen, die gegen Ende des Dreißigjährigen Krieges nach der gelungenen Abwehr der schwedischen Belagerer verstärkt worden waren. Gleichzeitig war die Stadt ein Verwaltungszentrum der Landesämter und somit eine Stelle, wo sich fast das ganze Jahre der hohe Adel aufhielt, der sich auch unterhalten wollte und das auch im Theater. Es wäre deshalb sonderbar und fast unvorstellbar, dass Berufsschauspieler, die ganz Europa bereisten, an Brünn, das an der Kreuzung ihrer Wege und noch dazu in der Nähe eines so wichtigen Theaterzentrums wie Wien lag, vorbei zogen. Brünn wurde damit ein Aufenthaltort zwischen Graz, Wien, Olmütz und Breslau auf der Nord-Süd-Achse und zwischen Dresden, Leipzig, Prag und Preßburg auf der Ost-West-Achse.

Seit Ende der sechziger Jahren des 17. Jahrhunderts können wir ununterbrochen Belege über die Anwesenheit von Schauspielern vorfinden, beginnend mit einfachen Schriftstücken, mit Protokollen von Sitzungen der Stadtverwaltung bis zu Anträgen der Theaterdirektoren, bzw. der Korrespondenz zwischen dem Landeshauptmann und der Stadtverwaltung. Die Gesuche aus der zweiten Hälfte des 17. Jahrhunderts sind meist anonym, manchmal aber namentlich vom jeweiligen Direktor unterzeichnet, oder sie verweisen auf irgendeine Gesellschaft, wie im Fall der Eggenbergischen fürstlichen Komödianten, die seit Mitte Dezember 1692 bis Ostern 1693 im Brünn weilten.[1]

Die bisher älteste Eintragung vom 29. November 1669, in der fremde Komödianten um Erlaubnis bitten, in Brünn eine geistliche Komödie aufzuführen und das zumindest in der ersten Adwentwoche, erwähnt schon der His-

[1] Brünner Stadtarchiv, die Bürgermeistersakten, Sg.: 1692, M. 13 N. 6, k. 67.

toriker Christian d'Elvert in seiner *Geschichte des Theaters in Mähren und Oester. Schlesien.*[2] Zum gleichen Datum führt d'Elvert noch einige Passagen aus der amtlichen Bewilligung der Vorstellung an. Von d'Elvert übernahmen spätere Autoren diese Zitate, die über die älteste Periode des Brünner Berufstheaters berichten. Keiner der Autoren beachtet dabei, dass d'Elvert nicht aus einer Originalquelle zitierte, sondern, wie er selbst angibt, den Text in einem ungenannten Artikel fand, der schon 1801 im *Patriotischen Tageblatt* veröffentlicht worden war.[3] Es ist deshalb an der Zeit, das Zitat aus zweiter Hand aus einer über 150 Jahre alten Publikation abzulehnen und zu den Archivquellen zurückzukehren. Zu den zuverlässigsten Informationsquellen gehören die Protokolle der Sitzungen des Stadtrates, in denen man tatsächlich die erwähnte Eintragung mit dem Datum 1669 über den Antrag der Schauspieler findet. Außer den Protokollen über diese Begebenheit befindet sich in den Archivbeständen der Stadt Brünn weiteres Material, von dessen Existenz die Theatergeschichte bisher nichts wusste. Es ist so reichhaltig, dass es erlaubt, die Umstände, die mit dem Aufenthalt der Komödianten in Brünn im Winter des Jahres 1669/70 zusammenhängen in einem bisher unvorstellbarem Ausmaß zu rekonstruiren.

Wir haben einige verschiedene Anträge dieser Schauspieler vorliegen, die sie an die Stadtverwaltung und an das königliche Richteramt gerichtet haben. Auch eine amtliche Korrespondenz über die Zulassung öffentlicher Theatervorstellungen zur Adventzeit zwischen dem Landeshauptmann und der Stadtverwaltung hat sich erhalten. Aus dieser Korrespondenz geht hervor, dass der Brünner Stadtrat Theatervorstellungen in der Stadt selbstständig bewilligen konnte und sogar die Verantwortung bei der Wahl des Repertoires übernahm. Aus der Korrespondenz des Stadtrates mit den Komödianten geht hervor, dass die Gemeinde zur gleicher Zeit deren Schulden tilgte, die aufgrund der geringen Zuschauerzahl währned der grausamen Kälte und wegen des unglücklich gewählten Vorführungsortes entstanden waren.

Die Schauspielertruppe musste etwas früher nach Brünn kommen, als d'Elvert angab, denn aus ihrem Gesuch, das der Stadtverwaltung am 28. November 1669 übergeben wurde, geht hervor, dass die Komödianten schon seit einer nicht genau angegebenben Zeit in der Stadt spielten. Außer der Danksagung für die Erlaubnis wiesen die Komödianten auch darauf hin, dass zum angegebenen Zeitpunkt nur wenige Zuschauer gekommen waren und dass sie deshalb einen nicht ausreichenden Lohn erhielten:

---

[2] Christian d'Elvert: *Die Geschichte des Theaters in Mähren und Oest. Schlesien.* Brünn 1852, S. 37.

[3] Ebd. S. 37.

> Nach dem wir die hohe gnade genossen in dießer Königl. Haubtstadt Brün unsere Comoedien zu exhibiren, haben wir unnschuldigst und unterthenigst zu bedanken; Weilen aber biß dato die frequenz der zu seher etwas schlecht geweßen, alßo daß wir unßere Unkosten welche wir angewendet, biß dato noch nicht bekhommen.[4]

Zur Unterstützung ihres Antrags zwecks Zulassung der Vorstellungen im Advent teilten sie mit, dass sie dieselbe Komödien im Vorjahr zu gleicher Zeit in Salzburg in Gegenwart des Erzbischofs und seines Geleits gezeigt hatten:

> Undt weillen wir vergangenes jahr in der Ertz Bischoflichen Haubt und Residentz Stadt Salzburg in Advent Selbige Comedien in Praesens Ihro Hoch Fürst. Gnd. Undt anderen damahls anwesenden Thumb Herrn agiret.[5]

Das Gesuch unterzeichneten: „Sammentliche Comoedianten". Diese anonyme, sehr interessante Unterschrift verweist auf den Umkreis der sogenannten Innsbrucker Komödianten (die „Inspruggerischen Comoedianten"),[6] die sich tatsächlich im Winter des Vorjahrs 1668/69 in Salzburg aufgehalten hatten.[7] Die Sache ist allerdings nicht so einfach, wie es scheint, weil am 20. Dezember 1669, das heißt fast zur gleichen Zeit, als sich die „Sammentliche Comoedianten" auf ihr Auftreten vor dem Salzburger Erzbischof beriefen, es in Salzburg selbst zu einem anderen, ebenfalls anonymen Gesuch wegen Vorstellungen zum angegebenen Wintertermin kam. Darin wiesen die Komödianten auch auf ihr Auftreten im Winter 1668/69 mit der Unterschrift „N:N: Comoedianten" hin.[8] Wir haben es demnach mit zwei Gesuchen vom Jahresende 1669 zu tun, das eine aus Salzburg und das andere aus Brünn, worin sich die Autoren der Anträge auf ihr früheres Wirken in Salzburg berufen. Wie aus einer persönlichen Verhandlung zwischen Beamten und Schauspielern hervorgeht, wurde keines der beiden Gesuche mit der Post abgeschickt, sondern vielmehr persönlich übergeben. Es existiert aber noch eine direkte Angabe über die Anwesenheit der Innsbrucker Komödianten in Prag von Ende Oktober 1669. Es geht um die Antwort der Prager Stadthalterei.[9] Darin wird zwar deren Wirken in Salzburg nicht erwähnt, dafür werden die Innsbrucker Komödianten als Antragsteller für die Theatervorstellung konkret benannt.

---

[4] Brünner Stadtarchiv, die Bürgermeistersakten, die neue Sign.: k. 19 f. 3/411-418.

[5] Ebd.

[6] Dušan Ludvik: „Die Eggenbergischen Komödianten." In: *Acta neofilologica* (Ljubljana), 3 (1970), S. 69.

[7] Franz Joseph Fischer: „Wandertruppen des 17. Jahrhunderts in Salzburg." In: *Mitteilungen der Gesellschaft 100. Vereinsjahr* 1960, S. 456f.

[8] Ebd.

[9] Oscar Teuber: *Geschichte des Prager Theaters*. Bd. I., Prag 1883, S. 73.

Die Gesellschaft der Innsbrucker Komödianten zerfiel im Sommer 1669, wie Bärbel Rudin nachgewiesen hat.[10] Es scheint aber, dass diese Auflösung komplizierter war, als man bisher annahm. Es ist nun die Frage, wer damals überhaupt in Brünn wirkte, ob ein abgesplitterter Teil der Innsbrucker Komödianten oder ganz andere Komödianten. Obwohl eine genaue Identifikation nicht möglich ist, können wir zwei Hypothesen aufstellen. Es ist nämlich wahrscheinlich, dass es sich um eine Teil der Innsbrucker Komödianten handelte, die sich im Sommer 1669 in den südlichen Gegenden des Reiches in kleinere Gruppen aufteilten, von denen eine im Oktober nach Prag kam.[11] Wir verweisen darauf, dass in der Antwort der Prager Stadthalterei zu dem Antrag steht: „etliche Innsprugische allhier unlängte Comoedianten.“[12] Es ist durchaus möglich, dass sich die Gruppe in Prag noch einmal aufteilte. Ein Teil, das sind nur einige Komödianten (*etliche Comoedianten*) blieben in Prag, weil sie wegen der harten Kälte die Stadt nicht verlassen wollten, der andere Teil zog Richtung Wien weiter. Sie kamen jedoch nur bis Brünn, wo sie den Winter 1669/70 verbrachten. Gleichzeitig verblieb eine dritte Gruppe nach der Aufteilung im Reich und kehrte nach Salzburg zurück, wo sie im Dezember 1669 einen Antrag stellte. Es gibt eine weitere Möglichkeit, dass sich der junge Andreas Elenson im Jahre 1668 in Salzburg in der Gesellschaft der Innsbrucker Komödianten aufhielt,[13] nicht als Direktor, sondern ein Anfänger. Er könnte dann im Frühjahr 1669 aus Salzburg Richtung Südosten gezogen sein, um eine eigene Gesellschaft zu gründen. Er war es offensichtlich, der im August in Laibach weilte, wo er ein neues Genre von Schattenspiel betrieb, dass er bei den Innsbrucker Komödianten kennengelernt hatte.[14] Danach reiste er nach Wien, das jedoch damals von der Gesellschaft des erfahrenen Jakob Kuhlmann belegt war[15] und fuhr deshalb weiter. Der Winter 1669 erreichte ihn in Brünn, wo er die ganze Karnevalsaison bis Faschingdienstag blieb, der 1670 auf den 18. Februar fiel.

Wer auch immer in Brünn war, sicher ist, dass man von Anfang an mit nicht geringen Schwierigkeiten zu rechnen hatte, die zum Schluss die Gesellschaft fast ruinierten. Vor allem herrschte grimmiger Frost, der den Zuschauerverlust verursachte. Seit Januar 1670 trat in Brünn noch eine Gruppe von

---

[10] Bärbel Rudin: „Pickelhering, rechte Frauenzimmer, berühmte Autoren.“ In: *Wanderbühne.* (Kleine Schriften der Gesellschaft für Theatergeschichte. Bd. 34/35) Berlin 1988, S. 43.
[11] Ebd.
[12] Teuber: *Geschichte des Prager Theaters* [wie. Anm. 8].
[13] Fischer: „Wandertruppen des 17. Jahrhunderts in Salzburg.“ [wie Anm. 7], S. 459.
[14] Dušan Ludvik: „Die Innsbrucker Komödianten I. (Chronologie und Topografie 1652-1676).“ In: *Acta Neofilologica* (Ljubljana), 4 (1971), S. 30.
[15] Franz Hadamowsky: *Wien. Theater Geschichte von dem Anfängen bis zum Ende des Ersten Weltkriegs.* Wien, München 1988, S. 111.

Seiltänzern auf. Diese Seiltänzer beklagten sich am 31. Januar 1670 über die Kälte und baten die Brünner Stadtverwaltung um Ermäßigung des Zimmerpreises in der städtischen Taverne.[16] Die Schaupieler veranstalteten ihre Vorstellungen im städtischen Salzlager (der sogenannten Salzkammer). Das Spielrecht, das die Stadtverwaltung den Schauspielern in der ersten Adventwoche (am 5. Dezember 1669) zusicherte,[17] reichte nicht, denn es wurde ihnen untersagt, am Feiertag des Sankt Nikolaus und der Unbefleckten Empfängnis der Mutter Gottes zu spielen. Trotzdem wollte die Gesellschaft solange wie möglich in Brünn bleiben und ersuchte am 15. Dezember um die Bewilligung zur Fortsetzung der Vorstellungen während des Landtages, d.h. in der Zeit nach Weihnachten.[18] Das wurde ihnen von der Stadtverwaltung bewilligt, aber der Landtag fand zuletzt nicht statt. Zu Beginn des neuen Jahres 1670 war die Situation der Komödianten kritisch. Die verschuldeten Schauspieler ersuchten am 9. Januar das königliche Richteramt[19] um Zuteilung einer anderen Stelle, wo man heizen konnte, damit sie und die Zuschauer vor der Kälte geschützt sind und wo auch kein zu großer Lärm und Betrieb herrschten wie z.B. in der Salzkammer, die ein öffentliches Salzgeschäft war. Die Komödianten bezifferten ihre Schulden auf 200 Gulden. Die Stadtverwaltung kam ihnen unter der Bedingung, entgegen, dass sie alles bezahlen, was sie schulden. Aus dem letzten Brief der Schauspieler an das königliche Richteramt, geschrieben am 17. Februar[20] einen Tag vor Faschingsdienstag, geht hervor, dass die Schulden der Schauspieler weiterhin zugenommen hatten. Sie wollten deshalb nach Graz und hofften, dass dort nach Ostern etwas Geld zu verdienen, um die Brünner Gläubiger zufrieden zu stellen. Vorläufig boten sie die Abschrift eines Theaterstückes als Pfand an. Aus einer protokollarischen Niederschrift des Stadtrates vom 17. Februar geht hervor, dass den Komödianten die Kostüme beschlagnahmt wurden.[21] Zu Beginn der Fastenzeit verließ die Gesellschaft Brünn und begab sich zweifellos nach Wien, was sie schon früher in Sinne gehabt hatte. Dušan Ludvik stellte fest, dass zu Beginn des Frühjahrs eine Gesellschaft durch Wien fuhr, die er als Innsbrucker Komödianten aus Prag bezeichnete.[22] Es sieht aber so aus, dass es die verschuldete Gesellschaft aus Brünn auf dem

---

[16] Brünner Stadtarchiv, die Bürgermeistersakten, die neue Sign.: k. 20 f. 2/217-218.
[17] Brünner Stadtarchiv, Ratsprotokolle, Hschr. Nr. 1261, f. 420-421.
[18] Brünner Stadtarchiv, die Bürgermeistersakten, neue Signatur: k.19 f. 3/411-418.
[19] Ebd.
[20] Ebd.
[21] Brünner Stadtarchiv, Ratsprotokolle, Hschr. Nr. 1262, f. 71-72.
[22] Ludvik [wie Anm. 13], S. 35.

Weg nach Graz war, denn im Mai 1670 weilte dort tatsächlich eine finanziell ruinierte Gesellschaft.[23]

Vom Aufenthalt der Komödianten in Brünn im Winter 1669/1670 gibt es eine weitere interessante Begebenheit, die mit den Kompetenzrechten der Stadt zusammenhängt. Das königliche Hauptmannsamt wandte sich am 5. Dezember 1669 an die Stadtverwaltung mit der Frage, wieso sie die Theatervorstellung im Advent, ohne die Antwort der übergeordneten Institution abzuwarten, bewilligen konnte.[24] Zwischen beiden Ämtern entwickelte sich darauf ein langwieriger schriftlich geführter Streit, der mindestens bis April 1670 dauerte, als die Komödianten, um die es eigentlich ging, nicht mehr in Brünn waren. Das Brünner Rathaus bestand darauf, dass es das Recht auf eine Bewilligung „etwas Modestes zur geistlichen erlustigung durch zichtige representirung der Persohnen"[25] hat. Das Rathaus war sogar davon überzeugt, dass die Fähigkeit zu entscheiden, was gut und was schlecht ist, im gleichen Maße dem königlichen Hauptmannsamt und dem Stadtrat als Repräsentanten der Königsstadt vorbehalten sei, und deshalb bestand es auf seinen altehrwürdigen Rechten, solche Sachen selbständig zu entscheiden. Die Stadtverwaltung benutzte die Gegenwart der verschuldeten und verelendeten Komödianten, um ihre eingeschränkten Befugnisse zu stärken. Es ist interessant, dass die Ratsherren in ihrer Antwort Redewendungen benützten, die wir eher in den Anträgen der Schauspieler erwarten würden. Wir lesen zum Beispiel, dass sie nur im Advent bewilligt hatten: zu spielen „nur geistlichen Materien ohne das profan – Interludien und Nachspielen", weil sie sich bemühten die Laune zu verbessern und damit den Sinn für denkwürdige Geschehnisse wecken („gleich wie unsere intention derbey auf die auferbauligkeit und erweckung der gemüther durch Vorstellung denkwürdiger Historien und Geschichten angesehen gewest").[26]

Die Geschichte des barocken Berufstheaters in Brünn ist abwechslungs- und ereignisreich. Sie wartet jedoch noch darauf, im vollen Umfang beurteilt zu werden, als gültiger Teil eines erweiterten mitteleuropäischen Kontextes.

---

[23] Ebd.

[24] Brünner Stadtarchiv, Fonds A 1/9, Inventarnummer 86, Sg. C 51, Karton 39, f. 10.

[25] Brünner Stadtarchiv, Ratsprotokolle, Hschr.1261, f. 409 (am 29. November 1669).

[26] Brünner Stadtarchiv, Fonds A 1/9, Inventarnummer 86, Sg. C 51, Karton 39, f. 9 (am 8. Dezember 1669).

Gabriella-Nóra Tar

Deutsches Kindertheater als Berufstheater im Ungarn des 18. Jahrhunderts am Beispiel von Friedrich Zöllners Kindergesellschaft in Pest und Ofen

1. Friedrich und Josepha Zöllner

Der Name des Schaupielers Zöllner kommt in den Mitgliederverzeichnissen von zeitgenössischen Theatertaschenbüchern aus Pest und Ofen ab dem Spieljahr 1789/1790 vor.[1] Über den früheren Lebensweg Friedrich Zöllners sind wir kaum unterrichtet. Mit seiner Wandertruppe suchte er 1785 wahrscheinlich Olmütz auf,[2] im Spieljahr 1788/1789 verpachtete er das Preßburger Theater und spielte gleichzeitig im Theater des Herzogs Philipp Batthyány.[3] Später verließ Zöllner die Stadt und kam zusammen mit seiner Familie – mit Ehefrau und fünf Kindern – nach Ofen, wo er zur Pachtzeit des Grafen Unwerth Mitglied der deutschen Schaupielgesellschaft wurde.[4] Laut Hedwig Belitska-Scholtz und Olga Somorjai war Friedrich Zöllner 1796 auch als Regisseur der Oper tätig, 1799 übernahm er die Regie der Schauspiele. Von 1800 bis 1812 verzeichnen die Theaterkalender den Schauspieler Zöllner als Inszipienten, im Jahre 1809 gehörte er zum Ausschusspersonal. Als Mitglied des deutschen Theaters war er bis 1817 in Pest und Ofen tätig.[5] Zu seinem Rollenfach gehörten laut Jolán Kádár vor allem polternde Alten. Seine Ehefrau, Josepha Zöllner, spielte von 1789 bis 1820 auf Pester und Ofener Bühnen, 1801 trat sie sogar im sogenannten Kreutzertheater auf.[6] Sie verkörperte vor allem kokette Damen. Friedrich Zöllner starb in Pest-Ofen nach einer Bühnentätigkeit von etwa fünfundvierzig Jahren.

Als im Jahre 1793 Eugen Busch die Pacht des Pester und Ofener Theaters von Unwerth übernahm und die von diesem verbannten Pantomimen wieder Eingang in den Spielplan fanden, belebte Friedrich Zöllner mit seinen Kin-

---

[1] Wolfgang Binal: *Deutschsprachiges Theater in Budapest. Von den Anfängen bis zum Brand des Theaters in der Wollgasse (1889),* Graz: Böhlau. 1972, S. 54.

[2] Eike Pies: *Prinzipale. Zur Genealogie des deutschsprachigen Berufstheaters vom 17. bis 19. Jahrhundert.* Düsseldorf 1982, S. 391.

[3] Jolán Kádár: *A budai és pesti német színészet története 1812-ig*. Budapest 1914, S. 47.

[4] Ebd.

[5] Vgl. Hedvig Belitska-Scholtz und Olga Somorjai: *Deutsche Theater in Pest und Ofen 1770-1850*. Budapest 1995.

[6] Ebd.

dern die Wiener Tradition des Kindertheaters in Pest und Ofen.[7] Seine fünf, später sieben Kinder (Philipp, Klara, Josepha, Fritz, Joseph, Anton und Louise) zählten als „Gründungsmitglieder" zur Zöllnerschen deutschen Kindergesellschaft im Pest und Ofen. Von den sieben Zöllner-Kindern waren später vor allem Philipp und Anton Zöllner als erwachsene Schauspieler bekannt und beliebt.

2. Die erste Epoche der Zöllnerschen Kindergesellschaft

Die Geschichte der Zöllnerschen Kindergesellschaft lässt sich im 18. Jahrhundert in zeitgenössischen Theatertaschenbüchern genau verfolgen.[8] Das Taschenbuch von 1795 bezieht sich auf vier Kinder, die 1794 im Rahmen der Pester deutschen Erwachsenengesellschaft als Kinderschauspieler auftraten: „Kinderrollen werden besetzt durch Philipp Zöllner, Klara Zöllner, Josepha Zöllner, Fritz Zöllner."[9]

Anfangs traten die Zöllnerschen Kinder nur in kleinen Kinderrollen in Erwachsenenstücken auf; diese Auftritte werden auf den Pester und Ofener Theaterzetteln des Jahres 1794 festgehalten. 1795 wurden die Kinderrollen von Philipp, Klara, Josepha, bzw. Fritz Zöllner gespielt.[10]

1796 stieg die Zahl der Kinderschauspieler von vier auf acht. Neben den fünf Zöllner-Kindern (da inzwischen auch Joseph Zöllner dazu kam) traten auf dem Pester und Ofener deutschen Theater Clement Portlick, Joseph Portlick und Joseph Schüller auf. Ab diesem Jahr kann eigentlich von einer ausgesprochenen Kindergesellschaft gesprochen werden, da die acht Kinderschauspieler nicht nur oder vor allem nicht in den Erwachsenenstücken auftraten, sondern über ein eigenes Repertoire verfügten.

Über die Kinderaufführungen dieses Spieljahres sind wir durch das 1797 erschienene Theatertaschenbuch für das Jahr 1796 unterrichtet.[11] Am 9. Feb-

---

[7] Jolantha Pukánszky-Kádár: *Geschichte des deutschen Theaters in Ungarn. Von den Anfängen bis 1812*. München 1933, S. 85.

[8] Die zweite Generation der Zöllnerschen Kinderschauspieler setzte ihre Tätigkeit auch im 19. Jahrhundert fort. Im Rahmen der vorliegenden Untersuchung kann nur die erste Periode berücksichtigt werden.

[9] *Ofner und Pester Theater-Taschenbuch für das Jahr 1794*. O. O. 1795, S. 8.
Die meisten Pest-Ofener Theaterkalender der Zeit, auch der erwähnte, wurden in zwei Varianten aufgelegt: in einer Version für Pest und einer anderen für Ofen. Diese Varianten unterscheiden sich nur durch die Ortsbezeichnung, sonst sind sie textgleich.

[10] *Ofner und Pester Theater-Taschenbuch für das Jahr 1795*. O. O. 1796, S. 9.

[11] *Ofner und Pester Theater-Taschenbuch für das Jahr 1796*. O. O. 1797.
Die Angaben der Zöllnerschen Kindergesellschaft haben wir in jedem Einzelfall mit Hilfe des im Jahre 1995 erschienenen normativen Titelkatalogs von Hedvig Belitska-Scholz und Olga Somorjai [wie Anm. 5, ab jetzt: BSchS] überprüft. Die erhaltenen Ergänzungen zu den herangezogenen Theatertaschenbüchern werden in eckigen Klammern als Fußnoten wie folgt

ruar 1796 führte die kleine Gesellschaft in Pest das Lustspiel *Hänschen und Lischen, oder: die unschuldige Liebe auf dem Lande* in zwei Aufzügen auf.[12] Wahrscheinlich ging es in diesem Stück des Zöllnerschen Kindertheaters um das Lob des ländlichen Lebens, also um einen auch in der Aufklärung besonders beliebten Topos der Weltliteratur. Zu weiteren Aufführungen des Lustspiels kam es am 18. und 29. Februar 1796 in Pest bzw. am 19. Februar und am 7. März 1796 in Ofen.[13] Am 31. Juli 1796 traten die Kinderschauspieler in Ofen im Ballett *Die bezauberten Rosen auf.*[14] Das gleiche Ballett wurde am 4. August und am 28. August 1796 in Pest bzw. am 15. August 1796 in Ofen gegeben.[15] Hier muss darauf hingewiesen werden, dass ein Ballett mit dem Titel *Die bezauberten Blumen* von Ballettmeister Joseph Hornung auch im Repertoire der Kinderschauspieler Felix Berners – der vielleicht bekanntesten europäischen Kindergesellschaft des 18. Jahrhunderts – im Theatertaschenbuch des Ensembles verzeichnet wird.[16] Bei Friedrich Zöllner mag es sich um dasselbe Ballett oder um eine Variation des bekannten Sujets handeln.

Oft führten die Pester und Ofener Kinder zwei Stücke pro Abend auf. Am 15. Oktober 1796 wurde in Ofen z. B. nach der Operette *Die schöne Sklavinn* auch ein Ballett aufgeführt.[17] Weitere Wiederholungen fanden am 16. und 24. Oktober, am 14. November und am 8. Dezember 1796 in Pest bzw. am 21. Oktober in Ofen statt.[18]

Die letzte Vorstellung des Jahres war ebenfalls zweiteilig. Die Kinder Friedrich Zöllners spielten am 12. Dezember 1796 die Operette *Der geplagte Bräutigam* zusammen mit dem Ballett *Die vier Einfältigen.*[19] Am 19. De-

---

angegeben: BSchS Autor-Komponist [Ergänzung/ Korrektur]: *Titel [Ergänzung/Korrektur],* [Gattung Struktur]. Wenn sich der Autorenname im Verzeichnis von Belitska-Scholz von dem in der zeitgenössischen Quelle angegebenen Namen unterscheidet, wurde die Ergänzung mit einem Fragezeichen versehen. Die von uns verwendeten Abkürzungen wurden aus dem normativen Titelkatalog von Belitska-Scholz unverändert übernommen.

[12] „9. Februar – Pest - *Hänschen und Lischen, oder: die unschuldige Liebe auf dem Lande,* mit einem kleinen ländlichen Divertissem. aufgeführt von der Kindergesellschaft. L. in 2. A." *Ofner und Pester Theater-Taschenbuch für das Jahr 1797.* O. O. 1798, S. 15.

[13] Ebd, S. 16 ff.

[14] „31. Juli - Ofen [...] *Die bezauberten Rosen*; Ballet in 1 A. Aufgeführt von der Kindergesellschaft." Ebd., S. 33.

[15] Ebd., S. 33 ff.

[16] Vgl. Franz Xaver Garnier: *Nachricht von der im Jahre 1758 von Herrn Felix Berner errichteten jungen Schauspieler-Gesellschaft.* O. O. 1782., Bozen. 1784., Wien. 1786.

[17] „15. Oktober – Ofen – *Die schöne Sklavinn.* O. in 2 A. Mit einem Ballet, aufgeführt von der Kindergesellschaft." Ebd., S. 39.

[18] Ebd., S. 39f.

[19] „12. Dezember – Pest – *Der geplagte Bräutigam.* O. in 2. A. Aufgeführt von der Kindergesellschaft. Dazu ein grosses Ballet von eben denenselben getanzt; genannt: *Die vier Einfä-*

zember 1796 wurden die gleichen Stücke zum Vorteil der Kindergesellschaft gezeigt.[20] Die Rollenbesetzung der kleinen Schauspieler konnte mangels von Theaterzetteln nicht eruiert werden. Auch soll darauf hingewiesen werden, dass das Ballett *Die vier Einfältigen* als Hornungs Werk früher auch von Felix Berners vergleichbarem Ensemble aufgeführt wurde.[21]

1797 wurde das Kindertheater Zöllners durch weitere fünf Mitglieder erweitert. Im betreffenden Theatertaschenbuch kommen Joseph Grabner, Theresia Girzick, Sophie Huber, Louise Jandl, Clement Portlick, Franz Portlick, Joseph Schüller, Philipp Zöllner, Klara Zöllner, Pepy Zöllner bzw. Joseph Zöllner als Kinderschauspieler vor.[22] Im Vergleich zum Vorjahr bestand die Truppe aus elf Mitgliedern: Joseph Portlick und Fritz Zöllner sind aus dem Ensemble „ausgeschieden".

Anscheinend wuchs die Kindergesellschaft nicht nur zahlenmäßig, sondern sie gewann auch an Bedeutung, denn das Theatertaschenbuch 1797 veröffentlichte nach dem Mitgliederverzeichnis folgende Mitteilung:

> Diese Kindergesellschaft stellt auch, wie in angezeigten Stücken zu ersehen ist, Operetten und eigends dazu anpassende Schauspiele nebst Baletten vor. – Der Fleiss des Hrn Zöllners in ernstern und die Wahl gut geordneter Ballette, welche von Hrn Schüller seinen Subjekten anmassend ausgeführt worden, konnten wir nicht unterlassen anzuzeigen; der Beyfall, den diese kleine Gesellschaft einem hohen gnädigen Adel, als auch sämmtlichen Publikum verschaffte, ist Bürge unserer Wahrheit.[23]

Friedrich Zöllner unterwies also die kleinen Schauspieler in Sprechtheater- und musikalischen Stücken, der Ballettmeister der Kindergesellschaft war ein Schauspieler der Erwachsenentruppe, Johann Georg Schüller.

Die Kinderaufführungen des Jahres 1797 lassen sich wie folgt zusammenfassen: In Pest wurde am 5. Januar und am 2. November 1797 wieder die Operette *Der geplagte Bräutigam* zusammen mit dem Ballett *Die vier Einfältigen* gegeben, zu einer weiteren Aufführung dieser Art kam es in Ofen am 6. Januar 1797.[24] Die gleiche Operette, aber ein anderes Ballett, nämlich *Der Strohschneider,* wurden am 23. November 1797 in Ofen aufgeführt.[25]

---

ltigen mit Abon. susp. in 1 A." – Ebd., S. 44f. BSchS [wie Anm. 5] Hornung: *Die vier Einfältigen,* [B].

[20] „19. Dezember – Ofen – *Der geplagte Bräutigam.* O. in 2. A. Samt Ballet: *Die 4 Einfältigen,* zum Vortheil der Kindergesellschaft." Ebd., S. 45.

[21] Vgl. Garnier [wie Anm. 16], 1786. Im folgenden beziehen wir uns bei der Aufstellung von Repertoire-Konkordanzen mit Felix Berner.

[22] *Ofner und Pester Theater-Taschenbuch für das Jahr 1798.* O. O. 1799, S. 5.

[23] Ebd.

[24] Ebd.

[25] Ebd. BSchS [wie Anm. 5], *Der Strohschneider*, [kom B].

Ein Ballett mit dem Titel *Der zum Bräutigam geprügelte Strohschneider* von Joseph Hornung ist auch im Repertoire der Bernerschen Kindergesellschaft nachweisbar.

Der im Jahre 1798 erschienene Theaterkalender macht sogar darauf aufmerksam, dass die Truppe damals im Theater bei Herrn Falck in der Wasserstadt spielte. Hier fand auch der letzte Auftritt der Kinder im Jahr statt: Die Zöllnerschen Kinder führten am 19. Dezember 1797 die komische Oper *Großmüthige Seefahrer, oder die schöne Sklavinn* und das Ballett *Die Unterhaltung der Matrosen* auf.[26] Ein Ballett von Albert Moravek mit dem Titel *Die Matrosen* kommt auch im früheren Repertoire von Felix Berner vor.

Aus dem Theatertaschenbuch für das Jahr 1798 geht hervor, dass das Kinderensemble damals zehn Mitglieder aufwies. Im Vergleich zum Vorjahr begegnen wir zwei neuen Namen, Anna Fritz und Johanna Huber. Alle fünf Kinder von Friedrich Zöllner spielen mit, die Brüder Portlick, Joseph Schüller und Sophie Huber „gehen" aber sozusagen vom Kindertheater „ab".[27] In den im Kalender festgehaltenen Verzeichnissen konnten wir keine Kinderaufführungen ermitteln; die kleinen Schauspieler traten wahrscheinlich nur in Kinderrollen in Erwachsenenstücken auf.

Im Jahre 1799 bestand die Truppe aus zehn Kindern: Joseph Grabner, Theresia Girzik, Anton Jandel, Louise Jandel, Magdalena Müller, Philipp, Klara, Pepi, Joseph und Fritz Zöllner.[28] Als neue Mitglieder gelten Anton Jandel und Magdalena Müller, abgegangen sind Anna Fritz bzw. Johanna Huber. In Bezug auf die Kinderauftritte sind wir nur darüber unterrichtet, dass das Kinderensemble am 29. November 1799 in Pest zwei Stücke zum Vorteil der Zöllnerschen Kinder gab.[29]

Im ersten Stück, nämlich in Brandes Ballett *Ariadne auf Naxos,* das schon früher von den Bernerschen Kindern mit Erfolg aufgeführt wurde, trat Klara Zöllner in der Rolle der Ariadne und Philipp Zöllner als Theseus auf. Der Theaterzettel aus dem Jahre 1799 ließ die dritte Rolle unbesetzt.[30] Das zweite Stück des Abends war eine ländliche Operette in zwei Aufzügen, *Das*

---

[26] „19. Dezember – Ofen - Wasserst. *Grossmüthige Seefahrer, oder die schöne Sklavinn,* von der Kinder-Gesellschaft. O. in 2. A. Mit einem Ballet: *Die Unterhaltung der Matrosen* 1 A." Ebd., S. 5. BSchS [wie Anm. 5], [Rösler]: *Die Unterhaltung der Matrosen [in Zuecca],* [B].

[27] Vgl. *Ofner und Pester Theater-Taschenbuch für das Jahr 1798*. O. O. 1799. 8.

[28] *Ofner und Pester Theater-Taschenbuch für das Jahr 1799*. O. O. 1800. 9.

[29] „29. November Pest *Ariadne auf Naxos*, und *Nannerl am Hof* (Zum Vortheil der Zöllnerischen Kinder. *Das lustige Beylager*. O. in 2. A." Ebd., S. 37. BSchS [wie Anm. 5], [n Rousseau u n e Kant d Gerstenberg v Brandes, Mus Benda]: *Ariadne auf Naxos,* [Mel 1/Duodr m Mus].

[30] *Pesti Német Szinlap*, 1799. november 29. OSZK, Színháztörténeti Tár, Budapest.

listige Bauernmädchen am Hofe.[31] Den Fürsten spielte Philipp Zöllner, die Rolle der Gräfin Emilie übernahm Theresia Girczik. Weiteren vier Rollen wurden von den vier Kindern Friedrich Zöllners gespielt: Friedrich trat als Hofritter, Joseph als Jäger, Klara als Bauer und Josepha als Bauermädchen auf. Es handelt sich um ein auch von den Erwachsenen oft gespieltes Werk, in dem die Kinderschauspieler eigentlich in ursprünglich für Erwachsene geschriebenen oder komponierten Rollen auftraten. Klara Zöllner wurde darüber hinaus eine Männerrolle zugeteilt, was damals bei geringem männlichen Personal relativ oft vorkam.

Der zeitgenössischen Gepflogenheit folgend, spricht die Kindergesellschaft, zu deren Vorteil am 29. November 1799 gespielt wurde, auf dem Ankündigungszettel ihr Publikum persönlich an:

> Hohe und Gnädige! Da unser bisheriges jugendliches Spiel das Glück hatte, von Ihnen mit Wohlwollen und Nachsicht aufgenommen zu werden, und unser einziges Trachten immer nur dahin ging, sie Hohe und Gnädige nach unsern geringen, noch schwachen Kräften zu unterhalten, so wagen wir es in aller Unterthänigkeit einen hohen und gnädigen Adel, löbl. k. k. Militär, eine ehrsame Bürgerschaft, und alle edlen Theater- und Kinderfreunde, an dem heutigen Tage zu unserer freyen Einnahme, die uns zur Aufmunterung für künftigen Fleiss ertheilt worden, demüthigst einzuladen. Wir werden alle Kräfte aufbieten, Ihnen den heutigen Abend recht angenehm zu machen, und bitten gehorsamst uns die Ehre Ihrer hohen Gegenwart für diesen Abend nicht zu entziehen – Wir rechnen mit Zuversicht auf Ihre hohe Gnade und Huld, und verharren in Demuth. Eines hohen und gnädigen Publikums unterthänigst-gehorsamste Kinder-Gesellschaft.[32]

Die Zusammensetzung des Kinderensembles änderte sich 1800 nicht.[33] Der 1801 erschienene Theaterkalender hält eine einzige Kinderaufführung fest: Am 3. März 1800 führte das kleine Ensemble in Pest *Ariadne auf Naxos* bzw. die Operette *Der Marktschreier* als Einakter auf.[34] Ein Theaterzettel vom 16. Januar 1800 kündigt darüber hinaus auch das Singspiel *Das listige Bauernmädchen am Hofe* an, das im erwähnten Theatertaschenbuch jedoch nicht vorkommt.[35] Die fünf Kinder Zöllners und Theresia Girczik spielten dieses letzte Stück in der Rollenbesetzung vom 29. November 1799.

---

[31] Ebd. BSchS [wie Anm. 5] [n „La contadina di spirito", Mus Paisiello]: *Das listige Bauernmädchen [oder Die verwechselten Bräute],* [kom Op 2].

[32] *Pesti Német Színlap*, 1799. november 29. OSZK, Színháztörténeti Tár, Budapest.

[33] Vgl. *Ofner und Pester Theater-Taschenbuch für das Jahr 1800.* O. O. 1801, S. 6.

[34] „3. März, Pest *Ariadne auf Naxos* von Kindern, und der *Marktschreyer.* O. in 1. A." Ebd., S. 15.
BSchS [wie Anm. 5] [Mus Süssmayr]: *Der Marktschreier,* [kom Op 1/kom Si].

[35] *Pesti Német Színlap.* 1800. január 16. OSZK, Színháztörténeti Tár, Budapest.

Für die nächsten drei Spieljahre kennen wir lediglich die Kinderschauspieler, über die von ihnen erbrachten Leistungen sind wir aber nicht unterrichtet. Die Zahl der kleinen Künstler ging 1801 von zehn auf sechs zurück, im Unterschied zu den vorangegangenen zwei Spieljahren spielten Theresia Girczik, Fritz, Klara bzw. Philipp Zöllner nicht mehr im Kinderensemble.[36] Klara Zöllner ging im Jahre 1801 zur Erwachsenentruppe, und Philipp Zöllner verließ Pest für etwa fünfzehn Jahre und suchte sein Glück bei anderen Theatern der Region.[37]

1802 kamen Clara Kistler und Peppi Müllner zum Kinderensemble, von Friedrich Zöllners Kindern traten nur noch Peppi und Joseph in Kinderrollen auf.[38] Die erste Periode der Zöllnerschen Kindergesellschaft ging im Jahre 1803 zu Ende, als nach Klara Zöllner auch Josepha Zöllner in die Pester und Ofener Erwachsenentruppe aufgenommen wurde.[39] Von den sieben Kindern Friedrich Zöllners spielten von 1805 bis 1809 nur noch die zwei jüngsten, Anton und Louise in der Kindergesellschaft.

In der ersten Periode des Kinderensembles stellten Zöllners Kinder den Kern der Gesellschaft. Das Repertoire der Truppe bestand aus Operetten, Lustspielen und Balletten. Die musikalischen Stücke und Komödien wurden den kleinen Bühnenkünstlern von Friedrich Zöllner, die Ballette vom Tanzlehrer Schüller beigebracht. Am 19. Dezember 1796 und 29. November 1799 wurde sogar zum Benefiz von Zöllners Kindern gespielt, was die Beliebtheit der Kindergesellschaft bezeugt. Den Erfolg der Kinderauftritte bestätigt auch ein Garderobenverzeichnis des Pester und Ofener Theaters aus dem Jahre 1799, das zweiundsechzig Kinderkostüme enthält.[40]

---

[36] Vgl. *Ofner und Pester Theater-Taschenbuch für das Jahr 1801*. O. O. 1802, S. 8.
[37] Vgl. Kata Flórián: *A kassai német színészet története 1816-ig*. Budapest. 1927, S. 86 ff.
[38] *Ofner und Pester Theater-Taschenbuch für das Jahr 1802*. O. O. 1803, S. 8.
[39] *Ofner und Pester Theater-Taschenbuch für das Jahr 1804*. O. O. 1805, S. 5.
[40] Vgl. Pukánszky-Kádár [wie Anm. 7] , S. 86.

3. Die spätere Laufbahn der Zöllnerkinder

Über die weitere Laufbahn der sieben Zöllner-Kinder konnte folgendes ermittelt werden:

Klara Zöllners Laufbahn als erwachsene Schauspielerin kann in den zeitgenössischen Theatertaschenbüchern von 1801 bis 1811 verfolgt werden.

Über Josepha Zöllner stehen relativ wenige Angaben zur Verfügung. Obwohl sie ab 1803 zur Erwachsentruppe gehörte, kommt sie im Pester Theatertaschenbuch für das Jahr 1805 als Pepi Zöllner wieder unter den Kinderschauspielern vor.[41] Ihr Name wird in den Pester und Ofener Theaterkalendern bis zum Jahre 1811 verzeichnet.

Fritz Zöllner ist der einzige von den sieben Zöllnerkindern, der nach seinen Kinderauftritten anscheinend die Schauspieler-Karriere nicht fortgesetzt hat.

Joseph Zöllners Name taucht in einem Taschenbuch aus dem Jahre 1821 wieder auf: „Hr. Jos. Zöllner spielte als neu engagirtes Mitglied den 4. Juni im Zerstreuten den Johann."[42]

Das Pester Theatertaschenbuch für das Jahr 1823 zählt Anton Zöllner zu den abgegangenen Mitgliedern des Ensembles, der damals den Chor des Pester deutschen Theaters verließ.[43] 1826 trat der in Brünn verpflichtete Anton Zöllner als Gast in Ofen auf, am 14. April 1826 wurde sogar zu seinem Vorteil gespielt.[44] „Hr. Anton Zöllner vom städtischen Theater in Brünn" gab damals folgende Gastrollen: „den 1. und 4. April in der *Falschen Catalani* den Lustig, 7. April in der *Fee aus Frankreich* den Spindelbein, 9. im *verwunschenen Prinzen* den Sandelholz, 13. im *lustigen Fritz* den Fritzerl, 14. in Ofen, Paris, London und Konstantinopel den Grill, 23. in der Aline den Bims."[45] Im Spieljahr 1830/31 ist er wieder in Ofen zu finden; sowohl am 29. Dezember 1830 als auch am 20. Juni 1831 wird zu seinem Vorteil gespielt. Anton Zöllner ging ab Ostern 1831 nach Klagenfurt ab.[46]

Louise Zöllner. Im Spieljahr 1823/1824 sang „Dlle Louise Zöllner" im Chor des unter der Leitung Philipp Zöllners funktionierenden Ofener deutschen Theaters.[47] Im Spieljahr 1824/1825 zählt eine bestimmte Dlle Zöllner weiterhin zum Chor des Ofener Theaters, es handelt sich wahrscheinlich wieder um Luise Zöllner.[48] Aus dem *Ofener Theatertaschenbuch für das*

---

[41] *Ofner und Pester Theater-Taschenbuch für das Jahr 1805*. O. O. 1806, S. 6.
[42] *Theater-Taschenbuch auf das Jahr 1820*. Pesth. 1821, S. 68.
[43] *Theater. Taschenbuch auf das Jahr 1823*. Pesth. 1823, S. 13.
[44] *Ofner-Theater-Taschenbuch auf das Jahr 1827*. Ofen o. J., S. 22.
[45] Ebd., S. 44.
[46] *Ofner-Theater-Almanach, für das Jahr 1832*. Ofen o. J., S. 12 ff.
[47] *Ofner-Theater-Taschenbuch auf das Jahr 1825*. Ofen o. J., S. 11.
[48] Vgl. *Ofner-Theater-Taschenbuch auf das Jahr 1826*. Ofen o. J., S. 11.

Spieljahr 1825/26 geht hervor, dass die Chorsängerin Louise Zöllner von der Truppe nach „Esseg" [Ossijek] abging.[49] 1826 gehörte „L. Zöllner" zum Pester Tanzpersonal und eine gewisse „Dlle Zöllner" zum Chor der Gesellschaft.[50]

Es kann nicht mit Sicherheit behauptet werden, dass sich die Bezeichnung „Dlle Zöllner" aus den Mitgliederverzeichnissen dieser Zeit immer auf Louise Zöllner bezieht. Dass die Benennung stets bei den Chormitgliedern erscheint, spricht eindeutig für Luise Zöllner, denn sie war vor allem als Sängerin tätig. Wenn es tatsächlich um Luise Zöllner geht, spielte sie laut den Quellen 1827 wieder in Ofen bzw. Pest.[51] Ab Ostern 1828 verließ sie Pest, ab Ostern 1829 ist sie jedoch wieder im Pester deutschen Theaterensemble zu finden.[52] Weitere Angaben über ihre Theaterkarriere waren nicht zu eruieren.

In Constant Wurzbachs biographischem Lexikon behauptet Kata Flórián, dass Philipp Zöllner d. Ä. am 7. September 1785 in Pest geboren wurde.[53] Diese Ortsangabe von Flórián widerspricht der, auch durch Theaterzettel belegbaren Tatsache, dass das Ehepaar Zöllner erst im Spieljahr 1789/90 für längere Zeit nach Pest zur deutschen Theatergesellschaft kam.

Philipp war als ältestes Kind Friedrich Zöllners von 1794 bis 1800 als Kinderschauspieler tätig. Die Behauptung von József Bayer, dass Philipp Zöllner seine Karriere 1793 als ungarischer Schaupieler in Pest begonnen hat, ist sehr fraglich.[54] Wenn Philipp Zöllner tatsächlich im Jahre 1785 geboren wurde, war er 1793 erst acht Jahre, außerdem waren seine Eltern damals bereits Mitglieder des deutschen Ensembles in Pest, was sein Debüt als Kinderschauspieler im deutschen Theater glaubwürdiger erscheinen lässt.

Nach Kinderrollen verließ Philipp Zöllner für etwa fünfzehn Jahre Pest und Ofen und war an verschiedenen Theatern der Region als Schauspieler, Theaterdirektor usw. tätig. 1801 hielt er sich in Preschau auf, 1804 ging er zu Holzmann nach Fünfkirchen.[55] 1805/06 ist er Theaterdirektor in Neusatz. Von hier aus bewirbt er sich für Kaschau, da er aber zurückgewiesen wird, geht er nach Essegg/Osijek. Darauf folgen Auftritte in Szegedin, Großwar-

---

[49] *Ofner-Theater-Taschenbuch auf das Jahr 1827*. Ofen o. J., S. 52.

[50] *Theater-Almanach vom ersten Januar bis letzten November 1826*. Pesth o. J., S. 11.

[51] *Ofner-Theater-Taschenbuch auf das Jahr 1828*. Ofen o. J., S. 5. bzw. *Theater Almanach vom ersten December 1826 bis letzten November 1827*. Pesth. O. J., S. 5.

[52] *Theater Almanach vom ersten December 1827 bis letzten November 1828*,. Pesth o. J., S. 15. bzw. *Theater Almanach vom ersten Dezember 1828 bis letzten November 1829*. Pesth o. J., S. 11.

[53] Flórián [wie Anm. 37], S. 86.

[54] Vgl. József Bayer: *A nemzeti játékszín története*. 2. Band. Budapest. 1887, S. 80.

[55] Flórián [wie Anm. 37], S. 86.

dein und Preßburg.[56] 1808/109 spielte er in Znaim, wurde dann vom Direktor des Theaters an der Wien in die Kaiserstadt eingeladen, wo ihm nach seinem Gastspiel ein vorteilhafter Vertrag angeboten wurde, den er jedoch ablehnte.[57] Nach Wien folgt im Jahre 1809 ein Gastspiel in Pest.[58] In gleichen Jahr ging Zöllner nach Raab zu Kuntz, danach 1811 nach Kaschau zu Holzmann.[59] 1812 leitet er in Preschau seine eigene Theatergesellschaft, im Jahre 1813 übernimmt er für drei Jahre sogar die Direktion des Kaschauer Theaters.[60]

Nach Ablauf seines Vertrags in Kaschau gastierte Zöllner im Jahre 1815 auf Einladung von Schädius wieder in Pest.[61] Das Gastspiel endet mit einem Vertrag: ab 1815/1816 sind in den zeitgenössischen Theaterkalendern nicht nur die Auftritte Philipp Zöllners, sondern die Tätigkeit seiner ganzen Familie verzeichnet. Seine Kinder, die ersten vier Enkel von Friedrich Zöllner, begannen ihre Karriere als Kinderschauspieler im Jahre 1815 in Pest und Ofen. Katharina Zöllner, Elise Zöllner, Philipp Zöllner d. J. und Marie Zöllner riefen mit ihren kindlichen „Berufsgenossen" im Pest und Ofen des 19. Jahrhunderts die Tradition des Kindertheaters wieder ins Leben, indem sie im Rahmen der dortigen Erwachsenentruppe in ähnlichen Kinderproduktionen auftraten wie zwei Jahrzehnte zuvor Philipp Zöllner d. Ä. und seine sechs Geschwister.

4. Zur Herkunft der Zöllnerschen Kindergesellschaft

Geht die Zöllnersche Kindergesellschaft im Ungarn des 18. Jahrhunderts auf bereits etablierte, vergleichbare Theaterformen zurück oder ist sie als Einzelerscheinung zu betrachten? Im Weiteren wird nach ungarischen und europäischen Modellen gesucht, die Friedrich Zöllner gekannt haben mag oder mit denen sein Unternehmen mentalitätsgeschichtlich zusammenhängen könnte.

4.1. Kindertheater als Berufstheater im Ungarn des 18. Jahrhundert[62]

Mit Hilfe von Archivdokumenten (Ratsprotokollen, Gesuchen, Spielerlaubnissen, Magistratszeugnissen, Gutachten), von unterschiedlichen Theaterquellen (Tachenbücher, Kalendern, Ankündigungszetteln, Verzeichnissen,

---

[56] Ebd.

[57] Ebd.

[58] Binal [wie Anm. 1], S. 80.

[59] Flórián [wie Anm. 37], S. 86.

[60] Ebd., S. 87.

[61] Ebd., S. 91.

[62] Vgl. dazu Gabriella-Nóra Tar: *Gyermekszínjátszás a 18. századi Magyarországon*. Diss. Cluj-Napoca. 2005.

usw.) und zeitgenössischen Pressemeldungen kann im Ungarn des 18. Jahrhunderts die Tätigkeit von insgesamt zwölf Theaterdirektoren oder Prinzipalen nachgewiesen werden, deren ständige oder gelegentliche Kindertruppen zwischen 1747 und 1802 in neunzehn ungarischen Städten aufgetraten.[63] In Ungarn gastierten im 18. Jahrhundert Kindergesellschaften aus dem deutschen Sprachraum.

4.1.1. Selbstständige Kindergesellschaften

Dieser Typus des Kindertheaters wird im Ungarn des 18. Jahrhunderts vor allem durch Felix Berners Kinderensemble vertreten. Diese Kindergesellschaft bestand vorwiegend aus Kinderschauspielern und war von Erwachsenentruppen unabhängig. Berner kam mit seiner Truppe fünfmal nach Ungarn.[64] Seine ungarländischen Gastspiele stehen einerseits mit ungarischen Adelstheatern (s. Felix Berners Gastspiele in Eszterháza, Rechnitz, usw.), andererseits mit städtischen Theatergebäuden im Ungarn dieser Zeit in enger Verbindung.[65]

Über die Mitglieder des Bernerschen Kinderensembles, seinen europäischen Wanderweg und sein Repertoire berichtet das dreimal aufgelegte Theatertaschenbuch der Schauspielergesellschaft von Franz Xaver Garnier.[66] Aus den Verzeichnissen der letzten Auflage (1786) geht hervor, dass Berners Kinder über ein vielfältiges Repertoire verfügten. Das Theaterbüchlein enthält die Titel von 124 Balletten, 104 Lustspielen, 46 Schau- und Trauerspielen, 38 Opern, 33 Operetten, 22 Pantomimen und 18 Nachspielen. Diesen Angaben zufolge galten Ballett und Lustspiel als Hauptattraktionen. Die Terminologie der Zeit ist oft verwirrend und die Gattungsgrenzen sind fließend.

Als weitere Quelle des Bernerschen Kindertheaters kann auch die Schauspielerbiografie Franz Xaver Garniers, des Souffleurs der Gesellschaft, her-

---

[63] s. Anhang Nr. 1.

[64] Aufgrund zeitgenössischer Quellen trat Berner in folgenden ungarischen Städten auf: 1768 Warasdin, Güns, Eszterháza, Güns, Ödenburg, Raab, Ofen; 1769 Pest, Stuhlweißenburg, Gran, Komorn, Preßburg; 1770 Warasdin, Körmend, Steinamanger, Tyrnau, Ödenburg; 1773 Ungarisch Altenburg, Raab, Komorn, Totis, Pest, Ofen; 1774 Pest, Stuhlweißenburg, Ödenburg, Rechnitz, Ödenburg, Tyrnau, Kremnitz, Pest; 1775/76 Pressburg, Neusiedl am See; 1786 Neusiedl am See, Eisenstadt, Ödenburg.

[65] 1773 schlug eben Berner dem Pester Magistrat den Umbau der Rondelle, einer aus der Türkenzeit stammenden, kreisförmigen Bastei an der Donau zu einem ständigen Theater vor. Das Rondelle-Theater wurde 1774 von der Bernerschen Kindertruppe eröffnet. Über die Gastspiele der Bernerischen Kindergesellschaft in ungarischen Adelstheatern. s. Géza Staud: *Adelstheater in Ungarn*. Wien. 1977, S. 48 ff.

[66] Vgl. Garnier: *Nachricht* [wie Anm. 16].

angezogen werden, die interessante Angaben über das Leben des Ensembles und über die Funktionsweise wandernder Kindergesellschaften vermittelt.[67] Wir gehen lediglich auf zwei kurze Textstellen ein:

Was Garnier über Törrings *Agnes Bernauerin* berichtet, beleuchtet eindeutig die Beziehung vom zeitgenössischen Erwachsenentheater zu diesem ersten Typus des Kindertheaters. Berner inszenierte nämlich das erwähnte Stück mit seinen Kinderschauspielern, als dieses von der Mannheimer Erwachsenengesellschaft mit großem Erfolg gespielt wurde: „Berner reiste einigemale nach Mannheim, um dieses Lieblingsstück aufgeführt zu sehen, er dachte daran, auch durch seine lebendigen Marionetten dieses Schauspiel aufzuführen."[68] Darüber hinaus ließ sich der Prinzipal die Zeichnungen der Dekorationen und der Kostüme aller Personen aus dem Stück zuschicken und verfertigte seine danach.

Unter solchen Umständen konnte im Falle von selbstständigen Kindergesellschaften nur über eine Nachahmung von bekannten Bewegungen der Erwachsenen und über ein mechanisches Auswendiglernen der zugeteilten Rollen die Rede sein. Sogar Garnier unterstützt diese Vermutung, indem er über die Arbeitsmethoden Berners folgendes sagt:

> „Alles was sie [die Zuschauer, N.T.] sahen, Werk des Mechanismus war."[69] bzw.: „[..].die Proben immer zugleich Lehrstunden für die Kinder waren, da Berner sie unterrichtete, warum sie so, und nicht so stehen, sich auf diese und nicht auf jene Art bewegen, warum sie nun langsamer, nun schneller sprechen müssten. [...] Da bei den Proben auch immer der Ballettmeister der Gesellschaft gegenwärtig war und auf die regelmässige und ordentliche Haltung des Körpers und Stellung der Füsse acht gab, oder etwa eine Gruppe, ein Tableau arrangirte, so waren sie auch in diesem Punkte anziehend für mich."[70]

Im Rahmen der Unterrichtsstunden wurden die kleinen Schauspieler vom Prinzipal und vom Ballettmeister in der Bühnenkunst unterwiesen, indem sich die Kinder wahrscheinlich Gesten des Erwachsenentheaters aneignen mussten.

Der erste Typus des europäischen und gleichzeitig des ungarischen Kindertheaters zeichnet sich durch eine ungewöhnliche Mobilität aus. Diese selbstständigen, wandernden Kindergesellschaften bereisten zahlreiche Ortschaften, in vielen Städte traten sie mehrmals auf, was auf eine äußerst posi-

---

[67] Franz Xaver Garnier: *Meine Pilgerfahrt aus Mutters Schoos in das Weltgetümmel.* Breslau. 1802.

[68] Ebd., S. 139.

[69] Ebd., S. 138.

[70] Ebd., S. 141.

tive Rezeption solcher Unternehmen schließen lässt. Mit Berners Ensemble vergleichbare Kindergesellschaften gab es im Europa des 18. Jahrhunderts nur wenige. Von seinen Vorgängern sollte Philipp Nicolini (1742-1773), von seinen Zeitgenossen Franz Joseph Sebastiani (1756-1778) erwähnt werden.

Der Holländer Nicolini gastierte anscheinend nie in Ungarn. Was Franz Joseph Sebastianis ungarische Gastspiele anbelangt, erlebte das hiesige Publikum wahrscheinlich nur gelegentliche Kinderaufführungen seiner heranwachsenden Truppe, als der aus Strassburg gebürtige Prinzipal 1761 in Preßburg, 1770 in Ödenburg spielte.[71] Das Repertoire der Gesellschaft bestand neben französischen bzw. deutschen Lust- und Trauerspielen aus Balletten, Pantomimen, Singspielen und Burlesken.[72]

Das Kindertheater von Franz Grimmer hängt mit Berners Unternehmen zusammen. Der Prinzipal Franz Grimmer war nämlich Mitglied von Berners Schaupielergesellschaft gewesen, bevor er sein eigenes Kindertheater gründete. Grimmer kam 1768 in Bozen zu Berner, aber er mag schon im selben Jahr aus der Truppe ausgeschieden sein, da das Verzeichnis der Chorleiter für das Jahr 1768 über Grimmers Namen hinaus zwei weitere Namen anführt.[73] Auch diese kurze Zeit konnte ausreichen, um Franz Grimmer den inneren Mechanismus der Kindergesellschaften vertraut zu machen. Bei der Gründung seines eigenen Ensembles war es sicher zu seinem Vorteil, dass er bei Berner als Chorleiter anscheinend auch zu gelegentlichem Komponieren verpflichtet war.[74]

Grimmers Gastpiele in Ungarn sind mit Raab (Dezember 1772-März 1773, 1775) und Ödenburg (1775) verbunden.[75] Der Wanderweg der Gesellschaft kann bis zum Jahre 1783 verfolgt werden, über den Prinzipal berichtet in einem längeren Artikel 1787 sogar Reichards berühmter Theaterkalender in Gotha.[76] Was aus seinem Kinderensemble wurde, war nicht zu erfahren. Sein Repertoire ist ebenfalls unbekannt.

---

[71] Die Angaben über Sebastianis Gastspielen in Ungarn sind widersprüchlich. Vgl. *Geschichte der Schaubühne zu Preßburg*, 1793, S. 8.; Karl Benyovszky: *Das alte Theater*, Preßburg. 1926, S. 24.; Pukánszky-Kádár [wie Anm. 7], S. 26.; Gertraude Dieke: *Die Blütezeit des Kindertheaters. Ein Beitrag zur Theatergeschichte des 18. und beginnenden 19. Jahrhunderts*, Emsdetten. 1934, S. 49.

[72] Pies [wie Anm. 2], S. 301.

[73] „7. Herr Kirchner, kam zur Gesellschaft in Zürich 1768, S. 8. Herr Sandpichler, zu Klagenfurth 1768." Garnier *a. a. O.* 1786, S. 29.

[74] Zum Repertoire der Bernerschen Gesellschaft trug Grimmer mit dem Stück *Fee Aminte*, bzw. mit je einem Aufzug aus *Lukas und Hannchen* und aus der *Gouvernantin nach der Mode* bei. Ebd.

[75] Frigyes Lám: *A győri német színészet története (1742-1885)*. Győr. 1938, S. 8. bzw. 11.

[76] Vgl. *Theater-Kalender auf das Jahr 1787*. Gotha o. J, S. 79-82.

Philipp Andrasch kam zu Felix Berners Gesellschaft, nachdem er sein eigenes Kindertheater aufgegeben hatte. Über Andrasch und seine Schauspieler wissen wir zu wenig, um die Art des Unternehmens eindeutig bestimmen zu können. Der aus Schlesien gebürtige Glasermeister trat mit seiner Kindertruppe 1777 in Ödenburg auf, ein Magistratszeugnis hält fest, dass die Kinderschaupieler vom Ende Juli bis zum 8. August 1777 sieben kurze Singspiele in der Stadt aufführten.[77]

Eine zweite Form der selbstständigen Kindergesellschaften wird in Ungarn durch Leopold Stotz vertreten. Sein Ensemble war zwar von Erwachsenentruppen unabhängig, aber im Unterschied zu der oben beschriebenen Form von selbstständigen Kindergesellschaften war es kein Wandertheater. In der Geschichte des Kindertheaters aus Ungarn ist uns kein weiteres, ähnliches Beispiel bekannt.

Leopold Stotz, fürstlich Esterházyscher Buchdrucker aus Eisenstadt, wird in jenem Ratsprotokoll erwähnt, in dem er am 27. November 1802 als Entrepreneur eines Privattheaters vor den Eisenstädter Magistrat zitiert wurde.[78] Am 26. November 1802 reichte nämlich der Stadtpfarrer Joseph Baptist eine Beschwerde gegen das Theaterunternehmen von Stotz ein, da in diesem auch Schulkinder auftraten.[79] Der Stadtrat forderte daraufhin den Prinzipal unverzüglich auf, in seinem Privattheater unter keinen Umständen die Schuljugend zu beschäftigen. Es wurde ihm weiterhin erlaubt, sein Unternehmen mit geeignetem Personal und angemessenem Repertoire weiterzuführen.[80] Laut Joseph Baptist gaben die Kinder unter anderem ein Stück mit dem Titel *Frauenwitz* und das komische Ballett *Die lebendigen Haubenstöcke*.[81] In den 1780-1790er Jahren wurden beide Stücke auch im Erwachsenentheater aus Pest und Ofen gespielt.

Im europäischen Kontext kann Leopold Stotz' selbstständiges und sozusagen „sesshaftes" Kinderheater vor allem mit den zeitgenössischen Kinderaufführungen als Liebhabertheater in Verbindung gebracht werden. Gertraude Dieke meint, dass sowohl in Weimar (1776) als auch in Güstrow (1780-1782) solche städtische Kindertheater existierten, in denen die Kinder angesehener Familien unter der Anleitung eines Schauspielers oder Bühnenautors regelmäßig in Theaterproduktionen auftraten.[82] Dabei geht es um öffentliche

[77] Pukánszky-Kádár [wie Anm. 7], S. 28.

[78] Franz Probst: „Das Kindertheater in Eisenstadt." In: *Burgenländische Heimatblätter*, 10. Jg. Heft 1. 1948, S. 17.

[79] Der Gesamttext des Gesuches wurde von Franz Probst veröffentlicht. Vgl. Ebd., S. 14f.

[80] Ebd. S. 17.

[81] BSchS [wie Anm. 5] [Schletter]: *Frauenwitz [oder Ihr Herrn merkts euch!],* [Sch/Nachsp], illetve BSchS *Die lebendigen Haubenstöcke,* [Op 2].

[82] Dieke [wie Anm. 71], S. 193.

Aufführungen unterhaltsamen Charakters, die sich sowohl von den zeitgenössischen Kinderauftritten im privaten Familienkreis als auch vom öffentlichen Spiel im Schultheater unterscheiden.

Im Falle von Leopold Stotz handelt es sich wahrscheinlich um ein Familienunternehmen, in dem vor die eigenen Kinder auftreten durften. In Eisenstadt, wo es zu Anfang des 19. Jahrhunderts keine ständige Theatergesellschaft gab, ersetzte so Stotz' Versuch das fehlende ständige Stadttheater. Der Prinzipal experimentierte aber in einem solchen Zeitalter mit Kinderschauspielern, in dem selbst das Erwachsenentheater in vielen Fällen noch einer Selbstbestätigung bedurfte.

4.1.2. Kinderaufführungen in Erwachsenentruppen

Die Besetzung der kurzen Kinderrollen von Erwachsenenstücken durch Schauspielerkinder galt im 18. Jahrhundert nicht nur in Europa sondern, natürlich auch im damaligen Ungarn, als übliche Theaterpraxis.[83] Deswegen werden Erwachsenentruppen aus der Forschungsperspektive vom Kindertheater vor allem dann besondere Aufmerksamkeit auf sich ziehen, wenn die zu ihnen gehörenden Kinder über ihre kurzen Kinderrollen in den Erwachsenenstücken hinaus auch in selbstständigen Kinderaufführungen auftreten konnten.

Der Wiener Friedrich Horschelt inszenierte in Ungarn nur gelegentlich Tänze und Gruppierungen mit Kindern.[84] In der Erwachsenentruppe Johanna Schmallögers, die 1780 in Preßburg, ab 1782 einige Jahre in Pest spielte, fanden gelegentlich schon selbstständige Kinderaufführungen statt. Die zur Gesellschaft gehörenden Kinder gaben am 9. Oktober 1783 das Lustspiel *Die Tochter des Bruder Philipps* in einem Aufzug.[85] Ein Nachspiel von Heufeld mit dem Titel *Die Schwestern des Bruders Philipp* ist uns auch aus Berners Repertoire bekannt. Näheres über die Kinderschauspieler von Johanna Schmallögger ließ sich aber leider nicht erschließen.

Die Kinderauftritte von Joseph Felix Kurz hatten ebenfalls gelegentlichen Charakter, da der Prinzipal hauptsächlich mit erwachsenen Schauspielern arbeitete. Joseph Felix Kurz kam 1747 und 1751 nach Ungarn. Die *Geschichte der Schaubühne zu Preßburg* merkt über das erste Preßburger Gastspiel nur kurz an, dass es nicht um den berühmten Bernardon, sondern des-

---

[83] Die Bestandsaufnahme der zu zeitgenössischen Erwachsenengesellschaften gehörenden Schauspielerkinder bzw. Kinderschauspieler kann nicht als Ziel der vorliegenden Studie gelten.

[84] Dieke [wie Anm. 71], S. 165.

[85] *Theatertaschenbuch Pest*, 1783, S. 7.

sen Vater geht.[86] Über Kurz' Repertoire aus dieser Zeit sind wir überhaupt nicht unterrichtet. Im Jahre 1751 gastierte der Prinzipal anscheinend mit Kindern in Preßburg.[87] Es ist leicht vorstellbar, dass diese Kinderaufführungen in einer Erwachsenentruppe stattfanden, ferner konnte aber Kurz zeitweilig auch seine Truppe aus erwachsenen Schauspielern aufgeben und aus finanziellen Überlegungen sein Glück mit Kindern versuchen.

Das Theaterunternehmen von Franz Xaver Merschy ist als Übergang zwischen den selbstständigen Kindergesellschaften und den Kinderaufführungen in Erwachsenentruppen zu verstehen. Obwohl Merschys Kinderensemble als eigenständiges Theater tätig war, schloss sich der Prinzipal mehrmals an verschiedene Erwachsenentruppen an. In Eszterháza spielten z.B. die Kinderschauspieler von Merschy ab April 1780 neben Diwalds Schauspielern und der fürstlichen Operngesellschaft.[88] Laut einem Zeugnis des Ödenburger Magistrats vom 2. März 1781 führte die „Kinder-Operettengesellschaft von Frantz Mörisch [sic!] Lustpiele in der Stadt auf".[89]

4.2. Weitere europäische Theater- und Ballettschulen

Im Europa des 18. Jahrhunderts traten Kinder nicht nur in ausgesprochenen Kindergesellschaften oder im Rahmen von Erwachsenentruppen als Berufsschauspieler auf, sondern sie waren auch als Zöglinge von Theater- und Ballettschulen auf unterschiedlichen Bühnen tätig. Dieser dritte Typus des europäischen Kindertheaters fehlt zwar aus der ungarischen Theaterpraxis des 18. Jahrhunderts, seine Einflüsse könnten aber trotzdem – und zwar mentalitätsgeschichtlich – auch für das Kindertheater in Ungarn von Bedeutung gewesen sein.

Die Direktion des Wiener Hoftheaters etablierte eine „theatralische Tanzschule" bereits im Jahre 1771, um sich dadurch Nachwuchs zu erziehen.[90] Die kleine Ballettschule – anfangs mit acht Mädchen und gleich so vielen Knaben – funktionierte unter der künstlerischen Leitung von Jean George Noverre. Die Eleven wurden von den Ballettänzern Heloin und Frühmann täglich unterrichtet, wofür sie und der Geigenspieler Matthias Hofer von der

---

[86] *Geschichte der Schaubühne zu Preßburg*, 1793, S. 8.

[87] Ebd. Vgl. Pukánszky-Kádár [wie Anm. 7], S. 21.

[88] Mátyás Horányi: *Das Esterhazysche Feenreich. Beitrag zur ungarländischen Theatergeschichte des 18. Jahrhunderts*. Budapest. 1959, S. 130.

[89] Ödenburger Archiv des Kreises Győr-Sopron-Moson (Győr-Sopron-Moson Megye Soproni Levéltára): *Prothocollum Testimonialium et Valvalium Publicationum*. 2. März 1781, S. 21f. (1003/h/8).

[90] Gerhard Winkler: *Das Wiener Ballett von Noverre bis Fanny Elszler. Ein Beitrag zur Wiener Ballettgeschichte*. Diss. Wien. 1967, S. 58.

Direktion eine zusätzlich Gage bezogen.[91] Noverre verwendete die Kinder in seinen großen Balletten und in einigen speziell für sie komponierten Kinderballetten. 1773 hatte die Tanzschule bereits vierundzwanzig Lehrlinge, einige von ihnen bezogen sogar eine kleine eigene Gage.[92] Als begabtester Zögling der Tanzschule galt Marguerite Delphin, deren Gastpiel sogar der Leibgardist-Autor György Bessenyei in Eszterháza bewundern konnte und darüber ein Gedicht verfasste.[93]

Über die Mannheimer Theaterpflanzschule berichtet Johann Heinrich Friedrich Müller in seinen Schauspielermemoiren aus dem Jahre 1802.[94] Die Schule existierte schon 1776, als Leiter galt der Schauspieler Gottlieb Friedrich Lorenz. Nach Müller bestand dieses pädagogische Unternehmen aus acht Mädchen und vier Knaben zwischen fünfzehn und sechzehn Jahren. Gefordert wurde eine theoretische und praktische Ausbildung; fürs Ansehen von Lorenz' Schule spricht, dass auch adlige Kinder mitwirkten. Die Dauer und Entwicklung des Instituts bleiben jedoch unbekannt.

Johann Heinrich Friedrich Müllers Theaterschule wurde im Jahre 1779 – eigentlich auf Lessings Vorschlag – am Wiener Hoftheater etabliert. Laut dem in den Memoiren Müllers festgehaltenen Entwurf sollte diese Schule ihren Zöglingen neben der Schauspielkunst auch eine gewisse Allgemeinbildung vermitteln. Als Unterrichtende schlug deswegen der Prinzipal folgendes Personal vor: einen vorurteilslosen Religionslehrer; einen Mann mit wissenschaftlichen Kenntnissen für die Vorlesungen, Übungen, Korrespondenz und für die Aufsicht der Knaben; eine gesittete Frau für die Aufsicht der Mädchen; einen guten Tanzmeister und einen Schauspieler von gutem Rufe für die Leitung der Proben.[95] Gleichzeitig wurde vorgeschlagen, dass sich die Theaterschule durch öffentliche Auftritte ihrer Zöglinge unterhält.[96]

Müller eröffnete seine Schule am 15. Juli 1779 mit der öffentlichen Aufführung der Stückes *Zermes und Mirabella.* 1780 war er aber dazu gezwungen, den Eingang seines Unternehmens in einem Prolog anzukündigen.[97] Der Kaiser verband darauf das Müllersche Kindertheater mit dem Hof- und Nationaltheater, verbot aber die Kinderballette, die eigentlich als Hauptattraktion

---

[91] Ebd.

[92] Ebd.

[93] György Bessenyei: *Delfén.* Bécs. 1772.

[94] Vgl. Johann Heinrich Friedrich Müller: *Abschied von der K. K. Hof- und Nationalbühne.* Wien. 1802, S. 211.

[95] Ebd., S. 243f.

[96] Ebd.

[97] Emil Karl Blümml und Gustav Gugitz: *Alt-Wiener Thespiskarren. Die Frühzeit der Wiener Vorstadtbühnen.* Wien. 1925, S. 173.

des Unternehmens galten. Die Müllersche Theaterschule wurde am 8. Februar 1782 mit *Hamlet* geschlossen.[98]

In München gründete 1783 Peter Legrand eine Tanzschule.[99] Im Ganzen hatte sie vierunddreißig Schüler beiderlei Geschlechts. Legrand gab den Unterricht in „serieusen" Rollen, der französische Komödiant und Tänzer Le Fevre studierte mit den Kindern die Pantomimen ein.[100] Für die kleinen Künstler wurden eigene Ballette geschrieben.

1814 wurden dem Ballettmeister Friedrich Horschelt von der Oberdirektion des Theaters an der Wien einige Kinder zum Tanzunterricht anvertraut. Mit ihnen machte Horschelt im selben Jahre den ersten Versuch eines Kinderballetts in dem Singspiel *Die Eselshaut* nach einem französischen Volksmärchen mit der Musik von Hummel. Durch den mit dieser Aufführung verbundenen ersten Publikumserfolg avancierte Horschelts Tanzunterricht langsam zum regelmäßigen Kinderballett, in dem er Stoffe aus Pantomimen, Märchen, Zaubergeschichten etc. wiederzubeleben versuchte. Wegen einiger unsittlicher Affären wurde aber Horschelts Kinderballett im Jahre 1819 vom Kaiser Franz I. verboten.[101]

5. Zusammenfassung

Die Kindergesellschaft Friedrich Zöllners ist typologisch als Kinderaufführung bei Erwachsenentruppen zu betrachten. Die oben skizzierten westeuropäischen Beispiele – darunter auch die ursprünglich als Theaterschulen etablierten Wiener Kinderensembles – mögen auf dieses Unternehmen produktiv gewirkt haben. Die Zöllnersche Gesellschaft bezeichnete sich aber von Anfang an als Kindertruppe und keinesfalls als Theater- oder Ballettschule im Rahmen des deutschen Ensembles in Pest und Ofen. Ursprünglich traten die Schauspielerkinder und Kinderschauspieler Friedrich Zöllners nur in Erwachsenenstücken auf, mit der Zeit wuchs aber ihre Zahl, was zur Etablierung einer ständigen Kindergesellschaft im Rahmen des hiesigen Erwachsenentheaters führte.

Im Rahmen der vorliegenden Untersuchung wurde mehrmals auf die Konkordanzen zwischen dem Repertoire von Friedrich Zöllner und Felix Berner hingewiesen. Von den zehn bekannten Titeln aus Zöllners Spielplan (es geht um 5 Ballette, 3 Operetten, 1 Lustspiel bzw. 1 Singspiel) konnten in sechs Fällen Stücke mit demselben oder einem ähnlichen Titel in Garniers Thea-

[98] Ebd. 177.
[99] Dieke [wie Anm. 71], S. 164.
[100] Ebd.
[101] Ebd., S. 167.

tertaschenbuch identifiziert werden, was wiederum die enge Zusammengehörigkeit der einzelnen Kindertheater belegt.[102]

Andererseits unterstützt der in den Fußnoten dieses Beitrags angeführte Vergleich mit dem normativen Titelkatalog von Hedvig Belitska-Scholtz und Olga Somorjai noch einmal die Vermutung, dass die meisten Titel des Repertoires keine speziell für Kinder geschriebenen Stücke sind, dieselben Titel wurden nämlich auch von den zeitgenössischen Erwachsenentruppen gespielt. Kinderschauspieler deklamierten dieselben Texte, sangen dieselben Melodien wie ihre erwachsenen Zunftgenossen.[103] Auch Felix Berners Mannheimer „Theaterreise" vor dem Einstudieren des Schauspiels *Agnes Bernauerin* belegt die Tatsache, dass das Spiel im Kindertheater vor allem als Nachahmung von bekannten Bühnenbewegungen der Erwachsenen zu dekodieren ist, indem der kindliche Körper gewöhnliche, normale Formen im Kleinformat zu reproduzieren versuchte.

6. Literatur

Bayer, József: *A nemzeti játékszín története*, 2. Band. Budapest. 1887.

Belitska-Scholtz, Hedvig, und Olga Somorjai: *Deutsche Theater in Pest und Ofen 1770-1850*. Budapest. 1995.

Benyovszky, Karl: *Das alte Theater*. Preßburg. 1926.

Bessenyei, György: *Delfén*. Bécs. 1772.

Binal, Wolfgang: *Deutschsprachiges Theater in Budapest. Von den Anfängen bis zum Brand des Theaters in der Wollgasse (1889)*. Graz, Böhlau. 1972.

Blümml, Emil Karl, und Gustav Gugitz: *Alt-Wiener Thespiskarren. Die Frühzeit der Wiener Vorstadtbühnen*. Wien. 1925.

Dieke, Gertraude: *Die Blütezeit des Kindertheaters. Ein Beitrag zur Theatergeschichte des 18. und beginnenden 19. Jahrhunderts*. Emsdetten. 1934.

Flórián, Kata: *A kassai német színészet története 1816-ig*. Budapest. 1927.

Garnier, Franz Xaver: *Nachricht von der im Jahre 1758 von Herrn Felix Berner errichteten jungen Schauspieler-Gesellschaft*, H. n. 1782., Bozen 1784., Wien 1786.

Garnier, Franz Xaver: *Meine Pilgerfahrt aus Mutters Schoos in das Weltgetümmel*. Breslau. 1802.

Geschichte der Schaubühne zu Preßburg. 1793.

Horányi, Mátyás: *Das Esterhazysche Feenreich. Beitrag zur ungarländischen Theatergeschichte des 18. Jahrhunderts*. Budapest. 1959.

Kádár, Jolán: *A budai és pesti német színészet története 1812-ig*. Budapest. 1914.

Lám, Frigyes: *A győri német színészet története (1742-1885)*. Győr. 1938.

[102] Siehe Anhang Nr. 2.

[103] An dieser Stelle gewinnt die Frage nach Textverkürzung und Travestie als evtl. Methoden des Kindertheaters an Bedeutung, ein endgültige Beantwortung dieses Fragenkomplexes wäre nur mit Hilfe von Souffleurbüchern und weiteren Theaterzetteln möglich.

Müller, Johann Heinrich Friedrich: *Abschied von der K. K. Hof- und Nationalbühne*. Wien. 1802.

Ofner und Pester Theater-Taschenbuch für das Jahr 1794. O. O. 1795.

Ofner und Pester Theater-Taschenbuch für das Jahr 1795. O. O. 1796.

Ofner und Pester Theater-Taschenbuch für das Jahr 1796. O. O. 1797.

Ofner und Pester Theater-Taschenbuch für das Jahr 1797. O. O. 1798.

Ofner und Pester Theater-Taschenbuch für das Jahr 1798. O. O. 1799.

Ofner und Pester Theater-Taschenbuch für das Jahr 1799. O. O. 1800.

Ofner und Pester Theater-Taschenbuch für das Jahr 1800. O. O. 1801.

Ofner und Pester Theater-Taschenbuch für das Jahr 1801. O. O. 1802.

Ofner und Pester Theater-Taschenbuch für das Jahr 1802. O. O. 1803.

Ofner und Pester Theater-Taschenbuch für das Jahr 1804. O. O. 1805.

Ofner und Pester Theater-Taschenbuch für das Jahr 1805. O. O. 1806.

Ofner-Theater-Taschenbuch auf das Jahr 1825. Ofen. O. J.

Ofner-Theater-Taschenbuch auf das Jahr 1826. Ofen. O. J.

Ofner-Theater-Taschenbuch auf das Jahr 1827. Ofen. O. J.

Ofner-Theater-Taschenbuch auf das Jahr 1828. Ofen. O. J.

Ofner-Theater-Almanach, für das Jahr 1832. Ofen. O. J.

Pesti Német Színlap, 1799. november 29. OSZK, Színháztörténeti Tár, Budapest.

Pesti Német Színlap. 1800. január 16. OSZK, Színháztörténeti Tár, Budapest.

Pies, Eike: *Prinzipale. Zur Genealogie des deutschsprachigen Berufstheaters vom 17. bis 19. Jahrhundert*. Düsseldorf. 1982.

Probst, Franz: „Das Kindertheater in Eisenstadt." In: *Burgenländische Heimatblätter*, 10. Jg. Heft 1. 1948.

Pukánszky-Kádár, Jolantha: *Geschichte des deutschen Theaters in Ungarn. Von den Anfängen bis 1812*. München. 1933.

Staud, Géza: *Adelstheater in Ungarn*. Wien 1977.

Tar, Gabriella-Nóra: *Gyermekszínjátszás a 18. századi Magyarországon*. Diss. Cluj-Napoca 2005.

Theater-Almanach vom ersten Januar bis letzten November 1826. Pesth o. J.

Theater-Almanach vom ersten December 1826 bis letzten November 1827. Pesth. o. J.

Theater-Almanach vom ersten December 1827 bis letzten November 1828. Pesth. o. J.

Theater-Almanach vom ersten Dezember 1828 bis letzten November 1829. Pesth. o. J.

Theater-Kalender auf das Jahr 1787. Gotha o. J.

Theatertaschenbuch Pest. 1783.

Theater-Taschenbuch auf das Jahr 1821. Pesth 1821.

Theater-Taschenbuch auf das Jahr 1823. Pesth 1823.

Winkler, Gerhard: *Das Wiener Ballett von Noverre bis Fanny Elszler. Ein Beitrag zur Wiener Ballettgeschichte*. Diss. Wien 1967.

7. Anhang Nr. 1.: Kindertheater als Berufstheater im Ungarn des 18. Jahrhunderts

	Ofen	**Gran**	**Eszterháza**	**Raab**	**Eisen-stadt**	**Kör-mend**
1747						
1751						
1761						
1768	Felix Berner		Felix Berner	Felix Berner		
1769		Felix Berner				
1770						Felix Berner
1772				Franz Grimmer		
1773	Felix Berner			Franz Grimmer Felix Berner		
1774						
1775				Franz Grimmer		
1777						
1775				Franz Grimmer		
1777						
1780			Franz Xaver Mersch(y)			
1786					Felix Berner	Felix Berner
1791					Bartholo-mäus Con-stantin(i)	
1793				Bartholomäus Constantin(i)		
1794 -től						
1802					Leopold Stotz	

	Krem-nitz	**Güns**	**Ungar-isch Alten-burg**	**Tyrnau**	**Neusiedl am See**	**Pest**
1747						
1751						
1761						
1768		Felix Berner		Felix Berner		
1769						
1770						Felix Berner
1772				Franz Grimmer		
1773			Felix Berner			
1774	Felix Berner					Felix Berner
1775	Franz Grimmer			Felix Berner		Felix Berner
1777						
1775					Felix Berner	

	Preßburg	**Komorn**	**Rec-nitz**	**Ödenburg**	**Stuhl-Weissenburg**	**Steina-manger**	**Totis**
1747	Joseph Felix Kurz						
1751	Joseph Felix Kurz						
1761	Franz Joseph Sebastiani						
1768				Felix Berner			
1769	Felix Berner	Felix Berner			Felix Berner		
1770				Felix Berner, Franz Joseph Sebastiani		Felix Berner	
1772				Franz Joseph Moser			
1773		Felix Berner					Felix Berner
1774			Felix Berner	Felix Berner	Felix Berner		
1775	Felix Berner			Franz Grimmer			
1777	Felix Berner						
1775				Philipp A(r)ndrasch			

Anhang Nr. 2.: Konkordanzen in den Repertoiren von Friedrich Zöllner und Felix Berner

Friedrich Zöllner	**Felix Berner**
Hänschen und Lischen, oder: die unschuldige Liebe auf dem Lande; Lustspiel, 2 A	-
Die bezauberten Rosen; Ballett, 1 A	Hornung: *Die bezauberten Blumen*; Ballett
Der geplagte Bräutigam; Operette, 2 A	-
Die vier Einfältigen; Ballett	Hornung: *Die vier Einfältigen*; Ballett
Der Strohschneider; Ballett	Hornung: *Der zum Bräutigam geprügelte Strohschneider*; Ballett
Großmüthige Seefahrer, oder die schöne Sklavinn; Operette	-
Die Unterhaltung der Matrosen; Ballett, 1 A	Moravek: *Die Matrosen*; Ballett
Ariadne auf Naxos; Ballett	Gotter – Benda: *Ariadne auf Naxos*; Operette
Das listige Bauernmädchen am Hofe; Singspiel	Duni: *Nannerl bey Hofe*; Operette
Der Marktschreier; Operette, 1 A	-

Jakob Starzinger

Deutsches Theater in Russland und Russland als deutsches Theater August von Kotzebues und Christian Gottlob Züges Reiseberichte (1801-1803)

I. Deutsches Theater in Russland

August von Kotzebue kam 1798 aus Russland nach Wien, wo der Theaterdichter Direktor am Hoftheater wurde. Schon 1801 kehrte er über Weimar wieder nach Russland zurück. Diese an Überraschungen reiche Reise ist Thema seines autobiographischen Reiseromans *Das merkwürdigste Jahr meines Lebens*, der Theaterwissenschaftlern zur Aufarbeitung seiner Direktionszeit am Petersburger Deutschen Theater diente. Der Teil seines Werks, der sich dem kulturellen Leben in der russischen Provinz widmet, wurde bislang von der Wissenschaft ebenso übergangen wie Christian Gottlob Züges Geschichte einer Theatergründung in Saratow. Versucht man sich an einer Untersuchung, hat man mit der schwer zu überprüfenden Faktenlage zu kämpfen: Die Unterlagen über Theateraufführungen aus und in der Provinz Russlands sind entweder verschwunden, unzugänglich oder nie vorhanden gewesen. Auch das angenommene Einbahnsystem des Kulturbetriebs fördert nicht das Interesse an der Provinz, da sie angeblich bloß den vorbildlichen Residenzen folgt.[1] Die russischen Hauptstädte wieder orientieren sich an westlichen Metropolen, meist vertreten durch Reisende. Jakob von Stählins *Zur Geschichte des Theaters in Rußland* aus dem Jahr 1770 lässt daraus die Idee der Kultivierung Russlands durch Deutsche resultieren: Den Beginn dieses Prozesses setzt er mit ersten deutschen Schauspieltruppen mit „ziemlich elenden Schauspielen“ im Jahre 1730; 1739 sei u.a. auch die „Neubersche deutsche Komödiantenbande“ im Norden gewesen.[2] Diese deutschen Truppen, insbesondere die Ackermanns, hätten Vorbildwirkung für die Entstehung russischer Liebhaberbühnen gehabt.

Geht man von einer Rückständigkeit der Peripherie aus, legen Stählins Ansichten nahe, dass das Theater in der russischen Provinz um 1800 eben erst im Werden ist und deutscher Impulse bedarf, doch mit den Texten Kot-

[1] Vgl. B.N. Aseev: *Russkij dramaticeskij teatr ot ego istokov do konca XVIII veka*. Moskva 1977, S. 312.

[2] Jakob von Stählin: „Zur Geschichte des Theaters in Rußland.“ In: Johann Joseph Haigold [=August Ludwig Schlözer]: *Beylagen zum Neuveränderten Rußland.* Riga und Leipzig 1770. Fotomechanischer Nachdruck. Leipzig 1982, S. 497ff.

zebues und Züges ist diese These nicht belegbar. Beide weisen darauf hin, dass die Situation am Ural entgegen ihrer Erwartung nicht anders sei als in Deutschland.[3] August von Kotzebues findet in Tobolsk, seinem Exil, zwar Mittel und Schauspieler, die „sämtlich unter Kritik"[4] waren, doch das Programm ist bereits dasselbe wie in anderen Hauptstädten. Die dortigen Spielpläne entsetzten russische Zeitgenossen wie D. P. Gortschakov, der über das Theater in Petersburg schrieb: „Einzig der *Sohn der Liebe* berührt hier die Herzen! / Die *Hussiten*, der *Papagei* werden *Sorena* vorgezogen, / Und die Kotzebuerei ist einzig auf der Szene."[5] Die „Kotzebuerei" ist auch am Ende der europäischen Welt allgegenwärtig, auch in Sibirien ist das Theaterzeitalter in seiner unbescheidenen Selbst-Darstellung dasjenige Kotzebues.[6] Eine Auswirkung der Distanz zur Hauptstadt lässt sich nur erahnen: Der Zar hat im fernen Petersburg zwar jegliche ausländische Literatur verboten, in Sibirien werden aber nach wie vor Kotzebues Stücke aufgeführt.[7] Da hier der kaiserliche Befehl offenbar noch nicht umgesetzt wurde, kann Kotzebue gleichzeitig die Geschichte seiner Leiden als Verbannter und die seines Erfolges als Theaterdichter erzählen: Er erwähnt erfolgreiche Aufführungen von *Menschenhaß und Reue* und *Das Kind der Liebe* sowie die Einstudierung der *Sonnenjungfrau* (finanziert durch eine „Kollekte" der „Honoratioren der Stadt") während seiner Anwesenheit in Tobolsk,[8] doch als ihn eine der Schauspielerinnen um Hinweise zur Inszenierung bittet, wendet er sich ab: Er verspüre kein Bedürfnis danach, sich „mitten in Sibirien mit peruanischen Kleidertrachten" zu beschäftigen.[9] Er sieht keinen Anlass dafür, auf die Kultur des Landes und auf dem Land einzuwirken und kehrt sofort nach

[3] Als Kritik der deutschen Zustände kann das nur bei Züge gedacht sein, der die Aufklärung generell an einem Beamtentum scheitern sieht, das Poeten in Wüsten schickt, wo sie nichts ausrichten wollen oder können.

[4] August von Kotzebue: *Das merkwürdigste Jahr meines Lebens*. Hrsg. v. Wolfgang Promies. München 1965, S. 166.

[5] *Die Hussiten vor Naumburg*, *Der Papagei* und *Das Kind der Liebe* sind Werke Kotzebues, *Sorena i Zamir* stammt hingegen von Nikolev. Zitiert nach Aseev [wie Anm. 1], S. 463.

[6] Die Liwi O. Tschajanova nannte die Zeit 1797-1801 „Kotzebues Zeitalter". Zitiert nach Svetlana Melnikova: „Das deutsche Theater in Sankt Petersburg." In: Laurence Kitching (Hrsg.): *Das deutschsprachige Theater im baltischen Raum 1630-1918*. (Thalia Germanica 1) Frankfurt a. M. 1997, S. 89-104, hier S. 95. Vgl. auch Chamissos Weltumsegelung, bei der er eine russische Übersetzung Kotzebues findet.

[7] Kotzebue: *Das merkwürdigste Jahr* [wie Anm. 5], S. 143. „der Himmel ist hoch und der Zar ist weit" ist eines der russischen Sprichwörter, das die deutschen Russlandreisenden am liebsten zitieren.

[8] Ebenda, S. 166. Die Sprache der Aufführungen wird nicht erwähnt. Der Gouverneur berichtet nur, russische Übersetzungen der Texte Kotzebues gelesen zu haben.

[9] Ebenda, S. 173.

seiner Begnadigung in die Hauptstadt Petersburg zurück, um dort Direktor des deutschen Theaters zu werden.

Bei der Rückreise kommt ihm eine Gruppe Kolonisten mit Marschrichtung Osten entgegen. Einige Jahrzehnte vor diesem Zusammentreffen zwischen Siedlern und dem „deutschen Shakespeare“[10] will bereits Christian Gottlob Züge an solch einem Kolonistenzug teilgenommen haben, wie er in seinem 1802 in Gera zur Leipziger Ostermesse erstmals erschienen Werk *Der russische Colonist* erzählt. Den Auswanderern wurde von den Werbern versichert, dass man in den Kolonien „ganz nach teutscher Weise und Sitte leben“ könne,[11] doch Züge berichtet, dass diese Siedlungen keine vollkommen abgeschlossenen Systeme bildeten. Er erzählt beispielsweise von zahlreichen „Russen“, die als billige Arbeitskräfte in die deutschen Kolonien zogen, und auch von Kolonisten, die die ihnen in Russland zugewiesenen Felder verließen, um sich in den Städten mit Schmelztiegelfunktion niederzulassen. In einer dieser Städte, Saratow an der Wolga, will Züge an der Gründung eines „deutschen“ Theaters partizipiert haben. Die sowjetische und russische Theatergeschichte vermerkt als Beginn der Theateraufführungen in Saratow die Gründung eines Leibeigenentheaters im Jahre 1794; erst um 1800 gilt Saratow dank der Eröffnung eines öffentlichen Schauspielhauses als Theaterstadt.[12] Züge hingegen will in dieser Stadt bereits fast 40 Jahre früher auf einer von fürstlichen und beamteten Gönnern unabhängigen Bühne gestanden sein, die von entlaufenen Kolonisten, Bauern, Handwerkern, Soldaten für dieselbe proletarische Bevölkerungsschicht als Publikum betrieben wurde.[13] Von der kommunistischen Wissenschaft unentdeckt geblieben, findet sich in keiner russischen Quelle ein Hinweis auf diese Geschichte. Nimmt man an, es werde die wahre Geburtstunde des Theaters in Saratow verschwiegen, da es sich um deutsche Einflüsse handelte, und schlägt man darum in deutschen Untersuchungen zur Kultur der Wolgadeutschen nach, so wird man enttäuscht: Kirchen und Schulen finden Erwähnung, nicht jedoch das Theater, obwohl es doch von Gottsched als von Gelehrten ge-

[10] Am Deckenplafond der Semper-Oper in Dresden erscheint als Repräsentant der deutschen Theaterdichtkunst der Name „Kotzebue“ neben dem Shakespeares.

[11] *Der russische Colonist oder Christian Gottlob Züge's Leben in Rußland. Nebst einer Schilderung der Sitten und Gebräuche der Russen, vornehmlich in den asiatischen Provinzen.* [also auch in Asien Russen] Erläutert und mit einem Nachwort versehen von Gert Robel. Mit 14 Abbildungen, einer Karte und einem Anhang. (Sammlung denkwürdiger Reisen 1). Bremen 1988, S. 42.

[12] V.A. Djakonov (Hrsg.): *Mastera saratovskkoj szeny.* Saratov 1994, S. 9. Aseev [wie Anm: 1], S. 312.

[13] Dieser Zeitpunkt liegt auch vor dem Pugacev-Aufstand, der als Beginn kulturellen Lebens in den russischen Provinzen gilt.

steuertes Instrument der Volkserziehung und von Lessing als Mittel zur Nationenbildung gedacht wurde. Folglich hätte es Teil eines Projekts werden können, Russland von den deutschen Kolonien aus zu kultivieren (sprich: zu kolonialisieren) oder aber eine imaginierte deutsche Kultur in Abgrenzung zu einer russischen in burgartigen Siedlungen zu bewahren. Doch davon kann keine Rede sein, denn erstens ist Züges Truppe auf Initiative eines Italieners multinational zusammengewürfelt, kann demnach weder Grundstein einer Absicherungstaktik deutscher Kultur sein noch einer expansiven, kolonialistischen. Zweitens sind die Interessen der Akteure verschiedenartig, doch keiner spricht von der Bühne als Medium der Aufklärung. Was Gottsched für seine Zwecke in Besitz nehmen wollte, ist (nicht nur) in Russland Geschäft mit dem Vergnügen. Dieses Ziel vor Augen wird das Bedürfnis des Publikums vom italienisch-russischen Direktor beobachtet: Da sich das Volk an einem als Bären verkleideten Menschen belustigt wie „der Wiener Pöbel an den Späßen seines Kasperle" ist es nahe liegend, dass sich Züge, der Erste Liebhaber, die Bühne mit einem Harlekin teilt.[14]

Mit machiavellistischem Sinn legitimiert Züge die Anwesenheit des Harlekins als geschäftsnotwendig, da die Russen nicht so überfeinert seien wie die Bewohner seines gleichfalls nur halb aufgeklärten Heimatlands, dessen Bühnen auch nicht „regelmäßig" sind:

> Dieses buntgefleckte komische Wesen, welches man zu jener Zeit selbst noch auf den größten deutschen Theatern ungern vermißte, war in Saratow um so weniger zu entbehren, da sich voraussehen ließ, daß das Zwerchfelle unsers Publicums nur durch sehr starke Reize zu erschüttern sein möchte.[15]

Das Theater wird ihm zum Experiment mit den Einwohnern, deren Reaktionen anthropologisch erforscht werden, um die Ergebnisse anschließend nutzen zu können. Züge kolonisiert sich das reizabhängige Publikum, wird dabei aber selbst zur Jahrmarktsfigur im Kuriositätenkabinett. Das Europäische ist als werbewirksames Exotikum einsetzbar, denn das optische Schauspiel ruft Staunen im Publikum hervor: Wenn er durch die Straßen zieht, um die *deutschsprachigen* Vorstellungen auf *russisch* auszurufen, hat er stets

---

[14] Züge: *Der russische Colonist* [wie Anm. 11], S. 247 Das aufgeführte Stück gleicht durchaus denen der Wandertruppen, wie sie Gottsched in seiner Vorrede zum *Sterbenden Cato* präsentiert: „lauter schwülstige und mit Harlekins = Lustbarkeiten untermengte Haupt = und Staats = Actionen, lauter unnatürliche Romanstreiche und Liebesverwirrungen, lauter pöbelhafte Fratzen und Zoten". Zitiert nach Daniel Fulda: „Venedig, Wien, Paris, Leipzig: Komödienästhetik als Kulturtopographie. Internationale Referenzen und innerdramatische Raumbildung im Streit zwischen norddeutschem Reformtheater und Wiener Spaßtheater." In: Hartmut Böhme (Hrsg.): *Topographien der Literatur. Deutsche Literatur im transnationalen Kontext.* (Germanistische Symposien. 27). Stuttgart, Weimar 2005, S. 264-290, S. 267.

[15] Züge: *Der russische Colonist* [wie Anm. 11], S. 141.

den „buntgefleckten Harlekin“ bei sich, mit dem er die Aufmerksamkeit des potentiellen Publikums „feßelte“: Seine Gestik, „seine Possen und die Manipulation seines gewaltigen Hosenknopfes, in welchem er öfters besonders Weibern, eine Prise Taback anbot, spannte die Neugierde noch mehr“[16] und verweist auf die Kreatürlichkeit des Menschen. Indem der Körperlichkeit Bühne geboten wird, kommt dem derben Spektakel eine „gesellschaftlich befreiende Rolle“[17] zu. Er ist sowohl Zugereisten als auch Einheimischen gemeinsam, wie man in ausführlichen Examinationen feststellt. Mit Hilfe des Körpers, mittels Gesten, kann über Sprach- und Kulturgrenzen hinweg kommuniziert werden, während Musik nicht dem von Joseph Haydn verliehenen Status, Weltsprache zu sein, gerecht werden kann. Hat Züge schon zuvor bei einer verunglückten Karriere als Straßenmusikant feststellen müssen, dass den Russen eine Balalaika besser gefalle als er selbst samt seinem Streichtrio, so erreicht auch die Ouvertüre zum Schauspiel nicht das erwartete Ziel. Interesse erregen die „noch nie gesehenen Instrumente selbst“, während es die Musik nicht vermag die Aufmerksamkeit der Zuseher auf sich zu ziehen.[18] In diesem Sinne ist die Ouvertüre denn auch keine Einstimmung auf die folgende „Haupt- und Staatsaction“ über „zwei Spanische Prinzen“, die „über eine Liebschaft uneins wurden, und die sich mit Mord und Todschlage endigte“[19], sondern zum folgenden Spektakel mit Bühnen- bzw. Zaubertricks. Züge amüsiert sich über die kindliche Unfähigkeit des Publikums, zwischen Sein und Schein zu unterscheiden, wenn er bei seinem Bühnentod Blut aus einer Blase unter dem Arm quellen lässt und ihn das Publikum für „mausetod“ hält.[20] Da sich der Publikumsliebling Hanswurst als am Tod des ersten Liebhabers Schuldiger auch noch erhängt, ist das Publikum vom tragischen Ausgang geschockt, doch ein kathartischer Effekt ist nicht zu erzielen. Den Abend und die Fortexistenz des Theaterbetriebs rettet einzig, dass die Schauspieler „geschriebene Rollen erhielten, aber auch viel extemporirten, besonders der Harlekin.“[21] Die damit verbundene Flexibilität der Schauspieler erlaubt das für die Aufklärung Unerhörte: Dem Publikumsgeschmack wird nachgegeben, anstatt ihn veredelnd zu beeinflussen. Hanswurst feiert im extemporierten Epilog ebenso seine Auferstehung wie der von Züge gespielte Liebhaber, auf dessen Rücken der geisterhafte Spaßmacher von der Bühne zu neuen Abenteuern

[16] Ebenda, S. 142.
[17] Peter Brook: *Der leere Raum. Möglichkeiten des heutigen Theaters*. München 1975, S. 78.
[18] Violine, Bass und ein Klavier, das in Russland von einem ehemaligen deutschen Zuhälter gebaut wird, bilden das Orchester. Züge: *Der russische Colonist* [wie Anm. 11], S. 144.
[19] Ebenda, S. 144.
[20] Ebenda, S. 145.
[21] Ebenda, S. 144.

reitet – womit man den „Geschmack beßer“ traf.[22] Als die Haupt- und Staatsaktion ins groteske „Theater des Lärms“ umschlägt, wird die Vorstellung endgültig „volkstümlich“, somit auch „anti-autoritär, anti-traditionell, anti-pomphaft und anti-prätentiös“ und zum „Theater des Beifalls.“[23] Schon der Aufbau von Züges Theater erinnert an die von Stählin beschriebene temporäre provisorische „Schaubühne“ aus „spanischen Wänden“, auf der „ein paar Stunden lang alle[r] mögliche[r] Unsinn und Grobheiten“ zu sehen waren: Stallknechte führten „erbärmliche Komödien“ auf, für „das Gemeine Volk zum Abendzeitvertreib“.[24] Der Zeitpunkt dieser durch „elende Waldhörner“ und eine ausgehängte „papierne Laterne“ gekennzeichneten Ereignisses wird von Stählin in der „Butterwoche, oder im Russischen Carneval“ verortet. Hier entzieht sich etwas den gängigen Hierarchien und der Zensur von Ordnung und Sittlichkeit, worauf eine revolutionäre Vermischung der einzelnen Menschen zum einheitlichen Publikum erfolgt. So wie dieses Karnevals-Theater ist auch dasjenige Züges ein „Theater, das kein Theater ist“[25], denn man funktioniert einen Raum nur provisorisch um. Karnevalesk werden dann die Unterschiede zwischen „deutschen“ Kolonisten und „russischen“ Kolonisierten aufgehoben, denn man blickt nicht nur von der Bühne herab auf das Volk. Stattdessen ist das Theater ein „Begegnungsort“[26], wenn die provisorisch aufgebaute vierte Wand vom publikumshörigen Hanswurst, dem Grenzgänger an der Rampe, aufgehoben wird. Der Hanswurst schafft Lachkultur anstatt von Leitkultur. Er tut dies des Erfolges wegen, muss er doch dem Publikumsinteresse folgen, um seine finanziellen Bedürfnisse zu befriedigen. Doch der Sinn für Kommerz hat denselben Effekt, wie ihn E.T.A. Hoffmann später als Ideal des romantischen Theaters definieren sollte: Eine Handlung, die „das Ganze, Theater und Publikum, auf eine höchst vortreffliche Weise zu *einer* Aktion verband und so das fatale Verhältniß zwischen darstellen und zusehen ganz“[27] aufhob. So kommt es, dass das Theater Züges zwar nach kurzer Zeit geschlossen werden muss, doch erfolgt durch die Auflösung gleichzeitig eine endgültige Öffnung des Theaters zur Welt, ein Verschwimmen von Realität und Fiktion: Die Schauspieler beschränken ihr Rollenspiel nicht auf den Festtag

[22] Ebenda, S. 147.

[23] Brook [wie Anm. 17], S. 78. Nicht umsonst war das Provinztheater, das sich schwer von der Hauptstadt aus kontrollieren ließ, in Russland (und wahrscheinlich auch anderswo) von der Regierung mit gemischten Gefühlen gesehen.

[24] Stählin [wie Anm. 2], S. 389f.

[25] Brook [wie Anm. 17], S. 75.

[26] Ebenda.

[27] Hervorhebung original gesperrt. Zitiert nach Friedrich Schnapp (Hrsg.): *E.T.A. Hoffmanns Briefwechsel*, I: Königsberg bis Leipzig 1794-1814. München 1967, S. 257.

und die Bühne. Die Erste (und einzige) Geliebte des Hauses wird von ihrem eifersüchtigen Ehemann aus diesem Grunde in die heimatliche Küche abkommandiert, während Hanswurst und der erste Liebhaber ihr Unwesen außerhalb des provisorischen Theaters fortsetzen:[28] Der Darsteller des Harlekin wird von einem reichen russischen Besucher als Diener abgeworben, und auch Züge setzt seine geliebte Rolle als Liebhaber in der Welt fort. Beide machen damit den Festtag zum Alltag – oder den Alltag zum Festtag.

II. Russland als deutsches Theater: Die Protagonisten

Das Theater als Bühnenraum ist demnach permeabel. Ein Austausch hinauf auf die Bühne und hinab ins Publikum ist möglich, wenn der Harlekin eine Mittlerfunktion innehat und die begrenzende Rampe zur Brücke macht: Einerseits können in Züges Theater Zuschauer zu Schauspielern werden oder wie in Gladiatorenspielen interaktiv über Leben und Tod der Protagonisten entscheiden. Andererseits können die Schauspieler ihre Rolle abseits des Bretterbodens der Bühne fortsetzen. Dies mag ihnen besonders nahe liegen, da sie als Einwanderer bereits durch das Verlassen ihrer Heimat ihre alte, durch soziale Bindungen bestimmte Identität zurückließen. Kolonisten unternahmen ihre Reise schließlich nicht nur, um sich eine fremde Welt anzueignen und ihr zu einem höheren Zivilisationsgrad zu verhelfen, sondern auch um sich selbst durch Grenzüberschreitung ein neues Selbst zu verleihen.[29] Mit dem Passieren des Schlagbaums konnte der nach sozialem Aufstieg Strebende einen Schlussstrich unter die Vergangenheit ziehen und sich in neuem Umfeld eine neue soziale Existenz verschaffen. Dies war in den Kolonien fast automatisch ein Aufstieg in eine höhere Menschenklasse, wenn man ungeachtet der ständischen Abkunft „die *persona* des ‚weißen Mannes', die Maske der Rasse" oder Nation annahm. Sie ermöglichte einen Handlungsspielraum, der Entschädigung für den Verlust der Heimat und die Mühen der Reise bieten sollte.[30]

Im Freiraum der Fremde konnten sich die Reisenden verkleiden, neue Identitäten anprobieren, in der Heimat verbotene oder unmögliche Handlungen vollziehen. Dabei standen sie unter Beobachtung der Ansässigen, und

---

[28] Züge: *Der russische Colonist* [wie Anm. 11], S. 148.

[29] „Schon immer war das Reisen ein Mittel, seine Identität und seinen sozialen Status zu verändern und Ruhm, Reichtum und Ehre zu erlangen. Nicht zuletzt hat es aus der Verwandlung der Person gewissermaßen einen eigenen Beruf gemacht, denn die Schauspielerei war lange Zeit ein reisendes Gewerbe." Eric J. Leed: *Die Erfahrung der Ferne. Reisen von Gilgamesch bis zum Tourismus unserer Tage*. Aus dem Englischen von Hans-H. Harbort. Frankfurt am Main/New York 1993 (Orig.: *The Mind of the Traveler* 1991), S. 278.

[30] Ebenda, S. 288.

jeder neu angenommene Status musste „bei der Ankunft von einem Publikum bestätigt werden, denn Veränderungen der sozialen Existenz sind nur dann wirksam, wenn sie von Dritten anerkannt werden.“[31] Das Ausland war für die Reisenden eine Sensation, und sie waren für die dort Einheimischen Sensation. Die beobachteten Bewohner der Fremde konnten leicht zu Beobachtern der Zugereisten werden, der Einzug der Kolonisten in ein russisches Dorf zum Schauspiel werden: „Wir ritten in das Dorf hinein, von dessen Bewohnern sich bald ein großer Theil mit den verwundernden Ausrufe: deutsche Leute, um uns her versammelte.“[32] Sukzessive versucht Züge sich seinem Publikum anzunähern, indem er das Verhalten der Einwohner nachahmt: Der erste Schritt zum Russen ist für ihn das „Branntweintrinken“, doch vor dem Auftritt in der Kabake muss erst insgeheim geprobt werden.[33] Als nächstes steht nicht die Annahme der Religion, sondern das Nachahmen, die Mimikry der „äußeren Ceremonien“[34], d.h. unter Orthodoxen das richtige Kreuz zu schlagen und „hospodybomille“[35] zu murmeln. Zu Gast bei Tartaren hingegen ebendies zu unterlassen, das bringe ihm den Beifall des Publikums ein. Ihm fehlt bald nur mehr Kostümierung zum perfekten Schauspieler, und eine Verkleidung erhält er schließlich von einem Husaren deutscher Abstammung: den Pass und den Dolman eines verstorbenen Kameraden. Trotz seiner Erfahrung als Schauspieler flieht er zuerst die Menschen auf seinem Weg nach Westen, wird aber mit der Zeit sicherer in seiner Rolle als Husar, der dem Wanderer aus der Odyssee gleicht: „Solche Wanderer suchen gewöhnlich milde Bewirtung/Durch schmeichelnde Lüg, und reden selten die Wahrheit“.[36] So folgt er den Erfordernissen seiner Rolle und geht fast völlig in ihr auf, als er Beifall erhält:

> Die Männer und Jünglinge verlangten schauerliche Kriegsgeschichten von mir zu hören, die ich ihnen nach den Berichten Rothens, von dem ich mir verschiedenes hatte erzählen laßen, wie auch von meiner eigenen Erfindung auf eine solche Weise gab, daß ich mir ihren Beifall versprechen durfte. Ich vergrößerte die an sich schon großen Siege der Rußen noch mehr, ließ gegen einen Rußen wenigstens zehn Türken fallen, entblödete mich auch nicht zu versichern, daß mein Säbel ebenfalls gar sehr unter den Türken gewüthet habe, und daß ich immer glücklich davon gekommen wäre, bis auf eine einzige Wunde, die mich zum Reitn untauglich gemacht hätte. Ich

---

[31] Ebenda, S. 287.
[32] Züge: *Der russische Colonist* [wie Anm. 11], S. 93.
[33] Ebenda, S. 43.
[34] Ebenda, S. 110.
[35] Ebenda, S. 237 Gemeint ist gospody pomiluj (Herr erbarme dich).
[36] Homer: *Odyssee*, 14. Ges., Vers 124f. Zitiert nach: http://www.digbib.org/Homer_8JHvChr/De_Odyssee?k=Vierzehnter+Gesang [1.11.2006]

> gab ihnen ein Gewebe von Wahrheit und Dichtung, mit dem sie vollkommen zufrieden schienen.[37]

Enttarnt wird er erst, als er sich vor ein Publikum begibt, das aus heimatlichen Gefilden stammt, denn hier ist seine alte Identität mit der neuen nicht in Übereinstimmung zu bringen. Doch da hat er schon fast sein Erbe zu Hause angetreten, wo er den Reisebericht verfassen wird, in dem er sich einleitend mit zwei anderen berühmten Russlandreisenden vergleicht: „Trenk" und „Benjowsky".[38]

An ein Stück über „Benjowsky" erinnert sich „bei dem rastlosen Hin- und Hersinnen"[39] auch August von Kotzebue, als er, in seine Kutsche gesperrt, auf dem Weg in die Verbannung nach Sibirien und auf der Suche nach einem Grund für seine Bestrafung ist: Im Anschluss an Vulpius hatte auch er selbst diesen Stoff bearbeitet. Doch ist dieser Text nicht nur möglicher Grund seiner Verhaftung, sondern auch Identifikationsfigur. Kotzebue erfindet sich als gefangener Reisender seine Rollenbilder nicht wie Züge, sondern holt sie sich werbewirksam aus seinen eigenen Stücken, zu denen auch sein *Graf Benjowsky* und die oben erwähnte *Sonnenjungfrau* gehören. Doch auch fremde Texte werden wegweisend: Seine Bewandertheit im gängigen Opernbetrieb bietet dem Wiener Theaterdirektor a. D. noch eine weitere Rolle zur Identifikation: Bei einer Überfahrt übers Hochwasser bleibt er im Sturm in den überfluteten Baumwipfeln (!) hängen und muss

> wie Prinz Tamino in der *Zauberflöte* durch Feuer und Wasser gehen […], um in die Sibirischen Mysterien eingeweiht zu werden. Denn ein andermal erreichten wir in der Nacht einen Wald, der zu beiden Seiten des schmalen Weges heftig brannte.[40]

Dann will er sich an Benjowskys Vorbild halten und denkt, wie Züge, an Flucht: Er will entweder verkleidet sein Glück in einer Karawane nach China suchen oder den Geisteskranken spielen, anschließend einen bühnenreifen Selbstmord inszenieren und sich, von seiner Frau im Kleiderkasten versteckt, außer Landes bringen lassen. Auch hierfür benutzt er, als Kode in der Kom-

---

[37] Züge: *Der russische Colonist* [wie Anm. 11], S. 186.

[38] Ebenda, S. 7. Der 1741 in Ungarn geborene Moritz-August von Benjowsky kämpfte in Polen gegen die Russen, wurde gefangen und nach Kamtschatka deportiert. Dort vergaß er mit seiner Vergangenheit auch seine Ehe und floh mit der Tochter des dortigen Gouverneurs 1771 mit 77 Leidensgefährten über Umwege nach Frankreich, ehe er auf Madagaskar Häuptling eines Eingeborenenstammes wurde. Beim Versuch, die Insel für England zu erobern, töteten ihn Truppen des französischen Gouverneurs. Seine 1791 in Paris erschienene Autobiographie *Voyages et Mémoires* wurde zum Plot zahlreicher Werke, etwa von Christian August Vulpius (1762-1827) „Original-Trauerspiel" *Graf Benjowsky*, das schon 1792 zu Leipzig erschien.

[39] Kotzebue: *Das merkwürdigste Jahr* [wie Anm. 5], S. 97 f.

[40] Ebenda, S. 117.

munikation mit der Mitverschwörerin und als Rollenbild, Literatur, wenn er sich als Louvet und seine Frau als Lodoiska bezeichnet.[41]

Bevor er in diese Rollen schlüpft, wird er allerdings begnadigt und bestens bezahlter Schauspieldirektor in Petersburg, ehe er sich wieder nach Deutschland begibt. Nach Passieren des die russische Grenze markierenden Wachthauses und des Schlagbaumes teilt er den Boden mit seinen Lesern. Von preußischem (und somit in seinen Augen „deutschem") Boden aus, also vom Ort des lesenden Publikums, wirft er einen Blick zurück auf das als nunmehr leere Theaterbühne beschriebene Russland: Er spricht vom „Anblick des Schauplatzes meiner Leiden" und vergegenwärtigt sich nochmals die dort erlebten „Szenen".[42]

III. Russland als deutsches Theater: Die Bühne als Theatrum und Kulisse

In Russland war Kotzebue als Reisender Akteur vor einem neugierigen, fremden Publikum, das er aber mit ähnlich ungehemmter Schaulust betrachtet wie es ihn. Züge beschreibt eine ähnliche Situation in seinem Theater, auf der Bühne stehend, wie folgt:

> Schwerlich hat sich die deutsche Thalia [...] jemals vor einem solchen Publicum gezeigt, wie dasjenige, vor welches sie zu Saratow durch uns, ihre Stiefkinder, geführt wurde; denn man sah hier nicht Russen allein, sondern eine fast eben so grosse Anzahl von Kosaken, Kalmücken und Tartarn.[43]

Züge stellt die Zuschauer ins Rampenlicht, nicht nur sich als Spielenden, denn er kann sich den Traum des empirischen Aufklärers erfüllen, die Welt selbst und unmittelbar zu sehen.[44] Auch Kotzebue interessiert sich beinahe wissenschaftlich pedantisch für eine „Naturseltenheit" am Weg, nämlich einen 130-jährigen Mann, und lokalisiert den inventarisierten Ort, wo man auf sie „stoßen" kann, möglichst genau.[45] Mit ethnographischem Blick verzeichnet er die Mittel zum ewigen Leben: Man nehme „Baumrinde zu seinen Schuhen", eine Holzbank zum Schlafen, trinke keinen Branntwein und heirate spät. Hat diese Szene noch moralisch-didaktischen Beispielcharakter, so meint er im Fall der Beschreibung einer jungen Schönen Kritik vorweg-

---

[41] Ebenda, S. 193ff.

[42] Ebenda, S. 290 f., vgl. auch S. 47.

[43] Züge: *Der russische Colonist* [wie Anm. 11], S. 143.

[44] Man „durchstreicht bis an das Ziel der Reise einen nicht kleinen Theil der Welt, lernt Kosaken, Kalmücken, Morduinen, Tschuktschen, und eine Menge unbekannter Völker kennen und sieht unzählige Dinge, von welchen man hier zu Lande kaum einmal hat reden hören." Ebenda, S. 19.

[45] Kotzebue: *Das merkwürdigste Jahr* [wie Anm. 5], S. 120.

nehmen zu müssen: Er beruft sich darauf, dass er sie beobachtete, „nicht als ob ihre Jugend und Schönheit mich im mindesten interessiert hätten, sondern weil mir die tatarischen Sitten so neu waren.“ Tatsächlich erwähnt er ihren Brauch, sich zu verschleiern und vor seinen Blicken zu verstecken, doch der erzählerische Höhepunkt wird erst erreicht, als er von seinem Zimmer wie von einer Loge herab mit den Blicken voyeuristisch in ihre Privatsphäre eindringt: „Gesicht und Busen standen indessen den ungeweihten Blicken offen.“[46] Die im Fenster gerahmte und durch Blickregie in Fetischobjekte partialisierte Schöne verschafft ihm damit, wie er schreibt, eine „kleine Zerstreuung“, wie ihn auch später die nackt im Fluss badenden Dorfbewohnerinnen unterhalten. Der forschende Blick des Mannes in dieser Welt als peepshow lässt die ethischen Grenzen der Schamhaftigkeit zugunsten einer rechtfertigenden Wissenschaftlichkeit fallen.

Die gesammelten Skizzen der entblößten und partialisierten Menschen werden zum Schnittpunkt zwischen dem Mikrokosmos des Kuriositätenkabinetts oder des zoologisch-botanischen Gartens und dem öffentlichen Spektakel. Diesen Einrichtungen und dem Museum kommt, so Foucault,[47] vom 16. bis zum 18. Jahrhundert eine herausragende Bedeutung als Orte zu, an denen sich Wissen (im Sinne der antiken *theoria*) repräsentativ sichtbar machen lässt. An diesen Orten einer totalen Sichtbarkeit kann alles auf *tableaus* Ausgestellte auch benannt und klassifiziert werden. Eine solche Konzeption einer sinnlichen Vergegenwärtigung des Wissens an einem konkreten begehbaren Ort des Zeigens und Vorführens nannte Gottfried Wilhelm Leibniz *Theatrum Naturae et Artis*. Als eine weit reichende Ordnungs- und Systematisierungsmetapher fand der Ausdruck *Theatrum* in den verschiedensten Wissensfeldern Verwendung.[48] Einerseits handelt es sich um ein Modell für die Konfiguration, Repräsentation und Kommunikation von verfügbar gemachtem Wissen, andererseits auch um einen Ort der Wissensproduktion, wie im Fall des anatomischen Theaters. Die Reiseberichte gehen einen Mittelweg zwischen diesen Konzepten, denn sie lassen den Leser fiktiv an der Wissensproduktion teilnehmen und gliedern dabei das neu Erlernte schon

---

[46] Ebenda, 125 f..

[47] Michel Foucault: *Die Ordnung der Dinge. Eine Archäologie der Humanwissenschaften*. Frankfurt a.M. 1974, S. 117

[48] Mit dem Buchdeckel zu Abraham Ortelii *Theatrum Orbis Terrarum* von 1570 öffnet man beispielsweise den Vorhang zum geographischen Wissen der Zeit, abgebildet in Karten. Mit Leibniz' *Theatrum* präsentiert sich das größte barocke Lexikon als theatrum mundi der Öffentlichkeit. Diese Bezeichnung knüpft an den Theaterbegriff der frühen Neuzeit an, der auf dem deutschsprachigen Buchmarkt in spektakulärer Quantität präsent war, um anschließend als Schau-Bühne oder Schau-Platz in den volkssprachigen Diskurs übernommen zu werden. Vgl. Michel de Certeau: *Die Kunst des Handelns*. Berlin 1988, S. 274.

systematisch in den bereits vorhandenen Wissenskontext ein. Bietet sich Georg Forster auf seiner *Reise um die Welt* auf einer polynesischen Insel „der Anblick des Pflanzenreichs […] als ein neues Schauspiel" dar, so wird er es im Folgenden analysieren, einordnen und somit für die Kolonisten als überlebenswichtiges Wissen verfügbar machen.[49] Bei dieser Tätigkeit orientiert er sich an Linné, für den die Anmut der Natur ein Produkt der klar erkennbaren Unterschiede ihrer Lebewesen war.[50]

Die verschiedenen Merkmale ermöglichen dem reisenden Forscher die Klassifikation und Einordnung des Neuen ins Bekannte. Voraussetzung dafür ist die Herauslösung der Objekte aus dem das Auge überfordernden Umfeld: Auch wenn der aufgeklärte Reisende in Bewegung ist, imaginiert er einen ruhenden, rationellen Betrachter eines möglichst kleinen Weltausschnitts. Wie in einem Bilderrahmen, losgelöst von der rund umher bis zum fernen Horizont reichenden Umgebung, werden stillstehende Einzelbilder von Szenen beschrieben.[51]

---

[49] Georg Forster: *Reise um die Welt*. Hrsg. und mit e. Nachw. von Gerhard Steiner. Frankfurt a.M. 1983, S. 577 Zit. n. Eva-Maria Siegel: „Topographie des Tausches, Topographie des Instruments. Zwei Wahrnehmungsmodi des Fremden um 1800." In: *Topographien der Literatur* [wie Anm. 14], S. 625-647, S. 631.

[50] Diese führte er in seiner *Oratio De Telluris Habitabilis Incremento* darauf zurück, dass ursprünglich „nur eine einzige Pflanze von jeder Gattung und jedem Geschlecht (sexus) erschaffen worden" war. Das kann er nicht empirisch nachweisen, ist aber seine Überzeugung, die es ihm, so Herder in den *Ideen zur Philosophie zur Geschichte der Menschheit*, ermöglicht, alle Erscheinungen im „Amphitheater" der Welt ihren Urformen zuzuordnen und dadurch in bekannten Kontext zu stellen. Vgl. Johann Gottfried Herder: Ideen zur Philosophie der Geschichte der Menschheit. In: Herder. *Werke in zehn Bänden*. Hrsg.: Martin Bollacher. Bd 6. Frankfurt a.M. 1989, S. 42. „Der Berg, den Linneeus sich als das Gebürge der Schöpfung gedacht hat, ist in der Natur; nur nicht als Berg, sondern als ein weites Amphitheater, ein Stern von Gebürgen, die ihre Arme in mancherlei Klimate verteilen." Caroli Linnaeus: *Oratio De Telluris Habitabilis Incremento*. Haak 1744, S. 33. bzw. Carl von Linné: „Von der bewohnten Erde. Eine Rede." In: *Des Ritters Carls von Linné auserlesene Abhandlungen aus der Naturgeschichte, Physik und Arzneywissenschaften*. Leipzig 1776, S. 268-287, S. 287. Zit. n. Kyun–Ho Cha: „Der Äquator – Weltrand und Weltmitte." In: *Topographien der Literatur* [wie Anm. 14], S. 673-697, S. 688.

[51] Schon Brockes beschreibt in seinem Gedicht „Bewährtes Mittel für die Augen" diese Taktik, mit der sich der Horror Vacui zähmen lässt:„In einem flachen offnen Felde, in welchem ihr spatzieren geht,/ Und, durch den Vorwürf' Anzahl, nichts, als etwan Feld und Himmel seht,/ Will ich euch, in verschiedner Schönheit, statt einer Landschaft, tausend weisen./ Man darf nur bloß von unsern Händen die eine Hand zusammenfalten,/ Und sie vors Auge, in der Form von einem Perspektive, halten;/ So wird sich, durch die kleine Oeffnung, von den dadurch gesehnen Sachen/Ein Theil der allgemeinen Landschaft, zu einer eignen machen,/ Von welcher, wenn man mahlen könnte, ein' eigne nette Schilderey/Zu zeichnen und zu mahlen wäre." Zitiert nach Albrecht Koschorke: *Die Geschichte des Horizonts. Grenze und Grenzüberschreitung in literarischen Landschaftsbildern*. Frankfurt a.M. 1990, S. 117f.

Der Theaterdichter Kotzebue wählt bei der Schilderung seiner Umwelt stets nur einen Ausschnitt, der kleiner ist als das natürliche Blickfeld. Zentralperspektivisch konzentriert er sich auf Blickmittelzonen, weshalb in seiner Reisedarstellung scheinbar Guckkasten auf Guckkasten folgt: Häufig haben seine Beschreibungen Zug in die Tiefe, bleiben aber gerahmt wie ein Bühnenbild vor den Augen des Publikums. Mit dieser Technik lässt sich das Unübersehbare sequentieren in serielle Kleinidyllen und Genre-Szenen. August von Kotzebue setzt diese Technik der Rahmenschau nicht nur beim Betrachten nackter Frauen erfolgreich ein, sondern bei der Reise durch ein ganzes Land: Fortbewegung erscheint in seinem Reisebericht als Szenenfolge, bedingt durch das Versetzen eines immer gleichen Rahmens, der sich wie ein Theatervorhang auf- und zuziehen lässt.

In den endlos tiefen Raum dahinter können die Erzähler beliebige Kulissen schieben, die an einem Platz mehrere miteinander unvereinbare Räume darstellen können. Dieses Prinzip des gleichen Platzes, auf dem wechselnde, ja unvereinbare fremde Orte zu sehen sind, ist das des Heterotopos Theaterbühne.[52] Russland ist, als immer gerahmter, aber wechselnder Schauplatz begriffen, solch ein Heterotopos. Selbst bei der Begehung wird Russland als „anderer“ Raum gedacht, als Raum ohne Ort, als Gegenplatzierungen zur Normalität. Hier lassen sich das Ausgelagerte, das Inkommensurable und das Abwesende mittels wechselnder Kulissen imaginieren. Kotzebue beispielsweise findet die Frontansicht des fernen Tobolsk „am steilen Ufer des Irtysch […] mit seinen vielen Kirchen ziemlich malerisch“, erwähnt noch, dass ihm „die Festung und der ehemalige Palast des Generalgouverneurs schön in die Augen fallen“. Doch als er die Szene betritt, hebt er die Wirkung der Zentralperspektive auf und blickt hinter die entzauberten Kulissen: „Der letztere [Palast] ist aber durch eine Feuersbrunst gänzlich verödet und imponiert nur noch in der Ferne.“[53] Diese potemkinsche Stadt wird noch durch ein weiteres bühnenwirksames Detail geziert: Da in diesen Breiten keine Obstbäume zu finden sind, ist der

> Garten des Gouverneurs, der beste im ganzen Lande, […] mit einer Bretterwand umgeben, auf welche man Obstbäume *gemalt* hatte. In der Wirklichkeit zierten ihn der Faulbaum, der Sibirische Erbsenbaum und die Birke.[54]

Russland wird von den Reisenden erlebt als Land der Täuschung, in dem alles in etwas Anderes zerfließen kann, selbst der Weg wird zum Fluss und umgekehrt. Fixieren lassen sich nur Details, indem sie aus ihrem Umfeld

---

[52] Michel Foucault: „Andere Räume.“ In: Karlheinz Barck u.a. (Hrsg.): *Aisthesis. Wahrnehmung heute oder Perspektiven einer anderen Ästhetik*. Leipzig 1990, S. 42.
[53] Kotzebue: *Das merkwürdigste Jahr* [wie Anm. 5], S. 135.
[54] Ebenda, S. 167.

herausgehoben werden, doch selbst diese bleiben kulissenhaft, ohne Wirklichkeit. Angesichts dieser mit Illusionsmalerei gezierten, wandelbaren Bühne kann auch der Reisende der Versuchung nachgeben, eine fremde Person darzustellen. Die autobiographischen Reiseberichte dieser wandelbaren Figuren gestalten die Bewegung durch den russischen Heterotopos als Theatrum ihres im Bühnen-Raum geordneten Wissens. Der Erzähler konzentriert sich auf einzelne, gerahmte Elemente der Szenerie und knüpft an sie Glossen mit individueller und kollektiver Geschichte an, für die er intertextuell und intermedial auf seinen kulturellen Wissensfundus zurückgreift. In diesem mit dem Leser geteilten Archiv findet er neben der Beschreibungstechnik durch Rahmung auch Handlungsanleitungen in Form von literarischen Figuren, in deren Rolle er schlüpfen kann. Als solche fällt ihm und auch dem Leser die Orientierung im Heterotopos leichter, wird er als Schauplatz doch als Bühne markiert und so fiktionalisiert. Der scenic spot, der geschilderte Aussichtsplatz der literarischen Figuren in Russland, ist gleichzeitig ihre Szene, ein Bühnenplatz, der am Ende der Vorstellung aber selbst eine Leerstelle bleibt.

Monika Kugemann

Schiller vs. Charlotte Birch-Pfeiffer
Deutsches Theaterrepertoire in Pittsburgh (1844-1873) aus der Sicht deutscher und amerikanischer Kritiker

Der folgende Aufsatz, der die ersten Ergebnisse der Forschung an meiner Dissertation zusammenfasst, kann als Ergänzung und Fortführung der Beiträge von Gadberry, Padberg und Grange über deutsches Theater in den USA[1] verstanden werden. Meine Vorgehensweise, die sich auf die zwei Pfeiler: Presse und darstellende Künste stützt, erklärt sich durch meine Magisterabschlüsse in Theaterwissenschaft (Friedrich-Alexander-Universität, Erlangen) und Journalismus (Point Park University, Pittsburgh, PA). Ziel ist, die kulturelle Identität der Amerikadeutschen des 19. Jahrhunderts mit Hilfe der Dokumentation deutscher kultureller Veranstaltungen in Pittsburgh und der Interpretation dieser Veranstaltungen in der englischsprachigen und deutschsprachigen Tagespresse vor Ort zu rekonstruieren. Primärquellen sind dabei

---

[1] Glen Gadberry: „The Early German Theatre of ‚Deutsch Athen' Milwaukee, 1848-1853." In: Laurence Kitching (Hrsg.): *Die Geschichte des deutschsprachigen Theaters im Ausland* (Thalia Germanica, Bd. 2), Frankfurt am Main et al.: Peter Lang 2000, S. 97-110.
Daniel L. Padberg.: „Transplanted Culture. The Beginning of German-Language Theater in St. Louis, Missouri." ebenda, S. 111-126.
Glen Gadberry: „Civil War and Fanny Janauschek. Milwaukees German Theatre in the 1860s." In: Horst Fassel, Otto Schindler u. Paul S. Ulrich (Hrsg.): *Deutsches Theater im Ausland vom 17. zum 20. Jahrhundert: Interkulturelle Beziehungen in Geschichte und Gegenwart.* (Thalia Germanica. Bd 3). Berlin 2007, S. 225-233.
Daniel L Padberg.: „Cultural Links Across a Continent. German Ethnic Theatre in the United States Before the Civil War." ebenda. , S. 234-253.
Daniel L Padberg: „German Theatre Professonalism. Henrich Börnstein and the St. Louis German Theatre 1850-1865." In: Horst Fassel u. Paul S. Ulrich (Hrsg.) *welt als theater. Deutsches Theater im Ausland vom 17.-20. Jahrhundert. Funktionsweisen und Zielsetzungen.* Teil 1, (Thalia Germanica. Bd 5) Berlin: LIT Verlag 2006, S. 187-212.
William Grange: „The Tours of Marie Geistinger in the United States during the 1880s." In: Horst Fassel, Malgorzata Leyko u. Paul S. Ulrich (Hrsg.): *Polen und Europa. Deutschsprachiges Theater in Polen und deutsches Minderheitentheater in Europa.* (Thalia Germanica. Bd 6) Lodz, Tübingen 2005, S. 226-236.

zwei Tageszeitungen: die amerikanische *Pittsburgh Gazette*[2] und der deutsch-amerikanische *Freiheits Freund und Pittsburger Beobachter*.[3]

Deutsche Kultur in Pittsburgh war nur ein Teil des kulturellen Lebens der Stadt. Nach dem US Zensus von 1860[4] waren die Deutschen bei einer Gesamtbevölkerung von 49.217 mit 13% die zweitgrößte Minderheit, nach 64% gebürtigen Amerikanern (verschiedener ethnischer Herkunft) und 19% Iren. Engländer, Schotten und Franzosen stellten nur geringe Teile der Bevölkerung. Leider lassen sich diese Zahlen nicht mit anderen Jahren innerhalb meines Untersuchungszeitraums vergleichen, da die Ergebnisse der Zensusbefragungen unterschiedlich aufgeschlüsselt sind und die Jahre 1840, 1850 und 1870 keine Bevölkerungszahlen für Pittsburgh angeben. Außerdem müssen auch die Zahlen für 1860 mit Vorsicht genossen werden, da unklar ist, wer genau befragt wurde (ob z.B. bestimmte Bevölkerungsschichten ausgeschlossen wurden) und ob es nicht, durch die fremdenfeindliche Stimmung um die Jahrhundertmitte, Befragten angebracht schien, sich als „Amerikaner" zu bezeichnen. Deutsche Einwanderer hatten zudem den Ruf, sich besonders schnell anzupassen und ihre Wurzeln zu verleugnen.[5] Glaubt man aber der Zensusbefragung von 2000, so müssen die Deutschen – entgegen bisherigen Annahmen von der Dominanz anglo-irischer Einwanderer – historisch als größte Einwanderergruppe in die USA angesehen werden, da über 15% der US-Amerikaner deutsche Wurzeln angaben.[6]

Das Leben in Pittsburgh zwischen 1844 und 1873 war von vielerlei Bedingungen abhängig, die sich wieder auf die Unterhaltungsindustrie auswirkten. Historische Ereignisse wie der Stadtbrand 1845, der einen Großteil der Innenstadt vernichtete, und die Choleraepidemie von 1854[7] wirkten sich

[2] Gegründet 1786 von John Scull and Joseph Hall als erste Zeitung westlich der Allegeheny Mountains, siehe: Clarke M. Thomas: *Front Page Pittsburgh. Two Hundred Years of the Post-Gazette.* Pittsburgh, PA: University of Pittsburgh Press 2005, S. 5.

[3] Gegründet 1834 von Victor Scriba in Chambersburg, Pennsylvanien und 1836 nach Pittsburgh verlegt, siehe: Gustav Phillip Körner: *Das deutsche Element in den Vereinigten Staaten von Amerika 1818-1848.* Cincinnati: A. E. Wilde & Co. 1880 (reprint New York, Berne, Frankfurt a. M.: Peter Lang, 1986), S. 45.

[4] United States Census Office: *Eighth Census of the United States, 1860*, New York 1990, S. xxxii.

[5] Reiner Pommerin: *Quellen zu den deutsch-amerikanischen Beziehungen 1776–1917.* Darmstadt: Wissenschaftliche Buchgesellschaft 1996, S. 60f, 89, 104 u. 149.
Körner: *Das deutsche Element in den Vereinigten Staaten von Amerika* [wie Anm. 3], S. 13 & 19.

[6] US-Census 2000. http://www.census.gov/prod/2004pubs/c2kbr-35.pdf

[7] Vgl. Steven Bernstein: *When the Cholera Came to Pittsburgh.* Research Paper for Archival Internship. Pittsburgh: Heinz History Center 2000.

negativ auf den Theaterbesuch aus. Ungeahnte positive Folgen hatte jedoch die Entdeckung von Gold in Kalifornien 1847, die 1848 viele Einwanderer anlockte, die aber häufig, aufgrund von allzu optimistischen Kalkulationen der Durchquerung des Landes, in den Städten westliche der Neuengland-staaten stecken blieben.[8] Ebenso positiv für die Pittsburgher Unterhaltungsindustrie war der Ausbruch des amerikanischen Bürgerkriegs 1861, der der städtischen Eisenindustrie aufgrund der Waffenherstellung einen beispiellosen Aufschwung ermöglichte.[9]

Infrastrukturelle Veränderungen wie der Bau des Pennsylvania Kanals 1834 und schließlich die Eisenbahnanbindung an Philadelphia 1852 ermöglichten Pittsburgh den Status einer Brückenposition im Handel zwischen Ost und West und machten es erstmals auch für größere fahrenden Schauspiel- und Operntruppen attraktiv.

Journalistische Neuerungen wie die „Penny Press"-Revolution in den 1820ern[10] machten Tageszeitungen erstmals für den Durchschnittsbürger erschwinglich. Neben kommerziellen Informationen und Werbung enthielten diese Zeitungen auch Lokalnachrichten über Unterhaltung, die sich mit Sensationsberichten über Grausamkeiten des Alltags (Verbrechen, Gewalt, unglückliche Todesfälle) vermischten und häufig neben rein informativen Ankündigungen und „Kritiken" im weitesten Sinne des Wortes auch jede Menge Klatsch über die Allüren bekannter Musik- und Schauspielstars enthielten. Ausschlaggebend war dabei ab 1825 die Kulturindustrie New Yorks.[11]

Das Unterhaltungsangebot in Pittsburgh war groß und abwechslungsreich und kann als beispielhaft für alle mittelgroßen amerikanischen Städte dieser Zeit gelten. Neben Aufführungen ansässiger Theatertruppen und Konzerten lokaler Musiker konnten Pittsburghs Bewohner die Konzerte reisender SängerInnen und musikalischer Virtuosen besuchen, fahrenden Operntruppen auf italienisch oder auf englisch oder manchmal auch auf deutsch oder französisch erleben, sich von reisenden Burlesque- oder Operettentruppen erhei-

---

Damals meinte man noch, die gefährlichen Dämpfe der Krankheit durch Ausräuchern beherrschen zu können, denn erst der deutsche Forscher Robert Koch fand 1883 in Ägypten die Bakterien, die die Krankheit verursachen und sich im Trinkwasser vermehren.

8 Über die Beschwerlichkeit der Reise über Land siehe: Andrea Franzius: *California Gold – On the Way to California. Joint-Stock Companies and the First Democratic Structures.* Durham, NC: Duke University 1997, http://www.duke.edu/~agf2/history391/jointstock.html.

9 Stefan Lorant: *Pittsburgh. The Story of an American City.* 5. ed. Pittsburgh, PA: Esselmont Books 1999, S.129, 13f.

10 Frank Luther Mott: *American Journalism. A History of Newspapers in the United States through 250 Years, 1690 to 1940.* New York: Macmillan 1947, S. 228ff.

11 David Grimsted: *Melodrama Unveiled. American Theater and Culture 1800-1850.* Chicago, London: University of Chicago Press 1968, S. 47.

tern lassen, sich in Vorträgen religiöser, naturwissenschaftlicher oder moralischer Natur bilden, in Zirkussen über exotische Tiere und menschliche Absonderlichkeiten staunen,[12] die Schönheit von Panoramen oder Tableauxs bewundern und zu Feiertagen wie Weihnachten, Ostern, Pfingsten und Thanksgiving, aus einer Reihe von Bällen und „Lunches" auswählen.

Theater wurden in den USA als kommerzieller Betrieb geführt. Unternehmer oder Aktiengesellschaften investierten in den Bau von Theatern um Profit zu machen. Diese Theater wurden dann von Managern gepachtet, die Schauspieler einstellten und für Kostüme und Dekorationen sorgten. Oft führten Manager auch Renovierungsarbeiten durch, um marode gewordene Konstruktionen zu verbessern, Sitze zu polstern (das schlichte „Pit" vor der Bühne wurde gegen Jahrhundertmitte häufig durch ein eleganteres „Parquette" ersetzt[13]) oder einfach um das Publikum in der neuen Saison mit dem Reiz des Neuen zu locken. Dass sie dabei oft tief in die eigene Tasche greifen mussten, bezeugt ein Rechtsstreit zwischen dem Manager des Pittsburgh Theatre, Joseph Charles Foster, und dem Eigentümer des Gebäudes, eines Herrn Simpson, von dem der *Freiheits Freund* berichtet:

> **Das hiesige englische Theater** ist am Montag in Folge einer Entzweiung zwischen dem Miether, Hrn. Foster, und dem Eigenthümer, Hrn. Simpson, geschlossen worden. Foster verlangt von Simpson so etwas wie dreitausend Dollars für Reparaturen, die er von Zeit zu Zeit an dem Gebäude hat vornehmen lassen. Simpson aber wollte davon Nichts wissen und da Foster mit dem Miethgeld etwas im Rückstand war, so nahm er auf die genannte summarische Weise Besitz von dem Gebäude. Foster verklagte ihn sofort auf die $3000 und Schadenersatz.[14]

Manager reisten in der spielfreien Zeit (die Sommermonate) häufig nach New York, um eine neue „stock company" für ihr Theater zu engagieren. Dabei orientierten sie sich an Rollenfächern.[15] New York wurde damals zu einem Umschlagplatz von Schauspielertalenten[16] und auch die deutschen Theatermanager Pittsburghs engagierten ab 1863 Darsteller des Stadttheaters New York neben Schauspielern der Stadttheater von Philadelphia, Cincinnati, Milwaukee, St. Louis, New Orleans and San Francisco. Während die Mit-

[12] Robert Bogdan: *Freak Show. Presenting Human Oddities for Amusement and Profit.* Chicago, London: University of Chicago Press 1988, S. 1ff.

[13] Zur Einführung des Parketts um die Jahrhundertmitte: Bruce A. McConachie: *Melodramatic Formations. American Theatre and Society, 1820-1870.* Iowa: University of Iowa Press 1992, S. 200 u. 292.

[14] *Freiheits Freund*, 18. November 1857.

[15] Mary C. Henderson: *Theatre in America. 200 Years of Plays, Players, and Productions.* New York: Abrams 1986, S.143f.

[16] Vgl. Rialto Theaterbezirk; McConachie, *Melodramatic Formations*, [wie Anm. 13], S. 251f.

glieder der „stock company“ für die gesamte Saison engagiert waren, wurden Engagements für „Stars“ meist für ein bis zwei Wochen ausgehandelt. Die Stars traten während dieser kurzen Zeit in ihren Paraderollen auf, wobei die Nebenrollen von der „stock company“ gespielt wurden.[17] Dieses System galt gleichermaßen für den englischsprachigen wie für den deutschsprachigen Theaterbetrieb, sofern es sich um ein Stadttheater mit professionellen Schauspielern handelte. Deutsche Laienspiele existierten nebenher und setzten sich aus Ortsansässigen zusammen.

Um ein möglichst breites Publikum anzusprechen, verteilten Theater Flugblätter, schlugen Plakate an und inserierten in den wichtigsten Tageszeitungen. Besonders Benefiz-Vorstellungen zu wohltätigen Zwecken und Benefize für Stars oder Company-Darsteller wurden so angesagt. Nicht selten hingen diese Ansagen mit offensichtlicher Bestechung der Zeitungsschreiber zusammen, die gegen Bezahlung sogenannte „Puffs“ verfassten,[18] überschäumende Beschreibungen der Attraktion die geboten wurde, sowie Lobhudeleien auf die Aufopferungsbereitschaft der Manager, die „weder Mühe noch Kosten gespart“ hätten, „ihr Unternehmen der Unterstützung des Publikums würdig zu machen.“[19]

Amerikanisches Theater verstand sich, vor allem bis zur Jahrhundertmitte, als egalitäre Einrichtung, die allen offen stand. Bei gestaffelten Preisen von 25 Cents für die Galerie, 50 Cents fürs Parkett und $1 für Logen, konnten sowohl Handwerksgesellen als auch Kaufleute und gutbürgerliche Gentlemen das Theater in einer jeweils angemessenen Weise besuchen. Auch der einfache Arbeiter konnte sich durch Knausern und Sparen ab und zu einen Theaterbesuch leisten.[20] Für die Engagements fahrender Stars und musikalischer Spitzentalente wurde der Preis oft erhöht, etwa auf $1,50 oder $2. Damen wurde aufgrund moralischer Bedenken vom Theaterbesuch abgeraten, wobei sich weder Arbeiterinnen noch Prostituierte oder Damen aus gutem Hause, die mit ihren Männern die abonnierten Logen bezogen, davon abschrecken ließen.[21] Das deutsche Minderheitentheater war etwas billiger, bei durchschnittlich 50 Cents pro Aufführung.[22] Damen waren hier willkomme-

---

[17] Henderson, *Theatre in America* [wie Anm. 15], S. 145 und McConachie, *Melodramatic Formations* [wie Anm. 13], S. 78ff.

[18] Grimsted, *Melodrama Unveiled* [wie Anm. 11], S. 43f.

[19] *Freiheits Freund*, 9. November 1863.

[20] Rosemarie K. Bank: *Theatre Culture in America, 1825-1860.* (Cambridge Studies in American Theatre and Drama. Reihe B) Cambridge: Cambridge Univ. Press 1997, S. 92.

[21] Ebenda, S. 114.

[22] In der Saison 1871/72 kostete sogar ein Familienabonnement nur $5, also bei 10 Aufführungen nur 50 Cents pro Besuch; *Freiheits Freund*, 7. November 1871.

ne Gäste, denn sie zahlten in Begleitung eines Mannes nur 25 Cents.[23] Überhaupt hatten die deutschen Einwanderer eine familienfreundlichere Einstellung zu Unterhaltungen aller Art, während die Amerikaner dem viktorianischen Weiblichkeitsideal anhingen, das Frau und Kinder an den heimischen Herd verbannte.

Zwischen 1843 und 1873 existierten in Pittsburgh mehrere Spielorte. Das älteste Theatergebäude der Stadt war das Pittsburgh Theatre (auch gerne Old Drury genannt) an Fifth Avenue und Wood Street in der Innenstadt. Es war 1833 durch den englischen Schauspieler und Theaterdirektor Francis Courtney Wemyss auf Wunsch eines Freundes als „model theatre of the United States – elegance and comfort being combined, both for the auditor and actor"[24] errichtet worden. Trotz mehrerer Renovierungen in den Folgejahren wurde es 1870 als marode abgerissen.[25] Das National Theatre in der Odd Fellows Hall (Fifth Avenue) wurde 1858 nach den Plänen des deutschen Architekten Bartberger eingerichtet. In diesem groß angelegtem Saal mit 2000 Sitzplätzen kosteten Logen bis zu $5, bei üblichen Preisen für Parkett und Galerien.[26] Weitere Theaterspielorte waren das Athenaeum (1848-1865, Liberty and Strawberry Way), die Academy of Music (1866, selber Standort wie das abgebrannten Athenaeum) und das Fifth Avenue Opera House (1871, Diamond Street). Deutsche Aufführungen fanden meist im Athenaeum bzw. der Academy of Music statt.

Deutschsprachiges Theater in Pittsburgh war zunächst nur in Form von Laientheatervereinen vorhanden, etwa dem von Gürtler gegründeten Theatralischen Unterhaltungsverein, der am 24. Dezember 1846 in einem Warenhaus in der Liberty-Straße seine erste Vorstellung gab. Der Verein bestand bis Ende Dezember 1848 unter Gürtler und wurde am 16. Oktober 1854 von J. F. Sabita, einem lokalen Theaterliebhaber, wiederbelebt. Unter wechselnden Intendanzen bestand der Unterhaltungsverein bis August 1863. Ein zweiter Theaterverein wurde am 11. März 1859 von J. F. Sabita in Birmingham (ein Stadtteil südöstlich der Innenstadt und von dieser durch den Fluss Monongahela getrennt) unter dem Namen Theatralischer Bildungsverein Thalia gegründet. Dieser führte – mehr noch als der Unterhaltungsverein – hauptsächlich Volksstücke, Possen und Komödien auf und hatte mindestens bis zum Sommer 1873 Bestand.[27] Der Turnverein von Birmingham gründete

[23] *Freiheits Freund*, 3. Juni 1857.

[24] Francis Courtney Wemyss: *Twenty-Six Years of the Life of an Actor and Manager*. New York: Burgess, Stringer and Co. 1846, S. 216.

[25] Lynne Conner: *Pittsburgh in Stages. Two Hundred Years of Theater*. Pittsburgh: University of Pittsburgh (vmtl. 2007).

[26] *Freiheits Freund*, 11. April 1858; *Pittsburgh Gazette*, 12. April 1858.

[27] Ende meiner Forschungsperiode; Lynne Conner fand einen Verein Thalia in den 1920ern.

1871 seine eigene Theatergruppe und ab dem Sommer 1872 veranstalteten die Turnvereine von Pittsburgh, Birmingham und Allegheny (ein Stadtteil nordwestlich der Innenstadt und von dieser durch den Fluss Allegheny getrennt) einmal jährlich Theateraufführungen. Schon vorher hatten die Turner als Darsteller von Tableaux bei Theatervorstellungen mitgewirkt.

Am 9. November 1863 wurde das erste professionelle deutschsprachige Theater, das Pittsburgh Stadttheater nach dem Vorbild des New York Stadttheaters[28] mit *Catharina Howard, oder: Krone und Schafott* nach einem Roman von Alexandre Dumas eröffnet. Besonders A. Charles, ein Pittsburgher Schauspieler, der bereits den Unterhaltungsverein mehrere Spielzeiten geleitet hatte, machte sich bis 1868 um die Leitung dieses Stadttheaters verdient und holte viele Schauspieler anderer amerikanischer Stadttheater nach Pittsburgh. Im April 1868 verschwand das professionelle deutsche Theater allerdings in der Versenkung. Ob es zu einem späteren Zeitpunkt als 1873 fortbestand, ist bislang nicht erforscht worden. Das Stadttheater spielte in der ersten Saison im Athenaeum 810-812 Liberty and Strawberry Way, und, nach einer Pause von zwei Jahren (das Athenaeum war im April 1865 abgebrannt), in der Academy of Music (selber Ort).

Während die Theatervereine eher sporadisch Vorstellungen gaben, die sich während der Saison zwischen Mitte Oktober/Mitte November und Mai auf ca. 10 Vorstellungen beliefen, spielte das Stadttheater regelmäßig Montags, Mittwochs, Freitags und Samstags. Fahrende Schauspieltruppen und lokale Amateure organisierten einige Jahre Sommertheater zwischen Mai und August, die regelmäßig ca. zwei Mal pro Woche spielten. Englische Sommersaisons wurden häufig vom stehenden Theater selbst veranstaltet und endeten stets mit dem 4. Juli am Staatsfeiertag. Während der Saison spielte das englischsprachige Theater 6 Tage die Woche mit Ausnahme des Sonntags, der, laut dem Sonntagsgesetz, von allen „weltlichen Arbeiten“[29] freigehalten werden sollte, d.h. solchen Aktivitäten, mit denen man Geld verdient. Dass deutsche Theatervereine häufiger an Sonntagen und religiösen Feiertagen wie Ostern und Pfingsten kostenpflichtige Vorstellungen gaben, veranlasste die Pittsburgher Behörden teilweise zu hartem Durchgreifen, wie der Bericht der Schließung des Arbeitertheaters in Birmingham (vermutlich das Turnertheater) 1872 zeigt:

[28] Das Stadttheater in New York wurde am 4. September 1854 unter der Leitung von Otto und Elise von Hoym und August Siegrist mit Schillers *Räubern* eröffnet. Weldon B. Durham: *American Theatre Companies 1749-1887*. New York, Westport, Connecticut, London: Greenwood Press 1986, S. 470.

[29] Vgl. *Freiheits Freund*, 22. Juni 1854.

> **Das Sonntagstheater auf der Südseite soll geschlossen werden.**
>
> Die Instructionen Mayor Blackmore's hinsichtlich der Sache.
>
> [...] Gestern brachten wir in Erfahrung, daß der Mayor derartige Vorstellungen am Sonntage [für die Eintritt verlangt wurde] für gesetzwidrig erachtete und Deputy Mayor Heisel instruierte, den Regisseur des Theaters zu notifizieren, von jetzt ab keine Vorstellungen an Sonntagen zu geben, da es illegal sei. Dieser Beschluß des Mayors wird auf der Südseite große Aufregung hervorrufen, denn bis jetzt wurde gegen diese sonntäglichen Vorstellungen von den Behörden nicht vorgeschritten und dieselben waren für Viele eine angenehme Abendunterhaltung; gar mancher Arbeiter, der nur den Sonntag Abend sein nennt, verbrachte in jenen Vorstellungen denselben in gemüthlicher und angenehmer Weise.[30]

Statistisch betrachtet war das Theater der deutschen Minderheit (wohl auch aufgrund der fehlenden Professionalität und den unregelmäßigen Aufführungen – es gab nur drei Saisons des professionellen Stadttheaters in 30 Jahren) nur ein Bruchteil der Pittsburgher Theaterlandschaft. Mit 603 nachweisbaren Aufführungstagen (die aber jeweils mehrere Stücke beinhalten konnten) machte es nur 13% der insgesamt von mir gezählten Aufführungen aus, im Vergleich zu 4.098 englischsprachigen Aufführungsabenden (87%). Dennoch ist deutscher Einfluss auch im englischsprachigen Theater spürbar, denn 372 Aufführungen in englischer Sprache waren Stücke deutscher Dramatiker (wie Kotzebue, Schiller, oder Charlotte Birch-Pfeiffer) bzw. wurden von gastierenden deutschen Schauspielern durchgeführt (etwa Fanny Janauschek oder Felicita Vestvali). Diese „deutschen" Aufführungen verbuchen 9% aller englischsprachigen Aufführungen.

Vergleicht man die Anzahl der Aufführungsabende im englischen und deutschen Theater über die Jahre, so ist ein eindeutiger Anstieg der Theateraktivität der Stadt zu verzeichnen, dem sich ab 1855 auch die Aufführung von Opern durch fahrende Truppen anschließen (siehe Grafik 1). Dieser Anstieg erklärt sich durch die expandierende Eisen-, Glas- und Kohleindustrie und die starke Zuwanderung, beides Entwicklungen, die die Zahl derer, die sich den Theaterbesuch leisten konnten, vergrößerten.

Die Schließung und Eröffnung verschiedener amerikanischer Theaterbetriebe verursachte starke Schwankungen der jährlichen Aufführungen zwischen 1864 und 1873. Hohe Aufführungszahlen des deutschsprachigen Theaters für 1864 und 1867 gehen auf die Existenz des Stadttheaters und dessen regelmäßige Aufführungen in den Saisons 1863/64, 1866/67 und 1867/68 zurück. Fehlende Daten für das englische Theater für 1845, 1846, 1851 und 1854 erklären sich dadurch, dass der jeweilige Manager des Theaters hier

[30] *Freiheits Freund*, 21. November 1872.

keine Inserate in die *Pittsburgh Gazette* setzte (er konnte auf weniger konservative Zeitungen wie die *Morning Post* und den *Pittsburgh Dispatch* zurückgreifen) und die *Gazette* auch ihrerseits das Theater nicht behandelte.

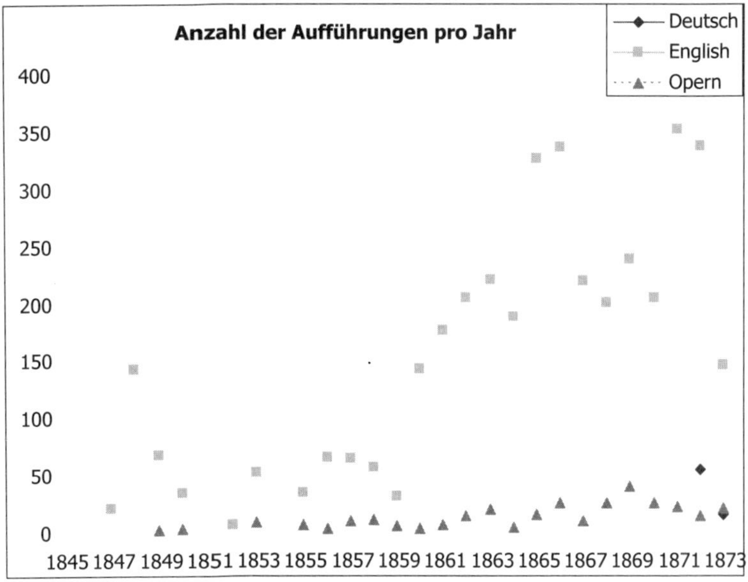

Grafik 1: Anzahl der Aufführungen pro Jahr

Eine Pittsburgher Theatergeschichte weist nämlich eindeutig darauf hin, dass eine kontinuierliche Bespielung des Pittsburgh Theatre während dieser Zeit stattgefunden hat.[31] Über deutsche Theateraktivität in der Stadt hat aber weder diese Theatergeschichte, noch ihr zeitlicher Nachfolger[32] Nachforschungen angestellt.

Aufschluss über den Charakter des deutschsprachigen und englischsprachigen Theaterangebots bietet eine Analyse der meistgespielten Genres (Grafiken 2 und 3).

Während im deutschsprachigen Theater die Schauspiele überwiegen (29%), sind es im englischsprachigen Theater die Charakterbilder (35%). Dabei fallen unter den Sammelbegriff Schauspiel sowohl historische Schauspiele als

[31] Edward Garland Fletcher: *Records and history of theatrical activities in Pittsburgh, Pennsylvania from their beginning to 1861.* 3 vols., Dissertation University of Pittsburgh 1931. (Curtis Theatre Collection.)

[32] James Allison Lowrie: *A History of the Pittsburgh Stage, 1861-1891.* 2 vol., Dissertation University of Pittsburgh 1943. (Curtis Theatre Collection.)

auch die zeittypische Form des sentimentalen Dramas, das Melodrama, und alle Stücke die weder eindeutig tragisch noch komisch sind. Charakterbilder behandeln vor allem Zeitfragen und lokale Besonderheiten, z.B. im amerikanischen Theater die Indianerfrage und die Sklaverei, aber auch den Unterschied zwischen Stadt- und Landleben, die unterschiedlichen Charaktere von Yankees und Südstaatlern und das Thema Immigration.[33] Charakterbilder im deutschsprachigen Theater (20%) behandelten regionale Unterschiede in den deutschen Staaten[34] aber auch häufig das Erlebnis der Einwanderung in die USA.[35] Schauspiele machen aufgrund der großen Beliebtheit von Melodramen im englischsprachigen Theater Platz zwei aus (26%).

Tragödien kommen in beiden Theatern mit jeweils 10% trotz der Bevorzugung des Heiteren durch das Publikum recht häufig vor, was sich dadurch erklärt, dass die Stars beider Theater gerne in tragischen Rollen auftraten, um ihr schauspielerisches Talent voll zur Geltung zu bringen. Lustspiele sind am deutschsprachigen Theater mit 18% sehr viel häufiger vertreten als am englischsprachigen mit nur 8%, wobei das englische Theater insgesamt mehr

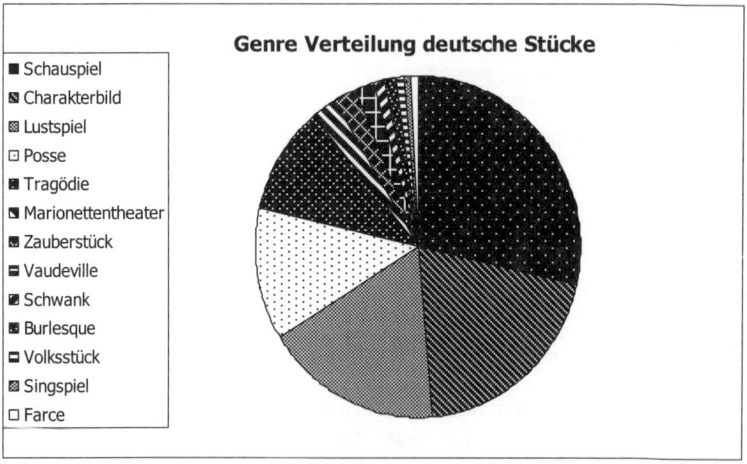

Grafik 2: Genreverteilung deutsche Stücke

[33] Stücke über irische und deutsche Immigranten sind *The Gentleman from Ireland*, *Ireland and America* und *The Irish Immigrant*, bzw. *Fritz, Our German Cousin* und *Schneider*.

[34] Emil Pohl: *Die Sachsen in Preußen, oder: Wir nehmen auch Auslaender* und Friedrich Kaiser: *Stadt und Land, oder: Der Viehhändler aus Oberösterreich.*

[35] Carl Gutzkow: *Liesli, oder: Die Auswanderung nach Amerika*, Heinrich Börnstein: *Die Grünen in Amerika. Deutsche Einwanderer und deutsche Gesellschaft,* Max Kohnheim: *Herz und Dollar* und Otto von Hefner: *Leiden und Freuden in Amerika.* Stuttgart 1852.

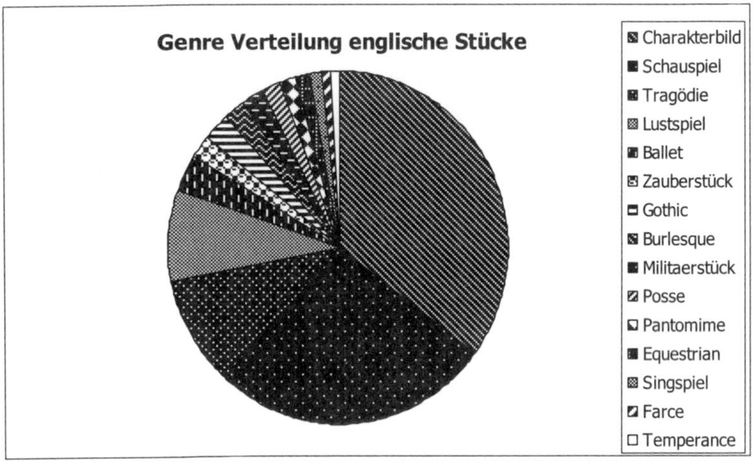

Grafik 3: Genreverteilung englische Stücke

Genres aufweist als das deutsche (siehe nächster Absatz). Possen, die im englischsprachigen Theater eine untergeordnete Rolle spielen (2%), machen im deutschsprachigen Theater 12% aus, womit die komischen Genres zusammen auf 30% kommen, und damit das meistgespielte Genre waren.[36]

Im deutschen Theater wurden neben den eben schon erwähnten Genres auch noch Zauberstücke, Vaudevilles, Schwänke, Burlesken, Volksstücke, Singspiele und Farcen aufgeführt. Marionettentheater (3%) bildete eine Besonderheit des deutschsprachigen Theaters. Besonderheiten des englischen Theaters waren Ballet (4%; nicht nur im heutigen Sinne), Schauerstücke (2,8%), militärische Stücke (2,6% v.a. während des Civil War), Pantomime (1,8%), Pferdespektakel (1,8%), Temperance-Plays (0,9%; gegen unmäßigen Alkoholkonsum) und lokalisierte Stücke (0,6%[37]).

Ausgehend vom Thema der 7. Internationalen Tagung der Thalia Germanica in Cluj/Klausenburg, möchte ich im Folgenden kurz auf die divergierenden Vorstellungen der deutschsprachigen Kritik und des Theaterpublikums zu sprechen kommen. Im Allgemeinen drückte sich der gehobene Anspruch des Kritikers stets mit dem Hinweis auf den „verdorbenen Geschmack" des Publikums aus, das in Massen die anspruchslosesten Unterhaltungen besuchte, während es Klassikeraufführungen nur spärliche Aufmerksamkeit schenkte. Besonders empörend schien deutschen Kritikern das Verlangen des ame-

[36] Dieses verstärkt sich noch zählt man andere komische Genres wie Schwank, Burleske und Farce dazu.

[37] Z. B. *A Squint at Pittsburgh*, *Iron City Day and Night* und *Lost in Pittsburgh*.

rikanischen Publikums nach so genannten Spektakelstücken, die Musik, Tanz und Schauspiel mischten und durch unglaubliche Szenenfolgen und grelle Effekte das Publikum in Staunen versetzten:

> In der Academy of Musik wird gegenwärtig jeden Abend das große Spektakelstück *Undine* von einem sehr zahlreichen und sehr begeisterten Publikum aufgeführt. [...] Unseres Erachtens erhebt sich die vielgerühmte Undine nicht über den Charakter einer *Gliederausstellung en masse*, und, etwas Flitter abgerechnet, bietet sie nichts als einige auffallende Sprünge.[38]

Gegen die Vorlieben des deutschen Publikums hatte der *Freiheits Freund* wesentlich weniger einzuwenden, denn sogar Possen und Lustspiele wurden groß angekündigt.

Der Theaterkritiker des 19. Jahrhunderts darf in seiner Funktion und Selbsteinschätzung nicht mit dem Kritiker des 20. Jahrhunderts verwechselt werden. Im Gegensatz zu heute waren Journalisten damals Generalisten, die neben allgemeinen Nachrichten auch Kultur behandelten. Dabei gingen sie nicht von einer formalen musischen oder dramatischen Ausbildung aus, sondern lediglich von dem Wissen, das sie sich durch persönliches Interesse in Musikzeitschriften oder Programmheften angelesen hatten. Zudem konnten Journalisten von ihrem Verdienst bei der Zeitung allein meist nicht leben.[39]

Hinzu kam ein völlig unterschiedliches Verständnis der Aufgaben von Kunst und der Rolle von Kunstkritik. Theater sollte z.B. in Pittsburgh „als Volksbildungsanstalt, als Faktor der öffentlichen Intelligenz und Moral"[40] operieren. Dies steht im Zusammenhang mit der Staatstheaterdebatte in Deutschland Mitte des 18. Jahrhunderts, die Bildungstheater im Gegensatz zu reinem Unterhaltungstheater aufwertete.[41] Die Journalisten des *Freiheits Freunds* hatten diese Vorstellung offenbar aus ihrer alten Heimat mit nach Amerika gebracht. Interessant ist hier der Vergleich mit der amerikanischen Kritik, die das Theater auf der einen Seite als „Business" verstand, auf der anderen Seite aber auch, durch die populäre Form des Melodramas, bürgerliche Moralvorstellungen über den Theaterbesuch verbreiten wollte. Deutsche Kritik vernachlässigte dagegen den geschäftlichen Aspekt des Theaters und betonte das Zusammenwirken von Entspannung und Bildung:

---

[38] *Freiheits Freund*, 22. Januar 1868.

[39] Vgl. Anmerkungen Paul S. Ulrich, 7. Internationale Konferenz der Thalia Germanica in Cluj-Napoca.

[40] *Freiheits Freund*, 19. Oktober 1854.

[41] Peter Schmitt: *Schauspieler und Theaterbetrieb. Studien zur Sozialgeschichte des Schauspielerstandes im deutschsprachigen Raum 1700-1900*. Tübingen: Niemeyer 1990, S. 37.

> Ein gutes Theater bietet nicht bloß nach des Tages Last und Sorgen Genuß und Erholung, es ist mehr noch eine Pflanzschule für die Bildung des Geistes und des Herzens, indem es Sitten und Charaktergemälde in der ansprechendsten Form vorführt, die Ideale des Dichters versinnlicht und sie unauslöschlich dem Geiste einprägt.[42]

Im Zusammenhang mit der Vorstellung des Theaters als Volksbildungsanstalt stand das Selbstverständnis des Kritikers des *Freiheits Freund.* Als Erzieher des Publikums rügte er ungebührliches Verhalten während der Vorstellungen[43] und forderte den Beweis von „gebildete[m] Kunstgeschmack."[44] Dabei war er selbst nichts anderes als ein idealer Zuschauer, den das Gesehene so rühren konnte, dass er sich zu einer objektiven Beurteilung nicht im Stande sah.[45] Bestechlichkeit war keine Seltenheit (vgl. oben), und Kritiker erwarteten gute Freikarten von Veranstaltern.[46] In keinem Fall handelte es sich um die „objektive" Beurteilung heutiger Kritiker, die, auf der Basis von Fachwissen, Regie, Schauspielleistung und Optisches umfasst. Zweck der Kritik war lediglich, das „legitime Theater", also Klassikeraufführungen, zu verfechten. Dies war beim deutschen Minderheitentheater besonders entscheidend, da die Dramen Goethes und Schillers als Pfeiler deutschen Kulturverständnisses angesehen wurden und überdies auch die deutsche Sprache in ihrer schönsten Form konservierten.

Sieht man sich die beliebtesten (also meistgespielten) Stücke des deutschsprachigen Theaters an (Grafik 4), so ist festzustellen, dass die Realität den hehren Ansprüchen des Kritikers nur schwerlich gerecht wurde. Mit Abstand führend ist *Die Grille* von Charlotte Birch-Pfeiffer, ein sentimental-ländliches Charakterbild (76 Aufführungen). Es folgt Mosenthals *Deborah, oder Christentum und Judentum* (45 Aufführungen). Schillers *Die Räuber* teilen sich Platz drei mit Charles Gaylers Einwandererstück *Fritz, Our German Cousin*[47] (je 43 Aufführungen), eng gefolgt von Kotzebues *Menschenhaß und Reue* (42 Aufführungen). Schillers *Tell* nimmt bei 23 Aufführungen Platz fünf ein.

---

[42] *Freiheits Freund*, 9. März 1868.

[43] Lärm durch Jugendliche auf den Treppen (*Freiheits Freund*, 12. August 1868) oder schreiende Babies (*Freiheits Freund*, 28. November 1868) wurde z.B. schriftlich getadelt.

[44] *Freiheits Freund*, 20. November 1867.

[45] *Freiheits Freund*, 8. Dezember 1870.

[46] *Freiheits Freund*, 7. Mai 1870.

[47] Eine Anspielungen auf Tom Taylors *Our American Cousin*, das am 15. Oktober 1858 in Laura Keene's Theatre in New York Premiere hatte; die langen „Runs" von *Fritz* in Pittsburgh 1870/71 erklären die hohe Platzierung; vgl. auch S*chneider,* verkörpert durch den Komiker Johnny Allen 1871/72.

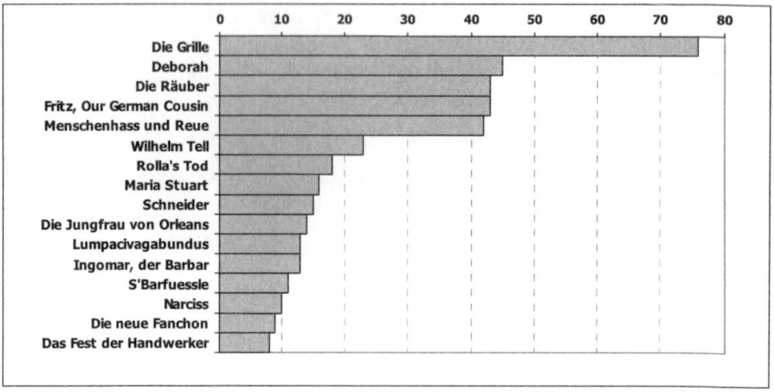

Grafik 4: Meistgespielte deutsche Theaterstücke

Alle diese Stücke (und einige weitere aus dem Top 15) wurden deshalb häufiger gespielt als andere Stücke deutscher Autoren, weil sie sowohl im deutschsprachigen als auch im englischsprachigen Theater beliebt waren. So erfuhr etwa Birch-Pfeiffers *Die Grille* als *The Cricket* seit der illegalen Einführung des Dramas in de USA durch die Schauspielerin Maggie Mitchell[48] großen Zuspruch und war besonders bei amerikanischen Darstellerinnen des sentimentalen Genres beliebt. Ebenso erklärt sich auch die seit den 1790ern Jahren anhaltende Beliebtheit von Kotzebues *Menschenhaß und Reue*, der als *The Stranger* aufgeführt wurde. Mosenthals Stück bot unter den Titeln *Leah the Forsaken*, *Esther the Jewess* oder *Naomi the Deserted*, neben Schiller's *Maria Stuart* [*Mary Queen of Scots*], und *Jungfrau von Orleans* [*Joan of Arc*] Schauspielerinnen Möglichkeiten, ihr Talent zur Schau zustellen. Kotzebues *Rollas Tod, oder: Die Spanier in Peru* hatte dank seiner „last minute rescue" eine ähnliche Funktion für amerikanischen Schauspieler. Nestroys *Lumpazivagabundus, oder: Das liederliche Kleeblatt* und Louis Angelys *Fest der Handwerker* begründeten dagegen ihre Beliebtheit ausschließlich in deutschsprachigen Aufführungen, da sie recht häufig von Laienspielgruppen wieder aufgenommen und vom Publikum immer wieder gerne gesehen wurden.

Vergleicht man diese Beobachtungen mit den meistgespielten Stücken englischsprachiger Dramatiker (Grafik 5), so ist festzustellen, dass zwei Zeitstücke, die sich um das Thema Sklaverei drehen, ganz oben auf der Liste stehen (was angesichts des Bürgerkriegs in dem es ja genau um dieses

[48] Birgit Pargner: *Charlotte Birch-Pfeiffer. 1800-1868. Eine Frau beherrscht die Bühne.* Ausstellung im Deutschen Theatermuseum München vom 19. November 1999 bis zum 20. Februar 2000. Bielefeld: Aisthesis Verlag 1999, S.161.

Thema ging, nicht verwunderlich ist). Dion Boucicaults *The Octoroon, or: Life in Louisianna* (93 Aufführungen) ist dicht gefolgt von George Howards Dramenadaption des Bestsellers *Uncle Tom's Cabin* von Harriet Beecher-Stowe (81 Aufführungen). Dass Shakespearestücke sich offensichtlich großer Beliebtheit erfreuten, mag irreführend sein. *Hamlet*, *Macbeth*, *Richard III.*, *Othello* und *Romeo and Juliet* tauchten nur einfach im Repertoire so ziemlich jedes fahrenden Schauspielstars auf, der die jeweiligen Hauptrollen als gute Schablone für sein Talent empfand. Diese Stücke wurden also nicht aufgrund eines literarischen Wertes gepflegt sondern aus rein praktischen Überlegungen. Dass das Publikum diese sah, hängt ebenfalls eher mit der Präsenz der Stars als mit dem Autor zusammen.

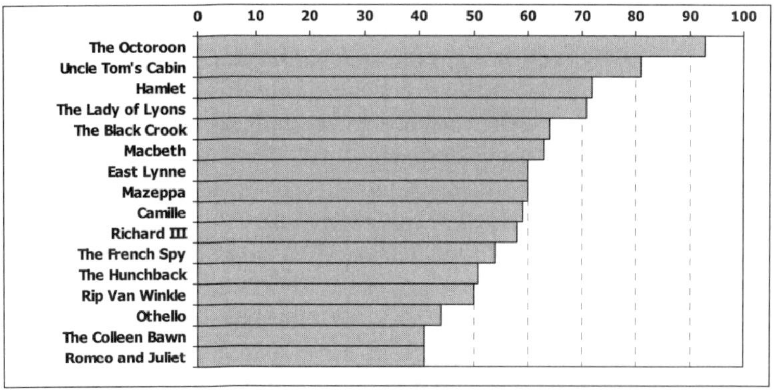

Grafik 5: Meistgespielte englische Theaterstücke

In der Reihe sentimentaler Stücke sind der Dauerbrenner *The Lady of Lyons* von Bulwer-Lytton sowie die Romanadaptionen *East Lynne* (Wood), *Camille, or: La Dame aux Camelias* (Dumas) und *The Hunchback* (Victor Hugo) vertreten. Großer Beliebtheit erfreuten sich außerdem die bereits oben erwähnten Spektakelstücke, etwa *The Black Crook* (häufig als erstes Musical der USA bezeichnet), *Mazeppa* (in dem ein dressiertes Pferd die Hauptrolle spielt) und *The French Spy* (abwechselnd als Melodrama, Ballet, Pantomime oder Pferdespektakel aufgeführt). Diese Stücke hatten im Gegensatz zu Schauspielen, die nur einmal pro Saison bzw. pro Starengagement gespielt wurden, längere „Runs" von mehreren Wochen.

Dass die Vorstellungen des Publikums nicht zwangsläufig mit denen der Kritik übereinstimmten, hat bereits die Auflistung der meistgespielten Stücke gezeigt. Im Allgemeinen kann gesagt werden, dass das Publikum stets Heiteres Ernstem vorzog, da es sich um eine angenehme Abendunterhaltung handeln sollte (man vergleiche das Theater damals etwa mit dem Fernsehen heute). Auch Bildung wird nicht zwangsläufig auf der Agenda des durchschnittlichen Theaterbesuchers gestanden haben. Um berühmte Schauspieler zu sehen, ging man jedoch gerne ins Theater, egal ob diese in Klassikern der Weltliteratur oder in unbedeutenden Bühnenwerken auftraten:

> Jeder, der vorgestern der Aufführung von *Adrienne Lacouvreur* beiwohnte, wird dieser Vorstellung mit einer doppelten Empfindung zugesehen haben: mit Langweile und Entzücken, die Langweile ging von dem Stück aus, das Entzücken von Janauschek.[49]

Eine nicht zu unterschätzende Motivation zum Theaterbesuch war zudem sozialer Art. Man ging auch ins Theater um mit der Nachbarin zusammen zu sitzen (oder zu schwatzen, was allerdings die Kritik erboste), um sein Mädchen auszuführen oder um zu essen und zu trinken. So wirbt der *Freiheits Freund* im Falle von Sommertheater häufig damit um zahlreiches Erscheinen, dass neben dem Stück auch kühles Lagerbier geboten werde. Sehr häufig wird ein Tanzkränzchen nach der Vorstellung als besondere Attraktion angesagt oder auf Gesangseinlagen durch die Gesangvereine zwischen den Akten oder einaktigen Stücken hingewiesen. Es ging also nicht nur ums Theater, sondern um Ausgehen im weitesten Sinn.

Betrachtet man die aufgeführten Theaterstücke an sich (Grafik 6), so fällt auf, dass die beliebtesten deutschsprachigen Dramatiker Pittsburghs typisch für das deutschsprachige Theater des 19. Jahrhunderts waren. Während Schiller aus bekannten Gründen auf Platz 3 relativ hoch oben steht, sind es neben Autoren wie Friedrich Halm (Platz 8) und Carl Eduard von Holtei (Platz 13) vor allem Lustspielautoren wie August von Kotzebue (1), Charlotte Birch-Pfeiffer (2), Roderich Benedix (5), Carl August Görner (6), Friedrich Wilhelm Riese (7), Louis Angely (9), Ernst Benjamin Raupach (10), Theodor Körner (11) und Johann Nepomuk Nestroy (12), die Pittsburgh mit ihren Stücken unterhielten. Obwohl die meisten dieser Namen heute in Vergessenheit geraten sind, bildeten sie im 19. Jahrhundert das Standardrepertoire jedes deutschsprachigen Theaters.[50]

[49] *Freiheits Freund*, 9. Januar 1868.

[50] Paul S. Ulrich: „The Topography of German Theater Outside Germany in the 19th Century." In: Horst Fassel, Paul S. Ulrich (Hrsg.): *welt macht theater. Deutsches Theater im Ausland vom 17.-20. Jahrhundert. Funktionsweisen und Zielsetzungen.* Teil 1 (Thalia Germanica Bd. 4) Berlin: LITVerlag 2006, S. 76-98.

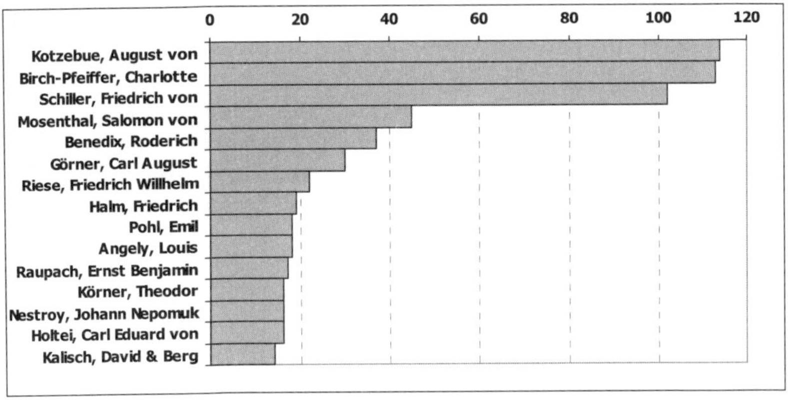

Grafik 6: Beliebteste deutschsprachige Dramatiker

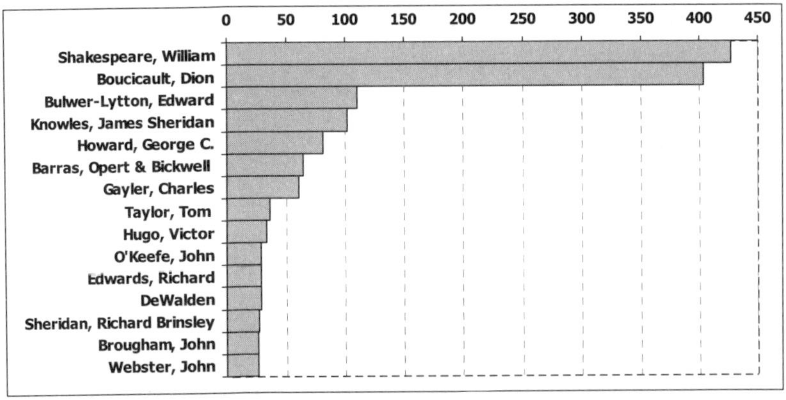

Grafik 7: Beliebteste englischsprachige Dramatiker

Bei den beliebtesten englischsprachigen Dramatikern (Grafik 7) übertreffen der Brite William Shakespeare und der Ire Dion Boucicault auf Rang eins und zwei in punkto Aufführungshäufigkeit deutlich alle anderen. Auch die übrigen beliebtesten Dramatiker waren keine gebürtigen Amerikaner, da im 19. Jahrhundert, trotz vermehrter Bemühungen um die Schaffung eines nationalen Dramas,[51] der Theatermarkt vorwiegend britisch bestimmt war.

[51] Der erste große amerikanische Schauspieler, Edwin Forrest, schrieb beispielsweise Dramenwettbewerbe aus, um in Stücken auftreten zu können, in denen echt amerikanische Helden vorkommen. Das Ergebnis eines dieser Wettbewerbe war John Augustus Stones *Me-*

Stücke von Edward Bulwer-Lytton (Platz 3), Tom Taylor (Platz 8), John O'Keefe (Platz 10), und den Shakespeare-Zeitgenossen Richard Edwards (11) und John Webster (15), die vor Londoner Publikum Erfolge feierten, wurden importiert. Da John Brougham (Platz 14) in einigen Lebensabschnitten Amerika zu seiner Wahlheimat machte, gilt er als Britisch-Amerikaner. Wie Boucicault waren auch einige irische Dramatiker häufig auf dem Spielplan vertreten, etwa James Sheridan Knowles (4), Richard Brinsley Sheridan (13).

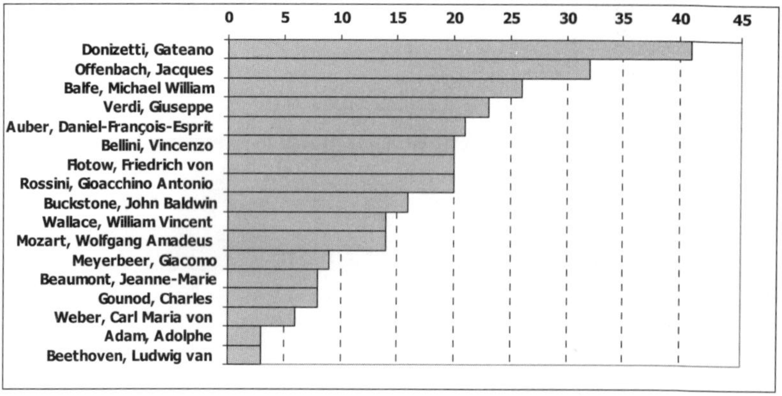

Grafik 8: Beliebteste Opernkomponisten

Ebenso deutlich wird die Abhängigkeit der amerikanischen Kultur vom europäischen Vorbild bei der Frage der Oper (Grafik 8). Hier überwiegen italienische (Donizetti, Verdi, Rossini, Bellini) und deutsche Vorbilder (Offenbach, Flotow, Mozart, Meyerbeer, Weber, Beethoven), gefolgt von französischen Komponisten (Auber, Beaumont, Gounod, Adam). Englischsprachige Opern, die in den USA große Beliebtheit erfuhren, entstammten, trotz der eindringlichen Suche nach einem nationalen Musikstil, ebenfalls irischer (Michael William Balfe, William Vincent Wallace) oder britischer Feder (John Baldwin Buckstone).

Da das deutsche Theater in Pittsburgh nicht im luftleeren Raum agierte und eigentlich nur eine Randerscheinung zum dominierenden amerikanischen Theaterbetrieb darstellte, möchte ich abschließend auf die Einschätzung deutscher Kritiker zur Theaterkultur in Pittsburgh zu sprechen kommen. Im Allgemeinen empfanden nicht nur die deutschen Einwanderer Pittsburghs

tamora, or: The Last of the Wampanoags, ein Stück über den Untergang eines mutigen Indianerhäuptlings.

die amerikanische Theater- und Musikkultur als unzureichend, da sie sich in keiner Weise mit der viel älteren Tradition Deutschlands messen konnte. Ein Zitat aus dem *Freiheits Freund* macht dies deutlich:

> Die Muse der deutschen Schauspielkunst, wie des Gesanges sind in Pittsburghs-Mauern seltne Gäste; es ist reich an Dollars, aber arm an Kunst.[52]

Überhaupt wurde den Amerikanern ein Sinn für die schönen Dinge des Lebens oft abgesprochen und lediglich ihr Geschäftsgeist hervorgehoben, der als unmenschlich und berechnend galt.[53] Darauf basierend, kreidete man amerikanischen Theaterunternehmern oft an, dass sie nur auf ein lukratives Geschäft aus wären und ihnen Inhalt und Qualität des Gezeigten gleichgültig seien. Das folgende Zitat veranschaulicht diesen Umstand:

> Opern, [...], sollte man nicht in Scene zu setzen versuchen, wenn man nicht auch eines *künstlerischen* Erfolges sicher sein kann. Die *Kasse* hat gestern Abend glänzende Geschäfte gemacht.[54]

Natürlich muss hier bedacht werden, dass die Kritiker des *Freiheits Freunds* eben vom Theater als Bildungsmedium ausgingen, während die Amerikaner es hauptsächlich als wirtschaftliches Unternehmen betrachteten (siehe oben). Aufgrund des beschränkten Umfangs der zu leistenden Erörterung kann hier allerdings nicht näher auf die unterschiedlichen Betrachtungsweise deutscher und amerikanischer Kritik eingegangen werden. Dieser Unterscheidung wird sich mein nächsten Beitrag für die Thalia widmen, in dem ich mich besonders mit der Auseinandersetzung der amerikanischen Kritik mit Aufführungen deutschen Theaters und deutscher Musik in Pittsburgh beschäftigen möchte.

[52] *Freiheits Freund*, 1. Februar 1866.

[53] Pommerin: *Quellen zu den deutsch-amerikanischen Beziehungen* [wie Anm. 4], S.90.

[54] *Freiheits Freund*, 22. Oktober 1870.

Paul S. Ulrich, Berlin

Statistische Betrachtungen zur Spielplangestaltung des deutschsprachigen Theaters in Reval besonders für die Jahre 1838 bis 1914

Vorgeschichte

Während der Thalia-Germanica-Tagung in Riga vom 16.-19.6.2003 berichtete Evald Kampus von einer Liste der Aufführungen des Revaler Stadttheaters, die sich im Tallinner Stadtarchiv befindet. Diese Liste wurde vom Bibliothekar des Revaler Theaters, Woldemar von Malsch,[1] angefertigt und – so Kampus - enthalte Angaben über die Zahl der Zuschauer bei den einzelnen Aufführungen für die Jahren 1855[2] bis 1914. Eine solche Dokumentation schien eine wichtige Ergänzung zu den Angaben in den Theater-(Souffleur-)Journalen für Reval,[3] die mit der Hilfe von Herrn Kampus schon als Kopie vorlagen.

---

[1] Woldemar Carl Johann von Malsch, geb. am 1. Okt. 1857 in Reval, gest. am 7. Dez. 1929 in Reval. Er war 1876-1880 Beamter der Reichsbank und 1880-1881 in der Estländischen Gouvernment-Regierung. 1881-1882 gehörte er zur Aufsicht des Stadttheaters und von 1878-1882 war er auch Theaterreferent der *Revalschen Zeitung* und des *Revaler Beobachters*; 1882-1894 war er Stadtsekretär in Wesenberg [Rakvere]; 1882-1894 Redakteur und Besitzer der *Wesenberger Zeitung*; 1894-1901 Privatanwalt in Wesenberg, seit 1901 Privatanwalt in Reval. Vom 1918 bis 1929 war er Bibliothekar des deutschen Theaters in Reval.
Von ihm stammen Beiträge wie: "Das deutsche Theater in Reval von 1783-1846." In: *Revaler Zeitung*, 1879, Nr. 53-57; "Kurze Geschichte unseres Theaters während der letzten fünfundzwanzig Jahre." In: *Revaler Beobachter*, 1880, Nr. 263-264. und "Das Revaler Theater vom 30. August 1869 – bis zum 7. April 1896." In: *Revaler Zeitung*, 1896, Nr. 85-104. Quelle: *Schüler-Verzeichnis des Revalschen Gouvernements-Gymnasiums 1805-1890*. Bearb. von Heinrich Hradetzky. Reval: Kluge & Ströhm 1931, S. 191.

[2] Am 21. Oktober 1855, kurz nach 3 Uhr nachmittags, brannte das Revaler Theater infolge des Platzens einer Röhre durch Überheizung eines Ofens in der Garderobe ab, nachdem es kurz zuvor im Innern neu ausgestattet worden war. Das Theater brannte bis auf den Grund nieder, und nur ein Teil des Aktienklubs und des Konzertsaales blieb erhalten. (Elisabet Rosen: *Rückblicke auf die Pflege der Schauspielkunst in Reval. Festschrift zur Eröffnung des neuen Theaters in Reval im September 1910*. Reval: Revaler Deutscher Theaterverein 1910, S.221.) Der Direktor, Johann Joseph Schramek, bemühte sich, den Theaterbetrieb im Börsensaal des Schwarzhäupterklubs aufrecht zu erhalten. Im Herbst übernahm Carl Theodor Nielitz der Direktion und spielte im Börsensaal. (Rosen, S. 224). 1860 wurde das neu gebaute Theater eröffnet. Adolf Oppenheim u. Ernst Gettke: *Deutsches Theater-Lexikon. Eine Encyklopädie alles Wissenswerthen der Schauspielkunst und Bühnentechnik*. Leipzig 1889, S. 691

[3] Eine Liste der noch erhaltenen und für diese Arbeit verwendeten Theater-Journale befindet sich im Anhang 3: Chronologische Liste der Revaler Souffleur-Journale.

Nach Erhalt der handschriftlichen alphabetisch nach (Kurz-)titeln geordneten Liste wurden die Angaben (Kurztitel, Jahr und die danach angegebenen vorgeblichen Zahl der Zuschauer) in eine Datenbank eingegeben. Schon während der Erfassung schien die angebliche Zahl der Zuschauer suspekt, da es kaum vorstellbar schien, dass ein städtisches Theater regelmäßig Aufführungen für weniger als 20 Zuschauer präsentiert.[4] Nachdem die Daten nach Jahrgängen und den nebulösen Zahlen sortiert wurden,[5] war die Bedeutung der Zahlen offensichtlich: sie waren die Spieltage der jeweiligen Saison.

Um diese Feststellung zu überprüfen, wurden die in den Revaler Theater-Journalen enthaltenen Spielpläne erfasst, um Vergleiche zwischen den beiden Quellen zu ermöglichen. Leider existieren keine Theater-Journale für den gesamten Zeitraum der Malsch-Liste, so dass ein genauer Vergleich der Spielpläne nicht möglich war. Trotzdem waren für einige Spielzeiten Angaben in beiden Quellen vorhanden, und es war möglich, erste Vergleiche zu machen und Rückschlüsse auf das Repertoire des Revaler Theaters zu ziehen.

In seiner Liste verwendete Malsch Kurztitel, die für eine ausführliche Auswertung nicht ausreichend waren. Bei den Theater-Journalen waren die Titelangaben vollständiger, aber nicht immer tatsächlich komplett. Um die Angaben zu vervollständigen, wurden verschiedene Spielplanverzeichnisse,[6]

---

[4] 1854 verfügte das Theater über ca. 600 Sitzplätze. Die Tageskosten waren pro Abend auf 60-70 Rubel normiert. Eintrittspreise: I. Rang, Sperrsitz, 1 Rubel; Parquetloge 75 Kopeken; Parquet 50 Kopeken; Parterre 30 Kopeken; Gallerie 20 Kopeken. Bei besonderen Gelegenheiten gab es (Ausnahme war die Galerie) einen Aufschlag von 50%. (Carl Albrecht Sachse: *Statistisches Handbuch für deutsche Bühnen. Für Bühnenvorstände, Bühnenkünstler und allen Freunde des Theaters*. Wien 1865, S. 212f.

[5] Siehe Anhang 1: Spieltage (Malsch).

[6] C. Schäffer u. C. Hartmann: *Die Königlichen Theater in Berlin. Statistischer Rückblick auf die künstlerische Thätigkeit und die Personal-Verhältnisse während des Zeitraums vom 5. December 1786 bis 31. December 1885*. Berlin 1886; Hedvig Belitska-Scholtz u. Olga Somorjai: *Deutsche Theater in Pest und Ofen, 1770-1850. Normativer Titelkatalog und Dokumentation*, Bd. 1-2, Budapest, 1995; Franz Hadamowsky. *Die Wiener Hoftheater (Staatstheater). Ein Verzeichnis der aufgeführten und eingereichten Stücke mit Bestandsnachweisen und Aufführungsdaten*. T.1-2. Wien 1975; *Burgtheater 1776-1976. Aufführungen und Besetzungen von zweihundert Jahren*. Red.: Gertrude Obzyna. Bd 1-2, Wien 1976; Paul S. Ulrich, „Die Spielplangestaltung und das Personal des deutschsprachigen Temeswarer Theaters im 19. Jahrhundert statistisch betrachtet, insbesondere für die Jahre 1822-1850“, in: *Das Deutsche Staatstheater Temeswar nach 50 Jahren vor dem Hintergrund deutscher Theaterentwicklung in Europa und im Banat seit dem 18. Jahrhundert. Beiträge der Internationalen Wissenschaftlichen Tagung in Temeswar vom 5.-7.Mai 2003* (Thalia Germanica. 7). Tübingen, Temeswar 2005, S. 51-74.

vom Verfasser ausgewertete Spielpläne[7] von anderen Theatern[8] in Souffleur-Journalen und bibliographische Angaben aus Bibliothekskatalogen herangezogen.

Probleme mit den Quellen

Unklar sind, welche Quellen Malsch für seine Liste verwendete. Da er Theaterbibliothekar war, kann man davon ausgehen, dass er Zugang zu den zu seiner Zeit noch vorhandenen Theaterzetteln und zu theaterinternen Unterlagen hatte, die er für seine Liste zu Grunde gelegt hat, wobei die auf Theaterzettel angegebenen Stücke nicht immer mit den tatsächlich gespielten

---

7 Berliner und anderen Theater in 1848 (Auswertungen, die bis jetzt noch nicht erschienen sind), Temeswar [s. Ulrich, „Temeswarer Theater" wie Anm. 3] und Elbing (Paul S. Ulrich: „Die Spielplangestaltung des deutschsprachigen Theaters in Elbing im 19. Jahrhundert im Lichte der Statistik (vor allem von 1846 bis 1888)." In: Karolina Prykowska-Michalak u. Artur Pełka (Hrsg.): *Migrationen/Standortwechsel. Deutsches Theater in Polen*. Tübingen, Lodz 2007, S. 25-60.

8 Die Souffleur-Journale waren Zusammenstellungen des Theater-Personals und Repertoires, die meist von den Souffleuren als zusätzliche Einnahmequellen am Ende der Saison herausgegeben wurden. Ausführliche Behandlungen dieser Veröffentlichungsform: Eszter Kovács und Paul S. Ulrich, „Die Souffleure im deutschsprachigen Theater des 19. Jahrhunderts, unter Berücksichtigung der Souffleure auf dem Gebiet des heutigen Rumänien und Ungarn", in: Horst Fassel, Małgorzata Leyko u. Paul S. Ulrich (Hrsg.): *Polen und Europa. Deutschsprachiges Theater in Polen und deutsches Minderheitentheater in Europa.* (Thalia Germanica, Bd. 6) Lodz, Tübingen 2005, S. 148-176.; Franz Liebhard, "Gewinn und Trübnis der Souffleure. Ein Stück Theatergeschichte in vergilbten Blättern. Worüber Almanache und Journale Aufschluss geben", in: *Neuer Weg*. Bukarest (5 April 1974), S. 4; Paul S. Ulrich, „Pankratius Brüllers Vermächtnis. Der Souffleur und seine Theateralmanache und -journale", in: Wolfdietrich Fischer und Claudia Wiener (Hrsg.): *Jahrbuch der Rückert-Gesellschaft 2000/2001* (Rückert-Studien, 13). Würzburg 2001, S. 157-181; Paul S. Ulrich, "The Role of Souffleur Journals in the 19th Century as exemplified by those of the Meiningen Theatre" in: Georg Geldner (Hrsg.): *Der Milde Knabe, oder: Die Natur eines Berufenen. Ein wissenschaftlicher Ausblick, Oskar Pausch zum Eintritt in den Ruhestand gewidmet.* (Mimundus, 9), Wien, Köln, Weimar 1997, S. 77-111; Paul S. Ulrich, "Abonnement Suspendu der Unterirdischen Gedächtnisstützen. Souffleurjournale und -almanache, Quellen der deutschen Theatergeschichte des 18. und 19. Jahrhunderts", in: *Aktuelle Tendenzen der Theatergeschichte* (Kleine Schriften der Gesellschaft für Theatergeschichte, H. 37/38). Berlin 1996, S. 83-101; Paul S. Ulrich, „Zum Besten des Souffleurs. Souffleur-Journale und -Almanache, Zeugnisse des deutschsprachigen Theaters des 18. und 19. Jahrhunderts", in: *Bücher-Markt,* Jg. 5 (1996), Nr. 5, S. 12-15; Paul S. Ulrich, "The 19th Century Souffleur Journal in Brünn. Example of a Tradition Largely Ignored in Theatre Research", in: Horst Fassel u. Paul S. Ulrich (Hrsg.) *welt macht theater. Deutsches Theater im Ausland vom 17.-20. Jahrhundert. Funktionsweisen und Zielsetzungen.* Bd. 1 (Thalia Germanica, Bd. 4) Berlin: LitVerlag 2006, S.76-98; Paul S. Ulrich, "A Preliminary Bibliography of German-Language Theatre Almanacs, Yearbooks, Calendars and Journals of the 18th and 19th Centuries", in: *Maske und Kothurn*, Bd. 35, 1989, 4. Wien 1994, S. 1-142.

übereinstimmen, da sie kurzfristige Spielplanänderungen nicht verzeichnen. Ob Malsch auch Zeitungen für seine Liste herangezogen hat, um fehlenden Informationen zu ergänzen bzw. zu bestätigen, ist unklar, aber aufgrund seiner früheren Tätigkeit als Zeitungsredakteur ist dies wahrscheinlich. Wegen fehlenden Konkordanzen mit Datum und Spieltagen und genauen Angaben ab wann die Spieltagzahl anfängt (Saison-[9] oder Jahres-Anfang) sind einige statistische Auswertungen nicht möglich.[10] Ungeklärt bleibt, ob die verzeichnete Aufführungen ausschließlich in Reval stattfanden, oder ob die Liste sich auf sämtliche Aufführungen der Theatergesellschaft bezieht, d.h. auch Aufführungen in anderen Orten (z.B. in Dorpat und Kronstadt).[11] Ebenfalls unklar ist die Bedeutung der Buchstaben „a“ bis „z“ hinter den Zahlen.

Bei den Souffleur-Journalen ist die Zuverlässigkeit der Spielplanangaben auch nicht wirklich gesichert. Zwar wird immer ein Spieldatum angegeben, aber ob die verzeichneten Stücken tatsächlich zu diesem Zeitpunkt gespielt wurden, ist wahrscheinlich auch nicht vollkommen sicher. Wenn man davon ausgeht, dass die Souffleure in Hinblick auf die Veröffentlichung eines Theater-Journals am Ende der Saison täglich das Gespielte festgehalten und für ihre Veröffentlichung verwendet haben, dann könnten ihre Spielplanangaben einen hohen Grad von Zuverlässigkeit besitzen. Wenn sie aber kurz vor Ende der Saison den Spielplan aus uns unbekannten Quellen rekonstruiert haben, sind die Quellen als nicht stets zuverlässig einzustufen.

Für die Zeiten, für die Malsch und die Journale übereinstimmen müßten, gibt es oft unterschiedliche Angaben: z.B. Balfes Oper *Die Zigeunerin* in 1859 (Journal: 29.11.; Malsch: 13. und 38. Spieltag). Boieldieus Oper *Die weiße Dame* in 1862 (Journal: 30.10. und 12.11.; Malsch: 151. Spieltag). Benedixs Schauspiel *Der Weiberfeind* in 1872 (Journal: 6.3. und 17.3.; Malsch: 70. Spieltag) und Webers Oper *Der Freischütz* in 1860 (Journal: 25. u. 29.9., Malsch: 20. Spieltag), 1861 (Journal: 5.3.; Malsch: 30. u. 125. Spieltag) und 1862 (Journal: 9. u. 13.10; Malsch: 150. Spieltag). Solche Diskrepanzen sind nicht selten und deuten auf evtl. Fehlrückschlüsse der statistischen Auswertungen.

Für die Überprüfung solcher Fragen ist leider Elisabet Rosens 1910 erschienene Standardwerk des Revaler Theaters leider kaum hilfreich, denn

---

[9] Es ist anhand von Vergleichen mit den Angaben der Theaterjournale wahrscheinlich, dass wenn Malsch ein Jahr angibt, dass sich das auf das Anfangsjahr einer Saison bezieht, d.h. die Angabe „1861“ bezieht es sich auf die Saison 1861/62 und nicht auf das Kalenderjahr 1861.

[10] Z.B. ob häufig gespielte Stücke bzw. Genres an bestimmten Wochentage aufgeführt wurden.

[11] Die Saison in Kronstadt war vom 15. August bis 15. Oktober; in Reval vom 15. Oktober bis Anfang Mai; in Dorpat von Mitte Mai bis 12. August. (Sachse [wie Anm. 4], S. 212f.)

die Verfasserin beschäftigt sich fast ausschließlich mit der Zeit des (in starkem Maße) Laientheaters bis 1855; die Zeit danach, d.h. die Zeit dieser Untersuchung, wird skizzenhaft dargestellt.

Die Revaler Spielzeiten

Die jährliche Zahl der Aufführungen variiert zwischen 50 und 250 (siehe Tafel 1 und 2), wobei diese Angaben sich auf die aufgeführten Stücke beziehen und nicht auf die Zahl der Spieltage, denn es gab Abende, an denen bis zu 7 Stücke oder Vorführungen angeboten wurden.[12] Diese Zahlen beziehen sich fast ausschließlich auf Spielzeiten, die von Oktober bis Mai dauerten.

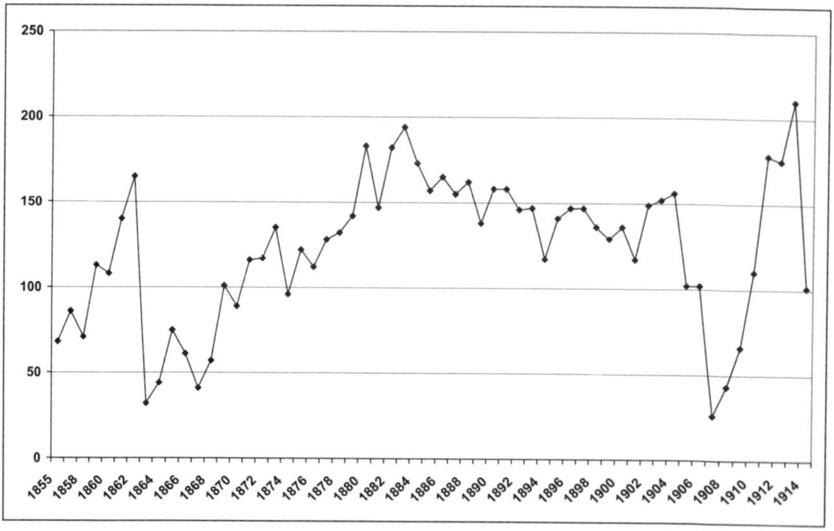

Tafel 1: Anzahl der Aufführungen im Jahr (Angaben von Malsch)

Die Behauptung von Sachse aus dem Jahre 1865, dass „Gespielt wird 5mal in der Woche; Donnerstags und Sonnabends wird nicht gespielt"[13] entspricht nicht die Angaben in den Souffleur-Journalen, wo Montag, Freitag und Sonnabend die am wenigsten und Sonntag, Dienstag und Donnerstag die meist bespielten Wochentagen sind.

---

[12] Gemeint sind hier auch Prologe, Gesangsvorträge, konzertante Musikstücke, akrobatische bzw. pantomimische Darbietungen, lebende Bilder, u.s.w.

[13] Sachse [wie Anm. 4], S. 212f.

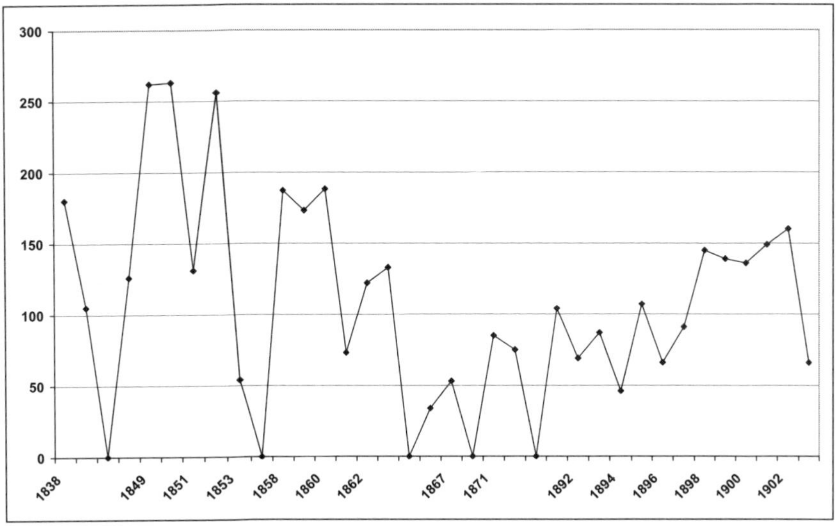

Tafel 2: Anzahl der Aufführungen im Jahr (Angaben: Souffleur-Journale)

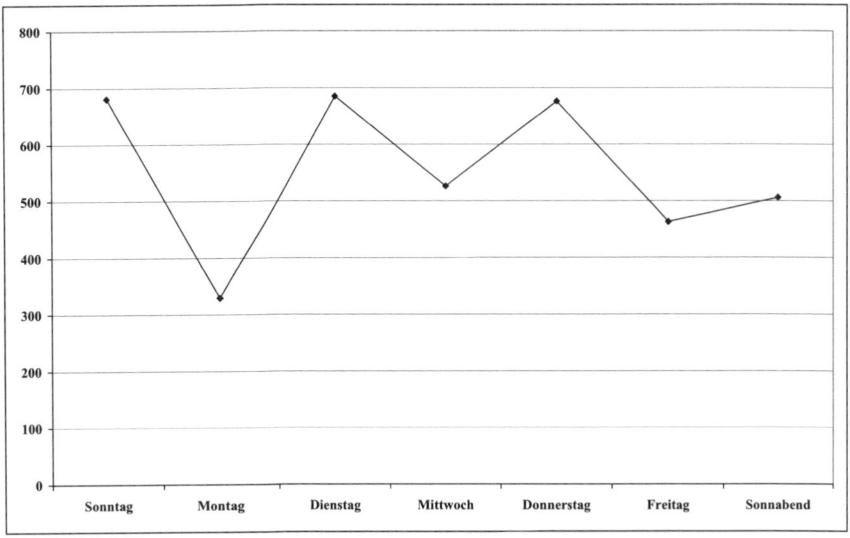

Tafel 3: Spielabende nach Wochentage (Souffleur-Journale)

Im Gegensatz zur heutigen Praxis städtischer Theater wurden Spielabende im 19. Jahrhundert oft aus mehreren Stücken zusammengesetzt. An solchen

Abende wurden mehrere 1- oder 2-Akter gezeigt, oder zwischen den einzelnen Stücken oder Akten bei längeren Werken wurden Musikwerke konzertant[14] eingebaut. Weitere Zwischen-Einlagen waren Rezitationen (u.a. auch Prologe), pantomimische oder akrobatische Darbietungen oder lebende Bilder. Besonders verbreitet war die Praxis mehrerer Darbietungen an einem Gastspielabend; bei solchen Anlässen hatte der Gast die Möglichkeit, sein Können in ausgesuchten Szenen zu präsentieren und seine Virtuosität zu beweisen. Die größere Zahl von Spielabenden bestand aus nur 1 Stück. Die Anzahl der Abende mit mehr als 3 Anbietungen war verhältnismäßig klein. (Tafel 4).

Stücke	**Jan**	**Feb**	**März**	**April**	**Mai**	**Juni**	**Juli**	**Aug**	**Sept**	**Okt**	**Nov**	**Dez**	**Summe**
1	415	359	314	100	53	20	22	64	423	393	411	411	2985
2	80	76	79	25	17	4	5	19	80	67	71	102	625
3	12	26	30	6	4	0	1	9	31	17	23	27	186
4	4	10	5	2	0	0	0	5	5	4	5	6	46
5	0	7	2	0	0	0	0	1	1	0	1	2	14
6	0	3	1	0	0	0	0	0	0	0	0	1	5
7	0	5	0	0	0	0	0	0	0	0	0	0	5

Tafel 4: Anzahl der aufgeführten Stücke nach Monaten (Souffleur-Journale)

Der Spielplan des Revaler Stadttheaters

Der Spielplan des Revaler Stadttheater war ähnlich wie die Spielpläne anderer sowohl Hof- als auch städtischer Theater des 19. Jahrhunderts: Die größte Anzahl der aufgeführten Werken waren Schauspiele. Dafür sprachen wirtschaftliche Gründe: Schauspiele waren für die Direktoren[15] billiger als Musikstücke, denn die Zahl der Rollen (u.a. Statisten und Musiker) war in der Regel geringer und für die musikalische Begleitung wurden weniger Musiker benötigt.[16] Zusätzlich war die Zahl der benötigten Statisten und

[14] Gewöhnlich spielte das Orchester zwischen den Akten auch passende Musik zur Überbrückung. Diese Werke sind in den obigen Zahlen nicht enthalten, denn die Titel dieser Werke wurden nicht öffentlich bekannt gegeben.

[15] Siehe Anhang 2: Theaterdirektoren des Revaler Theaters 1838-1903.

[16] Es gab aber auch bei Schauspielaufführungen musikalische Begleitung – besonders für die Zwischenakte, aber die Zahl der dafür benötigten Musiker war klein.

Chormitglieder geringer. Fast zwei Drittel des Spielplans bestand aus Schauspielen, wie Tafel 5 und 6 bestätigen. Gleichzeitig ist zu erkennen, dass die Zahl der aufgeführten Schauspiele wesentlich höher war als die der musikalischen Werke. Das deutet darauf hin, dass die Zahl der Wiederholungen von musikalischen Werken wesentlich höher ist als die der Schauspiele.

	Anzahl der Titel	**Anzahl der Aufführungen**	**% der Titel**	**% der Aufführungen**
Schauspiele	1445	6273	79,48%	63,14%
Schauspiele mit Gesang	193	1079	10,62%	10,86%
Oper u. Operette	180	2583	9,90%	26,00%
Gesamt	1818	9935		

Tafel 5: Aufführungen nach Genre (Malsch)

	Anzahl der Titel	**Anzahl der Aufführungen**	**% der Titel**	**% der Aufführungen**
Schauspiele	972	2469	77,08%	65,01%
Schauspiele mit Gesang	143	409	11,34%	10,77%
Oper u. Operette	146	920	11,58%	24,22%
Gesamt	1261	3798		

Tafel 6: Aufführungen nach Genre (Souffleur-Journale)

Malsch berichtet in einem Aufsatz, der auf Eduard Berents 27jährige Direktion (1869-1896) zurückblickt, dass in diesem Zeitraum nur fünf Stücke mehr als 25 Aufführungen hatten und dass diese nur Opern bzw. Operetten waren: *Cavalleria rusticana*, *Lohengrin* und *Fatinitza* (je 31 mal), die Oper *Faust* (33 mal) und *Die Fledermaus* (45 mal).[17]

Die meistgespielte Operette, *Die Fledermaus*, wurde erst 1878 – d.i. 4 Jahre nach der Uraufführung – 6mal aufgeführt. Danach wurde es fast jährlich (Ausnahme: 1891, 1892, 1894, 1907, 1908) mindestens 1mal (häufiger öfters) angeboten. *Fatinitza* war 1879 – 3 Jahre nach der Uraufführung – mit 14 Aufführungen das Angebot mit der höchsten Anzahl der Aufführungen in

[17] Woldemar Carl Johann von Malsch: "Das Revaler Theater vom 30. August 1869 – bis zum 7. April 1896. Rin Gedenkblatt an die 27jährige Directionsführung des Herrn Ed. Berent" In: *Revaler Zeitung*, 1896, Nr. 104. Zitiert auch in: Rosen [wie Anm. 2], S. 226.

einem Jahr; danach wurde sie nur gelegentlich aufgeführt. *Cavalleria rusticana* wurde erstmals 1892 – 2 Jahre nach der Uraufführung – 13mal aufgeführt und in den Jahren 1893 (7mal) und 1895 (8mal) auch mit hohen Anzahl von Aufführungen erfolgreich, danach gab es einen abnehmenden Anzahl von Aufführungen. *Lohengrin* hatte 1883 – 23 Jahre nach der Uraufführung – 9 Aufführungen, danach wurde sie regelmäßig mit unterschiedlich hohen Aufführungen angeboten. Ebenfalls Gounods *Faust* im Jahr der Revaler Erstaufführung 1873 (14 Jahre nach der Uraufführung) hatte 6 Aufführungen

Der nachfolgende Tafel der meistgespielten (d.h. Werke, die mehr als 25 Aufführungen erlebten) verdeutlicht, dass die Mehrzahl der damals populären musikalischen Werken auch heute noch im Repertoire deutschsprachiger Bühnen sind, d.h. sie haben eine anhaltende Popularität. Verschiebungen in der Häufigkeit der Anzahl der Aufführungen war nicht von Dauer: Besetzungsmöglichkeiten, Anzahl der zur Verfügung stehenden Musiker und Aktualität beeinflußten den Auswahl des Theaterdirektors bei der Gestaltung seines Spielplans. Entscheidend für die höheren Aufführungszahl lag nicht an hohen Anzahlen von Aufführungen in einer Spielzeit, sondern an einer regelmäßig Angebot über mehrere Spielzeiten.

Titel	**Komponist**	**Malsch**	**Journale**
Die Fledermaus	Johann Strauß (Sohn)	81	13
Martha	Friedrich von Flotow	64	34
Der Zigeunerbaron	Johann Strauß (Sohn)	59	13
Cavalleria rusticana	Pietro Mascagni	58	10
Der Troubadour	Giuseppe Verdi	57	11
Der Freischütz	Carl Maria von Weber	54	37
Faust	Charles Gounod	52	3
Die schöne Helena	Jacques Offenbach	52	9
Die schöne Galathée	Franz von Suppé	51	8
Der Barbier von Sevilla	Gioacchino Rossini	47	23
Orpheus in der Unterwelt	Jacques Offenbach	45	13
Boccaccio	Franz von Suppé	43	10
Lohengrin	Richard Wagner	42	11
Die Glocken von Corneville	Robert Planquette	41	9
Raoul und Valentine	Giacomo Meyerbeer	40	11
Fatinitza	Franz von Suppé	39	5
Carmen	Georges Bizet	37	7
Don Juan	Wolfgang Amadeus Mozart	36	23

Der Vogelhändler	Carl Zeller	32	13
Der Bajazzo	Ruggiero Leoncavallo	31	11
Don Cesar	Rudolf Dellinger	31	2
Die Jüdin	Jacques François Frommental Elie Halévy	31	7
Der lustige Krieg	Johann Strauß (Sohn)	31	8
Alessandro Stradella [*Stradella*]	Friedrich von Flotow	31	27
Tannhäuser	Richard Wagner	31	10
Die Zauberflöte	Wolfgang Amadeus Mozart	31	11
Gasparone	Carl Millöcker	30	7
Flandrische Abenteuer	Albert Lortzing	29	14
Fra Diavolo	Daniel François Esprit Auber	29	21
Der Trompeter von Säckingen	Viktor Ernst Neßler	29	6
Die Geisha	Sidney Jones	28	22
Guten Morgen, Herr Fischer	Eduard Stiegmann	28	5
Die Regimentstochter	Gaetano Donizetti	28	4
Der Waffenschmied von Worms	Albert Lortzing	26	8
Die lustige Wittwe	Franz Lehár	25	
Die Verlobung bei der Laterne	Jacques Offenbach	25	7

Tafel 7: Die meistgespielte Opern und Operetten[18]

Bei den Schauspielen gibt es wesentliche Unterschiede zu den Opern und Operetten: sie erlebten wesentlich weniger Aufführungen als die Musikstücke. Die Mehrzahl sowohl der Stücke als auch der Autoren sind uns heute unbekannt und im Gegensatz zu den Opern und Operetten wurden sie meist innerhalb von aufeinander folgenden Spielzeiten angeboten und dann verschwanden für immer von den Spielplan. D.h. sie konnten nur dann angeboten, wenn sie gerade aktuell waren und keine lang anhaltende Zugkraft aufs Publikum hatten. Die Ausnahmen sind Stücke, die heute noch im Spielplan deutschsprachigen Bühnen zu finden sind; sie wurden meist nur einmal in einer Spielzeit (häufig als Vehikel für Gäste) aber dafür immer wieder angeboten und dabei eine hohe Anzahl von Aufführungen.

Zu den meistgespielten Schauspielen gehören auch zwei Stücke, die als Weihnachtsaufführungen für Kinder immer wieder auf dem Spielplan sich befanden: *Hänsel und Gretel* und *Aschenbrödel.*

[18] Aufgelistet sind nur Opern und Operetten die mehr als 25 Aufführungen in den jeweiligen Quellen.

Titel	Autor	Malsch	Almanache
Der Bettelstudent	Paul Weidmann	63	10
Robert und Bertram	Gustav Räder	44	10
Maria Stuart	Friedrich von Schiller	32	12
Berlin, wie es weint und lacht	David Kalisch; O.F. Berg	31	19
Das Versprechen hinter'm Herd	Alexander Moritz Jakob Baumann	30	10
Die Zillerthaler	Josef Ferdinand Nesmüller	28	9
Don Carlos	Friedrich von Schiller	27	
Philippine Welser	Oskar Freiherr v. Redwitz	27	11
Die Räuber	Friedrich von Schiller	27	8
Die Grille	Charlotte Birch-Pfeiffer	26	6
Hänsel und Gretel		26	19
Hermann und Dorothea	David Kalisch; August Weirauch	26	
Der Hüttenbesitzer	Georges Ohnet	26	7
Die sieben Schwaben	August Scheufele	26	5
Alt-Heidelberg	Wilhelm Meyer-Förster	25	12
Graf Essex	Heinrich Laube	25	12
Krieg im Frieden	Gustav v. Moser; Franz v. Schönthan	25	
Die Puppenfee	Josef Haßreiter; Franz Gaul	25	9
Raub der Sabinerinnen	Franz u. Paul v. Schönthan	25	7
Das Schwert des Damokles	Gustav Heinrich zu Putlitz	25	5
Tell [*Wilhelm Tell*]	Friedrich von Schiller	25	
Aschenbrödel	Carl August Görner	24	
Faust I	Johann Wolfgang von Goethe	24	12
Die Jungfrau von Orleans	Friedrich von Schiller	24	10
Hamlet	William Shakespeare	23	5
Der Jongleur	Emil Pohl	23	12
Kabale und Liebe	Friedrich von Schiller	23	13
Mein Leopold	Adolph L'Arronge	23	
Der Veilchenfresser	Gustav von Moser	23	
Die Waise aus Lowood	Charlotte Birch-Pfeiffer	23	8
Die Puppe	Ignaz Vincenz Franz Castelli	22	13
Cyprienne	Victorien Sardou; Emile de Najac	21	
Die Journalisten	Gustav Freytag	21	
Othello	William Shakespeare	21	6

Frühlingsluft		20	
Eine tolle Nacht	Julius Freund; Wilhelm Mannstädt	20	14
Deborah	Salomon Hermann v. Mosenthal	19	7
Der Goldonkel aus Californien	Emil Pohl	19	7
Der Kurmärker und die Picarde	Louis Schneider	19	14
Nachtlager		19	
Der Bibliothekar	Gustav von Moser	18	
Dir wie mir	Joseph Ferdinand Sonnleithner	18	
Muttersegen	W. Friedrich	18	5
Uriel Acosta	Carl Gutzkow	18	6
Vice-Admiral		18	
Wenn Frauen weinen	Adolf v. Winterfeld	18	
Die zärtlichen Verwandten	Roderich Benedix	18	
Der Zigeuner	Alois Berla	18	
Aschenbrödel	Roderich Benedix	17	
Die bezähmte Widerspänstige	William Shakespeare	17	
Charley's Tante	Brandon Thomas	17	
Eva	Richard Voß	17	
Hasemanns Töchter	Adolph L'Arronge	17	
Heimath	Hermann Sudermann	17	10
Der Verschwender	Ferdinand Raimund	17	9
Fünfhunderttausend Teufel	Eduard Jacobson; Thalburg	16	
Goldfische	Franz v. Schönthan; Gustav Kadelburg	16	7
Im weißen Rößl	Oscar Blumenthal; Gustav Kadelburg	16	10
Inspektor Bräsig	Theodor Gaßmann; Johann Krüger	16	
Der Kaufmann von Venedig	William Shakespeare	16	7
Madame Angot	Charles Lecocq	16	
Ein moderner Barbar	Gustav von Moser	16	
Narziß	Albert Emil Brachvogel	16	
Papageno	Rudolf Kneisel	16	
Der Weiberfeind	Roderich Benedix	16	
Die Berliner Kinder	David Kalisch	15	6
Die Dienstboten	Roderich Benedix	15	
Er ist nicht eifersüchtig	Alexander Elz	15	

Das Fest der Handwerker	Louis Angely	15	9
Feuer in der Mädchenschule	Théodore Barrière	15	
Ein gebildeter Hausknecht	David Kalisch	15	
Das Käthchen von Heilbronn	Heinrich von Kleist	15	8
Das Lustspiel	Leopold Jacoby	15	
Müller und Miller	Alexander Elz	15	
Der Probepfeil	Oscar Blumenthal	15	

Tafel 8: Die meistgespielte Schauspiele[19]

Die meistgespielten Komponisten und Autoren

Es ist nicht überraschend, dass unter den Komponisten mit 30 oder mehr Aufführungen vertrauten Namen aus dem gegenwärtigen Musiktheaterrepertoire vorkommen. Komponisten mit mehreren populären Werken erzielten sehr viele Aufführungen und dadurch die musikalischen Angebote dominierten.

Komponist	**Malsch**
August Conradi	360
Franz von Suppé	217
Richard Genée	216
Jacques Offenbach	211
Johann Strauß (Sohn)	200
Richard Wagner	177
Albert Lortzing	174
Giuseppe Verdi	123
Rudolf Bial	119
Adolf Müller	111
Friedrich von Flotow	108
Wolfgang Amadeus Mozart	97
Carl Millöcker	95
Carl Maria von Weber	84
Gaetano Donizetti	79
Giacomo Meyerbeer	74
Gustav Michaelis	72
Franz Lehár	71

Komponist	**Journale**
Albert Lortzing	
August Conradi	92
Gaetano Donizetti	70
Friedrich von Flotow	70
Daniel François Esprit Auber	65
Richard Wagner	61
Carl Maria von Weber	60
Richard Genée	56
Adolf Müller	49
Vincenzo Bellini	48
Franz von Suppé	48
Wolfgang Amadeus Mozart	43
Jacques Offenbach	41
Giuseppe Verdi	36
Gioacchino Rossini	35
Johann Strauß (Sohn)	35
Giacomo Meyerbeer	30
Eduard Stiegmann	27

[19] Aufgelistet sind nur Stücke die mehr als 15 Aufführungen in den jeweiligen Quellen.

Eduard Stiegmann	70
Leo Fall	66
Peter von Winter	66
Gioacchino Rossini	63
Daniel François Esprit Auber	62
Ruggiero Leoncavallo	62
Pietro Mascagni	58
Carl Zeller	53
Charles Gounod	52
Thuiskon Emil Theodor Hauptner	47
Robert Planquette	41
Georges Bizet	37
Adolf Lang	37
Jacques François Frommental Elie Halévy	35
Anton Lang	35
Viktor Ernst Neßler	32
Rudolf Dellinger	31
Gustav Steffens	31
François Adrien Boieldieu	30
Oscar Straus	30
Johann Strauß	30

Carl Zeller	24
Wilhelm Mannstädt	23
Sidney Jones	22
Ruggiero Leoncavallo	22
François Adrien Boieldieu	21
Adolphe Adam	20
Konrad Kreutzer	20
Carl Millöcker	18
E. Simon	16
Thuiskon Emil Theodor Hauptner	15
Julius Einödshofer	14
Johann Strauß	14
Peter von Winter	14
Nicolo Isouard de Malthe	13
Anton Lang	12
Pietro Mascagni	12
Ludwig van Beethoven	11
Gustav Michaelis	10
Josef Beyer	9
Rudolf Bial	9
Ferdinand Gumbert	9

Tafel 9: Die meist gespielten Komponisten

Wenn man nach die Aufführungs-Häufigkeit der einzelnen Autoren[20] betrachtet, widerspiegeln sich ähnliche Zuständen wie bei den Schauspielen: die Autoren mit den höchsten Anzahl von Aufführungen sind heute unbekannt. Im Gegensatz zu den meistgespielten Komponisten ist die Liste von Autoren, die 30 oder mehr Aufführungen ihren Werken wesentlich länger. Bei einige der Autoren, wie z.B. W. Friedrich, David Kalisch, Charlotte Birch-Pfeiffer, Franz von Schönthan, Gustav Kadelburg und Roderich Benedix entstehen die hohen Aufführungszahlen auf eine entsprechende hohe Anzahl von Stücken, die mit geringe Anzahl von Stückaufführungen trotzdem zu hohen Zahlen für den Autor. Unter den Klassikern des heutigen Theaters

[20] Mit aufgeführt in dieser Liste sind die Autoren sowohl Schauspiele als auch die Musikstücken.

hat nur Friedrich von Schiller eine hohe Anzahl von Aufführungen nachzuweisen.

Autor	Malsch
Gustav von Moser	275
W. Friedrich	248
Henri Meilhac	241
Ludovic Halévy	234
Friedrich von Schiller	191
Eduard Jacobson	183
David Kalisch	175
Pohl, Emil	171
Roderich Benedix	168
Charlotte Birch-Pfeiffer	161
Franz von Schönthan	159
Carl August Görner	155
Gustav Kadelburg	136
Adolph L'Arronge	122
William Shakespeare	120
Oscar Blumenthal	118
Victor Léon	95
Michel Carré	90
Salvatore Cammarano	85
Eugène Scribe	81
Louis Schneider	78
Jules Barbier	77
Rudolf Kneisel	77
Hermann Sudermann	77
Julius Rosen	76
Friederike Ellmenreich	70
Paul Weidmann	70
Ignatz Schnitzer	69
Heinrich Wilken	69
August Weirauch	67
Wilhelm Mannstädt	65
Leo Stein	64
Alfred Maria Willner	64
Lorenzo da Ponte	63

Autor	Journale
W. Friedrich	146
Albert Lortzing	94
Charlotte Birch-Pfeiffer	87
Louis Schneider	69
David Kalisch	67
Friedrich von Schiller	66
Roderich Benedix	65
Louis Angely	62
Richard Wagner	61
Gustav Kadelburg	60
Gustav von Moser	53
Carl August Görner	51
Franz von Schönthan	50
Friederike Ellmenreich	49
Oscar Blumenthal	48
Richard Genée	56
August von Kotzebue	46
Eduard Jacobson	45
Henri Meilhac	45
Felice Romani	42
Theodor Zell	42
Johann Friedrich Kind	40
Emil Pohl	40
Carl Ludwig Blum	39
Eugène Scribe	39
Karl Friedrich Gustav Töpfer	39
Salvatore Cammarano	38
Ludovic Halévy	38
Karl Eduard von Holtei	33
Johann Nepomuk Nestroy	33
William Shakespeare	32
Gustav Räder	30
Friedrich Kaiser	29
Johann Wolfgang von	28

Moritz West	63
Ruggiero Leoncavallo	62
Louis Angely	61
Ludwig Held	61
Hector Crémieux	60
Salomon Hermann v. Mosenthal	60
Adolf Bahn	58
Poly Henrion	58
Guido Menasci	58
Gustav Heinrich zu Putlitz	58
Giovanni Targioni-Tozzetti	58
O.F. Berg	57
Hugo Müller	56
Gustav Räder	56
Hermann Salingré	55
Johann Wolfgang von Goethe	54
Johann Friedrich Kind	54
Johann Nepomuk Nestroy	51
Victorien Sardou	51
Thuiskon Emil Theodor Hauptner	47
Cesare Sterbini	47
Heinrich Laube	45
August von Kotzebue	44
Charles Cabet	41
Louis François Nicolai Clairville	41
Carl Gutzkow	41
Robert Bodanzky	40
Karl Eduard von Holtei	40
Oskar Walther	40
Paul Lindau	39
Josef Braun	38

Goethe	
Lorenzo da Ponte	28
Hermann Sudermann	26
O.F. Berg	24
Ludwig Held	24
Theodor Hell	24
Franz Ignaz von Holbein	24
Cesare Sterbini	24
Moritz West	24
Ignaz Vincenz Franz Castelli	23
Wilhelm Mannstädt	23
Gustav Heinrich zu Putlitz	23
Harry Greenbank	22
Owen Hall	22
Ruggiero Leoncavallo	22
Salomon Hermann von Mosenthal	22
Friedrich Halm	21
Heinrich Laube	21
Ernst Benjamin Salomon Raupach	20
Adolf Bahn	19
Pius Alexander Wolff	19
Ferdinand Raimund	18
Eduard von Bauernfeld	17
Michel Carré	17
M.G. Friedrich	17
Carl Gutzkow	17
Rudolf Kneisel	16
Adolph L'Arronge	16
Paul Weidmann	16
Franz Ellfeld Koppel	15
Julius Freund	14
Carl Laufs	14

Alexander Moritz Jakob Baumann	37
Karl Friedrich Gustav Töpfer	37
Karl August Ludwig Freiherr v. Lichtenstein	36
Johann Krüger	35
Theodor Gaßmann	34
Friedrich Kaiser	34
Emanuel Schikaneder	34
A. Weller	33
Eduard von Bauernfeld	32
Gustav Freytag	32
Theodor Hell	32
Carl Laufs	32
Arthur Müller	32
Carl Ludwig Blum	31
Bernhard Buchbinder	31
Edwin Burmester	31
Walther Drost	31
Maria Piave	31
Felice Romani	31
Alexander Elz	30
Leopold Jacobson	30
Ernst Benjamin Salomon Raupach	30
Oskar Freiherr von Redwitz	30
Richard Voß	30
Pius Alexander Wolff	30

Karl August Ludwig Freiherr v. Lichtenstein	14
Heinrich Smidt [Schmidt]	14
Hector Crémieux	13
Johann Georg Kettel	13
Maria Piave	13
Oskar Freiherr v. Redwitz	13
Ignatz Schnitzer	13
August Weirauch	13
Albini	12
Alexander Cosmar	12
Leopold Feldmann	12
Carl Gollmick	12
Gerhart Hauptmann	12
Victor Léon	12
Guido Menasci	12
Wilhelm Meyer-Förster	12
Carl Mohr	12
Hermann Salingré	12
Emanuel Schikaneder	12
Giovanni Targioni-Tozzetti	12
Thilo von Trotha	12
Alexander Moritz Jakob Baumann	11
Karl Johann Braun von Braunthal	11
Gustav Davis	11
Alexander Elz	11

Tafel 10: Die meist gespielten Autoren

Stücke fremdsprachiger Inhalt[21] im Repertoire

Ohne die bibliographischen Ergänzungen der aufgeführten Titel wäre es nicht möglich, Andeutungen zu bekommen, wie stark Stücke mit nicht-deutscher Herkunft im Repertoire vorhanden waren. Angewiesen sind wir

[21] Fremdsprachige Schauspiele sind sowohl Übersetzungen aus der jeweiligen Sprache als auch Bearbeitungen von fremdsprachigen Stücke gemeint.

auf Ergänzungen im Titel wie „Übersetzung aus dem ...“ bzw. „nach dem ....“ oder ähnliche Formulierungen bzw. wenn der Verfasser eindeutig als Fremdsprachler zu erkennen ist. Mit dieser Einschränkung kann man erkennen, dass von den aufgeführten Titeln zwischen 11,61% (Malsch) und 23,16% (Souffleur-Journale) fremdsprachiger Herkunft war. (Tafel 11) Nicht berücksichtigt in diesen Angaben sind die seltenen Aufführungen in Fremdsprachen (hauptsächlich in der russischen Sprache).

	Malsch	**Journale**	**% Malsch**	**% Journale**
Fremdsprachig	211	292	11,61%	23,16%
Titel	1818	1261		

Tafel 11: Titel mit fremdsprachiger Herkunft (Malsch)

Im Gegensatz zu fast alle andere statistische Auswertungen, wo die Werte von Malsch und die Souffleur-Journale nur verständliche Abweichungen haben, sind die Abweichung der Häufigkeit der Aufführungen erheblich: Malsch 8,39%, die Souffleur-Journale 53,69% (Tafel 12). Wahrscheinlich ist dies zurückzuführen, dass die Jahren am Ende des 19. / Anfang des 20. Jahrhunderts besonders betroffen sind, wo eine Abflachung der vorherigen starken französischen Orientierung der Spielplangestaltung einsetzt. (Tafel 13 u. 14).

	Malsch	**Journale**	**% Malsch**	**% Journale**
Fremdsprachig	834	2039	8,39%	53,69%
Aufführungen	9935	3798		

Tafel 12: Aufführungen von Stücke mit fremdsprachiger Herkunft (Malsch)

Sprache	**Anzahl der Titel**	**Anzahl der Aufführungen**	**% Titel**	**% Aufführungen**
Dänisch	5	9	2,37%	1,08%
Englisch	35	176	16,59%	21,10%
Französisch	138	554	65,40%	66,43%
Italienisch	8	37	3,79%	4,44%
Norwegisch	14	30	6,64%	3,60%
Russisch	3	6	1,42%	0,72%
Spanisch	7	21	3,32%	2,52%
Ungarisch	1	1	0,47%	0,12%
Gesamt	211	834		

Tafel 13: Stücke fremdsprachiger Herkunft (Malsch)

Die starke Frankreich-Orientierung an französischer Kultur ist ebenfalls erkennbar, denn zwei Drittel der fremdsprachigen Titel stammen aus dem Französischen. (Tafel 12 und 13) und 2/3 der Aufführungen fremdsprachiger Titel sind französische Herkunft.

Sprache	Anzahl der Titel	Anzahl der Aufführungen	% Titel	% Aufführungen
Dänisch	5	59	1,71%	2,89%
Englisch	42	256	14,38%	12,56%
Französisch	195	1388	66,78%	68,07%
Italienisch	21	242	7,19%	11,87%
Norwegisch	14	30	4,79%	1,47%
Russisch	5	38	1,71%	1,86%
Spanisch	7	21	2,40%	1,03%
Türkisch	2	4	0,68%	0,20%
Ungarisch	1	1	0,34%	0,05%
Gesamt	292	2039		

Tafel 14: Stücke fremdsprachiger Herkunft (Souffleur-Journale)

Benefize

Benefize waren beliebte Anlässe für Gäste und berechtigten Ensemble-Mitglieder[22] zusätzliche Einnahme zu bekommen. Die beliebteste Monate für Benefize waren Dezember bis März.[23] Dies ist nicht überraschend, denn Benefizienten mussten erst das Publikum durch vorherige Auftritte überzeugen, bevor sie Zuschauer motivieren konnten, Benefizaufführungen zu besuchen. Benefize außerhalb der vier am häufigsten gewählten Monate waren meist für Gäste, die weniger auf ein Stammpublikum angewiesen waren, sondern vielmehr auf ihren Gaststatus und der damit verbundenen Publizität ein Benefizpublikum ins Theater locken konnten.

Der geeignetste Tag für Benefize scheint Sonntag (95mal) gewesen zu sein, gefolgt von Donnerstag (85mal). Besonders ungeeignet scheinen Montag (13mal) und Dienstag (3mal) gewesen zu sein, gefolgt von Freitag (33mal). Mittwoch und Freitag wurden gleich oft (44mal) gewählt.

Obwohl die Wahl des Benefizstückes mitentscheidend für den Erfolg war, scheint wenig Konsens unter den Benefizienten darüber bestanden zu haben, welche Schauspiele am geeignetsten sei. Den Souffleur-Journalen entnimmt

[22] In Reval war dies in der Regel nur für die ersten Fächer erlaubt. (Sachse [wie Anm. 4], S. 212f.)

[23] Anzahl der Benefize: Dezember 65, Januar: 64, Februar: 58, März: 54, November: 37, April: 20, Oktober: 6, September: 8, Mai: 7, August: 1, Juni und Juli: 0.

man, dass 320 Stücke für 259 Benefize gewählt wurden: nur 8 Stücke – allesamt Opern oder Operetten (Tafel 15) – scheinen eine größere Popularität unter den Benefizienten gehabt zu haben, von den Übrigen wurden 39 2mal, der Rest – 281 – einmal gewählt.

Der Zigeunerbaron	5
Fra Diavolo	4
Der Freischütz	4
Robert der Teufel	4
Flandrische Abenteuer	3
Lucretia Borgia	3
Muttersegen	3
Der Verschwender	3

Tafel 15: Bevorzugte Stücke für Benefize

Das Vorhandensein von unterschiedlichen Quellen (Theaterzettel, Souffleur-Journale, die Liste von Malsch und Zeitungsanzeigen und -Kritiken) für das Nachweis des Spielplans des Revaler Stadttheaters bieten dem Theaterhistoriker eine Fülle von Möglichkeiten die tatsächlichen Repertoires von 1838 bis 1914 nachzuprüfen. Nicht nur die tatsächlich gespielten und angekündigten Stücke können festgestellt werden, sondern auch die jeweiligen Besetzungen. Das Heranziehen von Personallisten (Souffleur-Journalen und Theateralmanachen[24]) hilft ebenfalls, um Namen zu verifizieren. Eine ausführliche Auswertung alle diesen Quellen wird in nächster Zeit innerhalb eines Projekts für die Erforschung des deutschsprachigen Kultur im heutigen Estland durchgeführt.[25] Die Ergebnisse können Vorbild für ähnliche Projekten an anderen Orten liefern.

[24] Zu nennen hier sind: *Almanach für Freunde der Schauspielkunst.* Hrsg.: Ludwig Wolff (Jg. 11-17: Alois Heinrich). Jg. 1-17. Berlin 1836-53. Fortgesetzt als: *Deutscher Bühnen-Almanach.* Hrsg: Alois Heinrich (Jg. 24-26.: Ludwig Schneider, Jg. 27-47: Albert Entsch, Jg. 48-57: Theodor Entsch). Jg. 18-57. Berlin 1854-93]; *Ferdinand Roeder's Theater-Kalender auf das Jahr ....* Hrsg.: Ferdinand Roeder. Berlin 1.1858-22.1879; *Almanach der Genossenschaft Deutscher Bühnenangehöriger.* Hrsg.: Ernst Gettke. Jg. 1-16. Leipzig (Jg. 5ff Berlin, 10ff: Kassel & Leipzig) 1873-1888. Fortgesetzt als: *Gettke's Bühnen-Almanach.* Hrsg.: Ernst Gettke. Jg. 17. Leipzig 1889; Fortgesetzt als: *Neuer Theater-Almanach. Theatergeschichtliches Jahr- und Adressen-Buch.* Hrsg.: Genossenschaft Deutscher Bühnen-Angehöriger. Jg. 1-25. Berlin 1890-1914.

[25] Siehe Kristel Pappel und Anneli Saro: „Vorbild oder ideologisches Contra? Das Tallinner/ Revaler (Musik-)Theater im Spannungsfeld deutscher und estnischer Kultur am Anfang des 20. Jahrhunderts“ in diesem Band, S. 165-176.

Die gesammelten Daten werden nicht nur für das Projekt selbst von großem Wert sein, sie werden unser Verständnis für Probleme beim Umgang mit einander teilweise widersprechenden Dokumenten sensibilisieren.

Anhang 1: Spieltage (Malsch)

Jahr	**Anzahl Spieltage**	**Verwendete Nummer**
1855	111	1-61, 67, 88, 105, 110-111
1856	135	27, 39, 42, 44,46, 50-135
1857		
1858	82	1-70, 82
1859	133	2-133
1860	115	1, 3-7, 9-115
1861	144	3-144 [**144, 144c-d**]
1862	186	3-183, 185-186
1863	136	101-117, 119-132, 134, 136
1864	44	1-42, 44
1865	84	
1866	72	1-27, 35-40, 42-72
1867	65	1-5, 28-29, 31-59, 61-65
1868	56	
1869	100	
1870	86	1-51, 54-86 [**1, 1a, 31, 31a**]
1871	169	1-8, 10-78, 88, 169 [**8-a, 11-d, 12-a, 16-a, 34a, 36-a, 43-e, 61-a, 69-h, 73-l, 75-a, 77-a, 78-a, 88**]
1872	79	1-19, 21-70, 79[**1-a, 22-a, 23-a, 26-a, 29-a, 38-a, 41-a, 45-a, 48-a, 50-a, 55-a, 58-a, 61-n, 64-a, 65-a, 66-a, 70-y, 79g, 79k**]
1873	101	[**21-a, 28-a, 29-b, 31-a, 32-a, 33-a, 34-b, 39-a, 41-b, 42-a, 44-a, 50-a, 55-d, 61-a, 62-a, 63-a, 66-a, 70-b, 73-a, 77-b, 82-a, 85-a, 86-a, 95-a, 97-a, 101-b**]
1874	74	1-40, 42-63-74 [**63, 63b, 70-z, 71-d, 72-c, 73-b**]
1875	125	1-29, 31-58, 62-125
1876	117	
1877	128	
1878	132	
1879	142	
1880	185	
1881	150	
1882	184	
1883	197	
1884	199	1-188, 195, 199
1885	162	
1886	198	1-77, 80, 105-120, 122-198
1887	176	1-157, 160-167, 176
1888	165	

1889	146	1-76, 80-91, 94-106, 108-146
1890	163	1-23, 25-46, 48-88, 90-107, 110-163
1891	185	1-15, 20-36, 38, 40-80, 82, 85, 104-185
1892	148	1-53, 55-148
1893	166	1-59, 61-78, 80, 86, 90, 98-166
1894	144	1-73, 79-83, 85-117, 125-132, 140, 144
1895	142	
1896	158	2-3, 5-35, 37-77, 80, 88-129, 131-158 [**50-a**]
1897	149	1-52, 54-149
1898	155	1-18, 20-70, 87-118, 120-155
1899	131	1-21, 23-69, 71-131
1900	139	1-59, 61-139
1901	119	1-64, 66-119
1902	167	1-4, 6, 8-16, 18-84, 96-162, 167 [**112-b**]
1903	153	1-58, 60-66, 68-74, 76-146, 148-153 [**84-c**]
1904	160	1-92, 98-147, 149-160 [**106-a, 107-a, 108-a, 109-a, 110-a, 113-a, 118-a, 119-a**]
1905	140	1-35, 37, 39-57, 93-112, 114-140
1906	114	1-29, 32-39, 59-114 [**23-a, 26-b, 28-a**]
1907	65	40-65
1908	44	1-31, 33-35, 37-44
1909	73	1, 3-6, 8, 10-39, 41-48, 50-58, 60-73
1910	158	1-105, 112, 114, 125, 136, 158
1911	189	1-12, 14-56, 58-71, 73-86, 88, 91-94, 96-124, 126-135, 137-157, 159-189

Anhang 2: Theaterdirektoren des Revaler Theaters 1838-1903[26]

Saison	Direktor
08.05.1838-01.05.1839	Wilhelm von Kesteloott
22.08.1848-08.03.1849	Heinrich Wilhelm Gehrmann
09.03.1849-27.02.1850	Heinrich Wilhelm Gehrmann
03.03.1850-27.02.1851	Wilhelm Isouard
07.10.1851-13.04.1852	Charlotte Freifrau von Gravenreuth-Berg
11.08.1852-24.02.1853	Theophil Faß
05.03.1858-21.05.1858	Carl Theodor Nielitz
31.08.1858-05.04.1859	Carl Theodor Nielitz
23.08.1859-26.04.1860	Carl Theodor Nielitz
01.09.1860-01.04.1861	Carl Theodor Nielitz
03.09.1862-31.12.1862	Georg Ahrendt
19.08.1863-31.12.1863	?

[26] Mit Berichtszeiten der Theater-Almanachen

08.11.1866-04.04.1867	Catharina Nielitz
05.09.1871-04.04.1872	Eduard Ferdinand Berent
05.09.1891-13.03.1892	Eduard Ferdinand Berent
02.09.1893-08.03.1894	Eduard Ferdinand Berent
03.09.1895-10.03.1896	Eduard Ferdinand Berent
31.08.1897-28.03.1898	Joseph Wilhelmi
06.09.1898-28.03.1899	Joseph Wilhelmi
05.09.1899-19.03.1900	Joseph Wilhelmi
03.09.1900-15.03.1901	Joseph Wilhelmi
04.09.1901-26.03.1902	Carl Bretschneider
01.09.1902-28.03.1903	Carl Bretschneider

Anhang 3: Chronologische Liste der Revaler Souffleur-Journale[27]

Wunder, Conrad Ludwig: *Theatralische Miscellen zu einem Taschenbuche für Schauspieler und Schauspielfreunde.*[28] Dorpat 1815. 212 S.

Theater in Reval (S. 5-20); Theater in Riga (S. 23-32); Biographien: Konrad Eckhoff (S. 35-45), Johann Friedrich Ferdinand Fleck (S. 46-60); Miscellen: Zwei Briefe über den Schauspielerstand: Lekain, Paris, 9. Novbr. 1777 (S. 63-65); Iffland, Berlin, 30.Octbr. 1801 (S. 65-67); Ein Comödien-Zettel aus vorigen Zeiten (S. 68-70); Prologe und Epilog: Prolog am Krönungstage Sr. Majestät des Kaisers Alexander I. den 15ten September 1810 gesprochen von Herrn Zimmermann (S. 73-74); Prolog bei Gelegenheit des ersten Besuchs Sr. Durchl. des Herrn Erbprinzen August von Oldenburg im Theater zu Reval gesprochen von Herrn Zimmermann (S. 75-76); Epilog unmittelbar nach dem Schlusse des Schauspieles: Poscharsky und Minin, gesprochem am 11ten August 1812 von Herrn Zimmermann (S. 76-77); Anecdoten (S. 81-84); L.J.v. Knorring: *Zwei Vettern für einen.* Lustspiel in einem Akt (S. 87-174); .L. Wunder: *Der Jude im Fasse.* Ein komisches Singspiel in einem Akt, nach einer Anecdote bearbeitet (S. 177-210)

---

[27] Zusätzlich zu den bibliographischen Angaben enthält die Liste vollständigen Inhaltsangaben für die einzelnen Hefte.

[28] Umschlagtitel: *Revalscher Theater-Almanach.*

Revaler Theater-Almanach. Reval 1839.[29] 71 S.

Personal-Bestand; Friedrich Olivier: Widmung für die Theaterfreunde Revals; Repertoire: 08.05.1838-01.05.1839; Anhang von Prologen, Liedern und Anecdoten: Prolog zur Eröffnung des Theaters zu Reval, gedichtet von W. v. Kesteloott; Lieder, eingelegt und gesungen durch Frau v. Kesteloott und Friedrich Olivier , als Salerl u. Damian in: *Zu ebener Erde und im ersten Stock*, Lied vom K.K. Hofschauspieler Mohr in St. Petersburg, gesungen von Olivier, Aria, von Carl Maria von Weber, eingelegt von Frau v. Kesteloott, *Der Verschwender*: Zusätze zum Jagdlied von Raimund gesungen von Olivier, Einlage, gesungen von Olivier, Zusätze zum Tischlerlied von Raimund, gesungen von Olivier, Einlage, gesungen von Frau v. Kesteloott, *Fanchon, das Leiermädchen*. Einlage, gesungen von E. Wilde, als Martin, *Der Dorfbarbier*. Einlage von Wurm, gesungen von Olivier, als Adam, *Das Donauweibchen I. Teil*: Aria I., eingelegt von Olivier, als Larifari, Aria II. gesungen von Olivier, als Larifari, Einlage von Piris, gesungen von Frau v. Kesteloott, als Hulda, *Das Donauweibchen III. Theil*: Die Frühlingszeit, Lied, gesungen von Frau v. Kesteloott, als Hulda, *Die Wiener in Berlin*, Lied, gesungen von Frau v. Kesteloott, als Luise, *Die Teufelsmühle am Wienerberge*: Lied von C. Wilde, gesungen von Olivier, als Kasperle, *Lenore*: Nückerinnerung, Lied nach der Melodie: Fordre Niemand etc. (Musik von Holtei) gedichtet und gesungen von Olivier; Theater-Anecdoten

Boroffka, Alexander: *Revaler Theater-Almanach mit dem Repertoir der von August 1848 bis März 1849 aufgeführten Stücke für Freunde der Schauspielkunst*. Reval 1849.[30] 32 S.

Vorwort (S. 3); Personal-Bestand (S. 4-6); Repertoire: 22.08.1848-08.03.1849 (S. 7-23); Gedichte: Wort und Lied (S. 24-25); Das Blümchen Weibertreu (S. 25-27); Das eigene Herz (S. 27-29); Anekdoten (S. 29-32)

Boroffka, Alexander: *Revaler Theater-Almanach mit dem Repertoir der von August 1849 bis März 1850 aufgeführten Stücke für Freunde der Schauspielkunst*. Reval 1850.[31] 32 S.

Personal-Bestand (S. 3-6); Repertoire: 09.03.1849-27.02.1850 (S. 7-25); Gedichte: Ludwig Kiefer: Das Herz (S. 26-27); Der Stotterer (S. 27-29); Die Küsse (S.29-30); Ein grammatikalischer Ohrenschmaus (S. 31); Anekdoten (S. 32)

Boroffka, Alexander: *Revaler Theater-Almanach mit dem Repertoir der von August 1850 bis März 1851 aufgeführten Stücke für Freunde der Schauspielkunst*. Reval 1851.[32] 32 S.

---

[29] Titelblatt fehlt. Direktor: Wilhelm von Kesteloott.

[30] Direktor: Heinrich Wilhelm Gehrmann.

[31] Direktor: Heinrich Wilhelm Gehrmann.

[32] Direktor: Wilhelm Isouard.

An meine Gönner (S. 3-4); Personal-Bestand (S. 5-8); Repertoire: 03.03.1850-27.02.1851 (S. 9-25); Verschiedenes: Soufflir-Quodlibet (S. 26-30); Besser ist doch besser (S. 30-31); Anekdoten S. 32)

Fleischer, Ludwig: *Einem hochgeehrten Adel und verehrungswürdigen Publikum hochachtungsvoll gewidmet*. Reval 1852.[33] 32 S.

„Ein Eremit in enger Klause ..." (S. 2); Personal-Bestand (S. 3-5); Repertoire: 07.10.1851-13.04.1852 (S. 6-13); Prolog, gesprochen am 20. November 1851 von Herrn Wagner (S. 14-15); Entschuldigung (S. 16-18); Anekdoten (S. 18-19); Das blinde Kind am Grabe der Mutter (S. 20-21); Der sterbende Komödiant (S. 22-27); Saphir: Schwimm-Lektionen im Trocknen (S. 28-31); Schlusswort (S. 31-32)

Boroffka, Alexander: *Revaler Theater-Almanach mit dem Repertoir der von August 1852 bis März 1853 aufgeführten Stücke für Freunde der Schauspielkunst*. Reval 1853.[34] 32 S.

Personal-Bestand (S. 3-6); Repertoire: 11.08.1852-24.02.1853 (S. 7-21); Männlich und Weiblich (S. 22-25); Th. Ulbricht: Der Musiker (S. 26-29); Anekdoten (S. 30-32)

Henke, Cäsar: *Einige Worte des Abschieds. Nebst einem Verzeichniß der im Theater in Reval von der Schauspiel-Gesellschaft des Herrn Carl Nielitz gegebenene Vorstellungen. Allen hochgeehrten Gönnern und Freunden der dramatischen Kunst hochachtungsvoll gewidmet*. Reval 1858.[35] 8 S.

Der Souffleur an die Freunde des Theaters (S. 2); Personal-Bestand (S. 3); Repertoire: 05.03.1858-21.05.1858 (S. 4-7); Cäsar Henke: Epilog gesprochen am 21. Mai 1858 von C. Nielitz (S. 7-8)

Henke, Cäsar: *Theater-Journal des Revaler Theaters in der Börsenhalle. Enthaltend: Ein Verzeichniß, der von der Schauspiel- und Opern-Gesellschaft und der Direction des Herrn C. Nielitz gegebenen Vorstellungen nebst: Einem Vorworte, dem Personal-Bestande und einem Anhange von Theater-Anekdoten. Allen Gönnern und Freunden der dramatischen Kunst hochachtungsvoll gewidmet*. Reval 1859.[36] 20 S.

Vorwort (S. 3-4); Personal-Bestand (S. 5-6); Prolog zum neuen Jahre 1859, gedichtet von C. Henke, gesprochen von Fräulein Olga Nielitz (S. 6-8); Repertoire: 31.08.1858-05.04.1859 (S. 9-17); Theater-Anecdoten: Aus Schiller's Werken (S. 17); Eine Rechtfertigung (S. 18); Seltene Geistesgegenwart (S. 18-19); Ein seltener Bittsteller (S. 19); Eine Zurechtweisung (S. 20)

[33] Direktorin: Charlotte Freifrau von Gravenreuth-Berg.

[34] Direktor: Theophil Faß.

[35] Direktor: Carl Theodor Nielitz.

[36] Direktor: Carl Theodor Nielitz.

Henke, Cäsar: *Theater-Journal des Revaler Theaters in der Börsenhalle. Enthaltend: Ein Verzeichniß, der von der Schauspiel- und Opern-Gesellschaft und der Direction des Herrn C. Nielitz gegebenen Vorstellungen. Nebst: Einem Vorworte, dem Personal-Bestande und einem Anhange von Theater-Anekdoten. Allen Gönnern und Freunden der dramatischen Kunst hochachtungsvoll gewidmet.* Reval 1860.[37] 18 S.

„Theure Gönner!, Für Euch blinket ..." (S. 2); Personal-Bestand (S. 3); Repertoire: 23.08.1859-26.04.1860 (S. 4-11); Anhang: Cäsar Henke: Der Tod von Fräulein Bimbam und Ritter Bamberger. Großes Schau-, Trau-, Lust- und Thränenspiel mit verschiedenen Niederträchtigkeiten in 3 Acten, aus dem Einheimischen (S. 11-14); Das ist doch ein Grimm (S. 14); Anekdote (S. 14); Quodlibet. Nach bekannten Melodien (S. 15-18)

Müller, Christian: *Theatralisches Vergißmeinnicht, oder: Letztes Flüstern des Souffleurs. Allen hohen Gönnern und Freunden der dramatischen Kunst hochachtungsvoll gewidmet. Zum Besten des Souffleurs.* Reval 1861.[38] 7 S.

„Was hebt die Brust so unaussprechlich bange, ..." (S. 2); Personal-Bestand (S. 3); Repertoire: 01.09.1860-01.04.1861 (S. 4-7); Anhang: Der Komödiant (S. 8)

Schöne, Louis: *Almanach des Stadttheaters in Reval. Zum Besten des Souffleurs. Allen Gönnern und Freunden der dramatischen Kunst zum Neuen Jahr hochachtungsvoll gewidmet.* Reval 1862.[39] 8 S.

Personal-Bestand (S. 2); Repertoire: 03.09.1862-31.12.1862 (S. 3-6); Anekdoten (S. 6-7); Beiträge zu einem theatralischen Lexikon (S. 7-8)

Rosaminski [Rosaminsky], Ferdinand: *Revaler Theater-Almanach. Als Neujahrs-Geschenk einem hochgeehrten Adel und verehrungswürdigen Publikum hochachtungsvoll gewidmet.* Reval 1863.[40] 15 S.

Neujahrswunsch (S. 3-4); Personal-Bestand (S. 5-7); Repertoire: 19.04.1863-31.12.1863 (S. 7-12); Anekdoten (S. 12-13); Räthsel (S. 14); Logogryph (S. 15)

Herrling, Adolph: *Theater-Journal. Den hohen Gönnern und Freunden der dramatischen Kunst in aller Hochachtung gewidmet.* Reval 1867.[41] 16 S.

Personal-Bestand (S. 3-4); Repertoire: 08.11.1866-04.04.1867 (S. 4-8); Anhang: Blumencouplet (S. 9-11); Castelli: Sendschreiben eines Theaterunternehmers (S. 11-14); Die feindlichen Hornisten (S. 14-15); Verzweiflung (S. 15-16); Schlußwort (S. 16)

Herrling, Adolph: *Verzeichniß der auf dem Stadt-Theater zu Reval gegebenen Vorstellungen unter der Direction des Herrn E. Berent. Allen Gönnern*

[37] Direktor: Carl Theodor Nielitz.
[38] Direktor: Carl Theodor Nielitz.
[39] Direktor: Georg Ahrendt.
[40] Direktor: Georg Ahrendt.
[41] Direktorin: Catharina Nielitz.

und Freunden der dramatischen Kunst hochachtungsvoll gewidmet. Reval 1872.[42] 8 S.

Personal-Verzeichniß (S. 3); Repertoire: 05.09.1871-04.04.1872 (S. 4-6); Einige harmlose Allotria aus der Theaterwelt zur scherzhaften Unterhaltung (S. 6-8)

Finner, Anna: *Theater-Almanach. Saison 1891/92. Direction Eduard Berent. Zusammengestellt als Benefiz für die Souffleuse*. Reval 1892.[43] 16 S.

Personal-Bestand (S. 3-5); Repertoire: 05.09.1891-13.03.1892 (S. 5-9); Die Saison (S. 9-10); Zusammenstellung der Subventionen welche verschiedene große Theater Europa's von den betreffenden Regierungen, Souveränen etc. alljährlich erhalten (S. 10-11); Des Treulosen Entschuldigung (S. 11-12); Couplet (S. 13-14); Räthsel der Miranbor (S. 14); Chr. Mickwitz: An die Naturalisten (S. 15); Plan des Revaler Stadttheaters (S. 16)

Finner, Anna: *Theater-Almanach. Saison 1893/94. Allen Freunden und Gönnern der dramatischen Kunst hochachtungsvoll gewidmet. Der Ertrag ist anstatt eines Benefizes*. Reval 1894.[44] 16 S.

Personal-Bestand (S. 4-6); Repertoire: 02.09.1893-08.03.1894 (S. 7-10); Couplet aus *Farinelli* (S. 10-12); Deutsches Liederbuch: Otto Mylius: Couplet (Nach der Melodie des "Hobelliedes") (S. 12-13), Ludwig Uhland: Der Traum. (S. 16); Emanuel Geibel: Die Verlassene (S. 16); Plan des Revaler Stadt-Theaters (S. 14-15)

Wenzel, Anna: *Theater-Almanach. Saison 1895/6. Der Ertrag ist anstatt eines Benefizes*. Reval 1896.[45] 16 S.

Personal-Bestand (S. 3-5); Repertoire: 03.09.1895-10.03.1896 (S. 6-9); Das kann der Zehnte nicht vertragen. Couplet (S. 9-10); Man muß gefaßt auf Alles sein! Couplet (S. 11-12); Aphorismen (S. 12-13); Plan des Revaler Stadt-Theaters (S. 14-15); Das ist zwar nichts Neues, aber 's ist doch ein Couplet (S. 16); Die gute Wiethin (S. 16)

Hochberg, Anna: *Theater-Almanach. Saison 1897/8. Allen Freunden und Gönnern der dramatischen Kunst hochachtungsvoll gewidmet. Der Ertrag ist anstatt eines Benefizes*. Reval 1898.[46] 13 S.

Personal-Bestand (S. 3-5); Repertoire: 31.08.1897-28.03.1898 (S. 5-7); Das sollte ich mal blos gewesen sein (S. 8); Das ist ein Zufall, dem ich dankbar bin (S. 9); Et cetera (S. 9-10); Aphorismen (S. 10-11); Plan des Revaler Stadt-Theaters (S. 12-13)

---

[42] Direktor: Eduard Ferdinand Berent.
[43] Direktor: Eduard Ferdinand Berent.
[44] Direktor: Eduard Ferdinand Berent.
[45] Direktor: Eduard Ferdinand Berent.
[46] Direktor: Joseph Wilhelmi.

Hochberg, Anna: *Theater-Almanach. Saison 1898/99. Der Ertrag ist anstatt eines Benefizes. Allen Freunden und Gönnern der dramatischen Kunst hochachtungsvoll gewidmet.* Reval 1899.[47] 13 S.

Personal-Bestand (S. 3-5); Repertoire: 06.09.1898-28.03.1899 (S .5-7); Das sollte ich mal blos gewesen sein! (S. 7-8); Das ist ein Zufall, dem ich dankbar bin (S. 8-9); Et cetera! (S .9-10)

Hochberg, Anna: *Theater-Almanach. Saison 1889/1900. Der Ertrag ist anstatt eines Benefizes. Allen Freunden und Gönnern der dramatischen Kunst hochachtungsvoll gewidmet.* Reval 1900.[48] 16 S.

Personal-Bestand (S. 3-5); Repertoire: 05.09.1899-19.03.1900 (S. 5-8); Das kann der Zehnte nicht vertragen. Couplet (S. 8-9); Darmer: Man muß gefaßt auf alles sein! Couplet (S. 10-11); Aphorismen (S. 11-13); Das ist zwar nichts Neues, aber 's ist doch ein Couplet (S. 13); Plan des Revaler Stadt-Theaters (S. 14-15); Die gute Wirthin (S. 16)

Hochberg, Anna: *Theater-Almanach. Saison 1900/1901. Allen Freunden und Gönnern der dramatischen Kunst hochachtungsvoll gewidmet. Der Ertrag ist anstatt eines Benefizes.* Reval 1901.[49] 15 S.

Personal-Bestand (S. 3-5); Repertoire: 03.09.1900-15.03.1901 (S. 5-7); Das kann der Zehnte nicht vertragen. Couplet (S. 7-9); Darmer: Man muß gesfaßt auf Alles sein! Couplet (S. 9-10); Aphorismen (S. 11-12); Das ist zwar nichts Neues, aber 's ist doch ein Couplet (S. 12-13); Die gute wirthin (S. 13); Plan des Revaler Stadt-Theaters (S. 14-15)

Richard, Julius: *Theater-Almanach des Stadttheaters in Reval unter Direction des Herrn Carl Breitschneider. Saison 1901/2. Zum Benefiz des Souffleurs.* Reval 1902.[50] 8 S.

„Es ist eine längst bekannte Sitte, ...“ (S. 2); Personal-Bestand (S. 3-4); Repertoire: 04.09.1901-26.03.1902 (S.5-7); Der Comödiant (S. 8)

Hochberg, Anna: *Theater-Almanach. Saison 1902/1903. Der Ertrag ist anstatt eines Benefizes. Allen Freunden und Gönnern der dramatischen Kunst hochachtungsvoll gewidmet.* Reval 1903.[51] 12 S.

Personal-Bestand (S.3-5); Repertoire: 01.09.1902-28.03.1903 (S.5-8); Aphorismen (S.9); Das süße Mädel (S.10-11); Walzerlied (S.11-12)

---

[47] Direktor: Joseph Wilhelmi.
[48] Direktor: Joseph Wilhelmi.
[49] Direktor: Joseph Wilhelmi.
[50] Direktor: Carl Bretschneider.
[51] Direktor: Carl Bretschneider.

Jiří Štefanides, Olmütz/Olomouc

Die Aufführungen der Romane von Jules Verne im königl. städtischen Theater in Olmütz zwischen 1879 und 1894

Erlauben Sie dem Leser, der einst in seiner Jugend den Zauber der fiktiven Welten und die hinter diesen Welten sich verbergende Einbildungskraft des französischen Autors Jules Verne bewunderte, eine theatergeschichtliche Überlegung.

Es gilt als allgemein bekannt, dass die Dramatisierungen der Romane von Jules Verne in der zweiten Hälfte des 19. Jahrhunderts gerne und oft auf manchen europäischen Bühnen, und zwar auf den seriösen und berühmten unter ihnen, aufgeführt wurden. Das war auch in Olmütz nicht anders. Zwei Dramatisierungen der Romane von Verne wurden hier zum ersten Mal in den Jahren 1877/78 von Eliška Zöllnerovás Theatergesellschaft (einer tschechischen Theatergesellschaft), die jedes Jahr nach dem Spielzeitabschluss das Gebäude des Stadttheaters gemietet hatte, aufgeführt. Bereits diese Vorstellungen erzielten große Erfolge und wurden auch vom deutschsprachigen Publikum besucht.

Kurz darauf hat sich auch das Olmützer Ensemble entschlossen, an der Popularität des Verneschen Werkes teilzuhaben. Von April 1879 bis April 1880 wurde viermal Verne-Adaptationen vom Theaterdirektor Julius Fritzsche auf den Spielplan gesetzt, drei Werke wurden in vierundzwanzig Vorstellungen aufgeführt. Der unternehmungslustige Fritzsche hat diese Stücke meist zum Schluss der Spielzeit oder zu Weihnachten eingesetzt. Das waren Zeiträume, in denen man dem sinkenden Interesse am Theaterbesuch standzuhalten hatte. Man muss schon zugeben, dass Fritzsche hierin bewunderungswürdige Erfolge erzielte. Die regionale Presse pflegte jedes Mal über die aufwendigen Vorbereitungen im Theater zu berichten, vor allem über die Originalität der Ausstattung. Kurz danach wurden in der Stadt Zettel ausgehängt, auf denen man erfahren konnte, dass die Vorstellungen völlig ausverkauft seien. Die Zuschauer kamen von weit her (Sternberg, Proßnitz, Littau, Müglitz, Prerau, Schönberg, Freudenthal) und belohnten die Schauspieler und Inszenatoren mit einem lauten und lange anhaltenden Applaus. Eines so stürmischen Erfolgs erfreuten sich die Inszenierungen der sonst häufig aufgeführten Stücke des klassischen Repertoires (z.B. Lessing, Schiller oder Goethe) nur selten.

Theaterdirektor Fritzsche muss wohl zufrieden gewesen sein, die Presse schrieb jedoch missmutig über die Oberflächlichkeit und Gefälligkeit der

Aufführungen. Bereits nach der ersten Aufführung von *Die Reise um die Erde im 80 Tagen* konnte sich der Redaktuer der Zeitschrift *Die neue Zeit* den Seufzer nicht verkneifen:

> wahrhaft pompöse Decorationen aller Art, Locomotive, Explosion eines Schiffes, Schlangengrotten, eine Frauenverbrennung im Hindostan, Schiffbruch, effectvolle Aufzüge, Überfälle der Rothäute, Lustiges und Ernstes, Interessantes durch die Fabel des Stückes [...] – Publikum, was willst du noch mehr?[1]

Im Herbst desselben Jahres 1879 wurde *Courier des Czaren* gegeben, und *Die neue Zeit* ließ sich wie folgt hören: „Das Stück selbst ist ein sehr mattes Excerpt aus Jules Vernes gleichnamigen Romane [...] Einige Sachen wie das Kinderballet und die Schlußapotheose sind gradeaus kindisch und würden eine viel bessere Wirkung machen, wenn sie – wegblicken."[2] Zum dritten Mal beschwerte sich *Die neue Zeit* anlässlich der Aufführung von *Die Kinder des Capitän Grant*:

> Vor allem müssen wir unseren Lesern zu Gemüte führen, daß wir es mit einem sogenannten Ausstattungsstück zu tun haben, einer „Kunstgattung" von der unser Lessing sammt seiner Dramaturgie noch nichts ahnte und die doch Theater und Publicum gegenwärtig in Atem hält trotz einem *Fidelio* oder *Nathan dem Weisen*.[3]

Es liegt auf der Hand, dass mit den Aufführungen von Verne-Dramatisierungen das Theater ausschließlich Kassenerfolge erzielen wollte. Die Anziehungskraft solcher Aufführungen war meist auf die opulente Ausstattung zurückzuführen, die die Phantasie der Zuschauer ansprach. Im Falle der Olmützer Aufführung von *Courier des Czaren* haben neue Dekorationen gefehlt, und der Rezensent musste dennoch feststellen: „Das Haus war ausverkauft."[4]

Diese Beispiele könnte man fortsetzen, sie führt uns die Unterschiede zwischen Rezeption und Beurteilung der Verneschen Romane durch die Zuschauer, den Theaterdirektor und Theaterkritiker vor Augen; für welchen von ihnen war es sich ein Festtag und für welchen um Alltag im Theater? Und was für einen Beobachtungsstandpunkt soll der Theaterhistoriker einnehmen, der den Zeitabstand einerseits als einen Vorteil, andererseits jedoch als ein Hindernis verstehen muss?

---

[1] Vgl. „Theater." In: *Die neue Zeit* vom 15. 4. 1879, S. 4. Die tschechische Presse, die in Olmütz erschienen ist, hat die Aufführungen im Stadttheater nach Jules Verne nicht einmal erwähnt.

[2] „Theater." In: *Die neue Zeit*, 15. 11. 1879, S. 4f.

[3] „Theater." In: *Die neue Zeit*, 30. 3. 1880, S. 3f.

[4] „Theater." In: *Die neue Zeit*, 15. 11. 1879, S. 4f.

Ich bin der Ansicht, man sollte vor allem die apriorischen, wertenden Maßstäbe aufgeben, die von heutigen Anforderungen an das Theater beeinflusst sind. Wollen wir folgendes versuchen: die Dramatisierungen der Verneschen Werke, die auf den ersten Blick geringfügig erscheinen, im zeitgenössischen Kontext und dem Kontext von Olmütz zu betrachten?

Olmütz war anfangs der 80er Jahre des 19. Jahrhunderts immer noch eine geschlossene Festungsstadt, die Stadtmauern waren ein Hindernis für die industrielle Entwicklung und für die urbane Erweiterung der ehemaligen Hauptstadt Mährens. Zu dieser Zeit leben in Olmütz etwa 35 000 Einwohner, zwei Drittel von ihnen gaben als Muttersprache Deutsch an. Das Stadttheater mit dem deutschen Ensemble hat sich zum Zeitpunkt seiner Gründung im Jahre 1770 als ein Mehrspartentheater etabliert (es wurde ein Schauspiel- und Operensemble geschaffen, später kamen auch ein Operetten- und ein Ballettensemble hinzu) und war ein typisches Provinztheater der Zeit. Die Dramaturgie musste sich dem Gesetz der Universalität fügen, das heißt, das Theater musste ein breites Spektrum von Gattungen anbieten und den wichtigen Theaterfunktionen gerecht werden. Im Theater wurden sowohl große Opern (opera seria) als auch ausgelassene Possen und Komödien aufgeführt, gefeiert wurden hier sowohl Jubiläen deutscher Theaterklassiker als auch Jubiläen der Mitglieder des Kaiserhauses. Für den heutigen Theaterbesucher mag es unvorstellbar sein, wie die Theaterspielzeit verlief: sie fing meist bereits im September an und vor Ostern wurde sie abgeschlossen – vom Direktor wurden mehr als hundert Vorstellungen in Abonnements angekündigt. Das hatte zur Folge, dass der Abonnent in einer Woche mehrmals das Theater besuchte. Für den damaligen Zuschauer war demnach das Theater Teil seines Alltags, ebenso wie es für den heutigen Zuschauer der Fernseher ist. Möglich war dies schon deshalb, weil andere (auch die elektronischen) Medien fehlten und die gesellschaftliche Bedeutung des Theaters in einer Provinzstadt in Betracht gezogen werden muss. Wir können es uns sogar erlauben zu behaupten, dass das Theater das einflussreichste Medium der Zeit darstellte.

Dieser Tatbestand hatte Konsequenzen, die wir, ohne zu übertreiben, mit denjenigen des heutigen Fernsehers vergleichen können. Die Theaterdramaturgie hatte nämlich ebenso hohen Bedarf an neuen Titeln diverser Gattungen. Immer aufs Neue mussten Mechanismen erfunden werden, welche auf die Zuschauerphantasie einwirkten. Die Anzahl von Reprisen war sehr gering. Schon damals hat sich das Theater die Möglichkeit einfallen lassen, die wir aus der heutigen Praxis sehr gut kennen: gemeint sind Dramatisierungen bekannter literarischer Vorlagen – z.B. der Werke von Jules Verne, George Sand, Alexandre Dumas (um beim französischen Kontext zu bleiben). Diese

Nachfrage erlaubte auch die Entstehung solcher dramatischen AutorInnen wie Charlotte Birch-Pfeiffer, deren Stücke in Olmütz am häufigsten gespielt wurden.

Julius Fritzsche hat die Inszenierungen von Verneschen Romanen in seinen beiden Spielzeiten eingeführt. Er war ein erfahrener Theaterdirektor (und Schauspieler), der aus seiner Vorliebe für die Operette kein Geheimnis machte; er war jedoch kein Direktor von Boulevardtheatern. Obwohl er um jede einzelne Aufführung der Verneschen Inszenierungen herum eine Atmosphäre von außerordentlichen Erwartungen und gespannter Neugier entstehen ließ, hat er nichts dem Zufall überlassen und hat alles dafür getan, ein außerordentliches Erlebnis zu gewährleisten. Fritzsche konnte ohne Zögern das Gefällige, das heißt das für die Zuschauer Anziehende und Oberflächliche, mit wirklicher Theaterkunst verbinden. Ähnlich wie in anderen Theatern stellte die Ausstattung die Ausschlag gebende Größe dar: große Bauten, Dekorationen, Kostüme, die von attraktiver Musik begleiteten Lichteffekte, das Theaterorchester und verschiedene technische Mechanismen – dies alles sollte, und hat tatsächlich, eine riesige emotionale Reaktion der Zuschauern veranlassen. Der bühnenbildnerische Aufwand hatte zur Folge, dass die Verne-Inszenierungen in Olmütz (ebenso wie in anderen Städten) serienmäßig und nicht in Reprisen während der Spielzeit aufgeführt wurden. Sie hatten sozusagen mit dem sonst üblichen Repertoire und den Abonnements nicht zu tun. Den entscheidenden Anteil am Erfolg der Inszenierung von *Die Reise um die Erde in 80 Tagen* hatte der Olmützer Bühnenbildner Eduard von Kilanyi. Das musste auch der sonst skeptischer Kritiker der *Neuen Zeit* zugeben: „Die Decorationen am Canal von Suez, die Riesentreppe von Kearney, die Todtenstätte der Rajah, der Prachtsaal im Excentric-Palais sind kleine Meisterwerke der Decorationsmalerei.“[5] Der Direktor hatte die Regie übernommen und verkörperte den geheimnisvollen Phileas Fogg. In dieser Inszenierung war fast das ganze Ensemble zu sehen. Gespielt wurde die bewährte Dramatisierung von Adolphe d´Ennery, der die erzählte Geschichte zu einer Folge von vierzehn Aufzügen verwandelte, die die exotische Attraktivität des jeweiligen Milieus betonten, in dem sich die Figuren gerade aufhielten. Die musikalische Begleitung kam von einem altbewährten Komponisten: Franz von Suppé. Der Erfolg war eindeutig: „Direktor Fritzsche und Maler Kilanyi wurden am Schluße des Stückes […] wiederholt auf die Scene gerufen.“[6]

Die prachtvolle und zweifellos kostenaufwendige Dekoration hat Direktor Fritzsche in Olmütz noch einmal verwenden können, nämlich vor Weih-

[5] „Theater.“ In: *Die neue Zeit*, 15. 4.1879, S. 4f.

[6] Ebenda.

nachten 1879. Zuletzt hat er sie zu Geld gemacht: er hat sie erfolgreich dem Salzburger Theater verkauft. Was für ein großer Tag für den Olmützer Theaterdirektor!

Die dritte Dramatisierung von Verne hat Fritzsche im März 1880, kurz vor seinem Abschied von Olmütz, auf die Bühne gebracht. In diesem Fall handelte es sich um die Adaptation des Romans *Die Kinder des Kapitän Grant*. Diesmal ist Fritzsche anders vorgegangen: er hat die Dekoration und die Requisiten dem Theater an der Wien abgekauft. (Die Theaterdirektoren wussten um den Wert der Ausstattung für die Verne-Inszenierungen und haben diesbezüglich gerne zusammen gearbeitet.) Zum Erfolg trug in besonderem Maß das Gastspiel der Tänzerin Josefine Zimmermann vom Hofopertheater Wien bei – mit dem Olmützer Ballettensemble ist sie in allen sechs Vorstellungen aufgetreten. Die Hauptrollen wurden von den besten Schauspielern des Ensembles übernommen: die Titelrolle spielte Julius Berthal, in der vorwiegend männlichen Welt der Romane von Jules Verne ist die Liebhaberin Pavla Sternenthal aufgetreten und hat den James verkörpert (!). Der Rezensent hatte diesmal schon einen Grund, die Leistung des Kapellmeisters und ersten Geigers Josef Amenth positiv zu erwähnen, obwohl er zugleich bemerken wollte: „nur schade, daß sein treffliches Spiel stellenweise durch eine etwas höhere Stimmung seiner Geige beeinträchtigt wurde.“[7]

Nachdem Julius Fritzsche sich am Ende der Spielzeit 1879/80 von Olmütz verabschiedet hatte, geriet Jules Verne im Stadttheater in Vergessenheit. Erst Anfang Februar 1894 kam *Die Reise um die Erde in 80 Tagen* wieder nach Olmütz. Nach vierzehn Jahren war die künstlerische Atmosphäre im Theater bereits eine andere: im Repertoire hatten sich der Realismus und Naturalismus durchgesetzt, beliebt waren vor allem die skandinavischen Dramatiker, vor allem Henrik Ibsen (hierbei muss man anmerken, dass die erste Olmützer Aufführung eines Ibsen-Stückes gerade von Julius Fritzsche veranlasst worden war: im Oktober 1879 wurden *Die Stützen der Gesellschaft* gegeben).[8] 1894 hat sich der Direktor des Olmützer Stadttheaters, Carl Berghof, vorgenommen, dem Publikum wieder ein glänzendes Spektakel vorzulegen – einen Roman von Jules Verne im Theaterkostüm. Die Ausstattung kam diesmal aus dem Atelier des Hoftheatermalers Lütkemeyer, alles andere wurde in den neuen Zeitumständen haargenau wiederholt. Die öffentliche Neugier wurde bereits durch die Ausstellung der Dekoration vor der Vorstellung

---

[7] „Theater.“ In: *Die neue Zeit*, 30. 3. 1880.

[8] Jiří Štefanides: *Německé divadlo v Olomouci 1770-1944. Repertoár a členstvo.* (Elektronická databáze.) [Das deutschsprachige Theater in Olmütz zwischen 1770 und 1944. Das Reperoire und die Mitglieder. Eine elektronische Datenbank.] Olomouc 2006, Univerzita Palackého, Filozofická fakulta.

erregt. Die danach folgenden vier Vorstellungen waren ausverkauft. Nur die schauspielerischen Leistungen mochten wohl ein wenig besser gewesen sein: „Ein guter ‚Phileas Fogg' war Herr Sußmann, der diese Rolle entsprechend characterisirte und sich lebhaften Beifalles erfreute."[9]

Auch Direktor Carl Berghof hat einen kommerziellen Erfolg erzielt, indem er die Beliebtheit von Jules Verne bei den Lesern im Theater ausschlachtete. Hier stellt sich abermals die Frage: kann der Theaterhistoriker für ein solches Vorgehen angesichts des Zeitabstands noch Verständnis aufbringen?

Zu Zeiten, als die Direktoren der Stadttheater das Theater in eigener Regie führten, war die Theaterkunst und ihre Verbreitung den harten und unerbittlichen wirtschaftlichen Zwängen unterworfen, die sehr oft vom Zusammenspiel der Zusammenhänge und Zufälle beeinflusst waren. Die Verletzung dieser Gepflogenheiten hatte der Direktor zu tragen. Hierfür mindestens ein Beispiel: Der bekannte und bewanderte Theaterunternehmer, Direktor, Dramatiker und Schauspieler Friedrich Blum hatte die Direktorstelle im Olmützer Theater von 1847 bis 1859 inne. Im Mai 1854 ließ er in der Rudolfallee eine Theaterbühne errichten und hat auf diese Weise als erster versucht, den Theaterbetrieb in Olmütz das ganze Jahr über aufrechtzuerhalten, das heißt auch im Sommer zu spielen. Der Versuch war großartig: er hat Schillers *Räuber*, Goethes *Faust*, sogar *König Lear* von Shakespeare auf die Bühne gebracht. Dies war ein sehr anspruchsvolles Programm, das jedoch für diese Sommerbühne ungeeignet war. Wenn das regnerische Wetter einsetzte, wechselte Blum rasch zum zeitgenössischen Repertoire, vor allem zu Lustspiel und Posse. Jedoch es war zu spät: der Sommer 1854 war besonders regnerisch, und der Direktor musste, was die Sommerbühne angeht, beträchtliche finanzielle Verluste verkraften. Sein Versuch, Olmütz den Charakter von einer Großstadt zu verleihen, hat er folgerichtig bis zu der Spielzeit 1854/55 durchgehalten, jedoch die finanziellen Verluste ließen sich leicht ablesen und waren eine fatale Verletzung der kommerziellen Regeln.

Warum sollten wir aber die Inszenierungen von Werken Vernes nicht mit den Augen des heutigen Zuschauers betrachten? Die vor allem kommerziell orientierten Bühnen nützen bekanntlich auch heute hemmungslos die Inszenierungs- und Marketingmethoden, die wir bereits im Falle des Olmützer Stadttheaters im 19. Jahrhundert festgestellt haben. Die Bühnenaufführungen von Verne-Romanen im tschechischen Umfeld (zum Beispiel in Prag) wurden ab und zu auch positiv beurteilt: vor allem wurden neue und kühne büh-

---

[9] „Vom Theater." In: *Mährisches Tagblatt*, 03.02.1894, S. 2.

nenbildnerische Verfahren hervorgehoben, jedoch auch die kulturelle Funktion blieb nicht unbeachtet.

Wie wir alle gut wissen, ist das Theater eine schwer zu begreifende Realität; in seinem Fall können wir selten erfolgreich sein, wenn wir nur eine einzige und eindeutige Auswertung zulassen. Man kann nicht leugnen, dass gerade das Beispiel der Inszenierungen der Werke von Jules Verne uns die unterschiedlichen Erwartungen des Theaterdirektors, der Zuschauer und der Theaterkritiker und -historiker vor Augen führt. Es steht jedoch fest, dass der Zauber, der von den Verne-Romanen ausgeht, für diejenigen von uns, die seine Romane in unserer Jugend mit Spannung gelesen haben, für immer besteht.

Casia Zaharia

Deutsches Theater in der Moldau bis zur Eröffnung des Nationaltheaters (1896)

1. Die Anfänge des moldauschen Theaters und die ersten deutschen Künstler

Künstler waren für die moldauische mittelalterliche und frühmoderne Gesellschaft „ghiduşi" („Narren"). Der Name zeugt von mangelndem Ansehen und umschreibt den bescheidenen Status dieser Künstler. Es fehlt an Informationen über eine Theaterätigkeit vor 1645, als am Hofe des Fürsten Vasile Lupu die Hochzeit der Fürstentochter mit Theaterdarbietungen mit großem Pomp inszeniert wurde. János Kemény schreibt in seiner Autobiographie über „Schauspieler" und „Menschen, die Karnevalfeiern veranstalteten". Ansonsten waren „ceauşi" und „Hofnarren" diejenigen, die bis Ende des 18. Jahrhunderts verschiedene Veranstaltungen in Rumänisch, Griechisch oder Türkisch darboten.

Aus dem Briefwechsel zweier Bojaren – Alecu Manoliu und Costache Rosetti Bălănescu – geht hervor, dass um 1795 eine deutsche Theatertruppe aus Lemberg (auf der Durchreise nach Russland) sich in Fălticeni aufgehalten hatte. Es ist nicht ausgeschlossen, dass diese auch in Iaşi aufgetreten ist.

Einige Jahre danach (um 1802) zogen außer türkischen und griechischen Künstlern hie und da auch deutsche Puppenspieler mit ihren Puppenkästen durchs Land. Sie kamen aus Siebenbürgen und wurden „paiaţ" oder „caraghioşi" (Lachhafte) genannt. Auch die in derselben Zeit beliebte Kunst des Schattenspiels – die so genannten „chinesischen Schatten" – kam aus deutscher Hand.

Auch wenn ein gewisser Gaetano Madji (Maggi) 1809 das erste Theatergebäude in Iaşi errichtete, wurde Theater weiterhin hauptsächlich in den Häusern der (Groß)Bojaren gespielt, z.B. im Haus von Grigore Ghica, wo 1812 ein deutscher Intendant mit seinen Schauspielern nicht weniger als vier Monate lang Stücke in deutscher Sprache inszenierte.

In der zweiten Dekade des 19. Jahrhunderts, in einer Periode, in der das nationale Bewusstsein sich immer entschiedener äußerte, begann man an eine Bühnenkunst in der Landesprache zu denken. So kommt es, dass der Reformator des moldauischen Unterrichtswesens, Gheorghe Asachi, auf eigene Kosten ein „Gesellschaftstheater" („teatru de societate") im Hause Costachi Ghica gründet und das erste rumänische Theaterstück, *Mirtil şi Hloe*, nach Gessner und Florian auf die Bühne brachte. Das rumänische Theater debütierte in der Moldau mit einer Übersetzung aus der deutschsprachigen Dramaturgie.

Es ist allgemein bekannt, dass die moldauische Intelligenz des 18. und 19. Jahrhunderts vor allem in Wien, Berlin, Heidelberg, Leipzig und Halle studierte und geläufig Deutsch sprach. Das heißt, dass deutsche Truppen bei Gastspielen in der Moldau ein (nicht nur) sprachlich kompetentes Publikum vorfanden. 1821 spielte eine solche Truppe im Hause Canta, 1833 inszenierten die deutschen Einwohner von Iaşi ein Stück (*Timur der Tatarenkhan*), und im Staatsarchiv wird der Antrag von Theodor Müller, dem Direktor des deutschen Theaters in Bukarest (Temeswar und Hermannstadt) vorhanden, der 1834 um die Erlaubnis für die Aufführung mehrerer Tragödien und Komödien in deutscher Sprache bat. Leider kennen wir den Bescheid auf den Antrag nicht. Aus einem anderen Dokument geht jedoch hervor, dass 1837 ein weiterer Prinzipal, Ignatz Frisch, der moldauischen Regierung das Angebot gemacht hatte, ein deutsches Ensemble ins Land zu holen und Opern aufzuführen. Es wurde sogar ein Vertrag für drei Jahre aufgestellt. Auch dieses Projekt scheint letztlich nicht umgesetzt worden zu sein.

2. Marie Thérèse Frisch in Iaşi

Erst im Jahre 1842 verzeichnet man den Auftritt des ersten deutschen Opernensembles in der moldauischen Hauptstadt. Die Leiterin dieser Truppe, Marie Térèse Frisch, geborene Baronin Langer von Langenau, hatte schon ein Jahr zuvor, am 2. und am 11. November 1841, in zwei Konzerten gesungen, war also dem Publikum und dem rumänisch-französischen Theater, das seit 1840 unter der Leitung von Vasile Alecsandri, Mihail Kogălniceanu und Costache Negruzzi stand, ein bekannter Name.[1] Das Plakat vom 31. Januar 1842 teilte den Opernliebhabern mit, dass

> Frau Frisch, mit ihrem deutschen Opernensemble, unterwegs nach Bukarest, sich die Ehre gibt, dem hohen und ehrwürdigen Publikum in unserer Hauptstadt eine Serie von vier klassischen Opern vorzustellen, uzw. Montag, den 02.02.1842, *Norma*, Mittwoch, den 04.02.1842, *Lucretia Borgia*, Freitag, den 06.02.1842, *Die Stumme von Portici* und Samstag, den 07.02.1842, *Robert der Teufel.*

Das 35köpfige Ensemble besaß anscheinend einen einjährigen Vertrag mit dem Theater in Bukarest,[2] was aber den Aufenthalt in Iaşi nicht beeinträchtigte. Die Kritiken in der Lokalzeitung *Albina Românească* zeugen vom

[1] In den dreißiger Jahren erscheint ihr Namen auch in den Programmen des Pester deutschen Theaters.

[2] Vgl. Staatsarchiv Iaşi, Signatur: AR 11/1842, S. 44.

Erfolg der vier Aufführungen. Als Dank und Annerkennung „spricht Madama Frisch dem hohen Adel und dem ehrwürdigen Publikum ihren Dank für die wohlwollende Güte, mit der eine weitere Aufführung der *Norma* aufgenommen worden war“ aus.[3] Es ist diesem deutschen Ensemble zu verdanken, dass das moldauische Publikum seine Liebe zur Oper entdeckte, was dann zu einem Direktorats-Wechsel führte. Marie Thérèse Frisch wurde am 20. Februar 1842 für zwei Jahre – beginnend mit dem 1. September des Jahres – unter Vertrag genommen. Für eine Gage von 1000 galbeni (Gulden) sollte die neu ernannte Direktorin ihr Bestes geben und u.a. ein deutsches und eine französisches Opernensemble verpflichten und die rumänische Theatertruppe weiterführen (es sollten mindestens 16 rumänische Aufführungen pro Jahr stattfinden). Auch das gesamte Inventar des Theaters ging für „120 galbeni“ (Gulden) an Thérèse Frisch.

Das waren die Umstände, unter denen am 23. September 1842 die Eröffnung einer neuen Theaterspielzeit stattfand. Gleich am nächsten Tag wurde die deutsche Oper mit der in drei Sprachen angekündigten und dem Publikum schon bekannten *Norma* von Bellini eröffnet. Wir befinden uns in einem Jubiläumsjahr, in dem das Jassyer Theater sich nach zehn Jahren um den Status eines Nationaltheaters bemühte. Die Vereinigung der drei Truppen – der rumänischen, französischen und deutschen – wurde als Beginn einer neuen Epoche betrachtet und von großen Hoffnungen begleitet. Auch die nächsten zwei Opern, *Belisario* von Donizetti und *Die Nachtwandlerin* von Bellini erfreuten sich jeweils eines schönen Erfolgs.

Die Direktrice Frisch bemühte sich ganz besonders um das französische und deutsche Theater und ließ diese zwei Truppen Woche für Woche auftreten. Unter ihrem Direktorat haben die deutschen Künstler nach dem schon erwähnten Auftakt mit *Norma*, *Lucrezia Borgia*, *Die Stumme von Portici* und *Robert der Teufel* ihre Inszenierungen auch in der nächsten Spielzeit (1843/44) fortgeführt. Anfangs schien es, als ob das Publikum die deutsche Oper mochte, so dass neue Sänger nach Iaşi berufen und viele neue Werke inszeniert wurden: *Norma*, *Romeo und Julia*, *Die Fremde*, *Die Puritaner* und *Die Nachtwandlerin* von Vincenzo Bellini, *Belisario*, *Das Liebeselixier*, *Lucrezia Borgia*, *Lucia di Lammermoor* und *Marino Faliero* von Gaetano Donizetti, *Die Stumme von Portici*, *Der Maurer und der Schlosser* und *Der Maskenball* von Auber, *Robin Hood* von Weber, *Der Dorfbarbier* von Adalbert Gyrowetz, *Othello* von Gioacchino Rossini, *Robert der Teufel* von Giacomo Meyerbeer, *Die Jüdin* von Jaques Halévy.

[3] Vgl. Staatsarchiv Iaşi, Signatur: AR 1842/12, S. 48.

Allmählich nahm die Zahl der Zuschauer aber ab. Bojaren und bürgerliches Publikum verlangten nach rumänischen Stücken, da bis Ende Dezember noch kein einziges Werk der eigenen Nationalliteratur das Rampenlicht erblickt hatte. Mit Müh und Not hat man am 27. Dezember 1842 *Strigoiul* aufgeführt und bis zum 17. November 1843 (also ein ganzen Jahr lang) steht kein anderes rumänisches Stück auf dem Programm. Dafür gab es aber in diesem Theaterjahr über 90 französische und deutsche Aufführungen. Die letzten bilden ein gutes Drittel (genauer 36) des Gesamtangebots, wie man das den in der Akademiebibliothek Bukarest aufbewahrten Plakaten entnehmen kann.[4] Es ist ersichtlich, dass sich Thérèse Frisch sehr bemüht hatte, die deutsche Oper zu fördern, was allerdings keineswegs dem Geschmack des moldauischen Publikums zu entsprechen schien – abgesehen von der deutschen Einwohnergruppe der Stadt, die aus Handwerkern, Kaufleuten, Ärzten, Apothekern usw. bestand. Leider hatten die Bemühungen der deutschen Sänger zu wenig Publikum gebracht, und das Theater hatte immer größere finanzielle Verluste. Das führte am 1. Mai 1844 zur Entlassung des deutschen Ensembles, paradoxerweise aber gleichzeitig zur Erneuerung und Verlängerung des Vertrags der Direktrice um weitere zwei Jahre.

Nicht nur ist Thérèse Frisch den vom Jassyer Theater angestrebten Weg zum Nationaltheater nicht weitergegangen, ihre Direktion hat sich allmählich die Missgunst der gesamten moldauischen Elite zugezogen. Am 9. November 1843 sah ein Erlass vor, dass die Leitung des Theaters auch von dem Bojaren Alexandru Sturza wahrgenommen wird. Dieser drängte Thérèse Frisch, rumänische Stücke ins Repertoire aufzunehmen. Sie beauftragte den Franzosen Mercé damit, die Auswahl zu treffen. Die schlechten Sprachkenntnisse Mercés und sein mangelndes Interesse haben zu einem äußerst bescheidenen Repertoires geführt: unbedeutende rumänische Stücke und fürchterliche Übersetzungen schreckten das Publikum ab und veranlassten Kulturliebhaber – allen voran Vasile Alecsandri – zu sehr kritischen Kommentaren.

Die allseitige Kritik veranlasste die Direktorin dazu, für die Spielzeit 1844/45 neue rumänische Schauspieler einzustellen. Außerdem sollten die aufzuführenden Stücke die Einwilligung eines eigens gegründeten Theaterkomitees vorweisen. Auch das französische Ensemble wurde erneuert. Die Theatertätigkeit aber blieb hinter den Erwartungen zurück, und die Einnahmen deckten bei weitem nicht die Ausgaben, so dass die französische Truppe in wenigen Monaten aufgelöst wurde und die Schauspieler vom Fürsten Mihail Sturza Mittel für die Rückreise in ihr Heimatland vorgestreckt bekommen mussten.

---

[4] Vgl. Teodor T. Burada.: *Istoria teatrului în Moldova*. Bucureşti 1975, S. 215-218.

Die unglückliche Leitung und die Verschuldung des Theaters aufgrund der verfehlten Politik von Thérèse Frisch hatte 1845 die Auflösung ihres Vertrags zur Folge. Davon erfuhr man sogar in Wien und Konstantinopel, da sich die aufgebrachte Direktrice mit Beschwerdeschreiben u.a. an den österreichischen Konsul und den türkischen Sultan gewandt hatte. Durch ihr undiplomatisches Verhalten hat sie sich aber eine eventuelle Versöhnung selbst verscherzt.[5] Die Geschicke des moldauischen Theaters übernahm als Mäzen der „vornic" Theodorachi Ghica, der viel Geld investierte und dem Jassyer Theater somit zu neuem Leben verhalf.

3. Weitere deutsche Ensembles

Deutsche Ensembles werden in der Moldau wieder 1866 und 1869 erwähnt. In beiden Fällen handelte es sich um Operetten unter der Intendanz von Eduard Khern bzw. Sinnmayer Modrzewski. Die Operette war ein beliebtes Genre, und so kam es, dass eine damals bekannte Truppe unter der Leitung von Friedrich Dorn 1880, 1885 und zum dritten Mal 1891 jeweils über 30 Inszenierungen in Iaşi und in Botoşani vorführte.

Die deutsche Theaterkunst *stricto senso* kam 1887 mit dem in Deutschland geschulten Galatzer Schauspieler Maurice Morisson wieder, einem bekannten Shakespeare-Interpreten, der – begleitet von einem deutschen Ensemble – zurück nach Iaşi kam, und 1890-91erreichte man einen Höhepunkt, als Agatha Bârsescu mit einer deutschen Truppe Grillparzers *Hero und Leander* und *Die Ahnfrau* ebenso das Drama *Deborah* von Salomon Mosenthal mit großem Erfolg aufführte. Zwei Jahre später kam die berühmte Schauspielerin mit einem anderen deutschen Ensemble in die Moldau und spielte im Zirkussaal Sidoli Schillers *Kabale und Liebe* und *Don Carlos*, Goethes *Faust*, Lessings *Emilia Galotti* und erneut Grillparzers *Hero und Leander*. 1896 brachte eine deutsche Truppe unter der Leitung von Georges Eger ein ebenso anspruchsvolles Repertoire: *Othello* von William Shakespeare, *Die Weber* von Gerhard Hauptmann, *Der Streik* von Hermann Sudermann, *Kean* von Alexandre Dumas Vater, *Der Schmied* von Georges Ohnet. Solche Repertoires widerspiegeln den Geschmack und die Bildung der Zuschauer in einem Land, das sich definitiv Europa zugewandt hatte.

Es war das Jahr, in dem ein paar Monate später – am 1. Dezember 1896 – das lang ersehnte, von den Wienern Architekten Helmer & Fellner errichtete Nationaltheater in Iaşi eröffnet wurde.

---

[5] Sie hat die Moldau als osmanisches „Paschalîk" bezeichnet und ihre Bewohner als osmanische Untertanen, was natürlich bei der moldauischen Regierung keine Begeisterung hervorrief.

Bibliographie

Albina Românească. Iaşi.

Burada, Teodor T.: *Istoria teatrului în Moldova* [Geschichte des Theaters in der Moldau]. Ediţie şi studiu introductiv de I. C. Chiţimia. Bucureşti: Minerva 1975.

Manoliu, Emanoil Al.: *O privire retrospectivă asupra Teatrului Moldovenesc. Din primele începuturi şi până în anul 1924* [Ein Rückblick auf das moldauische Theater. Von den Anfängen bis 1924]. Iaşi: Goldner 1925.

Ollănescu, Dimitrie E.: *Teatrul la Români* [Theater bei den Rumänen]. Ediţie îngrijită, prefaţă, note şi comentarii de Cristina Dumitrescu. Bucureşti: Eminescu 1981.

Małgorzata Leyko, Lodz

Die Meininger und Reinhardt in Warschau
Politik als Faktor der deutsch-polnischen Theaterbeziehungen

In den Jahren 1795 bis 1918 wurde die Entwicklung der polnischen Nationalkultur aufgrund der politischen Teilung des Landes grundlegenden Beschränkungen unterworfen. Die drei Teilungen und deren Verursacher – Preußen, Österreich und Russland – kümmerten sich um eigene politische und wirtschaftliche Interessen, um den Erhalt einer starken Dominanz in den ihnen unterstellten polnischen Gebieten. So haben sie nicht nur die administrative Macht über diese Gebiete übernommen, sondern führten auch eine bewusste Politik der Entnationalisierung. Während der 123 Jahre andauernden Teilung wurden diese Maßnahmen in verschiedenen Teilen Polens mit unterschiedlicher Intensität durchgeführt. Zweifellos aber bildeten sie ein ernsthaftes Hindernis nicht nur für die freie Entwicklung der heimischen Kultur, sondern auch für die Aneignung der besten kulturellen Vorbilder sowie der bemerkenswertesten Leistungen im Denken und in der Kunst der erwähnten Großmächte. Dies ist eines der Beispiele der europäischen Geschichte, welches zeigt, wie politische Blockaden zu kulturellen und ästhetischen Bremsklötzen werden, die Teilungen und Vorurteile auf der apolitischen Ebene – das ist die Sphäre der Kunst – hervorrufen. Hinsichtlich der polnischen Kultur möchte ich die Fakten anhand der Gastspiele in dem von Russland besetzten Warschau darstellen, und zwar der Aufführungen von zwei Theatern, die die höchsten Leistungen der deutschen Bühnenkunst Ende des 19. Jahrhunderts und Anfang des 20. Jahrhunderts repräsentieren: des Theaters von Georg von Meiningen (1885) und des Ensemble des Deutschen Theaters von Max Reinhardt (1912). Die Aufnahme dieser Gastspiele in Warschau zeigt, dass die polnische Gesellschaft als ein einheitlicher nationaler Organismus auf die gegen die Polen gerichteten politischen Maßnahmen in dem von Preußen besetzten Landesteil solidarisch reagierte.

Um die Reaktionen der meinungsbildenden polnischen Gesellschaftsschichten auf die Aufführungen der deutschen Künstler in den Jahren 1885 und 1912 besser zu verstehen, betrachten wir die Veränderungen in den Lebensbedingungen in dem von Preußen besetzten Landesteil. Das Urteil der polnischen Historiker lautet: „[...] lebten die Polen in Preußen bis 1830 hervorragend (natürlich ohne die Möglichkeit einen eigenen Staat zu bilden), bis 1848 ganz gut, bis 1872 erträglich [...], und erst nach diesem Zeitpunkt führte man die Germanisierungspolitik mit allen möglichen rechtlichen Mitteln"[1] durch. Die Gründung des Deutschen Reiches 1871 verursachte eine Stärkung der nationalistischen Stimmung und bewusste Bestrebungen zur Stärkung des deutschen Nationalgefühls. Aus diesem Grunde wurde die Innenpolitik Otto von Bismarcks und seines Nachfolgers Bernhard von Bülow in zwei Richtungen geführt. Einerseits handelte es sich um eine Intensivierung der früheren Maßnahmen, die auf die Besiedlung der westpreußischen und Posener Gebiete durch deutsche Bevölkerung sowie der Zwangsübernahme polnischen Territoriums durch deutsche Gutsbesitzer abzielten. Dem diente unter anderem die Gründung der Ansiedlungskommission für Westpreußen und Posen (1886) sowie des Ostmarkenvereins (1894), die auch dem Schutz des Deutschtums in und vor den Polen dienen sollten. Andrerseits begann Bismarck bereits 1872 den in der Geschichte als Kulturkampf bekannt gewordenen Feldzug gegen die katholische Kirche und damit auch gegen den Schulunterricht in polnischer Sprache. Die katholischen (d.h. polnischen) Geistlichen wurden der Schulinspektionsrechte beraubt, so dass das Schulwesen ausschließlich den Deutschen oblag, und 1901 wurde auch die Bestimmung über den Religionsunterricht in deutscher Sprache erlassen. Darüber hinaus wurden Ernennungen für kirchliche Ämter kontrolliert und die Pflicht der Eheschließung in staatlichen Standesämtern eingeführt. Diesen Prozess der Unterjochung des Volkes, der nach 1871 intensiviert wurde, betrachtete die polnische Gesellschaft als „Attentat" auf das Polentum. Traditionell wurde nämlich die katholische Kirche für die Stütze der nationalgeistigen Werte gehalten, die eine von zwei Institutionen war, die offiziell die polnische Sprache verwenden konnten. Die zweite Institution war das Theater, das zwar der Zensur unterlag, aber während der Teilung mehrmals zum Ort der Kundgabe patriotischer Gefühle wurde. Anlässlich von Aufführungen deutscher Theater dominierten deswegen politische Emotionen über ästhetische Empfindungen, die über die ungewollte Aufnahme deutscher Künstler entschieden, was meines Erachtens nach sich für die spätere Entwicklung des polnischen Theaters ungünstig auswirkte.

Als die Truppe des Fürsten Georg von Meiningen im Mai 1885 nach Warschau kam,[2] erfreute sie sich bereits eines erheblichen Rufes als Bühnenkunsterneuerer, was sich elf Jahre lang während zahlreicher Gastspiele in europäischen Großstädten bestätigte. Kurz nach dem Berliner Debüt der Meininger im Jahre 1874 berichtete der polnische Romancier Józef Ignacy Kras-

[1] Dariusz Matelski: *Niemcy w Polsce w XX wieku*. Poznań 1999, S. 24.

[2] Vgl. Jacek Lipiński: „Gościnne występy Meiningeńczyków w świetle warszawskiej krytyki teatralnej." In: *Pamiętnik Teatralny* 1956, H. 2-3, S. 18f.

zewski[3] aus der Reichshauptstadt über ihren Erfolg, und zwei Jahre vor der Ankunft der Schauspieler des sächsischen Fürsten publizierte der Patron der Warschauer Theaterkritiker und ein eingefleischter Liebhaber des Meininger Stils Władysław Bogusławski eine umfangreiche Würdigung der Leistungen dieses Theaters.[4] Bogusławski, der selbst die Theaterpraxis kannte, entdeckte als Neuheit in den Inszenierungen von Meiningen-Chronegk vor allem den Aspekt der Regie und einer modernen *mise en scène*, womit er die in der polnischen Tradition eingebürgerte Überzeugung von der schauspielerischen Begabung als der einzigen und notwendigen Bedingung für künstlerische Meisterschaft im Theater in Frage stellte. Zur Etablierung dieser besonderen Position des Schauspielers im polnischen Theater trug eine ganze Reihe von hervorragenden Darstellern und Darstellerinnen, unter ihnen die legendäre Koriphäe der polnischen Bühne Helena Modrzejewska oder Schauspieler vom Schlage eines Jan Królikowski, Jerzy Leszczyński oder Wincenty Rapacki. Ihr Talent und ihre Persönlichkeit waren eigentlich der einzige Reichtum unseres Theaters, denn angesichts der materiellen Armut wurden bei uns weder an die Zimmerbühne, noch an Lichteffekte, noch an historische Kostümtreue gedacht. Allein die Ankunft der Meininger erregte die Aufmerksamkeit der Warschauer, denn die Dekorationen und Bühnenausstattung kamen in 24 Güterwaggons aus Moskau und den ganzen Tag lang wurden sie ins Theater transportiert. Vor Ort stellte man hundert Statisten ein, und vor der Montage des Bühnenbildes wurde die Gasleitung umgelegt, um den Zuschauerraum verdunkeln zu können, ein Generator wurde aufgestellt, der zum ersten Mal die Beleuchtung der Warschauer Bühne mit elektrischem Licht ermöglichte. Bereits diese Vorbereitungen, über die die Warschauer Presse ausführlich berichtete, mussten den Ankömmlingen neugierige Zuschauermassen garantieren.

Die Warschauer Aufführungen der Meininger dauerten vom 8. bis zum 29. Mai. Im Repertoire standen nacheinander folgende Theaterstücke: Shakespeares *Julius Cäsar*, Schillers *Wallensteins Lager*, *Piccolomini* und *Wallensteins Tod*, Shakespeares *Wintermärchen*, Gensichens *Lydia*, Molières *Der eingebildete Kranke*, Schillers *Wilhelm Tell* und *Die Räuber*, Grillparzers *Ahnfrau* und Shakespeares *Wie es Euch gefällt*. Innerhalb von drei Wochen sank das Interesse des Publikums nicht, hingegen veränderte sich der Ton der Presseberichte, die die aufeinander folgenden Aufführungen und die Tatsache des deutschen Gastspiels an sich kommentierten.

---

[3] Józef Ignacy Kraszewski: „Listy." In: *Kłosy* 1874, Bd. XIX, Nr.472; 1875, Bd. XXI, Nr. 523. Zit. nach Lipiński [wie Anm. 2].

[4] Władysław Bogusławski: „Teatr meiningeński i reforma sceny." In: *Echo Teatralne, Muzyczne i Artystyczne*. 1883/1884, Nr. 4-8, 10, 12-13, 17-19, 27.

Man begann mit enthusiastischer Begeisterung: „Sie kamen, zeigten sich und siegten“. Von Anfang an versuchte man, Schlüsse und Lehren für polnische Bühne und Schauspieler zu ziehen, und schrieb über „die Regiegenialität“, über ernstes und erhabenes Kunstschaffen. Im Meininger Theater sah man „eine Akademie der Ästhetik und dramatischer Poesie“. Vor allem aber unterlag man dem Zauber der Bühneneffekte, die in polnischen Theatern unbekannt waren: „Es gibt keine Kulissen, es gibt ein Forum Romanum, es gibt einen Senat, es gibt ein Römisches Haus oder ein Schlachtfeld. Es gibt keine Maschinerie, es gibt Nacht, Mond, die Sonne geht auf, ein Gewitter brüllt, es blitzt am Himmel. [...] Eine Täuschung bis ins Extremste gesteigert. Der Zuschauer hört auf, sich wie im Theater zu fühlen, es dünkt ihm, dass er sich Sachen ansieht, die wirklich stattfinden und nicht gespielt werden.“[5] Zwar hörte die Begeisterung für die plastische Seite, das Spektakuläre, die Massenszenen, die sich in jedem Stück anders darboten, nicht auf, aber bereits nach der ersten Gastspielwoche tauchten tiefer greifende Analysen der Inszenierungen von einzelnen Dramen und Theaterrollen auf. Die Kritiker stellten fest, dass sich nicht jedes der aufgeführten Stücke mit gleicher Einfachheit im realistischen Stil inszenieren und spielen lässt. Besonders in Schillers Dramen (*Don Carlos, Wallenstein*) entdeckte man einen Idealismus und eine Poetizität, die vom Theater lediglich illustriert werden sollte, denn in realistischer Fassung verlören diese ihre Tragfähigkeit. Immer häufiger beachtete man auch schauspielerische Unzulänglichkeiten. Besonders im Falle dieser Stücke, bei denen man sich an eigene Darsteller erinnerte, fielen die Vergleiche zuungunsten der Gäste aus: Dawison als Leontes im *Wintermärchen* überragte Weiser, und Modrzejewska in der Rolle von Maria Stuart triumphierte laut Kritikern über Olga Lorenz. Das Urteil lautete: „Sie mögen reden, was sie wollen, die eingefleischten Rühmer, es gibt aber gewisse Kunsthöhen, auf die nur Eifer und die Macht des schauspielerischen Talents führen können, und ohne sie kann Archäologie, Dekoration, Kostüm und Regie, selbst die so gut geführte wie der Marsch der deutschen Armee auf Frankreich, nichts helfen. [...] Den größten Eindruck in der Aufführung von den Meiningern [*Maria Stuart*] machte die ausgezeichnet rekonstruierte Treppe im Hintergrund der Burg Fotheringhay. Die schottische Königin wurde zu einer gemeinen sentimentalen Deutschen, die man sterben ließ, ohne dass man weiß, wofür.“[6] Diese kritischen Stimmen, die sich allerdings auf ein ästhetisches Phänomen bezogen, begleiteten immer häufiger Aussagen, die nicht nur die Qualität der künstlerischen Leistungen der Gäste in

[5] „Juliusz Cezar”. In: *Słowo*, 11.05.1885, Nr. 103. Zit. nach Lipiński [wie Anm. 2], S. 10.
[6] S. K.: „Towarzystwo Meiningeńczyków.” In: *Prawda*. 1885, Nr. 23. Zit nach. Lipiński [wie Anm. 2], S. 18.

Zweifel zogen, sondern auch ironische Texte oder solche, die geradezu aus außerkünstlerischen Gründen geschrieben wurden. Vielleicht würden sie keine Aufmerksamkeit verdienen, wenn sich nicht der angesehene Schauspieler und Kritiker Józef Kotarbiński an der Diskussion beteiligt hätte. Vorwürfe, die er in Warschau dem russischen Aggressor gegenüber nicht hätte formulieren können, brachte er gegen die preußische Herrschaft und ihre Politik der Vertreibung und Entnationalisierung der Polen zum Ausdruck. Der Besuch der Meininger, der die Aufmerksamkeit der Kultureliten in der Hauptstadt auf sich lenkte, wurde wie selbstverständlich genutzt, um Maßnahmen des westlichen Aggressors zu brandmarken, und das geschah zur Mahnung an die eigenen Landsleute, die sich von der deutschen Kunst verführen ließen. Kotarbiński schrieb: „Der blinde Rassenhass trat [...] trotz der humanitärsten Strömungen neuerer Zivilisation auf. Während so viele Deutsche auf unserem Boden einen ruhigen Sitz und ein Feld für breite Tätigkeiten finden, tut das Gesetz, welches die Rechtlosigkeit sanktioniert, der polnischen Bevölkerung unrecht und führt das barbarische Werk der Enterbung fort. Mit all den Hass-Symptomen und der Schikanierung unserer Schwäche von unseren westlichen Nachbarn kontrastiert das Wohlwollen seltsam, mit dem wir die Truppe der Meininger Künstler bei uns empfangen. Zwar hat ihre Tätigkeit mit der preußisch-Bismarckschen Gefräßigkeit nichts zu tun, aber heutzutage haben sich die Verhältnisse so zugespitzt, wir wurden in unserer nationalen Würde so malträtiert, dass führwahr ein Mensch, der das kollektive Unrecht tiefer als künstlerische Genüsse empfindet, schwer eine sachliche Stellung zu allem, was heute ein germanisches Stigma trägt, nehmen kann.“[7]

Kotarbińskis Artikel wurde zum Ventil für patriotische Gefühle, haben aber das Publikum vor Massenbesuchen des Theaters bis zum Ende der Gastspiele der Meininger nicht abgehalten. Nach ihrer Abreise kam die Zeit für eine Gewinn- und Verlustbilanz. Zunächst zählte man das Geld, das das Publikum den deutschen Künstlern aus Warschau (etwa 50 Tausend Rubel) ausführen ließ. Zu den Verlusten gehörten auch die Leere in den eigenen Theatern und die durch die Auftritte der Gäste geweckten höheren Ansprüche an die polnischen Bühnen. Konnten sie aber dem Beispiel der sächsischen Künstler folgen, um die Erwartungen des Publikums zu erfüllen? Den Grund für den Erfolg der Meininger sah man vor allem in der materiellen Sicherheit und der guten Organisation des Theaters, dessen finanzielle und künstlerische Leitung eine Person übernommen hatte. Diese grundsätzliche Bedingung konnte in den Warschauer Regierungstheatern, deren Tätig-

[7] Karol (Józef Kotarbiński): „Pokłosie.“ In: *Kłosy*. 1885, Bd. 40, Nr. 1037. Zit nach. Lipiński [wie Anm. 2], S. 19.

keit durch die zaristische Verwaltung und die mehrstufige administrativ-politische Abhängigkeit gelähmt wurde, nicht erfüllt werden. Aus diesem Grunde war es schwer, irgendein künstlerisches Programm oder eine bewusste Herausbildung des Inszenierungsstils zu erwarten. Das Beispiel des Theaters des Fürsten von Meiningen gab zwar einen Vorwand für die Forderung einer starken Position des Regisseurs, eines Teamgeists, der Einführung von Massen auf der Bühne oder die Sorge um technische Effekte, aber in Warschau wartete man noch lange auf die Erfüllung dieser Postulate.

Im Laufe des nächsten Vierteljahrhunderts veränderte sich die Lage des polnischen Theaters nicht wesentlich. Als 1912 die Aufführung von *König Ödipus* durch das Deutsche Theater von Max Reinhardt[8] angekündigt wurde, schien die Kluft zwischen unseren Bühnen und dem modernen europäischen Theater kaum geringer geworden. Diesen einmaligen Besuch des Reinhardtschen Theaters in Polen begleitete eine besonders ungünstige politische Atmosphäre, die durch antipreußische Auftritte und Anschuldigungen wegen Germanisierungsversuchen geschürt wurde, was sich auf die künstlerische Ebene auswirkte.

Die Uraufführung von Sophokles' *König Ödipus* in der Bearbeitung Hugo von Hofmannsthals fand 1910 in München statt. Dies war die erste Inszenierung von Reinhardt, die – während zahlreicher Gastspiele in deutschen Städten und vielen Hauptstädten Europas gezeigt – ihm den Ruhm eines Theaterreformers und -erneuerers einbrachte. Allgemeines Interesse weckte die Ablehnung der Guckkastenbühne und die Inanspruchnahme der Zirkusarena, auf die der Regisseur sogar 300 Statisten einführen konnte. In London und Budapest bearbeitete Reinhardt mit den heimischen Darstellern Adaptionen seiner Inszenierung. Im Frühling 1912 bereiste das Ensemble des Deutschen Theaters Russland und nach den Gastspielen in Riga, Moskau, Charkow, Odessa und Kiew kündigte es zwei Aufführungen in Warschau an, worüber die Wochenzeitschrift *Scena i Sztuka* [Bühne und Kunst] bereits Mitte April informierte. Anfang Mai mietete man den Zirkus in der Ordynacka-Straße, in dem man eine Podiums-Bühne errichtete und Proben mit vor Ort engagierten 300 Statisten begannen. Diesen Vorbereitungen musste eine ungünstige Boykottstimmung vorausgehen, denn noch bevor man sich an sie machte, distanzierte sich Reinhardt von jeglichen politischen Intentionen in einem an die Redaktion vom *Kurier Warszawski* [Warschauer Kurier] adressierten Telegramm vom 30. April, indem er schrieb: „Ich versichere deutlichst, dass jedwedes politische Ziel mir fern ist und dass ich

[8] Die Aufführungen vom Reinhardts Theater in Warschau besprach ausführlich Roman Taborski: „Gościnne występy teatru Maxa Reinhardta w Warszawie w 1912 roku." In: *Przegląd Humanistyczny,* 1978, H. 7-8, S. 35-41.

mich nur nach künstlerischen Motiven richte. Ich möchte lediglich *König Ödipus* in eigener Inszenierung mit den besten Kräften meines Theaters in Warschau zeigen, so wie in allen anderen Zentren der europäischen Kultur."[9] Aber zeitgleich mit der Erklärung des Regisseurs veröffentlichte die Redaktion einen Artikel des bekannten Publizisten und Theaterkritikers Władysław Rabski, der politische Gründe den rein ästhetischen Werten vorzog und im Namen nationaler Interessen den deutschen Künstlern eine wohlwollende Aufnahme in Warschau absprach: „Zu einer ungünstigen Zeit kommt zu uns der große Theaterreformer! Wir schreiben dies leidvoll, denn wir schätzen seine Kunst hoch. Und wir sind völlig erbittert, dass wir sogar die reinsten Sehnsüchte des menschlichen Geistes in strenge politische Zucht und Zügel nehmen müssen. Aber so ist eben die Tragödie unseres Volkes, so ist die Krankheit der ganzen gegenwärtigen Kultur, die von Hass und einem Gewaltevangelium vergiftet ist."[10] Rabskis Text veranlasste eine Flut von Presseartikeln und -notizen, die im gleichen Ton verfasst waren, was allein ihre Titel zeigen: „Fremdes Theater in Warschau"[11] oder „Reinhardt und die antipolnische Politik"[12]. Lediglich ein Journalist von *Słowo* [Wort] protestierte gegen die chauvinistischen Reaktionen und fragte: „Warum sollten wir den Bühnenreformator für den Deutschen Ostmarkenverein verantwortlich machen?"[13] Das war aber eine einsame Stimme, denn die übrige Presse boykottierte einstimmig die Aufführungen und veröffentlichte keine Ankündigungen. In dieser Atmosphäre fanden zwei Aufführungen am 6. und 7. Mai statt. Nur zwei Zeitungen veröffentlichten ernst zu nehmende und sachliche Besprechungen der Aufführungen. In einer von ihnen wusste Kazimierz Ehrenberg nicht nur die Inszenierungsinnovation von Reinhardt und die Perfektion des Schauspiels, vor allem die Rolle von Alexander Moissi zu schätzen, sondern aus dem Boykott zog er ein Fazit für das polnische Theater: „Wir, die in unseren Theatern keine Dekorationen, kein Licht haben und stümperhaft mit einigen unbeweglichen Statisten operieren und für die Komposition der Gruppen und Rahmen nie einen Malerkünstler einladen, sind von der Reinhardtschen Übertreibung geblendet; lange, lange Jahre noch besteht keine Gefahr, dass wir in ihrer Nachahmung zu weit gehen."[14] Nach Beendigung der Aufführungen gab es noch ein paar Tage

[9] *Kurier Warszawskie,* 1912, Nr. 120. Zit. nach: Taborski [wie Anm. 8], S. 37.

[10] Władysław Rabski: „Reinhardt w Warszawie." Ebenda. Zit. nach: Taborski [wie Anm. 8], S. 37.

[11] *Dzień,* 1912, Nr. 103.

[12] *Nowa Gazeta,* 1912, Nr. 205.

[13] *Słowo,* 1912, Nr. 122.

[14] Kazimierz Ehrenberg „Moissi jako Edyp. Z powodu przedstawień Reinhardta w cyrku." In: *Kurier Poranny* 1912, Nr. 126 und 127.

lang das Echo des Boykotts, der nicht allen Publizisten als geeignetste Art der Verteidigung der nationalen Anen erschien.

Der aus politischen Beweggründen von der Warschauer Presse postulierte Boykott der Aufführungen von *König Ödipus* wurde zum Boykott von Reinhardt selbst, und in der Folge verursachte er eine Reduzierung der Beurteilung des von ihm geschaffenen Theaters. Doch dieser spektakulärste Akt der Feindschaft gegenüber diesem Theatermacher sollte im breiteren Kontext wahrgenommen werden. Dann fällt auf, dass die für viele polnische Künstler und Kritiker dieser Zeit typische Einstellung der Abneigung und Ablehnung sich nicht auf Reinhardt selbst bezog, sondern auf Reinhardt als Repräsentanten des deutschen Theaters schlechthin. Diese Haltung war nicht nur eine spontane Reaktion auf die Germanisierungsmaßnahmen in dem von Preußen besetzten Landesteil, sondern reifte allmählich als vielleicht nicht gänzlich bewusste Verteidigung vor Einflüssen des sich beträchtlich entwickelnden deutschen Theaters in einer Situation, in der Meisterwerke des polnischen Dramas wegen der von den Teilungsmächten eingeführten Zensur keine Chancen besaßen, auf die Bühne zu gelangen.

Einen Ausdruck dieser eingewurzelten und steigenden Verbitterung, die bereits auf die Zeit der Gastspiele des Meininger Theaters in Warschau zurückgeht, lieferte Mieczysław Limanowski, der 1914 (d.h. zwei Jahre nach dem Besuch von Reinhardts Theater) schrieb: „Die Folgen der Sättigung (und Übersättigung) mit Deutschem tauchen immer wieder, insbesondere in unserem großen Repertoire auf. Sie mussten früher häufiger und viel gefährlicher sein, waren aber angesichts der Schwächung des volkstümlichen Schaffens weniger auffällig. Jetzt, wo das ganze Leben sich von Jahr zu Jahr potenziert, werden die deutschen Einflüsse nicht zu ertragen sein: gegen sie muss sich in Theatern ein Damm des kollektiven Schaffens erheben. Nach längerem Schlaf des historischen Zusammenbruchs kehrt zu uns das Bewusstsein von uns selbst zurück“.[15] Diese Überzeugung teilten andere Kritiker und Künstler des polnischen Theaters mit Limanowski, obgleich keiner von ihnen dies so prägnant zum Ausdruck brachte. Auch wenn man Reinhardts Leistungen bei seiner Theaterreform akzeptierte und ihn in eine Reihe mit Appia, Craig, Fuchs und Stanislavskij stellte, erblickte man die Quellen der Wiedergeburt des polnischen Theaters nicht in effektvollen szenischen Formen von Meisterwerken der Weltliteratur, sondern in der Präsenz des bislang auf der Bühne abwesenden polnischen romantischen Dramas und der modernen Dramaturgie. Deswegen hat man so hartnäckig das heimische Theater verteidigt und sah sogar in seiner Unbeholfenheit und Einfalt einen

[15] Mieczysław Limanowski, „*Romeo i Julia* Szekspira w Teatrze Wielkim." In: idem, *Duchowość i maestria,* bearb. von Zbigniew Osiński, Warszawa 1992, S. 62f.

größeren Wert als in kunstvollen und reich ausgestatteten Berliner Aufführungen.

Die hier präsentierten Beispiele der nationaler Stellungnahmen anlässlich der Gastspiele des Theaters des Fürsten von Meiningen und des Ensembles von Max Reinhardt in Warschau, die Geringschätzung des Angebots oder der Boykott der Aufführungen waren weder Einzelfälle noch nur gegen die preußische Teilungsmacht gerichtet. Eine ähnliche Einstellung gab es auch gegenüber den Vertretern der russischen Kunst und Kultur. Als neun Tage nach Reinhardts Aufführungen das Moskauer Künstler-Theater von Konstantin Stanislavskij und Vladimir Niemirovič-Dančenko nach Warschau kam, verschwieg die Presse dieses Ereignis völlig und druckte lediglich bezahlte Ankündigungen der Gastspiele. Das Publikum boykottierte auch diese Aufführungen.

Evald Kampus, Tartu

Deutsche Theater- und Konzerttätigkeit in der multikulturellen estnischen Universitätsstadt Tartu (Dorpat) an der Wende zum 20. Jahrhundert

Es ist höchst interessant für mich, nach Cluj, nun Cluj-Napoca, auch Kolozsvar/Klausenburg, in die mehrnamige, multinationale und multikulturelle Stadt, in die Stadt reicher Bildungstraditionen, der Wissenschaft, Bühnenkultur und Musik zu kommen. Sie lässt eine Parallele zu meiner Heimatstadt Tartu in Estland zu. Auch unsere Heimat an der Ostsee hat Jahrhunderte lang unterschiedliche Herrscher hinzunehmen gehabt und weist deshalb die altestnische Burg Tarbatu in der Zeit des Deutschen Ordens auf, den Namen Dorpat, danach im russischen Zarenreich den Namen Derpt im 19. und 20. Jahrhundert kurze Zeit auch Jurjew. Nur schwedische und polnische Machthaber haben sich mit dem bereits vorhandenen gängigen Namen beholfen. Trotz vieler Ähnlichkeiten ist das Schicksal unserer Länder, Städte und Völker dennoch ebenso verschieden gewesen, wie einzelne Menschen verschieden sind, und gerade das macht sie uns interessant.

Ich habe mein Interesse für das hiesige deutsche Theater mitgebracht, aber nicht weniger interessiert mich das ungarische und rumänische Theater Ihres Landes und die Impulse vermittelnde Rolle des deutschen Theaters bei deren Entwicklung.

Schon als wir im Sommer 1993 in Tartu mit Professor Laurence Kitching von der Simon-Fraser-Universität (Vancouver/Kanada) den Verein Thalia Germanica zur Erforschung des deutschsprachigen Theaters außerhalb Deutschlands gründeten, war der Hauptanlass für mich das Interesse für das estnische Theater. Wie wir alle wissen, ist gerade das deutsche Theater in einer ganzen Reihe europäischer Länder ein Modell für die Geburt der jeweiligen nationalen Theater gewesen. Obwohl die Beziehungen zwischen den estnischen leibeigenen Bauern, den späteren Fronbauern und den deutschen Gutsherren selbstverständlich gespannt waren, trugen bürgerliche deutsche Literaten seit Anfang des 19. Jahrhunderts viel dazu bei, dass die Esten sich zu einem Kulturvolk in europäischer Sicht entwickelten. Gerade deshalb ist die Erforschung der estnischen Theatergeschichte ohne die Untersuchung und getrennt von der Erforschung der Geschichte des deutschsprachigen Theaters unmöglich. Ebenfalls interessieren mich auch die Theater- und Kulturbeziehungen Estlands mit Finnland, Schweden und Polen.

Auf den Tagungen der Thalia Germanica sind oft Fragen des Wirkens des deutschen Theaters in nichtdeutschen Ländern besprochen worden. In der Vergangenheit ist das deutsche Theater dort führend und beispielgebend gewesen, aber des ungeachtet nur das Theater einer Minderheit, das im Laufe der Entwicklung des politischen und kulturellen Lebens des entsprechenden Landes immer marginaler wurde und schließlich verschwand. Wir haben uns bisher – zum letzten Mal bei der Tagung in Lodz – wirklich nur mit dem deutschen Theater befasst. Meiner Meinung nach wäre es angebracht, dass Wissenschaftler in ihren Arbeiten bzw. Vorträgen wenigstens mit ein paar Sätzen auf den allgemeinen kulturellen Kontext des entsprechenden Landes eingingen. In meinen Vorträgen über die Verhältnisse in Estland habe ich das zaghaft versucht, weil ich – vielleicht etwas naiv – vermutet habe, die Zuhörer besitzen keine Übersicht über die Situation in einem so kleinen und fernen Land.

Ich möchte betonen, dass die Deutschen in den Ländern, die Thalia Germanica erforscht, nur einen kleinen Teil der Bevölkerung ausmachten. Gleichzeitig möchte ich aber unterstreichen, dass ihre Aktivität und ihr Kulturpotential Achtung gebietend und sehr wichtig waren. In meinem heutigen kurzen Vortrag kann ich nicht umhin, auf diese Besonderheiten einzugehen. Bei allen kulturellen Fragen darf man natürlich die führende ökonomische Position der Deutschbalten nicht außer Acht lassen. Ende des 19. Jahrhunderts gab es unter der Bevölkerung Estlands 89,1 % Esten, 4,7% Russen und 3,6% Deutsche. Trotz des kleinsten Anteils an der Bevölkerung gehörte ihnen der größte Teil des Bodens. Nur ein Viertel der Deutschen lebte in Städten. 1919, ein Jahr nach der Gründung der Republik Estland, wurden die meisten der 800 damals noch existierenden Güter enteignet.

Im Jahre 1632 hatte der schwedische König Gustav Adolf II. in der etwas mehr als 1000 Einwohner zählenden Stadt Tartu (Dorpat) eine Universität gegründet - als Gegengewicht zum Jesuitenkolleg, das hier während der polnischen Herrschaft einige Jahrzehnte lang gewirkt hatte. Die Universität wirkte in Tartu mit einigen Unterbrechungen bis zum Nordischen Krieg und machte sich einen Namen in internationalen akademischen Kreisen.

Während des Nordischen Krieges gingen die so genannten Baltischen Provinzen, d.h. das heutige Estland und Lettland 1710 von Schweden an Russland über, und der russische Zar Peter I. verlieh den privilegierten Ständen der damaligen Gouvernements Estland und Livland (später auch Kurland) einen Sonderstatus und eine relativ große Autonomie, was sie zu ergebenen Anhängern und Stützen der Krone machte.

Während des Nordischen Krieges wurde Tartu von der russischen Soldateksa gebrandschatzt, und die deutschen Einwohner wurden nach Russland deportiert. Im folgenden Jahrhundert belebte sich die Stadt allmählich und hatte zum Zeitpunkt der Neugründung der Universität 1802 5000 Einwohner. Die Unterrichtssprache dieser Kaiserlichen Dorpater Universität war Deutsch. Sie wurde im 19. Jahrhundert zu einem international bedeutenden wissenschaftlichen Zentrum, und ihre Rolle für die Entwicklung der Stadt war und ist maßgebend.

Bereits Ende des 18. Jahrhunderts entstanden in Tartu verschiedene Organisationen (Bürgerlicher Klub, Messe, Bürgermesse), die das Musizieren ihrer Mitglieder förderten und Konzerte veranstalteten. Nach der Neueröffnung der Universität wirkten hier studentische Landsmannschaften und die Akademische Müsse.

Im 19. Jahrhundert wurden in Tartu mehrere im Geiste der deutschen Nationalromantik und Aufklärung arbeitende wissenschaftliche Gesellschaften gegründet, die unter anderem auch estnische Geschichte, Sprache, Mythologie und Ethnographie erforschten. Zu ihren Mitgliedern gehörten auch gebildete Esten. In allen Städten Estlands gab es zahlreiche Sing-, Feuerwehr- und Handwerkervereine, sowie Vereine für Bildungs- und Sozialarbeit. 1908 lebten im Baltikum 165.000 Deutsche und 37.230 von ihnen waren in Gesellschaften organisiert.[1] – Die meisten Verlage waren in deutscher Hand, es wurden Monatshefte, Alben, Anthologien, Sammelbände herausgegeben. In den Jahren 1900-1909 erschienen im Baltikum 7 deutschsprachige Tageszeitungen. Hier wirkten viele namhafte Maler und Graphiker.

Vor kurzem verteidigte die Dozentin für Weltliteratur Liina Lukas an der Universität Tartu ihre Doktorarbeit „Deutschbaltisches Literaturfeld 1890-1918“. Nach der Literaturfeldtheorie von Pierre Bourdieu registriert sie im deutschen Kulturfeld Est-, Liv- und Kurlands 191 Autoren mit 477 Werken – das macht einen Schriftsteller pro 1000 Einwohner aus. Das Schreiben war in der deutschbaltischen Gesellschaft eine verbreitete und angesehene Art der Selbstverwirklichung, es herrschte sogar ein gewisser öffentlicher Zwang dazu und das nicht nur unter den Männern und Intellektuellen, sondern auch unter den Frauen und Adligen.[2] Einen noch höheren Prozentsatz der Schriftsteller kann nur Island aufweisen.

Sehr intensiv war die deutschsprachige Theatertätigkeit. Verschiedene deutsche Wandertruppen spielten an der Wende des 18. zum 19. Jahrhunderts auch in den kleinsten Städten Estlands.

August von Kotzebue, der zu dieser Zeit in Tallinn/Reval lebte, gründete 1784 das Revaler Liebhabertheater, das 11 Jahre lang wirkte. 1804 wurde in Tallinn das stehende professionelle Theater gegründet - das Revaler Stadttheater. Später trug es den Namen Revaler Deutsches Theater. Die Einwoh-

[1] Vgl. Liina Lukas: *Baltisaksa kirjandusväli 1890-1918*. Tartu-Tallinn 2006, S. 81.
[2] Vgl. Ebenda, S. 487.

ner Tartus hofften, dass auch sie als Einwohner der Universitätsstadt ein eigenes Theater erhalten. Sie irrten aber sehr. Es geschah das Gegenteil – 1812 verbot Kaiser Alexander I. in Tartu jegliche Theatervorstellungen einschließlich der Gastspiele. Alle Versuche der Tartuer, dieses merkwürdige Verbot rückgängig zu machen, waren während der nächsten Jahrzehnte vergeblich, obwohl viele höhere Beamte in Tartu, in der Gouvernementshauptstadt Riga und in St. Petersburg zur Zeit der nächsten Zaren eigentlich nichts dagegen hatten. Das Dekret war Unsinn – aber ein kaiserlicher Unsinn! Dieses für das Europa des 19. Jahrhunderts kuriose Verbot war ganze 55 Jahre in Kraft – bis 1867.

1857 kam der Leiter des Revaler Theaters, Carl Nielitz, auf den pfiffigen Gedanken, während der Sommerferien etwas außerhalb der damaligen Stadtgrenze im Lokal „Zum Weissen Ross" (auch „Novum" genannt) Theater zu spielen. Auf dem Programm standen sowohl Dramen, Opern als auch Operetten. Als Gastspieler wurden die Mitglieder der deutschen Truppe des St. Petersburger Kaiserlichen Theaters engagiert. Diese Sommervorstellungen dauerten bis zum Ende der 1860er Jahre, die letzten paar Jahre wurde schon in der Stadt gespielt. Das Theater von Nielitz trat über längere Zeit auch in anderen Orten auf, mehrere Jahre im Sommer z.B. in der finnischen Stadt Viborg und wies dementsprechend Besonderheiten des Wandertheaters auf.

Der 1860 gegründete Tartuer/Dorpater (deutsche) Handwerkerverein entfaltete mehrere Jahrzehnte lang eine breit gefächerte kulturelle und Bildungstätigkeit. Übrigens waren auch Professoren der Tartuer Universität Mitglieder des Vereins. Im Sommer 1870 errichtete der Handwerkerverein ein spezielles Gebäude für das Tartuer Sommertheater. Dort spielte die Truppe des Tallinner/Revaler Stadttheaters unter der Leitung des in Riga geborenen, sehr leistungsbewussten Theaterdirektors Eduard Ferdinand Berent, der zuvor bereits in Dessau, Lübeck, Amsterdam, Bremen, Wien, Königsberg und München gearbeitet hatte. Die Vorstellungen dieses Sommertheaters prägten im Laufe von 34 Jahren das deutsche und estnische Theaterleben der Stadt und wurden bis zum Jahr 1914 fortgesetzt. Die letzte Saison endete früher als gewöhnlich, denn schon Anfang August wurden deutschsprachige Aufführungen wegen des Ersten Weltkrieges verboten. Am 4. August wurde in der *Nordlivländischen Zeitung* im Namen der 55 Schauspieler und Musiker ein Aufruf veröffentlicht, in dem ihre Notlage geschildert und die Leser um Spenden gebeten wurden, um ihnen die Abreise zu ermöglichen. Gleichzeitig gab auch der Tartuer (deutsche) Handwerkerverein bekannt, dass keine Theatervorstellungen und Gartenkonzerte mehr stattfinden.[3] Das bedeutete eigentlich das Ende des gesamten deutschsprachigen Theaters in Tar-

[3] Vgl. *Nordlivländische Zeitung* vom 22. Juli (4. Aug.) 1914, Nr. 163.

tu. In den Jahren 1920-1930 traten nur einzelne Gasttruppen auf. In Tallinn aber arbeitete das deutsche Theater entweder mit Liebhabern oder mit professionellen Schauspielern bis 1939 zusammen.

Erst nach der Aufhebung der Leibeigenschaft in der Mitte des 19. Jahrhunderts erhielten die estnischen Bauern die Möglichkeit, das Land, das ihnen im 13. Jahrhundert weggenommen worden war und das sie bearbeiteten, von den deutschen Großgrundbesitzern zurückzukaufen. Das war für sie mit großen materiellen Schwierigkeiten und langjährigen Schuldabzahlungen verbunden, mit dieser Änderung des Rechtssystems begann aber der ökonomische und nationalkulturelle Aufstieg der Esten, das nationale Erwachen, und Tartu wurde zum Zentrum der nationalen Bewegung. Hier wurde 1865 der erste estnische Kulturverein „Vanemuine" gegründet, der nach deutschem Vorbild 1869 in Tartu das erste estnische Sängerfest organisierte. Damit begann eine Tradition, die mit der Zeit riesige Ausmaße annahm und in den Jahren der sowjetischen Okkupation (1940-1991) Träger des Nationalbewusstseins war.

Der erwähnte Verein „Vanemuine" gründete seinerseits 1870 in Tartu das erste estnische Theater. Es wirkte halbprofessionell bis zum Anfang des 20. Jahrhunderts und war ein gutes Beispiel für Estland. Die Kenntnisse über das Theater stammten von einheimischen deutschen Truppen, manche junge Künstler, z.B. Karl Menning, sammelten Erfahrungen in Deutschland. Karl Menning lernte in Berlin bei Max Reinhardt und war der erste Leiter des im Jahre 1906 in Tartu gegründeten professionellen estnischen „Vanemuine"-Theaters.

Am Ende des 19. Jahrhunderts änderte die russische Zentralmacht ihre Politik gegenüber den baltischen Provinzen. Die beginnende Russifizierung bedeutete, dass in allen estnischen Schulen Russisch als Unterrichtssprache eingeführt, 1892 auf einige Zeit auch das deutsche Gymnasium geschlossen wurde. An der Universität wurde ab 1889 Russisch zur Unterrichtssprache und das war auch der Grund, dass viele Lehrkräfte ihre Arbeit lassen mussten. Die Zahl der deutschen Studenten verringerte sich natürlich ebenfalls.

Die Revolution von 1905-1907 war in Estland gegen die deutschen Gutsbesitzer und gegen das Zarenregime gerichtet. Im kulturellen Bereich brachte dieses sozial-politische Ereignis unter anderem die Demokratisierung des Theaters mit sich. Die bisherige autokratisch-ständische Lebensform der Deutschen bekam Risse, und das deutsche kulturelle Leben erhielt einen rein nationalen Anstrich.

In der betrachteten Periode 1890-1914 war das deutsche Theater in Tartu künstlerisch nicht mehr wie früher allein. Das estnische Theaterleben war aktiv geworden: außer dem Verein und dem Theater „Vanemuine" wurden auch in vielen anderen Gesellschaften und Vereinen Theaterstücke aufgeführt, es gab in der Stadt mehrere russische Liebhabertruppen und russische Gasttruppen kamen in die Stadt. Gleichzeitig wurden in den Vereinen zahlreiche andere Veranstaltungen wie Musik- und Familienabende durchgeführt.

1892 errichtete der Theaterfanatiker polnischer Abstammung, Joseph Zmigrodski, der selbst oft als Laienschauspieler in russischer, deutscher und polnischer Sprache auftrat, in Tartu das beste und modernste Theaterhaus. Dort traten in den folgenden Jahren sowohl Gasttruppen als auch ortsansässige Amateure auf. Leider war das Unternehmen nicht rentabel genug und musste 1909 aufgeben.

1906 entstand nach dem Entwurf des berühmten finnischen Architekten Armas Lindgren das schöne Gebäude des „Vanemuine“-Theaters im nordischen Jugendstil. 1914 begann der Tartuer (deutscher) Handwerkerverein mit dem Bau des eigenen neuen Theaterhauses. Dieses schöne Gebäude mit guter Akustik wurde 1918 fertig und dient dem „Vanemuine“-Theater auch heute als „kleines“ Haus.

Die zahlreichen in Tartu existierenden Studentenorganisationen – Russen Ukrainer, Armenier, Polen, Letten u. a. – veranstalteten ebenfalls Musik-, Literatur- und Theaterabende. Solche Veranstaltungen wurden auch zur eigenen Finanzierung durchgeführt.

Vor 1868, d.h. vor dem Bau der Eisenbahn in Estland, führte die Poststraße aus Westeuropa nach St. Petersburg über Tartu und das machte es möglich, dass viele weltberühmte Musiker hier kurz Station machten und auftraten. Oft geschah das in der schönen Aula der Universität, Ende des 19. Jahrhunderts wurde dafür oft auch der Saal der Bürgermesse benutzt. Natürlich waren die Auftritte der ortsansässigen deutschen Sänger und Instrumentalisten sehr häufig, umgehend wuchs auch die Konzerttätigkeit der estnischen Musiker, das Niveau des estnischen Sinfonieorchesters ließ sich jedoch zunächst nicht mit dem des deutschen vergleichen.

Für Musikveranstaltungen wurden oft die Kirchen der Stadt benutzt. Das war besonders bei den von den deutschen Vereinen organisierten und unter der Leitung der Musiklehrer der Universität stattfindenden Vorstellungen der musikalischen Großformen der Fall.

Das deutsche Sommertheater behielt seine führende Rolle als Musiktheater. Es war ein wahres Mehrspartentheater: zum Repertoire gehörten Drama, Oper, Operette, daneben ab und zu noch Ballett, Kabarett und Sinfoniekonzerte, manchmal sogar Freiluftvorstellungen. Nach Genres waren die Spielzeiten sehr unterschiedlich. Im Sommer 1896 z.B. standen 14 Dramen-, 12 Operetten- und ganze 37 Opernvorstellungen, 1913 aber 40 Dramen-, 59 Operetten- und nur 4 Opernvorstellungen auf dem Programm.

Wenn die Stücke in früheren Jahren aus finanziellen Gründen meist einmal oder nur ausnahmsweise 2-3 Mal gespielt wurden, so konnten Anfang des 20. Jahrhunderts bereits mehrere Stücke wiederholt werden.

Die Vermutung, dass durch die Jahreszeit bedingt das Repertoire unterhaltsamer und leichter als im Heimattheater in Tallinn gewesen wäre, stimmt allerdings nicht. In der Theatergeschichte treffen wir oft auf Vorwürfe, die dem ehemaligen Theater in Bezug auf das Repertoire gemacht werden, und manchmal fügen wir unbedacht eigene Kritik hinzu. Würden wir aber unser zeitgenössisches Theater mit etwas kritischerem Blick betrachten, so müssten wir mit den Aussagen über unsere Vorgänger viel bescheidener sein. Bei meiner ganzen Verachtung des internationalen kommerziellen Kulturmülls verfolgt mich der Gedanke, dass ein klassisches Werk durch den Stand der damaligen Darbietung viel mehr zu verlieren hatte als ein einfaches Lustspiel.

Es muss hervorgehoben werden, dass das deutsche Theater in Tartu auch viele estnische Zuschauer fand, denn die Sprache war dabei kein Hindernis, zur Bildung gehörten ganz selbstverständlich drei ortsüblichen Sprachen: das Estnische, Deutsche und Russische. Gerade hier erhielten die zukünftigen Klassiker der estnischen Dramatik ihre ersten Anregungen. Auf das gesamte realistische estnische Theater hinterließen die Gastspiele des Berliner Ibsen-Theaters 1902 und 1904 eine tiefe Spur, ebenso die deutschsprachigen Gastspiele der berühmten finnischen Schauspielerin Ida Aalberg in Dramen von Ibsen, Sudermann und Strindberg.

Die Sommervorstellungen des (deutschen) Theaters in Tartu fanden 57 Jahre lang ununterbrochen statt. Die Struktur dieses Theaters übernahm das estnische „Vanemuine“-Theater und war damit später das einzige Mehrspartentheater der ehemaligen Sowjetunion. Man reiste von weit her, um es zu sehen und Erfahrungen zu sammeln, und die Gastspiele in Moskau, Leningrad und Kiew waren immer ausverkauft. Nachahmer fand dieser Theatertyp jedoch nicht und ist in der ganzen Welt außerhalb Deutschlands recht selten.

Als 1939 die überwiegende Mehrheit der Deutschbalten – insgesamt 66.866 Personen (52.498 aus Lettland und 14.368 aus Estland) nach Deutschland umgesiedelt wurden, ergab es sich, dass in Lettland 20% der Ertragssteuern von den Angehörigen der deutschen Volksgruppe aufgebracht worden waren, obwohl ihr Anteil an der Gesamtbevölkerung nicht mehr als 3,2% betragen hatte, und dass in Estland bei einem Bevölkerungsanteil der Deutschen von nur 1,6% ihr Anteil am gesamten Volksvermögen nicht weniger als 20% ausmachte. Ihr in Estland und Lettland zurückgebliebenes Vermögen, das einer deutschen Treuhand-Gesellschaft übergeben wurde, bezifferte sich auf etwa 740 Millionen Reichsmark. Es wurde zur Verrechnung von Warenlieferungen aus der Sowjetunion verwendet.[4]

Zusammenfassend kann man sagen, dass diese kleine Volksgruppe der Deutschen einen enormen Einfluss auf die Geschichte des Landes ausgeübt hat und neben den bisher erwähnten Tatsachen möchte ich noch ein kleines Detail anbringen, das vielleicht nicht unwichtig ist. Die Umsiedler hatten nach dem Zweiten Weltkrieg im Laufe von 50 Jahren in Polen und Deutschland gar keine Möglichkeit gehabt, ihre Estnischkenntnisse anzuwenden. Als die ersten von ihnen dann nach der Wiedererlangung der Selbständigkeit Estlands zum ersten Mal das Land ihrer Jugend besuchten, hörte man sie einwandfreies „klassisches“ Estnisch sprechen. Hunderttausende in der Zeit der Okkupation aus dem Osten Eingewanderte und sogar ihre bereits in Estland geborenen Nachfolger sind aber der Landessprache nicht mächtig und besitzen deshalb auch keine estnische Staatsbürgerschaft.

	Esten	**Deutsche**	**Russen**	**Andere**	**Zusammen**
1881	26.300 57,4%	12.700 27%	5.100 11,1%		43.900
1897	40.700 68,7%	10.300 17,7%	6.000 10,2%		64.600
1922	102.600 83,8%	6.900 5,6%	7.510 6,2%		128.500
1934	117.900 85,6%	6.000 4,8%	7.900 5,7%		138.800

Die nationale Struktur der Einwohner Tallinns, der größten Stadt Estlands

---

[4] Vgl. Wilfried Schlau: *Die Deutschbalten*. München: Langen-Müller 1995, S. 90.

	Esten	Deutsche	Russen	Zusammen
1881	55,4%	35,2%	6,1%	29.974
1897	70,8%	15,9%	6,5%	40.246
1922	84,5%	6,4%	5,1%	54.000
1934	51.600 87,6%	2.700 4,6%	2.600 4,5%	56.900

Die nationale Struktur der Bürger von Tartu, der zweitgrößten Stadt Estlands

In ganz Estland war die nationale Zusammensetzung 1934:

Esten	992.520 (88,1%)
Russen	97.656 (8,2%)
Deutsche	16.346 (1,5%)

Kristel Pappel, Estnische Musik- und Theaterakademie, Tallinn;
Anneli Saro, Universität Tartu[1]

Vorbild oder ideologisches Contra? Das Tallinner/Revaler (Musik-)Theater im Spannungsfeld deutscher und estnischer Kultur am Anfang des 20. Jahrhunderts

Der deutsche Theaterbetrieb in Estland war in den letzten Jahrzehnten des 19. Jahrhunderts das Vorbild für das aufkeimende estnischsprachige Theater, und zwar in beiden tonangebenden estnischen Städten – sowohl in der zaristischen Gouvernementshauptstadt Tallinn/Reval als auch in der ebenfalls zum Zarenreich gehörenden Universitätsstadt Tartu/Dorpat. Der Theaterbetrieb in Tallinn war mehr als 300 Jahre deutschsprachig gewesen, sowohl im 17. Jahrhundert unter der schwedischen Krone als auch unter dem russischen Zaren in den späteren Jahrhunderten.[2] Erst seit den 60er-70er Jahren des 19. Jahrhunderts kam es zu Laienvorstellungen der Esten in ihrer Muttersprache.

Um die Jahrhundertwende und zu Beginn des 20. Jahrhunderts hatte sich die kulturelle wie auch die politische Situation in Estland stark verändert: Es hatte sich allmählich ein estnischer Mittelstand herausgebildet, der politische und kulturelle Ansprüche stellte. In Tallinn – und diese Stadt steht im Mittelpunkt unserer Arbeit – gab es einen überraschenden politischen Sieg der Esten, die 1904 zum ersten Male die Mehrheit der Sitze im Stadtparlament errangen. Aus der politischen Idee einer Autonomie Estlands innerhalb des Zarenreiches erwuchs die Idee eines Nationalstaates, die 1918 verwirklicht wurde.

In diese Zeit fällt die Konstituierung eines estnischen professionellen Theaters in Tallinn: 1906 wurde das bisher als Liebhabertheater geführte estnische „Estonia“ ein Berufstheater,[3] und das gebildete Publikum, Esten wie auch Deutsche, hatte zum ersten Mal die Wahl, welches Theater man besu-

---

[1] Die Forschungsarbeiten zu diesem Aufsatz wurden von der Estonian Science Foundation im Rahmen der Projekte „Theatersysteme in Estland“ (nr. 6689) und „Musikleben in Estland im 19. Jahrhundert“ (nr. 6858) finanziell unterstützt.

[2] Zur Schweden-Zeit bildeten Schweden und Deutsche gemeinsam die herrschende Schicht, wobei die Schweden in der Minderheit waren, und in der Zarenzeit waren die Deutschen die privilegierte Schicht.

[3] Bis dahin gab es in Tallinn kein estnischsprachiges Berufstheater, jedoch waren in den estnischen Vereinen Liebhabertruppen tätig. Der bedeutendste Verein in Tallinn hieß „Estonia“, gegründet 1865. Ab 1870 gab es in diesem Verein Liebhaberaufführungen, um die Jahrhundertwende auch Singspiele und Operetten, auf Estnisch. 1906 wurde das Estonia-Theater (so nannte sich die entsprechende Liebhabertruppe) Berufstheater.

chen wollte, das deutsche oder das estnische.[4] Im Folgenden wird nach den Berührungspunkten zwischen den beiden gefragt, aber auch die ideologische Konfrontation untersucht, und zwar in den ersten Jahrzehnten des 20. Jahrhunderts.[5] Wir können beobachten, wie der Schwerpunkt auf dem Gebiet des (Musik-)Theaters in Tallinn sich vom hiesigen deutschen Theater, Revaler Stadttheater genannt, zum estnischen Estonia-Theater verlagert hat. Diese Situation spiegelt sich auch wieder im offiziellen Namen des deutschen Theaters: 1809 als Revaler Theater eröffnet, 1860 Revaler Stadttheater genannt, wurde das neue Gebäude nach dem Brand von 1902 als Revaler **Deutsches** Theater 1910 eröffnet. Man musste dem Namen das Wort „Deutsch" hinzufügen, erstens, weil inzwischen das estnische Estonia Berufstheater geworden war und den Deutschen Konkurrenz bot, und zweitens, weil das deutsche Theater sein Deutschtum betonen wollte, wie wir auch in diesem Referat sehen werden.

Zuerst widmen wir uns der Frage, welche Beziehungen es zwischen der Theatertätigkeit der Esten und der Deutschen gab, oder handelte es sich um zwei isolierte Felder?

Zunächst richten wir unseren Blick auf das Publikum. Bekanntlich bildeten die herrschende Schicht in der Stadt die Deutschen. Im Laufe des 19. Jahrhunderts stieg die Anzahl der Esten – nicht nur unter Handwerkern, Dienstboten und Dienstmädchen, sondern auch im Kreise der Immobilienbesitzer und Kaufleute. Obwohl die Gesamtzahl der Deutschen sank (im Jahre 1881 waren es 12.737, 16 Jahre später – 1897 – 10.297),[6] blieb ihre Rolle, auch im kulturellen Leben der Stadt, nach wie vor führend, die Anzahl der Intellektuellen (Rechtsanwälte, Ärzte, Journalisten, Ingenieure u.a.) stieg sogar. Erst am Anfang des 20. Jahrhunderts kam allmählich auch den estnischen akademisch Gebildeten eine bedeutendere und aktivere Rolle zu.

---

[4] Im selben Jahr 1906 wurde in Tartu das estnische Theater „Vanemuine“ Berufstheater, benannt nach einer Gestalt aus dem estnischen Nationalepos *Kalevipoeg* [Kalevs Sohn]. Das estnischsprachige Musiktheater wurde übrigens in Tartu geboren: in der estnischen Theatergeschichte gilt hierfür die Aufführung von P. A. Wolffs *Preciosa* (mit reichem Anteil an Gesang und Musik von Carl Maria von Weber) im Jahre 1883. Die erste Opernaufführung in estnischer Sprache fand auch in Tartu statt – im Jahre 1899, Méhuls *Joseph und seine Brüder*, ebenso am „Vanemuine“.

[5] In der estnischen Theater- und Musikhistoriographie hat man den deutschen und den estnischen Theaterbetrieb vorwiegend isoliert erforscht und dargestellt (eine Ausnahme sind Arbeiten von Evald Kampus und Lilian Kirepe), wobei die Erforschung des deutschen Theaters lange Zeit aus verschiedenen Gründen im Hintergrund blieb.

[6] Raimo Pullat (Hrsg.): *Tallinna ajalugu XIX sajandi 60-ndate aastate algusest 1965. aastani* [Die Geschichte Tallinns vom Anfang der 60er Jahre des XIX. Jahrhunderts bis zum Jahr 1965]. Tallinn: Eesti Raamat 1969, S. 23.

Die deutsche Theatertätigkeit in Tallinn wurde finanziell hauptsächlich von den deutschen Adligen, Kaufleuten, Bankiers und akademisch Gebildeten getragen, jedoch konnte man unter den Zuschauern auch Handwerker finden. Mit der steigenden Einwohnerzahl der Stadt stieg auch die Zahl der Esten, die das Theater (das deutsche Theater!) besuchten, also wohl der deutschen Sprache mächtig waren. In Tallinn wurden bei manchen festlichen Anlässen spezielle Opernvorstellungen für die Esten mit reduzierten Preisen veranstaltet, in deutscher Sprache, aber mit Theaterzetteln auf Estnisch und einer Inhaltsangabe ebenfalls in estnischer Sprache (so z.B. Webers *Freischütz* 1860). Sogar estnische Schuljungen pflegten sich deutsche Theatervorstellungen anzusehen. Einer der späteren Gründer des estnischen Berufstheaters Estonia erinnert sich daran, dass in seiner Kindheit Söhne eines beliebten deutschen Schauspielers seine Spielkameraden waren und dass er selbst oft ins Theater ging. Es ist leicht zu verstehen, dass der gut organisierte und strukturierte Theaterbetrieb des Revaler Stadttheaters, die hellen und im Winter geheizten Räumlichkeiten, der schöne Theatersaal mit weißen Säulen und dem goldgesäumten roten Samt eine große Wirkung auf die estnischen Zuschauer ausübten. Auf Wunsch der estnischen Theaterfreunde begannen estnische Zeitungen am Anfang des 20. Jahrhunderts die Theaterankündigungen des deutschen Theaters regelmäßig zu veröffentlichen.[7] Unter den Schauspielern, Chorsängern und Orchestermusikern gab es auch Esten, mehr jedoch in der Reihe der Theaterdiener und Garderobiers.[8] Das Agieren der deutschen Schauspieler und Sänger wurde zum Vorbild für die estnischen Theaterleute. Übrigens, schon in den 90er Jahren des 19. Jahrhunderts konnten Schauspieler des estnischen Liebhabertheaters die Vorstellungen des Revaler Stadttheaters für den halben Preis besuchen oder bekamen sogar Freikarten, und das blieb so auch in den darauffolgenden Jahrzehnten.[9] Manchmal hat das Revaler Stadttheater sein Haus estnischen Liebhabertruppen für einige Vorstellungen zur Verfügung gestellt, und das auch nach dem

7 Z.B. die Zeitung *Teataja* [Der Bote] vom Jahre 1901 an. Eine andere estnische Zeitung, *Valgus* [Das Licht], hat das deutsche Theater gelobt, weil es immer für die Redaktion Freikarten gab. Vgl. *Valgus*, 03.12.1901. Siehe dazu auch: Kristel Pappel: „Ooper Tallinna Saksa Teatris 20. sajandi alguses" [Oper am Tallinner Deutschen Theater am Anfang des 20. Jahrhunderts]. In: Urve Lippus (Hrsg.): *Muusikaelu Eestis 20. sajandi algupoolel* [Musikleben in Estland in der ersten Hälfte des 20. Jahrhunderts]. (Eesti Muusikaloo Toimetised [Schriftenreihe Beiträge zur Musikgeschichte in Estland]. Bd. 7). Tallinn: Eesti Muusikaakadeemia 2005, S. 52-104.

8 In mehreren Theateralmanachen des Revaler Stadttheaters am Ende des 19. Jahrhunderts nennt man als Garderobier Herrn August Kangro, bei dem es sich bestimmt um einen Esten handelt.

9 *Uus Aeg* [Neue Zeit], 15.05.1918; *Revalsche Zeitung* (=RZ), 07.11.1913. Vgl. Pappel [s. Anm. 6], S. 57 und S. 95.

Brand des Theaters, als man in einem hölzernen Interimstheater spielte (1903-1905). Im letzteren hat eine estnische Liebhabertruppe 1904 drei ausverkaufte Vorstellungen vom Singspiel *Murueide tütar* [Die Feentochter] (1902) der estnischen Komponistin Miina Härma gegeben, unter dem Publikum befanden sich nicht nur Esten, sondern auch Deutsche.[10]

Als das Estonia-Theater 1906 Berufstheater wurde, war das Vorbild das Revaler deutsche Stadttheater. Beide wurden finanziell von einer Aktiengesellschaft getragen. Das deutsche Theater bekam finanzielle Hilfe gelegentlich auch von der Stadt, das Estonia-Theater wurde später, während der Estnischen Republik in den 20er und 30er Jahren, teils auch von staatlichen Subventionen unterstützt. An beiden Theatern gab es Sprechtheater und Musiktheater (Oper und Operette), also entsprachen sie dem deutschen Stadttheatertyp und waren Mehrspartentheater.[11]

Es gab auch nach der Formierung des estnischen Berufstheaters direkte Beziehungen zwischen dem Revaler Stadttheater und dem Estonia-Theater, z.B. hat das „Estonia“ oft Kostüme vom deutschen Theater geliehen, und es kam auch vor, dass ein Künstler sein Engangement von einem zum anderen Theater gewechselt hat, in erster Linie betraf dies die Orchestermusiker.

Ein beträchtlicher Einfluss des deutschen Theaters auf das estnische bestand in der Werkwahl. Man kann sagen, dass bis in die 20er Jahre des 20. Jahrhunderts das Estonia-Theater sich wenigstens auf dem musikdramatischen Gebiet nach dem Vorbild der Deutschen richtete. Die damaligen estnischen Theaterleute waren sich dessen völlig bewusst. Diese Orientierung auf das Deutsche war etwas völlig anderes als z.B. in der damaligen estnischen Literatur, wo man sich stark nach Finnland, Skandinavien und Frankreich ausrichtete.

Als Beispiel für die Werkwahl eine Liste von Opern (siehe unten), die gegen Ende des 19. und am Anfang des 20. Jahrhunderts mehrmals über die deutsche Bühne in Tallinn gegangen waren und die später im Repertoire des Estonia-Theaters standen. Wie schon gesagt, hat das Estonia-Theater alle Stücke auf Estnisch gespielt, wobei die Übersetzung auch der nicht-deutschen Stücke aus der deutschen Sprache erfolgte. Allerdings kam man im Estonia-Theater ziemlich spät zu einer regelmäßigen Opernpflege – erst

---

[10] Der Rezensent der *Revalschen Zeitung,* Otto Greiffenhagen, bemerkte, dass den deutschen Zuschauern die exotische Volkstracht besonders gefiel und dass das ganze Werk eigentlich ein Volksstück sei, ein *mixtum compositum*. Vgl. *RZ*, 01.09.1904.

[11] Das Estonia-Theater blieb ein Mehrspartentheater bis zum Jahre 1949, als infolge der stalinistischen Kulturpolitik die Schauspieltruppe aufgelöst wurde. In Tartu blieb dieser Typus bestehen, man benannte das Theater nur um – statt Stadttheater „Kombinat-Theater“, in der Sowjetunion das einizige seiner Art.

1908. Noch 1908 waren die Operndarsteller am Estonia-Theater Schauspieler, die zusätzlich eine Gesangsausbildung erhalten hatten.

Standardopern des Revaler Stadttheaters, die zwischen 1908 und 1919 auf Estnisch im Estonia-Theater aufgeführt wurden (die Jahreszahl betrifft die Inszenierungen auf der estnischen Bühne):

1916	Donizetti	*Die Regimentstochter*
1908	Flotow	*Alessandro Stradella*
1913	Humperdinck	*Hänsel und Gretel*
1908	Kreutzer	*Das Nachtlager von Granada*
1913, 1915, 1919	Leoncavallo	*Der Bajazzo*
1911	Lortzing	*Der Wildschütz*
1919	Mascagni	*Cavalleria rusticana*
1919	Méhul	*Joseph in Ägypten*
1916	Verdi	*La Traviata*

Von diesen Opern gehören etliche zur Gattung der *opéra comique* (*Die Regimentstochter*, *Joseph in Ägypten*) oder zur deutschen Spieloper (*Alessandro Stradella*, *Das Nachtlager von Granada*, *Der Wildschütz*), hatten also gesprochenen Dialog. Leoncavallos *Bajazzo* und Mascagnis *Cavalleria rusticana* waren aus vielen Gründen populär, auch deswegen, weil man jeden dieser Einakter sehr gut mit einem Lustspiel oder Schauspiel kombinieren konnte, wie man das sowohl am Revaler deutschen Stadttheater als auch am Estonia-Theater zu tun pflegte.

Eine sehr populäre Gattung an beiden Theatern war die Operette. Als Beispiel für Operetten, die an beiden Theatern aufgeführt wurden, die folgende Zusammenstellung: Operetten am Revaler Stadttheater in der Spielzeit 1901/02, der letzten im alten Haus vor dem Brand, und die gleichen Werke in späteren Jahren auf dem Plan des Estonia-Theaters:

1915, 1920	Audran	*Die Puppe*
1908, 1913	Jones	*Die Geisha*
1909	Millöcker	*Gasparone*
1911	Offenbach	*Die schöne Helena*
1909, 1915	Planquette	*Die Glocken von Corneville*
1912, 1919	Johann Strauss	*Der Zigeunerbaron*
1912, 1919	Johann Strauss	*Die Fledermaus*
1913	Suppé	*Die schöne Galathée*
1912, 1918	Zeller	*Der Vogelhändler*

Zusammenfassend kann man sagen: In den besprochenen Jahrzehnten bestand also ein beträchtlicher Einfluss des deutschen Theaters auf das sich erst konstituierende estnische, in der Struktur des Publikums, in grundlegenden

Formen der Organisation, in der Werkwahl und gelegentlich auch im Austausch von Künstlern.

Der zweite Themenkreis, der hier behandelt wird, betrifft ideologische Fragen.

Auf den ersten Blick scheint die Theatersituation in Tallinn am Anfang des 20. Jahrhunderts ganz einfach analysierbar: Die herrschende Kultur ist die deutsche (genauer: deutschbaltisch), die unterdrückte oder, besser gesagt, noch geringer entwickelte – die estnische. Das kann man jedoch auch differenzierter betrachten:

Die Deutschen in Tallinn hatten damals drei große Probleme. Erstens betraf es, nach der Gründung des Deutschen Reiches, ihre Beziehungen zum Mutterland. Diese waren immer sehr stark und eng gewesen, jedoch – ich zitiere den deutschbaltischen Historiker Reinhold Wittram – „die Gründung des Deutschen Reiches und der Sieg des Nationalstaatsgedankens überhaupt" hatten für die Deutschbalten „Deutschland in schärferem und abgeschlossenem Sinn zum ‚Ausland' gemacht. Die Beziehungen zum binnendeutschen Leben wurden, obgleich sie an Dichte zunahmen, nicht tiefer, sondern oberflächlicher."[12]

In diesem Sinne können wir auch die Deutschbalten in Estland eine – obwohl nicht unterdrückte, so jedoch „geschwächte" Gruppe nennen. Dazu kommt noch, und das ist das zweite Problem, die Russifizierung in den 80er und 90er Jahren des 19. Jahrhunderts, die ja nicht nur Esten, sondern auch Deutschbalten betraf. Und, drittens, am Anfang des 20. Jahrhunderts, die Steigerung der politischen und kulturellen Aktivitäten der Esten, worauf bereits am Anfang des Aufsatzes hingewiesen wurde.

Ein Charakteristikum der nationalen Bestrebungen in dieser Epoche war, sich zu behaupten, zur Geltung zu kommen. Und das galt nun alsbald, in Umkehrung des oben pauschal Gesagten, gerade auch für die – tatsächliche oder behauptete – Situation der Deutschbalten in Estland und führte mancherorts zu einer ausgeprägt kämpferischen Haltung. Als Beispiel bringe ich einige Zeilen aus einem deutschbaltischen Lied „Die Wacht im Ost" für Männerchor aus dem Anfang des 20. Jahrhunderts (analog zur „Wacht am Rhein"):

> Urdeutscher Boden, Heimat edler Gothen [...]
> [...] da ward es uns, fürs immer uns gegeben,
> Das teure Land, um das wir lang' gestreit,
> Und mehr als Blut hat deutsches Geistesleben

---

[12] Reinhold Wittram: *Die drei Generationen. Deutschland-Livland-Rußland 1830-1914. Gesinnungen und Lebensformen baltisch-deutscher Familien.* Göttingen: Reuerlichsche Verlagsbuchhandlung 1969, S. 137.

Die Baltenerde deutsch geweiht.[13]

Auch in der Theaterarbeit sah man nunmehr gern ein Mittel, die „Baltenerde deutsch zu weihen". Allerdings, auf dem Gebiet des Musiktheaters gelang das nicht.

Die ersten Jahrzehnte des 20. Jahrhunderts kann man als Zeit einer entscheidenden Gewichtsverlagerung im Bereich des Musiktheaters in Tallinn bezeichnen. Der Beginn dieser Gewichtsverlagerung war dramatisch: Das gerade renovierte und modernisierte Gebäude des deutschen Stadttheaters in der Lai-Strasse (Breite Strasse) brannte 1902 nieder, zusammen mit Notenmaterial und vielen Musikinstrumenten. Man beschloss, ein neues Gebäude zu errichten, in der Zwischenzeit aber in einem schnell erbauten hölzernen Interimstheater zu spielen. Drei Jahre lang gingen Schauspiele und Operetten hier über die Bühne, bis im Oktober 1905, während der Revolutionsereignisse, von denen auch Tallinn betroffen war, auch dieses Haus nieder brannte.[14] Allerdings hatte man ja schon vor dem Brand beschlossen, ein neues Gebäude in einem anderen Stadtteil zu errichten.

Gerade zu dieser, für das deutsche Theater kritischen Zeit entschied der estnische Verein „Estonia", zu dem auch die Schauspieler des estnischen Liebhabertheaters gehörten, sich ein eigenes Haus zu bauen, „einen Kunsttempel" für die Esten, zumal das „Estonia" 1906 Berufstheater wurde. Beide Institutionen, das deutsche Theater und das estnische „Estonia", haben Grundstücke bekommen, fast nebeneinander. 1910 wurde das neue Revaler Deutsche Theater eröffnet. In demselben Jahr wurde der Grundstein für den „Estonia"-Bau gelegt, drei Jahre später war das Gebäude fertig.[15]

Es ist interessant zu bemerken, dass während dieser Zwischenzeit 1902 (Brand des deutschen Theaters) bis 1910 (Eröffnung des neuen deutschen Theatergebäudes) bzw. 1913 (Eröffnung des „Estonia"-Gebäudes) eines der Hauptprobleme in der künstlerischen Tätigkeit beider Theater die Reinheit der Sprache war. Im „Estonia" sagten kritische Stimmen: Die estnische Sprache klingt auf der Bühne oft nicht deutlich, nicht „rein", man muss Lehr-

---

[13] Dichtung von Karl Baron Manteuffel, in Musik gesetzt von Gustav Baron Manteuffel. Gedruckt bei: P. Neldner in Riga, Breitkopf & Härtel in Leipzig. TMM=Estnisches Theater- und Musikmuseum, Musikabteilung, Mo 3 302:11199.

[14] In diesem Gebäude, obwohl in akustischer Hinsicht nicht gelungen, hat man auch Opern und besonders Operetten aufgeführt. Bemerkenswert, dass in den Spielzeiten 1904/05 und 1905/06 in Tallinn ein sehr tüchtiger Theaterdirektor tätig war – Paul Sundt aus Wien mit seinem Wiener Operettenensemble. Leider wurde die Tätigkeit seiner Truppe durch den Brand des Interimstheaters (Oktober 1905) jäh unterbrochen. Vgl. Pappel [s. Anm. 6], S. 64-68.

[15] Das Gebäude des Revaler Deutschen Theaters beherbergt jetzt das estnische Schauspiel (Pärnuer Landstrasse, Ecke Georg-Ots-Strasse), der zweiteilige „Estonia"-Bau (Estonia Boulevard) Musiktheater und Konzert.

gänge für estnische Sprache und Diktion einführen. (In vielen estnischen Familien, auch bei solchen mit Abwehr gegenüber den Deutschen, war die häusliche Umgangssprache damals noch Deutsch!) Aber auch die Deutschen machten sich Sorgen um ihre Sprache. Eine interimistische deutsche Organisation von Theaterliebhabern schrieb: „Wir nennen uns [...] deutsche dramatische Gesellschaft: **deutsche** nicht etwa, weil wir nationale Absonderung auf unser Panier schreiben, führen wir doch auch Werke der Weltliteratur auf, sondern weil wir die Sprache, in der ein Luther sein ‚Hier stehe ich, ich kann nicht anders, Gott helfe mir, Amen!' sprach, in der ein Bismarck redete und in der Nietzsche seinen ‚Zarathustra' schrieb, hegen und pflegen wollen, um sie durch den Wandel der Zeiten hindurch rein und unbefleckt unseren Nachkommen zu überliefern."[16] (Man beachte die hehre Trias Luther/Bismarck/Nietzsche.) Und im Festprolog zur Eröffnung des neuen deutschen Theaters 1910 heißt es: „Es soll die Königsburg uns sein, / Die uns'rer Sprache Schatz bewahre."[17] Dass die Deutschbalten ihre Sprache bedroht fühlten, war Ergebnis sowohl der Russifizierung als auch der wachsenden politischen und kulturellen Aktivitäten der Esten, dabei wieder ein Zeichen für das Gefühl, unterdrückt oder geschwächt zu sein, hier der deutschen, bisher tonangebenden Minderheit.

Eine abwehrende Haltung gegenüber den Deutschen im Lande war damals unter Esten verbreitet, das hat jedoch alltägliche Kontakte nicht behindert und kulturelle Kontakte nicht ausgeschlossen. Jetzt, in den Jahren nach der Jahrhundertwende, bedrohte keine "Germanisierung" mehr die estnische Nation und estnische Kultur. Die Bewegung des Nationalen Erwachens in der zweiten Hälfte des 19. Jahrhunderts hatte Früchte getragen. Gerade deshalb stellten die Esten jetzt höhere Ansprüche auch gegenüber ihrer eigenen estnischen Kunstpflege, auch gegenüber ihrem Theater.

Als das „Estonia" 1906 Berufstheater wurde, war sein Problem in erster Linie ein Problem des Niveaus, der professionellen Sänger, Musiker und Schauspieler und erst dann eine Frage der Ideologie – der nationalen oder nicht-nationalen Richtung im Repertoire. Im Bereich Musiktheater gab es sowieso noch kaum estnische musikdramatische Werke.[18] So wurde im alten

[16] *Zweiter Jahresbericht der Deutschen Dramatischen Gesellschaft in Reval 1908/1909*. Reval: G. Gebert 1909, S. 8.

[17] Der Festprolog war gedichtet von dem bekannten Revaler Literaten, Redakteur der *Revalschen Zeitung,* Christoph Mickwitz. Vgl. *RZ*, 06.09.1910.

[18] Ein naives Singspiel von Miina Härma wurde schon erwähnt, im Jahre 1907 folgte in Tartu ein Versuch in der gleichen Gattung *Uku ja Vanemuine* [Uku und Vanemuine] von dem Komponisten Karl August Hermann. 1905 hatte der Pianist und Komponist Artur Lemba in St. Petersburg mit dortigen Liebhabern seine Oper *Sabina* nach einem Werk des russischen Dichters Aleksandr Fet aufgeführt – auf das damalige estnische Theater übte diese Aufführ-

„Estonia“ in der Zeit vor der Eröffnung des neuen deutschen Theaters befürchtet, dass ein Teil des estnischen Publikums das Estonia-Theater dann vielleicht verlassen würde, weil – bei großenteils übereinstimmendem Repertoire – im Deutschen Theater ein besseres Deutsch gesungen und gesprochen würde im Vergleich mit dem mangelhaften Estnisch im Estonia-Theater, infolge unzureichender Ausbildung der estnischen Künstler. So würden auch die des Deutschen kundigen Esten im Publikum im deutschen Theater mehr vom Text verstehen als im estnischen (also in ihrer Muttersprache!).[19] Befürchtungen gab es auch deswegen, weil Ausstattung und technische Möglichkeiten im alten Estonia, vor dem Neubau, gegenüber dem deutschen Theater leider zurückstünden. Hauptaufgaben des Estonia-Theaters waren also die Anhebung des professionellen Niveaus, die Ausbildung der Sänger und Musiker, die Bildung eines ständigen, bezahlten Chores und die Erweiterung des Orchesters – „sonst gehen unsere besseren Musikkräfte in die deutschen Chöre und das anspruchsvollere Publikum ins deutsche Theater“.[20]

Wie schon gesagt, wurde 1910 das neue Revaler Deutsche Theater eröffnet, entworfen von den russischen Architekten Alexei Bubyr und Nikolai Wasiljew. Drei Jahre später, 1913, wurden in unmittelbarer Nähe des deutschen Theaters die Arbeiten am Estonia-Doppelbau beendet, Theater und Konzertsaal, entworfen von dem finnischen Architekten Armas Lindgren. Beide sind in ihrer baukünstlerischen Erscheinung verbunden durch ein sanftes Nachklingen des Jugendstils – des einen vom russischen, des anderen vom finnischen. Schon rein baulich gesehen lag der Akzent auf dem massiven Estonia-Bau. Darüberhinaus bedeutete das nicht nur einen kulturellen, sondern auch einen politischen und finanziellen Akzent, entsprechend der nunmehr estnischen Mehrheit im Stadtparlament; der Bau wurde von den Spenden der Esten und von der ersten estnischen Bank finanziert.

Das Tallinner Publikum – gleich, ob estnisch oder deutsch – bevorzugte musikdramatische Bühnenwerke. Auch die beiden Theater konnten sich ohne Operetten und Opern ihr Bestehen nicht vorstellen. Man hat beiden Bühnen oft Vorwürfe gemacht, zuviel Singspiele und Operetten in ihrem Repertoire zu haben, trotzdem förderten sie auch weiterhin gerade die musikalische Seite. Nach der Eröffnung des deutschen Theaters 1910 gab es dort eine

ung keinen Einfluss aus. Eine umgearbeitete Fassung dieser Oper mit einem völlig neuen estnischen Libretto als *Lembitu tütar* [Lembitus Tochter] (also des legendären Helden im Widerstand gegen den Ritterorden) kam 1908 in Tartu auf die Bühne. Die „eigentlich“ erste estnische Oper, die als solche auch von der estnischen Öffentlichkeit akzeptiert wurde, war erst *Vikerlased* [Wikinger] von Evald Aav, 1928 am Estonia-Theater uraufgeführt.

[19] TMM, Theaterabteilung, Bestand 10, Verzeichnis 2, Mappe 11, S. 60.

[20] Wie Anm. 18.

„normale“ Stadttheater-Spielzeit (1911/12) mit einem typischen Mehrsparten-Repertoire, darunter reichlich Opern von Lortzing bis Wagner, Puccini und d'Albert.[21] In der folgenden Saison dagegen stand keine Oper auf dem Spielplan, es gab nur Schauspiel und Operette. Wenn wir nach den Gründen fragen, so kamen offenbar zusammen der sinkende Anteil der Deutschen im Tallinner Theaterpublikum und die erheblichen Mehrkosten für Opernaufführungen von Niveau mit deutschen Kräften fern vom Mutterland. Zur gleichen Zeit, als das deutschsprachige Musiktheater in Tallinn offensichtlich in eine Krise geriet, bereitete die estnische Seite die Eröffnung ihres neuen Theater- und Konzertbaus vor; unmittelbar vor dessen Eröffnung mit Shakespeares *Hamlet*, einem estnischen Schauspiel *Artur ja Anna* [Artur und Anna) von Carl Robert Jakobson und Humperdincks *Hänsel und Gretel* gab es jedoch im deutschen Theater noch einmal eine starke Welle von Opernaufführungen, aber nicht mehr hauseigen und nicht mehr in deutscher Sprache: eine italienische Operntruppe spielte italienische, französische und sogar deutsche Opern (z.B. Wagners *Lohengrin*), alle auf Italienisch! Das erfolgreiche Gastspiel wurde noch zweimal wiederholt, just nachdem die Esten ihr Estonia-Theater eröffnet hatten.

Während des Ersten Weltkrieges gab es am Deutschen Theater keinen regelmäßigen Opern- und Operettenbetrieb mehr, auch Schauspiele wurden immer seltener und meistens von Liebhabern aufgeführt, während das Estonia-Theater seinen Spielbetrieb in allen drei Sparten aufrecht erhalten konnte. Nach Gründung der unabhängigen Republik Estland 1918 blieb das Haus des Revaler Deutschen Theaters jedoch im Besitz des Deutschen Theatervereins bis 1939, also bis zu Hitlers Abtransport der Deutschbalten ins „Reich“, jedoch vermietet an das neugegründete Estnische Dramatheater. Es gab zeitweise halbprofessionelle deutsche Theatertruppen, deren Tätigkeit aber erst noch zu erforschen ist. Erwähnenswert ist die „Deutsche Schaubühne in Estland“, von Hans Hesse 1922 gegründet, die 1935-1939 „Deutsches Theater in Tallinn“ genannt wurde.[22] Darüberhinaus hat der Deutsche Theaterverein

---

[21] Es ist interessant zu bemerken, dass nach der gründlichen Renovierung dieses Theaters, wo jetzt das Estnische Dramatheater spielt, von 2004 an wieder Opern auf die Bühne gebracht wurden von einer neuen estnischen Operntruppe „Nargen-Opera“, geleitet von dem renommierten estnischen Dirigenten Tõnu Kaljuste: jedoch nicht Wagner, sondern Haydn auf Estnisch. (Die Truppe ist benannt nach einer kleinen Insel Naissaare/Nargen, auf welcher der Dirigent eines Tages eine Opernbühne zu errichten hofft.)

[22] TMM, Theaterabteilung, Bestand 187, Verzeichnis 1, Mappe 68, Theaterankündigungen und Theaterzettel. Hans Hesse (1893-1954), Sohn eines Pfarrers der deutschen Olav-Kirche in Tallinn, wirkte ab 1939 in Łodz (damals „Litzmannstadt“) und in Erlangen. Vgl. *Deutschbaltisches Biographisches Lexikon, 1710-1960.* Hrsg. Wilhelm Lenz unter Mitarbeit von Erik Amburger und Georg von Krusenstjern. Wien, Köln, Weimar: Böhlau 1970, S. 123.

auch Gastspiele verschiedener Ensembles und Schauspieler organisiert, darunter das Rigaer Deutsche Theater, kleinere Truppen aus Deutschland, Schauspiel- und Kinostars wie Hedwig Wangel, Heinrich George, Otto Gebühr und Paul Wegener,[23] aber auch junge Schauspieler und Regisseure am Anfang ihrer Karriere, wie Heinrich Voigt in der Spielzeit 1938/39.[24] Pflegestätte für die Oper und die Operette wurde jedoch das Estonia-Theater, alle Vorstellungen auf Estnisch, die auch von den deutschen Theaterfreunden besucht wurden.

Resümierend wäre also zu sagen: Am Ende des 19. und am Anfang des 20. Jahrhunderts diente der deutschsprachige Theaterbetrieb in Tallinn als Vorbild für das sich erst konstituierende estnische Berufstheater. Jedoch kam es während der ersten Jahrzehnte des neuen Jahrhunderts allmählich zu einer entscheidenden Gewichtsverlagerung im Theater- und insbesonders Musiktheaterbereich: trotz der Eröffnung des neuen, modernen Revaler Deutschen Theaters 1910, brachte die deutsche Gesellschaft nicht mehr die Kraft auf für einen regelmäßigen Opernbetrieb. Pflegestätte für die Oper wurde das estnische Estonia-Theater. In dieser Zeit des Umschwungs im Tallinner politischen und kulturellen Leben haben beide Theater das jeweils Nationale betont. Die Deutschen haben ihre Sprache und überhaupt ihr Deutschtum bedroht gefühlt, ihre Position in Estland wurde zunehmend schwächer. Im Estonia-Theater bezog sich das Nationale auf die Reinheit der estnischen Sprache, viel mehr aber auf die Anhebung des professionellen Niveaus, sodass man den anfänglichen Rückstand auf der musikalischen Seite der Opernaufführungen bald nachholen konnte. Ein niveauvoller Opernbetrieb in der Landessprache war ein Zeichen für kulturelle Reife und schuf gleichzeitig Voraussetzungen für eigene Bühnenkompositionen. Der Schwerpunkt verlagerte sich vom „Monument deutscher Geistesarbeit“, wie man das neue Deutsche Theater feierlich nannte,[25] zum „estnischen Kunsttempel“.

---

[23] TMM, Theaterabteilung, Bestand 187, Verzeichnis 1, Mappe 68. Siehe auch: Lilian Kirepe: „Ein Blick auf Archivmaterialien des Revaler Deutschen Stadttheaters im Estnischen Theater- und Musikmuseum". In: Laurence Kitching (Hrsg.): *Das deutschsprachige Theater im baltischen Raum, 1630-1918*. (Schriftenreihe Thalia Germanica. Bd. 1). Frankfurt am Main: Peter Lang 1997, S. 7-14; Tiina Aunin: „Media Records on Theatres and Actors Visiting the German Theatre in Tallinn between Two World Wars". Referat auf der Konferenz von Thalia Germanica in Riga, 16.-19.6.2003, Manuskript.

[24] TMM, Theaterabteilung, Bestand 187, Verzeichnis 1, Mappe 68, Theaterankündigungen und Theaterzettel. Vgl. Pappel [s. Anm. 6], S. 98ff. In den 50er Jahren machte Heinrich Voigt sich in Leipzig einen Namen als Opernregisseur (erste Wiederaufführung von Brecht-Dessaus *Lukullus* nach der Verfemung durch die Partei) und Bearbeiter von Offenbach-Operetten.

[25] *RZ*, 6.9.1910.

Eva Krivanec

„Nicht nur Amus'ment allein"
Die Wiener und die Berliner Operette im romanischsprachigen Europa zwischen 1910 und 1920[1]

Zur Weihnachtszeit, am 25. Dezember 1910, veröffentlichte die Wiener Tageszeitung *Die Zeit*[2] die Ergebnisse einer Rundfrage unter Künstlern und öffentlichen Persönlichkeiten mehrerer Länder „Für und gegen die Wiener Operette"[3]. Der Text der Rundfrage begann folgendermaßen:

> Die Wiener Operette hat in den letzten Jahren Welttriumphe gefeiert. Siegreich hat sie wienerische Musik in alle Erdteile hinausgetragen. Sie übt allabendlich ihre große Anziehungskraft aus und füllt Tausende Theaterräume immer von neuem. Ihr Riesenerfolg gibt natürlich zu denken. Längst schon erhoben sich Stimmen gegen die neue Wiener Operette. Man wendete sich gegen ihre Texte und gegen ihre Musik. Man kritisierte ihre künstlerischen Qualitäten, fand sie unsinnig, sentimental oder frivol, oder auch alles zusammen, bezeichnete sie als geschmacksverbildend und erblickte in ihnen geradezu eine Gefahr für die Kultur.[4]

Dieser Absatz fasst gut jene Debatte zusammen, die – insbesondere nach dem internationalen Erfolg von Franz Lehárs *Lustiger Witwe*[5] – in der Kul-

---

[1] Die hier präsentierten Thesen und Materialien beruhen auf der Forschungsarbeit im Rahmen meiner Dissertation zum Theater während des Ersten Weltkriegs in vier europäischen Hauptstädten (Berlin, Wien, Paris, Lissabon).

[2] Die Wiener Tageszeitung *Die Zeit* wurde im Herbst 1902 von Proponenten des „sozialpolitischen Vereins", einer gemäßigt sozialliberalen Kleinpartei (u.a. der Nationalökonom Prof. Isidor Singer), mit großem Werbeaufwand gegründet und verstand sich als Konkurrenz zur *Neuen Freien Presse*, der damals renommiertesten und finanzstärksten Tageszeitung in Wien. Sie kämpfte zunehmend mit Schulden und finanziellen Problemen, existierte aber dennoch bis 1919. Vgl. Edith Walter: *Österreichische Tageszeitungen der Jahrhundertwende.* Wien, Köln, Weimar: Böhlau 1994. S. 51-67.

[3] „Für und gegen die Wiener Operette. Äußerungen auf eine Rundfrage". In: *Die Zeit* (Wien), 25.12.1910. Zit. in: Marion Linhardt (Hrsg.), „'Warum es der Operette so schlecht geht.' Ideologische Debatten um das musikalische Unterhaltungstheater (1880-1916)." In: *Maske und Kothurn* 45 (2001), Heft 1-2, S. 64-71.

[4] Vgl. ebenda, S. 64.

[5] Stefan Frey stellt im Anschluss an zeitgenössische Kommentatoren fest, dass die *Lustige Witwe* eine Zäsur in der Operettengeschichte darstelle, dass sie den Durchbruch „zur internationalen Operette unter internationalen Rezeptionsbedingungen" markiere und den Eintritt in die moderne Massenkommunikation geschafft habe. Zwischen 1906 und 1909 gab es Erstaufführungen der *Lustigen Witwe* von London über New York, Moskau, Mailand bis Ceylon, Manaus oder Tsingtau, schließlich in Madrid und Paris. Im Jahr 1910 erlebte *Die lustige*

turpublizistik in Österreich und Deutschland, aber auch in anderen Ländern, mit durchaus heftiger Polemik geführt wurde. Die „neue“ Wiener Operette, damit wurde also jene Generation aufstrebender und erfolgreicher Operettenkomponisten wie etwa Franz Lehár, Leo Fall, Emmerich Kálmán oder Oskar Straus bezeichnet, die im ersten Jahrzehnt des neuen Jahrhunderts in Wien Fuß fassen konnten und mit denen das Genre Operette zu einem Phänomen der Massenkultur, auch auf internationalem Terrain, wurde, war in dieser frühen Zeit heftigen Anfeindungen ausgesetzt[6]. Sie teilte dieses Schicksal mit anderen neuen Angeboten der Populärkultur wie etwa dem Kino oder der Revue. Die Kritik ging vom Vorwurf des Unkünstlerischen, der maschinellen, ja industriellen Produktion rasch über in eine moralische Kritik an den „dekadenten“, „verdorbenen“ Inhalten und Darstellungsweisen, die dem „sauberen“ Kunst- und Moralempfinden als „Missgeburten von Schmutz und Rührung, von Laszivität und Sentiment“[7] gelten mussten. Einige Autoren machten den hier latenten antisemitischen Unterton explizit und forderten gegen die „undeutsche Operette“[8]das „deutsche Singspiel“.

In diesem Beitrag geht es darum, wie die Wiener und die Berliner Operette um 1910 als „undeutsches“ im Sinne eines vermischenden, synkretistischen, internationalen oder sogar kosmopolitischen Genres der Unterhaltungskultur in den romanischsprachigen Ländern, aus meiner Perspektive demnach vor allem in Frankreich, Belgien und Portugal, aber auch in Italien oder Spanien aufgenommen wurde. Auch möchte ich zeigen, wie diese, wie die Ausführungen zeigen werden, äußerst lebhafte Aufnahme der frühen 1910er Jahre mit Beginn des Ersten Weltkriegs radikal abgebrochen wurde, und wie die Operette gewissermaßen „re-nationalisiert“ wurde.

Nun kurz zurück zur Rundfrage „Für und gegen die Wiener Operette“ in der Zeitung *Die Zeit*. Der französische Operettenkomponist Charles Lecocq[9] beteiligte sich an der Rundfrage, und auch er konnte über die neueren Wiener Operetten nicht viel Gutes sagen. Die Schuld daran läge aber bei den

---

Witwe 18.000 Aufführungen in zehn Sprachen. Vgl. Stefan Frey: *Franz Lehár oder das schlechte Gewissen der leichten Musik.* (Theatron. Bd. 12) Tübingen: Niemeyer 1995, S. 34-36.

[6] Vgl. „Warum es der Operette so schlecht geht“ [wie Anm. 3], S. 1-10 und S. 59f.

[7] Anonym: „Die Wiener Operettenpest. Ein polemischer Vortrag“. In: *Neues Wiener Journal*, 23.11.1910, S. 3.

[8] Vgl. Walther Kellerbauer: „Die Operette als Kunstform“. In: „Warum es der Operette so schlecht geht“ [wie Anm. 3], S.83-89. (Orig. in: *Neue Musik-Zeitung.* 32 (1910/11), S.189-195).

[9] Charles Lecocq (1832-1918) gewann 1856 mit *Le Docteur Miracle* einen von Jacques Offenbach ausgeschriebenen Operettenwettbewerb und komponierte in den folgenden fünf Jahrzehnten zahlreiche Operetten, darunter große Erfolge wie etwa *La fille de Madame Angot* (1872) und *Le petit Duc* (1878).

Zeitungen, meinte Lecocq, sie „verunglimpften die Operette, ließen nicht einmal an dem Namen selbst etwas Gutes".[10] Er kritisierte an den neueren französischen und Wiener Operetten, dass deren Textbücher zu schlecht wären und dass sie von der „Nachahmung, [vom] Abgucken der Effekte"[11] lebten.

Den Parisern soll vom Apollotheater der Geschmack für eine deutsch-österreichisch-französische Operette beigebracht werden. Weit wird man mit dieser Lektion nicht kommen; das Ausstattungsgenre gefällt wohl, aber wir empfinden allzu sehr den Mangel an Witz und gallischem Geist, wie er nur aus unserem Boden sprießen kann. Zudem sei die Wiener Operette von heute nicht stark genug, um hier Wurzel zu fassen. Johann Strauß hätte das erreicht![12]

In der Tat war es das 1907 eröffnete Théâtre Apollo in der rue de Clichy, im Vergnügungsviertel des 9. Arrondissements, neben dem Casino de Paris und dem Nouveau Théâtre gelegen, das zu dieser Zeit die Wiener Operette in Paris beherbergte[13]. Es handelte sich dabei um ein großes, luxuriös ausgestattetes Theater mit 2.000 Plätzen, das über einen ausgeklügelten Kippmechanismus verfügte, mit dem der gesamte Zuschauerraum im Parkett in den Zwischenboden geklappt werden konnte und stattdessen ein glatter Tanzboden zum Vorschein kam – dies sollte ermöglichen, dass das Publikum im Anschluss an eine Theateraufführung, nach einem kurzen Aufenthalt im Foyer, direkt in den Ballsaal zurückgehen konnte.[14] Die relativ kurze Erfolgsgeschichte dieses Theaters begann mit der französischen Erstaufführung von Franz Lehárs *Die lustige Witwe* [*La veuve joyeuse*] am 27. April 1909, in der Bearbeitung der bekannten Pariser Lustspielautoren Robert de Flers und Gaston de Caillavet. Diese erste internationale Salonoperette, deren 1.000. Aufführung im Théâtre Apollo am 16. Januar 1914 gefeiert wurde, hatte einen fulminanten Erfolg und ebnete den Weg für viele weitere Wiener Operetten – zunächst Oskar Straus' *Walzertraum* [*Rêve de valse*] am 3. März

[10] (Antwort von Charles Lecocq auf die Rundfrage „Für und gegen die Wiener Operette"), zit. in: „Warum es der Operette so schlecht geht" [wie Anm. 3], S. 66.

[11] Ebenda, S. 67.

[12] Ebenda, S. 66.

[13] Das Théâtre Apollo hat wohl einiges zu dem auf die Erstaufführung von Lehárs *La veuve joyeuse* folgenden Boom Wiener Operetten in Paris geleistet, war aber sicher auch selbst überrascht von diesem plötzlichen Erfolg. Denn in der Ära von Strauß, Millöcker oder Suppé wurde die Wiener Operette auf den Pariser Bühnen nur vereinzelt gespielt und auch vom Publikum weniger begeistert aufgenommen. Vgl. Danièle Pistone: „L'Opérette Viennoise à Paris (1875-1904). Présences et influences." In: *Austriaca,* Nr. 46 (1998), S.151-162.

[14] Vgl. Philippe Chauveau: *Les Théâtres Parisiens disparus. 1402-1986.* Paris: Ed. de l'Amandier 1999, S. 57.

1910, knapp ein Jahr später, am 18. Februar 1911 Leo Falls *Die geschiedene Frau* [*La divorcée*], neben einigen französischen Operettenproduktionen kamen 1912 Franz Lehárs *Der Graf von Luxemburg* [*Le comte de Luxembourg*] (13. März) und Oscar Straus' *Der tapfere Soldat* [*Le soldat de chocolat*] (8. November) auf die Bühne des Théâtre Apollo. Im Jahr 1913 hat erstmals eine Berliner Operette, nämlich Jean Gilberts *Die keusche Susanne* [*La chaste Suzanne*] Premiere.[15] An dieser Repertoireauswahl fiel auf, dass in Paris offenbar vor allem jene deutschsprachigen Operetten mit Erfolg aufgeführt wurden, deren Sujets und Schauplätze in Westeuropa liegen – die beiden Lehár-Operetten mit Schauplatz in Paris selbst, *Die geschiedene Frau* von Leo Fall spielt in den Niederlanden, während in Oscar Straus' *Der tapfere Soldat*, einer höchst ironischen Satire über Militarismus und Heldentum nach dem Bühnenstück *Helden* von George Bernhard Shaw, die Hauptfigur der Schweizer Soldat Bummerli ist. Operetten, deren Inhalte und Schauplätze stärker auf die österreichisch-ungarische Monarchie bezogen blieben (z.B. *Der fidele Bauer* von Leo Fall (1907), *Zigeunerliebe* von Franz Lehár (1910)), konnten in Paris weniger leicht Interesse wecken.

Emmerich Kálmán, der seine ersten Erfolge in Budapest feierte, bevor er 1909 im Gefolge seiner ersten Operette *Herbstmanöver* nach Wien zog,[16] ist hierfür ein gutes Beispiel. Er war mit seinen inhaltlichen und musikalische Anleihen aus der ungarischen Folklore vielleicht der am stärksten in der k. u. k. Monarchie verhaftete Komponist seiner Generation. Nimmt man die Aufnahme in Frankreich als Messlatte, so hatte es Kálmán hier auch deutlich schwerer als seine Kollegen Lehár, Straus und Fall. In Paris wurde vor dem Ersten Weltkrieg keines der Kálmán'schen Werke aufgeführt, und bevor es in Frankreich zur Erstaufführung der Operette *Herbstmanöver* (UA, 22.02.1908 in Budapest) kam, und zwar am 21. März 1914 im Théâtre des Célestins in Lyon,[17] hatte das Stück bereits eine Weltreise hinter sich. Interessanterweise fand die erste Aufführung außerhalb Ungarns noch im Jahr 1908 in ungarischer Sprache im Teatro Odeó in Buenos Aires statt, dann kam die Erstaufführung im Wiener Theater an der Wien am 22.01.1909 und von dort ging es rasch an deutsche Bühnen weiter, im März in Hamburg, im April in Berlin, ebenso wie in Moskau. Bereits im Juli 1909 wurde das Stück unter dem Titel *The Gay Hussars, New European-American military oper-*

---

[15] Vgl. ebenda, S. 57ff.

[16] Vgl. Stefan Frey: *„Unter Tränen lachen". Emmerich Kálmán. Eine Operettenbiographie.* Berlin: Henschel 2003, S. 62-65.

[17] Vgl. die Liste der Erstaufführungen von Kálmáns Operetten in französischer Sprache auf der Homepage der französischen Zeitschrift *Opérette* (Hrsg. von der Académie Nationale de l'Opérette [ANAO]): http://perso.orange.fr/anao/composit/kalman.html [zuletzt aufgerufen am: 26.01.2007].

etta im Knickerbocker Theatre in New York erstmals aufgeführt. Zur selben Zeit stand die italienische Erstaufführung im Politeama Genovese in Genua auf dem Programm. Es folgten Prag, Stockholm, Kopenhagen, Warschau, Ljubljana und Helsinki. Über vier Jahre dauerte es bis zur Premiere in London (unter dem Titel *Autumn Manoeuvres* im Adelphi Theatre im Mai 1912). Auch in spanischer Sprache gab es 1912 erstmals Aufführungen und zwar in Mexiko City und in Madrid. Das Stück reiste sogar bis nach Sydney (Australien), bevor es schließlich auch in Frankreich gezeigt wurde.[18]

Insgesamt erlebten viele Wiener Operetten ihre französische Erstaufführung nicht in Paris, sondern in Brüssel, der wirtschaftlich und kulturell prosperierenden Hauptstadt des belgischen Königreichs. Dazu zählen etwa die Erstaufführungen von Oscar Straus *Walzertraum* [*Rêve de Valse*] im Jänner 1910, zwei Monate vor der Premiere im Théâtre Apollo in Paris,[19] von Leo Falls *Der fidele Bauer* [*Le joyeux paysan*] im Oktober 1910 als erste französische Produktion dieses Komponisten[20] oder Franz Lehárs *Zigeunerliebe* [*Amour Tzigane*] im Théâtre Molière in Brüssel am 19. Jänner 1911,[21] ziemlich genau ein Jahr nach der Uraufführung im Wiener Carl-Theater. Lehárs Operette *Eva,* die zum ersten Mal IndustriearbeiterInnen auf die Operettenbühne brachte, war vor dem ersten Weltkrieg nur in der Belgischen Hauptstadt zu sehen, und zwar im Théâtre de l'Alhambra vom 4. Dezember 1912 an, während sie erst 1924 in Paris gespielt wurde.

Mit solchen überwältigenden internationalen Erfolgen wurde die Operette, und zwar vor allem ihre charakteristische Wiener bzw. österreichisch-ungarische Ausprägung, zu einem internationalen Genre unter internationalen Rezeptionsbedingungen und wurde so zu einer der ersten Protagonistinnen moderner Massenkultur im 20. Jahrhundert. Es war eben dieses Jahrzehnt vor dem ersten Weltkrieg – so setzt es etwa Kaspar Maase in *Grenzenloses Vergnügen,* seiner Arbeit zur Geschichte der europäischen Massenkultur an – in dem sich strukturell jene moderne Massenkultur etablierte, deren Grundprinzipien bis heute gelten.

> Im Mittelpunkt standen ein neues Publikum mit Freizeiterwartungen, die von städtischem Leben und moderner Lohnarbeit geprägt wurden, sowie ein neues System kommerzieller Populärkünste. [...] Die Anbieter schöpf-

[18] Vgl. Stefan Frey: *„Unter Tränen lachen“* [wie Anm. 16], S. 331f.

[19] Vgl. die Liste der Erstaufführungen von Straus' Operetten in französischer Sprache: http://perso.orange.fr/anao/composit/strauso.html [zuletzt aufgerufen am: 26.01.2007].

[20] Vgl. die Liste der Erstaufführungen von Falls Operetten in französischer Sprache: http://perso.orange.fr/anao/composit/fall.html [zuletzt aufgerufen am: 26.01.2007].

[21] Vgl. die Liste der Erstaufführungen von Lehárs Operetten in französischer Sprache: http://perso.orange.fr/anao/composit/Lehár.html [zuletzt aufgerufen am: 26.01.2007].

> ten aus einem internationalen Fundus an Erfolgsrezepten, und ihre Produkte wurden über moderne Medien und Transportmittel weltweit verbreitet.[22]

Die Operette übernahm Stoffe, wo immer sie diese finden konnte, vielfach aus erfolgreichen französischen Boulevardkomödien,[23] aus lokalen Volksstück- und Possentraditionen[24], sie reflektierte aber ebenso zu einem nicht unwesentlichen Teil aktuelle politische Ereignisse und Entwicklungen und vor allem den gesellschaftlichen Wandel im beginnenden 20. Jahrhundert – in Bewegung oder aus der Ordnung geratene Familienstrukturen, Geschlechterverhältnisse, Klassengegensätze können in Operetten ebenso auf der Bühne verhandelt und – dem Genre entsprechend – einer tendenziell versöhnlichen Lösung zugeführt werden wie die brisanten Fragen von Nationalismus und Volkszugehörigkeit, wenn auch vielfach nur aufblitzend unter dem Dekor von Folklore und Exotismus. Dass Operettenaufführungen auch zu handfesten politischen Protesten führen konnten, soll das folgende Beispiel zeigen.

Aufgrund von Lehárs Persiflage auf das Kleinkönigreich „Pontevedro", in dessen diplomatischem Milieu *Die lustige Witwe* spielt und das nur allzu leicht als Montenegro zu entschlüsseln war, kam es bei der Erstaufführung der Operette in italienischer Sprache, – interessanterweise auf dem Boden der k.u.k.-Monarchie – im Teatro Filodrammatico in Triest am 27. Februar 1907 unter der musikalischen Leitung von Franz Lehár, zu empörten Protesten von Montenegrinern vor dem Theater.[25] In Florenz, wo die Operette noch im selben Jahr gezeigt wurde, musste *La Vedova Allegra* sogar abgesetzt und durch eine italienische Operette ersetzt werden, da die Proteste anhielten.[26] Auf längere Sicht tat dies dem Erfolg der *Lustigen Witwe*, auch in Italien, allerdings keinen Abbruch.

Auch die Theater in der portugiesischen Hauptstadt Lissabon, die im Jänner 1910 Schauplatz einer republikanischen Revolution war, die Portugal nach dem Vorbild Frankreichs als eines der ersten europäischen Länder zu

---

[22] Kaspar Maase: *Grenzenloses Vergnügen. Der Aufstieg der Massenkultur 1850-1970.* Frankfurt a. M.: Fischer TB 2001, S. 20.

[23] Die Vorlage für das Libretto zur *Lustigen Witwe* von Victor Léon und Leo Stein bildete die französische Komödie *L'attaché d'ambassade* (1861) von Henri Meilhac, der selbst als Librettist für Jacques Offenbach, Jules Massenet, Charles Lecocq und anderen tätig war.

[24] Das Libretto zu Leo Falls *Der fidele Bauer* ist Viktor Leóns umgearbeitete Fassung seines eigenen Volksstücks *Die lieben Kinder.*

[25] Vgl. Gianni Gori (Hrsg.): *Sogno di un valzer. L'operetta viennese in Italia.* Trieste: Tipografia Moderna 1986, vgl. auch: Andrew Lamb: „On Stage – 100 Years of Merry Widow-Productions." http://www.josef-weinberger.com/mw/onstage.html [zuletzt aufgerufen am: 26.01.2007].

[26] Vgl. Andrew Lamb, „On Stage" [wie Anm. 25].

einer parlamentarischen Republik machte,[27] waren eng in die internationalen Austauschbeziehungen des Unterhaltungstheaters eingebunden. Viele neue internationale Erfolge kamen zunächst jedoch über Gastspiele ausländischer Ensembles, vor allem aus Frankreich, Italien oder Spanien in die Stadt. Gerade die italienischen Opern- und Operettenensembles brachten häufig ein sehr aktuelles und gemischtes Repertoire an italienischen, deutschen, österreichischen oder ungarischen Operetten mit und hatten damit auch in Lissabon großen Erfolg.[28] Eine dieser Truppen, die „Compagnia Scognamiglio-Caramba", die bereits mehrfach in Lateinamerika (Uruguay, Argentinien, etc.) gastiert, aber auch längere Zeit an italienischen Bühnen gespielt (z.B. am Teatro Costanzi, Rom) hatte,[29] kam von Juni bis September 1914 in das große Mehrzweckhaus Coliseu dos Recreios nach Lissabon. Ihr Repertoire bestand mehrheitlich aus deutschsprachigen Operetten – *Der Zigeunerbaron* (Johann Strauß, 1885), *Die schöne Risette* (Leo Fall, 1910), *Die Dollarprinzessin* (Leo Fall, 1907), *Zigeunerliebe* (Franz Lehár, 1910), *Die Sirene* (Leo Fall, 1911), *Das Fürstenkind* (Franz Lehár, 1909), *Die polnische Wirtschaft* (Jean Gilbert, 1909), *Kreolenblut* (Heinrich Berté, 1910). Die weiblichen Hauptdarstellerinnen der Compagnia Steffi Csillag und Maria Ivanisi waren bald auf den Titelblättern aller Theaterzeitschriften und Illustrierten in Lissabon zu sehen[30] und Stücke wie Aufführungen erregten großes Interesse und Aufsehen. Ein Kritiker der Zeitschrift *Ilustração Portuguesa,* schreibt am 6. Juli 1914 über *Die Dollarprinzessin*:

> Die Operette von Leo Fall ist nicht gerade sehr nach unserem Geschmack geraten, abgesehen davon, dass sie ganz nach dem Geschmack des Publi-

[27] Vgl. etwa Nuno Severiano Teixeira u. António Costa Pinto (Hrsg.): *A Primeira República Portuguesa. Entre o liberalismo e o autoritarismo.* (Instituto de História Contemporânea – Curso de Verão, 3). Lisboa: Edições Colibri 2000.

[28] Allein auf der großen Lissabonner Mehrzweckbühne, dem Coliseu dos Recreios, gastierten in den Jahren 1914 bis 1920 folgende Opern- oder Operettenensembles: die Compagnia Scognamiglio-Caramba im Juni 1914 und von Januar bis Februar 1915; die Compagnia Granieri-Marchetti im August und September 1915; das Opernensemble von Maria Galvany von Dezember 1915 bis März 1916; die Compagnia Carracciolo-Scognamiglio von August bis November 1916; das Opernensemble von Ercole Casali von Dezember 1916 bis März 1917 und im Mai 1917; im Dezember 1917 die Compagnie des Ballets Russes unter der Leitung von Serge Diaghilev; von Mai bis Juni 1917 eine weiteres Operngastspiel mit SängerInnen wie Ester Mazzoleni, Tito Schipa, Maria Capuana, etc. Vgl. Mário Moreau: *Coliseu dos Recreios. Um Século de História.* Lisboa: Quetzal 1994, S. 50-58.

[29] Vgl. Moreau [wie Anm. 28], S. 50.

[30] Ein Porträt von Steffi Csillag befindet sich unter anderem auf dem Titelblatt der *Ilustração Portugueza,* 2ª série, Nr. 438 (13.07.1914) und der Wochenzeitung *Echos da Avenida*, Jg. 25, Nr. 1229 (21.06.1914); Maria Ivanisi war bereits in der Ausgabe eine Woche früher auf der Titelseite abgebildet, *Echos da Avenida*, Jg. 25, Nr. 1228 (14.06.1914).

> kums geraten zu sein scheint. Das Libretto von Willner und Grünbaum übertrifft in Sachen Extravaganz und Exzentrizität alle Freiheiten, die sich alle österreichischen Librettisten bisher herausgenommen haben.[31]

Dem Publikum gefiel es tatsächlich – schon zur Jahreswende 1914/15 kam die Compagnia Caramba zu einem neuen Gastspiel ans Coliseu. Aber auch in anderen Lissabonner Theatern, zum Beispiel im Teatro da Trindade oder dem neu eröffneten Eden Teatro waren in diesen Jahren häufig Wiener oder Berliner Operetten am Programm.[32] Auffallend scheint mir, dass gerade mit Franz Lehárs *Eva* und Jean Gilberts *Kinokönigin* Operetten, die eher im kleinbürgerlichen oder proletarischen Milieu spielen, im Vergleich zu den in Paris bevorzugten Salonoperetten, in Lissabon besondere Erfolge verbuchten.

In großen Teilen Europas hatte jedoch bereits eine ganz andere Realität die politische Bühne erobert – der Erste Weltkrieg. Dieser führte in den Großstädten der Krieg führenden Länder zu einer völligen Neuorientierung auf den Theaterbühnen. Mit der Wiedereröffnung der Theater in Wien, Berlin (im Herbst 1914) und in Paris (im Frühjahr 1915) kamen zwar die bekannten und beliebten Genres des Unterhaltungstheaters – Operette, Farce, Revue, Posse, etc. – wieder auf die Spielpläne, die Inhalte allerdings wandelten sich deutlich. Der Krieg führte nicht nur zu einem spontanen Boykott, zu einer „Reinigung“ der Spielpläne von allen Stücken und Einflüssen aus „Feindesland“, diese „Reinigung“ wurde auf den Bühnen auch gefeiert als Rückbesinnung auf den eigentlich nationalen Charakter der „eigenen Kultur“.[33]

In Paris, in der ersten Szene der Kriegsrevue *1915* des beliebten Revue-Autors Rip – erstmals am 22. April 1915 im Théâtre du Palais-Royal aufgeführt – treten etwa „die Ausgewiesenen“, „les expulsés“ auf, die auf höheren Befehl, wie es heißt, die Stadt verlassen müssen.[34] Das sind nacheinander die Wiener Operette, die Berliner Mode, der als deutsch charakterisierte Kubismus und Wagners *Parsifal,* aber auch der argentinische Tango und der

---

[31] N.N.: „Coliseu dos Recreios: Companhia Caramba.“ In: *Ilustração Portugueza*, 2ª série, Nr. 437 (06.06.1914), S.30. [Übersetzung: E.K.]

[32] Nach Leo Falls *Dollarprinzessin* und Jean Gilberts *Die keusche Susanne* auch Franz Lehárs *Eva* in eigenen Inszenierungen am Teatro da Trindade, oder Jean Gilberts *Die Kinokönigin* am Eden-Teatro. Quelle: Datenbank der Autorin, die auf der Basis ausführlicher Quellenrecherchen und der Durchsicht von Tageszeitungen erstellt wird.

[33] Vgl. Martin Baumeister: *Kriegstheater. Großstadt, Front und Massenkultur. 1914-1918.* Essen: Klartext 2005, S. 51-70. Vgl. auch: Abel Hermant: „Le théâtre d'hier et le théâtre de demain. Préface.“ In: *Les annales du théâtre et de la musique.* 39 (1913), S. vii-xv.

[34] Vgl. RIP: *1915.* In: *Revue de Guerre en deux actes,* Préface de Gustave Quinson, Dessins de Henri Rudaux et RIP. Paris: Librairie Paul Ollendorf 1915, S.1-5.

Absinth. Solcherart „gereinigt“ kann Paris wieder zu einer „echt französischen Stadt“ werden.

> Glauben Sie mir, Paris befreit sich
> Mit Freude von all diesen Leuten
> Es war in Ordnung bevor uns der Krieg
> Weniger nachsichtig werden ließ
> All diese jämmerlichen Marionetten
> sind uns nun schrecklich zuwider.
> Paris hat seinen Fehler verstanden,
> Paris wird wieder vernünftig.
> […]
> Paris weiß wieder Paris zu werden
> Paris, die echt französische Stadt[35]

Hier wird also die Vertreibung der „schädlichen“ Einflüsse von außen verknüpft mit der Idee einer moralischen Läuterung und einer Rückbesinnung auf die eigentlichen, original „französischen“ Werte. Die internationale Metropole Paris soll sich als französische Hauptstadt neu finden.

Spiegelbildlich fand in der Berliner Revue *Woran wir denken!* von Franz Arnold, Leo Leipziger und Walter Turszinsky[36] – Premiere am 26. Dezember 1914 im Metropol-Theater – eines der Bilder auf einem Berliner Bahnhof statt, wo die inkognito flüchtende Pariser Mode und die „ausländischen Modetänze“ als aufwändig kostümierte weibliche Gestalten ihren kurzen Auftritt haben, während der zu Unrecht vergessene Wiener Walzer, personifiziert von der beliebten Wiener Revue- und Operettendarstellerin Fritzi Massary, wieder triumphieren kann.[37]

So waren also für die nächsten vier Jahre, insbesondere in Frankreich, aber auch in vielen anderen Ländern die vormals sehr beliebten deutschsprachigen Operetten von den Bühnen verbannt. Doch auch in Wien und in Berlin selbst änderte die Operette mit Kriegseintritt ihr Gesicht. Es entstanden in kurzer Zeit – meist durch die Aktualisierung bereits bestehender Werke – direkt auf die Kriegsereignisse und vor allem auf die nationalistische Mobilmachung in allen kulturellen Sphären bezogene „Kriegsoperetten“, die sowohl die sentimental-melodramatische als auch die chauvinistisch-aggressive Seite des Publikumsbedürfnisses bedienten.

Ralph Benatzky komponierte *Anno 1914 – Drei Bilder aus unseren Tagen,* mit einem Libretto von Fritz Grünbaum, das am 22. September 1914 an

---

[35] Vgl. ebenda, S. 7f. [Übersetzung: E.K.]

[36] Vgl. Jean Gilbert (Musik), Franz Arnold, Leo Leipziger, Walter Turszinsky (Text): *Woran wir denken! Bunte Bilder aus großer Zeit.* Berlin: Musicaverlag Metropoltheater; Ahn & Simrock 1914.

[37] Vgl. auch Baumeister: *Kriegstheater* [wie Anm. 33], S. 121ff.

der vom Komponisten selbst geleiteten Bunten Bühne „Rideamus“ in Wien Premiere hatte.[38] Franz Lehár beteiligte sich gemeinsam mit seinem Kollegen Edmund Eysler an der Vertonung des „Zeitbilds“ *Komm, deutscher Bruder* für das Wiener Raimund-Theater,[39] Jean Gilbert schrieb die Musik zur Berliner „Volksposse“ *Kam'rad Männe* und zum Zeitbild *Woran wir denken;* und Walter Kollo, der Komponist der Berliner Erfolgsoperette *Wie einst im Mai,* lancierte mit der Musik zur Kriegsrevue *Immer feste druff!* gleich einen neuen Erfolg – dieses Stück wurde in Berlin und anderen deutschen Städten über 2.000 Mal gespielt[40]. Ein typisches Beispiel für eine klassische Kriegsoperette ist Emmerich Kálmáns *Gold gab ich für Eisen,* die Bearbeitung seiner 1911 in Wien aufgeführten Operette *Der gute Kamerad.* Sie wurde im Theater an der Wien, der Wiener Operettenbühne schlechthin, nach der Premiere am 17. Oktober 1914 76 Mal en-suite gespielt, was sie zum erfolgreichsten Stück dieser ersten Kriegssaison in Wien machte.[41] Die rührselige Geschichte eines scheinbar gefallenen jungen Soldaten, dessen Kamerad den Auftrag erhalten hatte, im Falle von dessen Tod, den Eltern seine Dokumente und seinen letzten Gruß zu übermitteln, gefiel gerade aufgrund der Mischung sentimentaler und hurrapatriotischer Elemente. Der „gute Kamerad“ macht sich, sobald er sich von seiner eigenen Verletzung erholt hat, auf den Weg in das Heimatdorf seines Kameraden Gubendorf. Im Dorf halten ihn allerdings alle für den heimgekehrten Sohn und er selbst bringt es nicht übers Herz, der Mutter die Wahrheit zu sagen. Er verliebt sich in Gubendorfs Schwester und spielt so lange eine Doppelrolle bis der richtige Gubendorf lebendig und genesen selbst ins Dorf zurückkommt.

> [Victor Léon] benützte das Gerippe seiner alten Operette *Der gute Kamerad,* änderte deren drei Akte durch Kürzungen in zwei Aufzüge und Vorspiel, nahm dem Stoffe durch die Rückkehr des totgeglaubten Helden den tragischen Ausklang, drapierte Dialog und Gesangstexte durch zeitgemäße Anspielungen, und die „Novität“ war fertig, sozusagen frisch lackiert zur ersten Aufführung.[42]

Paradoxerweise schaffte es Kálmáns Kriegsoperette tatsächlich, auch auf der anderen Seite der Front gespielt zu werden – zu diesem Zweck wurde al-

[38] Vgl. *„Grüß mich Gott!“ Fritz Grünbaum, 1880-1941. Eine Biographie,* hrsg. v. Marie-Theres Anbom, Christoph Wagner-Trenkwitz. Wien: Brandstätter 2005, S. 29f.

[39] vgl. N.N.: „Theater und Kunst. Raimundtheater“ [Kritik zu *Komm, deutscher Bruder*]. In: *Wiener Abendpost*, 05.10.1914, S. 6. „Das ‚Kriegslied' Lehárs ist ein kerniger, wirkungsvoller Hymnus.“

[40] Vgl. Baumeister: *Kriegstheater* [wie Anm. 33], S. 129ff.

[41] Vgl. Datenbank der Autorin.

[42] Vgl. „Theater an der Wien.“ In: *Wiener Abendpost*, 19.10.1914. [Kritik zu *Gold gab ich für Eisen*].

lerdings die Handlung kurzerhand nach Belgien verlegt, und die amerikanische Bearbeitung nahm auch noch einige dramaturgische Schliffe in dem z.T. nicht ganz glaubwürdigen Libretto vor. Unter dem Titel *Her Soldier Boy* brachten die Shubert Brothers eine auch musikalisch stark adaptierte Bearbeitung – von Kálmáns Musik blieben eigentlich nur die lyrischen und romantischen Partien übrig – am 6. Dezember 1916 auf die Bühne des New Yorker Astor Theatre. Das Stück blieb dort 204 Aufführungen lang am Programm – also bis weit in jene Zeit hinein, in der die USA offiziell in den Krieg eintraten. Dies war allerdings nicht von Bedeutung, da das Stück ja in ein eigenes Kriegsstück umgewandelt worden war. Ausgehend von dieser New Yorker Bearbeitung entstand ebenfalls noch während des Kriegs im Londoner Apollo Theatre eine weitere Produktion – Frederic Chapelle hatte die Musik bearbeitet, Edgar Wallace den Text, und Emmerich Kalman wurde als Komponist gar nicht mehr genannt – am 26. Juni 1918 hatte *Her Soldier Boy* Premiere und war mit 372 Aufführungen ein riesiger Erfolg.[43] So dürfte Kálmáns aggressiv-patriotisches Singspiel *Gold gab ich für Eisen* in einer wohl kaum wieder zu erkennenden Fassung dennoch das einzige Kriegsstück gewesen sein, das mit Erfolg die Seiten gewechselt hat.

In Frankreich mussten jene Theater, deren finanzielle Erfolgssträhne auf der Basis von zwei bis drei Wiener oder Berliner Operettenproduktionen jährlich beruhte, schnell auf andere Zugpferde setzen. Das Théâtre Apollo in Paris konnte aufgrund der dramatischen Ereignisse und der Mobilisierung eines großen Teils des Ensembles erst im November 1915 wieder öffnen.[44] Man blieb bei den Operetten – allerdings nun streng aus französischer Konfektion. Wie in Wien oder Berlin wurden zeitbezogene Kriegsoperetten gezeigt, wie etwa *La Cocarde de Mimi Pinson,*[45] in der die Arbeiterinnen einer Textilfabrik beschließen, patriotische Liebesgaben – Kokarden – für die Soldaten herzustellen und zu verschicken. Einzelne Couplets dieser Operette wurden so bekannt, dass sie die Soldaten auf Schellackplatten bis in die Schützengräben begleiteten. Insgesamt aber konnte das Theater die Erfolge der Vorkriegszeit nicht mehr wiederholen, so dass sich eine neue Leitung ab der Saison 1917/18 von den Operetten verabschiedete, doch auch die daraufhin gezeigten Komödien zogen nicht wie gewünscht. Und auch nach dem Ersten Weltkrieg sollte sich das Théâtre Apollo nie ganz von dem plötzlichen Abbruch im Juli 1914 erholen.[46]

---

[43] Vgl. Stefan Frey: „Unter Tränen lachen" [wie Anm. 16], S.102-108.

[44] Vgl. Philippe Chauveau: *Les Théâtres Parisiens disparus* [wie Anm. 14], S.58.

[45] Henri Goublier fils (Musik), Maurice Ordonneau, Francis Gally (Text): *La Cocarde de Mimi Pinson. Opérette en trois actes*. Paris: Choudens Éditeur 1914.

[46] Vgl. Philippe Chauveau: *Les Théâtres Parisiens disparus* [wie Anm. 14], S.58ff.

Schon nach dem ersten Kriegsjahr war das Bedürfnis des Publikums, auf der Bühne noch einmal die aufregenden Ereignisse der Weltpolitik durch die nationalistische Brille präsentiert zu bekommen und sich im Zuschauerraum als Einheit – als pars pro toto des *Volks* – zu erleben, deutlich gesunken. Gerade die Operette, mit ihren Orientalismen, Märchenelementen und dem spezifischen Mikrokosmos aus Festtag und Nachtleben, konnte hier eine Alternative bieten. Mit der *Csárdásfürstin* fand Emmerich Kálmán offensichtlich jenseits der Aktualitäts- und Kriegsoperette eine adäquate Antwort auf die Publikumsbedürfnisse in Kriegszeiten. Nach der Uraufführung im Johann-Strauß-Theater am 17. November 1915 schrieb die *Neue Freie Presse*: „Das Lächeln des teilnahmsvoll mitgehenden Zuschauers müsste sich eigentlich in Tränen auflösen.“[47] In der überbordenden, fast manischen Vitalität gegen Schluss des Stücks sind mehr als nur eine apokalyptische Verszeile verborgen – getanzt wird, auch wenn die ganze Welt versinkt. *Die Csardasfürstin* war *der* große Kriegserfolg auf den Wiener Bühnen, nach 533 ensuite-Aufführungen legte sich die erste Euphorie, viele weitere Aufführungen folgten, 1919 auch eine erste Verfilmung unter der Regie von Emil Leyde. Auf internationaler Ebene allerdings machte sich der Krieg deutlich bemerkbar – bis nach 1918 fanden Aufführungen nur in alliierten oder neutralen Ländern statt. In der Romania setzte die Rezeption erst in den Jahren 1920/21 ein und konnte einen Welterfolg von Lehárs *Lustiger Witwe*, aber auch Kálmáns eigene internationale Rezeption, etwa mit seinem Erstlingswerk *Herbstmanöver* nicht mehr wiederholen. In diesen zehn Jahren, die zwischen der Uraufführung der *Lustigen Witwe* und jener der *Csárdásfürstin* liegen, kann man den kommerziellen Aufstieg und den politischen Fall eines internationalisierten Genres des Unterhaltungstheaters, dessen wirkungsvollste Variante vielleicht tatsächlich in Wien zusammengemischt wurde, mitverfolgen.

Der Aufstieg der Operette im Rahmen einer zunehmend internationalisierten und an ein Massenpublikum (im Sinne von klassen- und schichtübergreifend) gerichteten Vergnügungskultur kommt mit Beginn des ersten Weltkriegs jäh zum Stillstand. In den westeuropäischen, insbesondere den romanischsprachigen Ländern bricht die Rezeption deutschsprachiger Operetten ebenso ab, wie in Deutschland und Österreich-Ungarn keine Stücke

[47] Vgl. „Die Csárdásfürstin.“ In: *Neue Freie Presse*, 18. November 1915. Vgl. auch die Kritik in der *Wiener Abendpost*, einer Beilage zur *Wiener Zeitung:* „Die Partitur trägt natürlich das grün-rot-weiße Kleid magyarischer Heimatsklänge, die Kálmán stets wieder gewandt zu mischen weiß. Seine Musik ‚lächelt unter Tränen', behält selbst im stärksten Übermute den Einschlag eines wehmütigen Moll, ist mit einem Worte wurzelecht.“ st.: „Johann-Strauß-Theater“. In: *Wiener Abendpost*, 18.11.1915, S. 4. [Kritik zur *Csárdásfürstin.*]

„aus Feindesland“ mehr gespielt werden. Während des Krieges kann eine renationalisierte Operette auch noch zeitweilig über die Schrecken und das Elend des Kriegs hinwegtrösten, doch der Erste Weltkrieg verursacht durch seine Zuspitzung und Dynamik, durch den sich bis zu Hungerkrisen verschärfenden ökonomischen Zusammenbruch, durch die beschleunigte technische Entwicklung, durch die immer höheren Opferzahlen, durch Flüchtlingsströme und neu sich formierende Oppositionsbewegungen und schließlich durch den Zusammenbruch der mitteleuropäischen Monarchien einen so massiven gesellschaftlichen Bruch, dass auch die Operette nicht mehr dort anknüpfen kann, wo sie vor dem Krieg Erfolge gefeiert hat. Bereits in den frühen 20er-Jahren entwickelt sich auch wieder eine Vernetzung und internationaler Austausch in der Unterhaltungskultur, doch diese hat bereits neue Formen entwickelt, neue Ikonen und Leitmedien gefunden – die Operette kann vielfach nur noch ihr nostalgisches Potenzial zur Schau stellen.

Sandra Horvat*

Das Kaiser Franz Joseph-Jubiläumstheater in Laibach von 1911 bis 1918
Spielplangestaltung zwischen Kritikerurteil und Publikumsgeschmack

> So sicher, wie wir unsere Deutschen nicht ins
> slowenische Theater locken werden,
> so sicher dürfen auch Slowenen
> das deutsche Theater nicht kennen.
> Sie für sich und wir für uns.[1]
> *Dr. K. Triller, Slovenski narod*

Dieser Ausspruch des Chefredakteurs der slowenischen Tageszeitung *Slovenski narod* anlässlich der Eröffnung des Landestheaters im Jahr 1892 bringt klar zum Ausdruck, wie das deutsch-österreichische Theater in Laibach gesehen wurde: Als ein von vielen Slowenen unerwünschtes, aber dennoch privilegiertes Minderheitentheater, welches angeblich das slowenische Theater in Laibach in seiner Entwicklung stark gehemmt haben soll.

Leider herrschte diese Ansicht der Slowenen nicht nur im 19. Jahrhundert, sondern noch weit ins 20. Jahrhundert hinein. Das ist mit ein Grund dafür, dass das deutschsprachige Theater in Slowenien noch immer nahezu unerforscht ist.[2] Im Rahmen meiner Diplomarbeit habe ich mich an dieses Projekt der Erforschung des deutschen Theaters in Slowenien gewagt und mir das Kaiser Franz Joseph-Jubiläumstheater vorgenommen. Bevor ich genauer auf den Betrieb dieses Theaters eingehe, werfe ich einen kurzen Blick auf dessen Vorgeschichte.

Ein Abriss der Entwicklungsgeschichte des deutschen Theaters in Laibach

Die Wurzeln des deutschen Theaters auf slowenischem Gebiet reichen zwar bis ins Mittelalter, doch seine erste Blütezeit erreichte es im Jahr 1765,

---

* Stipendiantin der Österreichischen Akademie der Wissenschaften.

[1] *Slovenski narod* vom 19.09.1892 [Originalzitat: Tako gotovo, kakor naših Nemcev [...] nebodemo privabili v slovensko gledališče, tako gotovo tudi Slovenci ne smejo poznati nemškega gledališča. Oni za-se in mi za-se.]

[2] Ausgenommen sind die Dissertation von Matjas Birk über das deutsche Theater in Maribor/Marburg a.d. Drau.

als in Laibach das erste ständige Theater in einem eigens dafür erbauten Gebäude eröffnet wurde, das Ständische Theater. Von Anbeginn an war diese Bühne eine deutsche Kulturhochburg, in der fast ausschließlich Theatertruppen aus dem deutschsprachigen Raum spielten. Im Gegensatz dazu wurden Theatervorstellungen in slowenischer Sprache im Ständischen Theater sehr ungern gesehen und erst nach Jahrzehnte zunehmend geduldet.

Diesem Zustand der Vorherrschaft des deutschen Bühnenwesens in Laibach wurde am 17. Februar 1887 ein plötzliches Ende bereitet, als das Ständische Theater abbrannte. Die Deutsch-Österreicher Laibachs fürchteten nach dem Brand das Ende des deutschen Bühnenwesens in Laibach. Aus diesem Grund wurde 1888 der Deutsche Theaterverein gegründet. Er setzte sich das Ziel, deutschsprachiges Theater im vorrangig slowenischsprachigen Laibach nicht aussterben zu lassen.

Im September 1892 wurde in Laibach das neue Landestheater eröffnet. Die Ehre der Eröffnungsvorstellung gebührte nicht den bislang privilegierten Deutschen sondern den Slowenen. Schon durch diese Geste signalisierte der Landesausschuss als Theaterbesitzer, dass im neuen Theater andere Gepflogenheiten in Sicht waren als zuvor im Ständischen Theater. Die deutsche und die slowenische Bühne sollten gleichberechtigt unter einem Dach wirken, was in den ersten Jahren problemlos gelang. Dies war auch der landespolitischen Koalition zwischen der deutschen und der slowenischen liberalen Partei zu verdanken. Beide setzten sich für den Erhalt und die Förderung des jeweils eigenen Theaters ein.

Von der Zuspitzung der anti-deutschen Stimmung in Laibach zum Jubiläumstheater

Die slowenischen Liberalen waren allerdings von Beginn an nicht besonders glücklich über das politische Bündnis mit den Deutschen und verspürten stets das Bedürfnis, sich für diese Koalition entschuldigen zu müssen. Schließlich waren die Deutschen bislang der gemeinsame Gegner der beiden slowenischen Parteien gewesen. Aufgrund dieser nationalen Denkweise brach die slowenische liberale Partei im Jahr 1905 endgültig die Koalitionsvereinbarungen und wandte sich gemeinsam mit der slowenischen klerikalen Partei auch in ihren landespolitischen Entscheidungen gegen die Deutschen.

Die anti-deutsche Stimmung war jedoch nicht nur im Landtag, sondern im gesamten slowenischen Siedlungsgebiet stetig steigend und erreichte ihren Höhepunkt im September 1908, als es in mehreren Städten zu heftigen Demonstrationen und Straßenkämpfen kam. Dies blieb natürlich auch für das deutsche Theater in Laibach nicht ohne Folgen. Mit den Septemberereignissen nahm die Antipropaganda in der slowenischen Presse zu und der Theaterbesuch der deutschen Vorstellungen im Landestheater nahm ab. Es brauchte mehrere Monate, bis sich die Zustände wieder annähernd normalisierten. Doch schon bald darauf folgte der nächste Schlag, als der deutschen Bühne im Landestheater für die Spielzeit 1909/10 ein Spieltag gestrichen wurde und die Deutschen seither nur noch an den ungünstigeren Werktagen Montag, Mittwoch und Freitag spielten. All das bestärkte den Deutschen Theaterverein in seiner Idee, ein neues, eigenständiges deutsches Theater in Laibach zu erbauen.

Dass der Bau dieses Theaters überhaupt möglich war, verdankte der Theaterverein seiner engen Beziehung zur Krainischen Sparkasse, die den Verein finanziell schon seit vielen Jahren unterstützte. Als ebenfalls traditionell deutsch-österreichisches Unternehmen war es für die Krainische Sparkasse eine Selbstverständlichkeit, auch die Theaterbaupläne des Deutschen Theatervereins zu unterstützen. Darüber hinaus erhielt der Theaterverein eine finanzielle Förderung von Kaiser Franz Joseph I. in Höhe von 20.000 Kronen, was auch die Namensgebung erklärt.

Das Kaiser Franz Joseph-Jubiläumstheater

Am 4. Oktober 1911 konnte das Kaiser Franz Joseph-Jubiläumstheater in Laibach feierlich eröffnet werden, und zwar mit dem patriotischen Festspiel *Habsburg* von Alfred Freiherr von Berger. Sowohl dieses Festspiel als auch das restliche Programm der Eröffnungsvorstellung machte das Jubiläumstheater nicht nur zu einem Kunsttempel, sondern auch zu einer Hochburg des deutsch-österreichischen Patriotismus. Die einzelnen Programmpunkte dieses Abends sahen wie folgt aus:

1. *Zur Weihe des Hauses*, Ouvertüre von Ludwig von Beethoven
2. *Festspruch*, gesprochen von Margarethe von der Hardt
3. *Bekränzung der Kaiserbüste* unter den Klängen der *Volkshymne*
4. *Apotheose* aus den *Meistersingern* von Richard Wagner
5. *Habsburg*, Festspiel in drei Akten von Alfred Freiherr von Berger anschließend nochmals die *Volkshymne*
6. *Dankesworte des Theatervereins* und *Ehrung des Architekten Alexander Graf*

An jeder Stelle, die an den Patriotismus der Österreicher appellierte, durchzog stürmischer Beifall das Theater. Die Eröffnung des deutschen Theaters in Laibach war also nicht nur ein kulturelles, sondern in gewisser Weise auch ein politisches Ereignis. Das Deutschtum in Laibach bekam damit einen entscheidenden Schub, was nach den vielen anti-deutschen Aktionen der vergangenen Jahre mehr als notwendig war. Schließlich handelte es sich bei den Deutschen in Laibach trotz der österreichischen Oberherrschaft nur um eine Minderheit.

Damals lebten in Laibach ungefähr 37.818 Slowenen und etwa 6.742 Deutsche. Das Kultur- und Freizeitangebot der Stadt umfasste neben dem slowenischen Landestheater und dem deutschen Jubiläumstheater unter anderem noch ein Kino, eine Philharmonie sowie zahlreiche Vereine mit sehr aktiver Vereinstätigkeit. Diese Institutionen teilten sich ihr Publikum, wobei einige ausschließlich für Deutsche, andere wieder ausschließlich für Slowenen vorgesehen waren. Die Laibacher Theaterliebhaber – egal welcher Sprachgruppe sie angehörten – galten an sich als sehr anspruchsvoll. Im Theater erwarteten sie erstklassige Schauspieler, reiche Garderoben, prächtige Bühnenbilder und vor allem einen abwechslungsreichen und unterhaltsamen Spielplan. Dementsprechend waren die Inszenierungen sehr kurzlebig und wenn eine mal mehr als zwei Wiederholungen erreichte, so war dies schon ein großer Erfolg.

Für den Theaterdirektor des Jubiläumstheaters bedeutete dieser Umstand, dass er die Aufführungsrechte vieler Werke sowie einen reichen Kostümfundus besitzen musste. Die Ensemblegröße war an einem Provinztheater wie dem in Laibach nicht gerade überwältigend und bewegte sich zwischen 20 und 40 Ensemblemitgliedern. Infolge dessen mussten die meisten Schauspieler in fast jeder Inszenierung mitwirken und waren deshalb stark beansprucht, was sich wiederum negativ auf die Qualität der Aufführungen auswirkte.

Das Jubiläumstheater war ein privates Vereinstheater, das vom Deutschen Theaterverein für jede Spielzeit an einen Direktor gegen Kaution verpachtet wurde. Die ersten zwei Jahre leitete Karl Richter das Jubiläumstheater, 1913 wurde Hermann Roché sein Nachfolger und im Herbst 1918 übernahm Kurt Seder die Theaterdirektion in Laibach. Die ersten beiden Direktoren Richter und Roché leiteten außerdem das Stadttheater in Klagenfurt, was für die Laibacher Bühne durchaus von Vorteil war. Und zwar fanden in allen Spielzeiten regelmäßig Gastspiele der Klagenfurter Künstler am Jubiläumstheater statt. Allein diesen Gastspielen aus Klagenfurt war es zu verdanken, dass die Laibacher Theaterbesucher überhaupt in den Genuss von Opern kamen.

Die Spielplangestaltung am Jubiläumstheater

Das Kaiser Franz Joseph-Jubiläumstheater erlebte drei Spielzeiten vor dem Ersten Weltkrieg, vier Spielzeiten während des Krieges und eine Spielzeit am Ende des Krieges. Üblicherweise begann die Theatersaison Anfang Oktober und endete im April des darauf folgenden Jahres. Gespielt wurde meist fünfmal pro Woche, und zwar Dienstags, Donnerstags, Samstags sowie Sonntagnachmittags und -abends. Mit Kriegsbeginn musste man sich jedoch den Umständen anpassen, so dass die Spielzeiten kürzer waren und es weniger Spieltage und Vorstellungen gab als vor 1914.

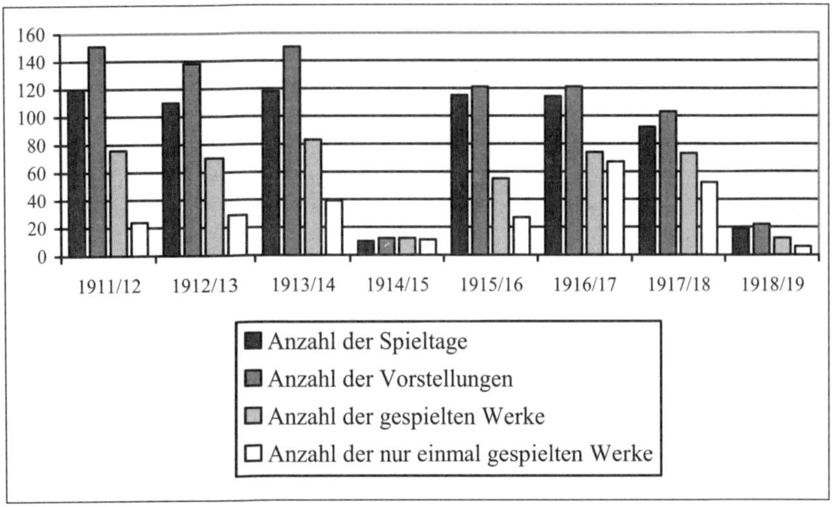

Was sich allerdings mit Kriegsausbruch kaum geändert hat, ist die Anzahl der aufgeführten Werke. Das bedeutet, während der Kriegsjahre kamen in meist kürzeren Spielzeiten etwa genauso viele unterschiedliche Werke auf die Bühne wie vor 1914. Darüber hinaus war die Anzahl der Werke, die nur einmal gespielt wurden, zum Teil sogar größer als vor dem Krieg. Besonders auffällig sind die Jahre 1914/15 und 1918/19. In der ersten Kriegsspielzeit 1914/15 herrschte im Jubiläumstheater ein Ausnahmezustand. Es gab gar keinen regulären Theaterbetrieb, sondern nur einige Gastspielvorstellungen der Exl-Gesellschaft und des Ensembles des Klagenfurter Stadttheaters. 1918/19 wiederum musste die Spielzeit vorzeitig abgebrochen werden, weshalb die Zahlen so gering sind.

Noch viel deutlicher sind die Kriegseinflüsse und deren Folgen bei der Verteilung der Gattungen zu erkennen. Das Jubiläumstheater war eine Bühne mit Mehrspartenbetrieb, an der sich die dramatischen und musikalischen Gattungen folgendermaßen im Spielplan verteilten:

Der Kriegsbeginn hatte merklichen Einfluss auf den Spielplananteil der Opern und Operetten. In den Jahren vor dem Krieg gab es nur leichte Schwankungen bei der Gattungsverteilung, wobei die Opernaufführungen eindeutig zunahmen. Doch nach Ausbruch des Weltkrieges gab es im Jubiläumstheater plötzlich gar keine Opernvorstellungen mehr und die Operette machte 1915/16 und 1916/17 auch einen geringeren Anteil im Spielplan aus als früher. Die Gründe dafür, dass während der Kriegsspielzeiten ausgerechnet die besonders beliebten Opern und Operetten aus dem Spielplan gestrichen werden mussten, waren unter anderem der eingeschränkte Personalstand sowie das Fehlen eines richtigen, professionellen Orchesters. Doch sicherlich spielten auch budgetäre Gründe eine Rolle. Dass es während des Krieges überhaupt Operettenvorstellungen am Jubiläumstheater geben konnte, war der Kooperation mit dem Klagenfurter Stadttheater zu verdanken. Deren Ensemble gastierte nämlich nach Ende der regulären Saison für mehrere Wochen mit Operetteninszenierungen in Laibach. Das Ensemble des Jubiläumstheaters hingegen musste sich auf die Aufführung von Sprechtheaterstücken beschränken, was man vor allem an der Spielzeit 1917/18 deutlich erkennen kann, als das Klagenfurter Ensemble nicht mit Operetteninszenierungen in Laibach gastierte. Erst in der Spielzeit 1918/19 war man am Jubiläumstheater wieder in der Lage, dem Publikum Eigenproduktionen von Operetten zu bieten.

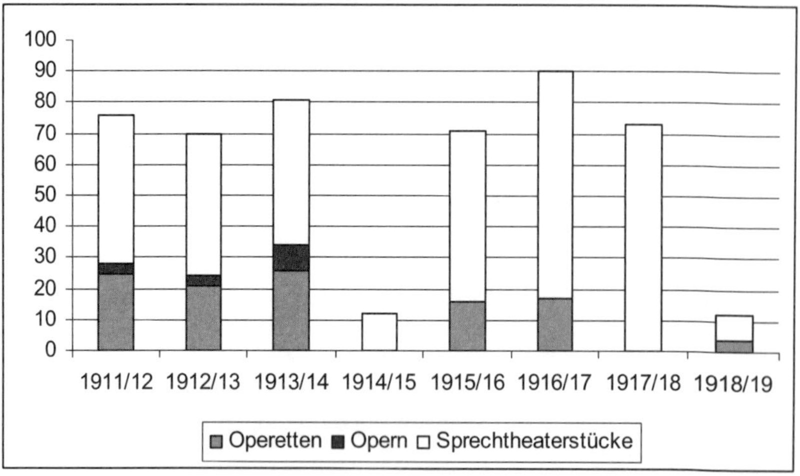

Neben den Opern und Operetten ist auch innerhalb des Bereichs der Prosawerke eine klare Entwicklungslinie festzustellen, die ebenfalls durch den Krieg verursacht wurde, und zwar in Bezug auf den Anteil ernsterer und heiterer Sprechtheaterstücke im Repertoire. In den ersten beiden Spielzeiten waren die Anteile nahezu gleich, bis sich 1913/14 die heiteren Bühnenwerke durchsetzten. In der ersten Theatersaison nach Kriegsausbruch 1914/15 kamen im Jubiläumstheater sogar gar keine ernsthaften Werke mehr zur Aufführung. Die drei darauf folgenden Kriegsspielzeiten über herrschte konstant das Verhältnis 20% zu 80%, wobei eindeutig die heiteren Bühnenwerke den Spielplan dominierten. Der Grund dafür ist vor allem im erhöhten Unterhaltungs- und Ablenkungsbedürfnis der Zuschauer zu suchen. Die Menschen hatten aufgrund des Krieges im alltäglichen Leben genug Leid und Not zu ertragen, so dass sie dies nicht noch auf der Bühne sehen wollten. Im Gegenteil: die Zuschauer kamen ins Theater, um sich vom alltäglichen Kriegsgeschehen abzulenken und Spaß zu haben. Man sehnte sich nach primitiver Zerstreuung, die ihnen vorrangig Possen, Schwänke und Lustspiele bieten konnten.

Als der Krieg dann zu Ende ging, schien auch das Publikum allmählich genug von den heiteren Sprechtheaterstücken zu haben, was man an der Spielzeit 1918/19 erkennen kann. Da gewannen nämlich die ernsthaften Stücke erstmals seit Bestehen des Jubiläumstheaters deutlich an Überhand. Die Ursache dafür ist allerdings nicht wirklich in einem plötzlichen Wandel des Publikumsgeschmacks zu suchen, sondern vielmehr darin, dass das Jubiläumstheater in seiner letzten Spielzeit von einem neuen Direktor geleitet wurde und dieser einen etwas anderen Weg einschlagen wollte. Doch der Hauptgrund dafür, dass der Anteil an ernsthaften Werken 1918/19 so enorm erscheint, ist die Tatsache, dass ab dieser Spielzeit wieder Operetten im Jubiläumstheater selbst inszeniert wurden. Und diese Operetten nahmen in der Spielzeit 1918/19 nahezu die Hälfte des Spielplananteils ein. Das heißt, es kamen in dieser kürzeren, abgebrochenen Saison schon an sich weniger Sprechtheaterstücke auf die Bühne des Jubiläumstheaters und diese waren nun mal zum Großteil ernsthafter Natur. Letztendlich war es also dennoch erneut der Publikumsgeschmack, der für die Verschiebung der Anteile an heiteren und ernsthaften Werken im Spielplan sorgte, und zwar indem die beliebte Operette wieder ihre Vormachtstellung in der Gattungsverteilung einnahm.

Die Bühnenleitung hatte sich also bei der Gestaltung ihres Spielplanes am Geschmack der Theaterbesucher zu orientieren, um die Sitzreihen des Zuschauerraumes zu füllen und damit die eigene Existenz und das Fortbestehen des Theaters zu sichern.

> In dem Kampfe zwischen Idealismus und Materialismus siegt der letztere, denn der Kampf gegen Geschmackverflachung und die schlechten Instinkte des Volkes ist ein Kampf gegen Windmühlen. Es entrollt sich sogar ein Stück Kulturbild der Zeit; das Publikum sucht im Theater nicht geistige Genußmittel, es sucht nur Unterhaltung und Zerstreuung und der Theatermann, der sie ihm bietet, kommt auf seine Rechnung.[3]

[3] „Kaiser Franz Joseph-Jubiläumstheater." In: *Laibacher Zeitung* vom 29.09.1913.

An dieser Aussage des Theaterkritikers der *Laibacher Zeitung* merkt man, dass dieser sich durchaus der Zwangslage der Bühnenleitung bewusst war. Doch er wäre kein richtiger Kritiker im Dienste der anspruchsvollen Dramatik und des guten Geschmacks gewesen, hätte er den Operetten-, Possen- und Lustspielüberfluss, der die Jahre hindurch am Jubiläumstheater herrschte, gutgeheißen. Häufig, vor allem während der Kriegsspielzeiten, las man in den Theaterkritiken Klagen über die Stückauswahl und die sich in diesen Stücken auch ständig wiederholenden Komikelemente.

> Der Theaterdirektor im Vorspiel zu Goethes *Faust* fordert daher: „Gebt ihr ein Stück, so gebt es gleich in Stücken! Solch ein Ragout, es muß euch glücken." Die Stücke, die uns geboten werden, pflegen daher ein Ragout von einigen typischen, chinesenhaft anmutenden Typen und immer wiederkehrenden, feststehenden Konflikten zu enthalten, an denen man sich doch allmählich sattsehen kann.[4]

Neben der Übersättigung an einförmigen Possen und Lustspielen litt der Spielplan des Jubiläumstheaters nach Meinung der Theaterkritik auch unter dem Mangel an literarisch und künstlerisch wertvollen Werken. Wenn Klassiker gespielt wurden, so waren es noch dazu immer die gleichen Erfolgsstücke von Schiller, Shakespeare oder Grillparzer.

Darüber hinaus sah sich der Theaterkritiker der *Laibacher Zeitung* während des Weltkrieges auch im Dienste der Monarchie und predigte die Notwendigkeit, sich mit den aktuellen Zeitgeschehnissen auch auf der Bühne auseinanderzusetzen. Schließlich war man der Annahme, den Menschen auf diese Weise die Richtigkeit und Notwendigkeit des Krieges besser vermitteln zu können und dadurch auch mehr Verständnis, Durchhaltevermögen und vor allem Siegessicherheit in den Theaterbesuchern zu wecken. Das Jubiläumstheater folgte in den Kriegsjahren seiner patriotischen Mission als deutsches Minderheitentheater im slowenischen Sprachgebiet, und zwar indem sich die Bühnenleitung bei der Stückauswahl vom Nationalgedanken leiten ließ. Das heißt, man spielte ausschließlich Werke deutscher und österreichischer Autoren. Handlungen, die in feindlichem Gebiet spielten, verlegte man zum Großteil einfach nach Deutschland oder Österreich. Stücke mit Kriegsthematik wurden auch in den Spielplan eingereiht, doch nicht in dem Ausmaß, wie es sich die Theaterkritik vorgestellt hatte. Themenaktualität und Patriotismus waren zwar gute Erfolgsgaranten in der Kriegszeit, doch die meisten Zuschauer wollten sich im Theater lieber ablenken lassen, statt sich mit der Realität auseinanderzusetzen. Deshalb war der Anteil an Dramen mit Kriegsthematik nicht so erheblich wie er vielleicht hätte sein sollen.

---

[4] „Die berühmte Frau." In: *Laibacher Zeitung* vom 27.12.1915.

Demzufolge wurde das Kaiser Franz Joseph-Jubiläumstheater seiner Aufgabe als Hochburg des deutsch-österreichischen Patriotismus während des Krieges nur bedingt gerecht.

„Fort mit der deutschen Herausforderung!“[5]

Um einen Bogen zum Anfang zu spannen, soll noch einmal betont werden, dass das deutsche Theater in Laibach von den meisten Slowenen nicht gerne gesehen war. Allerdings gab es während des Krieges keine Alternative mehr zu dieser Bühne, da das slowenische Landestheater seinen Betrieb Anfang 1914 einstellen musste. Das bedeutete, dass jeder Laibacher egal welcher nationalen Zugehörigkeit ins Kaiser Franz Joseph-Jubiläumstheater gehen musste, wollte er in den Genuss von Theatervorstellungen kommen.

Doch am Ende des Krieges stand das slowenische Theater nach über dreijähriger Pause wieder aus der Versenkung auf und setzte 1918 seine Arbeit im Landestheater fort. Genau zu dieser Zeit bemühten sich die Slowenen, Kroaten und Serben um die Gründung eines eigenen Staates, der am 29. Oktober 1918 ausgerufen wurde. Im Zuge dessen musste die deutschsprachige *Laibacher Zeitung* ihr Erscheinen einstellen, viele deutsche Institutionen wurden geschlossen oder slowenisiert und auch das Jubiläumstheater blieb nicht verschont. Am 1. Januar 1919 begannen einige Slowenen im Zuschauerraum des Jubiläumstheaters zu randalieren, so dass die Vorstellung abgebrochen werden musste. Die Theaterleitung suchte daraufhin um Schutz bei der neuen Regierung an, doch diese ließ das Veranstalten von Theatervorstellungen in deutscher Sprache in Laibach kurzum verbieten. Etwa einen Monat später fand bereits die erste slowenische Theatervorstellung im ehemaligen deutschen Jubiläumstheater statt und noch heute ist in diesem Gebäude das Slowenische Nationaltheater Drama beheimatet.

Summary

When in 1887 the theatre in Ljubljana was destroyed by fire, it was at the same time the decline of a cultural stronghold of the German-speaking population. To prevent the complete end of German theatre in Ljubljana the German Theatre Society was founded in 1888. Unfortunately, with the opening of the new theatre in 1892, the German theatre lost it's privileges and was forced to share the stage with the Slovenians; during the first years both theatres worked quite good together. Suddenly in 1909 the conditions for the German theatre got worse and the German Theatre Society decided that the time has come to establish a new independent German theatre in Ljubljana.

[5] „Die Lage in Laibach.“ In: *Grazer Tagblatt* vom 21.11.1918.

On October 4, 1911 the „Kaiser Franz Joseph-Jubiläumstheater“ was opened and it had three seasons prior to the First World War, four seasons during the war and one season at the end of the war. In all these years the artistic level was not the highest and the repertoire shifted between the high expectations of the theatre critics and the low taste of the spectators. During the war the „Jubiläumstheater“ functioned normally, while the Slovenians had to stop their theatre activity in 1914. But suddenly in 1918 the Slovenian theatre was resurrected and in only a couple of months attained an artistic level it never reached before. Because of the new circumstances in Slovenia the „Kaiser Franz Joseph-Jubiläumstheater“ was forced to stop its activity and was closed in January 1919. The end of the First World War and the end of the Habsburg Monarchy were also the end of German theatre in Ljubljana.

Auswahlbibliographie

Grazer Tagblatt. Graz 1915-1919.

Laibacher Zeitung. Laibach 1887-1895 und 1907-1918.

Ludvik, Dušan: *Nemško gledališče v Ljubljani do leta 1790* [Das deutsche Theater in Laibach bis zum Jahr 1790]. Ljubljana: Filozofska fakulteta Univerze Ljubljane 1957.

Matić, Dragan: *Kulturni utrip Ljubljane med prvo svetovno vojno: Kulturne in družabne prireditve v sezonah 1913/14-1917/18* [Der kulturelle Puls Laibachs während des Ersten Weltkriegs: Kulturelle und gesellschaftliche Veranstaltungen in den Saisons 1913/14-1917/18]. Ljubljana: Zgodovinski arhiv 1995.

Matić, Dragan: *Nemci v Ljubljani: 1861-1918* [Deutsche in Laibach: 1861-1918]. Ljubljana: Oddelek za zgodovino Filozofske fakultete 2002.

Moravec, Dušan: *Slovensko gledališče Cankarjeve dobe (1892-1918)* [Das slowenische Theater in der Cankar-Ära (1892-1918)]. Ljubljana: Cankarjeva založba 1974.

Moravec, Dušan: *Slovensko gledališče od vojne do vojne (1918-1941)* [Das slowenische Theater zwischen den Kriegen (1918-1941)]. Ljubljana: Cankarjeva založba 1980.

Ohm-Januchowsky, Julius Ritter von: *Das Kaiser Franz Joseph-Jubiläums-Theater in Laibach: Denkschrift aus Anlaß seiner Eröffnung am 4. Oktober 1911*. Laibach: Deutscher Theaterverein zu Laibach, 1911.

Radics, Peter von: *Die Entwicklung des deutschen Bühnenwesen in Laibach: Kulturbilder anläßlich der Eröffnung des Kaiser Franz Joseph-Jubiläumstheaters*. Teil 1. Laibach: Selbstverlag, 1912.

Slovenski narod. Ljubljana 1887-1892, 1908 und 1911.

Katharina Wessely

Die Festvorstellungen der deutschsprachigen Theater anlässlich der staatlichen Feiertage in der Ersten Tschechoslowakischen Republik

Theater wurden und werden immer wieder als Veranstaltungsorte für feierliche Anlässe gewählt und veranstalten zu besonderen Anlässen auch selbst Festvorstellungen. Neben den Jubiläen berühmter Dramatiker und Komponisten sind es insbesondere staatliche Feiertage, an denen das Theater einen besonderen Rahmen bietet. Die Gestaltung der Feiern gibt dabei Aufschluss über das Verhältnis zwischen Staat und Theater im Allgemeinen, aber auch zwischen dem Staat und dem konkreten Theater. Die Festvorstellungen, die die deutschsprachigen Theater der Tschechoslowakei veranstalteten, sagen demnach etwas darüber aus, wie die deutschsprachige Bevölkerung der jeweiligen Stadt ihr Verhältnis zum tschechoslowakischen Staat definierte. Das Interesse dieses Textes gilt den deutschsprachigen Provinzbühnen, mit besonderer Berücksichtigung der Vereinigten deutschen Theater in Brünn, über die ich meine Dissertation verfasst habe. Prag wird hier außer Acht gelassen, weil das dortige deutsche Theater als Theater in der Hauptstadt eine andere Rolle zu erfüllen hatte – stattdessen interessieren vor allem die Provinztheater, die eben nicht unter strenger Beobachtung standen, sondern relativ autonom vorgingen.

Für die deutsche[1] Bevölkerung Böhmens, Mährens und Schlesiens änderte sich nach dem Umsturz im Oktober 1918 einiges. Durch die politischen Umwälzungen übernahmen nicht nur im Staat, sondern auch in vielen Städten Tschechen jene Positionen, die bisher wie selbstverständlich die Deutschen innegehabt hatten. In Brünn beispielsweise hatte sich der deutsche Stadtrat stets geweigert, die längst überfällige Stadterweiterung durchzuführen, durch die die bereits seit Jahrzehnten an die Stadt herangewachsenen Vorstädte und Vororte (die vor allem von Tschechen bewohnt waren) eingegliedert worden wären. Der neue, nun mehrheitlich tschechische Stadtrat beschloss diese Erweiterung im Frühjahr 1919, in Groß-Brünn lebten nun 72,4% Tschechen und 25,9% Deutsche.[2]

---

[1] Wenn in diesem Text von „deutsch“ die Rede ist, so meint dies immer die deutschsprachigen Staatsbürger der Tschechoslowakei. Das Adjektiv „deutsch“ bezeichnet hier eine kulturelle Zugehörigkeit zum deutschen Kulturkreis und weder wie heute eine Staatsangehörigkeit noch wie nach 1933 eine rassische Volkszugehörigkeit.

[2] Vgl. *Dějiny města Brna* 2. Hg. v. Národní výbor města Brna. Brno: Nakladatelství Blok 1973, S. 91.

Die neuen Machtverhältnisse beeinflussten auch die Verhältnisse am Theater. Theatergebäude, die zuvor als (deutsche) Stadttheater bespielt worden waren, wurden nun vom tschechischen Theater übernommen oder mussten zwischen den deutschen und tschechischen Ensembles aufgeteilt werden. Wie dies jeweils geschah, ist von Stadt zu Stadt unterschiedlich und hängt von vielen verschiedenen Faktoren ab. In den meisten Städten dauerte es einige Jahre, bis sich die von beiden Seiten sehr emotional geführten Diskussionen beruhigt hatten und ein Modus Vivendi gefunden war, der tatsächlich lange Bestand hatte. Bis in die frühen zwanziger Jahre waren die Theatergebäude der ethnisch gemischten Städte immer wieder Streitpunkt sowohl in politischen Gremien als auch in den öffentlichen Diskussionen, nicht selten wurden sie zum Ausgangspunkt oder Zielort national motivierter Straßenkrawalle.

In Brünn erhielt das tschechische Ensemble von der nun tschechisch dominierten Theaterkommission des Stadtrates das bisherige Stadttheater zur Verfügung gestellt, ein Fellner & Helmer-Bau, der 1882 als erstes Theater auf dem europäischen Kontinent mit elektrischer Beleuchtung eröffnet worden war. Dem deutschen Ensemble teilte man die im Herbst 1918 neu eröffnete Kammerbühne in den Redoutensälen am Krautmarkt zu. Da diese Lösung für das deutsche Theater unbefriedigend war – die Bühne in der Redoute hatte keinen Schnürboden, keine Versenkungen –, verhandelte der Theaterverein in der Folge über einen „Tausch" der beiden Häuser an zwei Tagen pro Woche. Waren die Brünner Deutschen, die dem tschechischen Theaterverein die Benützung des Stadttheaters vor 1918 stets verweigert hatten, mit dieser Lösung nie wirklich zufrieden, musste das deutsche Theater Mährisch-Ostrau ganz aus seinem bisherigen Haus ausziehen. Während in der Spielzeit 1919/20 das Stadttheater noch zwischen deutschem und tschechischen Theaterverein aufgeteilt wurde, räumte der tschechische Theaterverein, entgegen anders lautenden Vereinbarungen, dieses in der Spielzeit 1920/21 einfach nicht mehr; das deutsche Theater musste nun ins Deutsche Haus übersiedeln.[3] In den vorwiegend deutsch besiedelten Städten Nord- und

[3] Vgl. Hilde Haider-Pregler: *Geschichte des deutschsprachigen Theaters in Mährisch-Ostrau von den Anfängen bis 1944*. Diss. Wien 1965, S. 151ff; anzunehmen ist, dass die Besetzung des Prager Ständetheaters im November 1920 für diese eigenmächtige Aktion des Theatervereins Vorbild gewesen ist. Wie sehr diese wiederum ein Glied in der Kette politischer Vorgänge im Herbst 1920 gewesen war, bei denen sich die nationalen Emotionen zwischen deutschen und tschechischen Bewohnern der Republik immer weiter hochgeschaukelt hatten, stellt Peter Becher dar; vgl. Peter Becher: „Kulturpolitische Konfliktherde in der Ersten Republik: Der Streit um das Prager Ständetheater 1920 und die Prager Tonfilmaffäre 1930." In: *Das Scheitern der Verständigung: Tschechen, Deutsche und Slowaken in der Ersten Republik (1918-1938)*. Essen: Klartext 1994, S. 119-134, S. 122ff.

Westböhmens wie Reichenberg oder Teplitz-Schönau hingegen blieben die Theater weiterhin deutsche Stadttheater – die jedoch damit zu kämpfen hatten, dass in der Theaterkrise der zwanziger Jahre die Subventionen kaum noch ausreichten, da weder der Staat, noch das Land größere Summen in die Förderung deutscher Theater investierten. Die Theaterkrise betraf jedoch die tschechischen Theater genauso, die ebenfalls mit permanenten Geldsorgen zu kämpfen hatten.

Zu der oftmals beklagten „Benachteiligung" der deutschen Theater ist allerdings festzustellen, dass es sich weniger um eine böswillige Zurückstellung um des Zurückstellens willen handelte, als vielmehr um eine bewusste Förderung der tschechischen Theater, die die damit einhergehende Schlechterstellung der deutschen Theater als gleichsam „ausgleichende Ungerechtigkeit" in Kauf nahm. Wie der damalige Sektionschef des tschechoslowakischen Unterrichtsministers, Jaroslav Kvapil, in einem Brief an die sich beschwerenden deutschen Theaterdirektoren feststellte:

> Aber es muß noch bemerkt werden, daß es sich dabei [bei den geförderten tschechischen Theatern] um Theater handelt, welche früher in der öffentlichen Pflege und Unterstützung den Deutschen meistens hintangesetzt, wenn nicht sogar unterdrückt wurden, so daß sie erst jetzt in der zur Errichtung eines Theaters so schwierigen Zeit zu leben anfangen.[4]

Insgesamt gab es in der Tschechoslowakei der Zwischenkriegszeit zwischen 12 und 20 deutschsprachige Theater. Böhmen und Mähren stellten damit weiterhin einen wichtigen Bestandteil der deutschsprachigen Theaterlandschaft dar. In dieser hatten sich SchauspielerInnen und Direktoren stets an Sprachgrenzen und nicht an Landesgrenzen orientiert, und dabei blieb es auch nach 1918.

Die Deutschen Böhmens und Mährens wurden 1918 vom Mehrheits- zum Minderheitsvolk, die Monarchie, die ihre Vorrangstellung garantiert hatte, existierte nicht mehr; nicht nur fand man sich in einer Republik wieder, sondern noch dazu in einer tschechisch dominierten. Der tschechoslowakische Staat wurde in den Friedensverträgen zu den Siegermächten gezählt, während die deutschsprachigen Bürger dieses Staates sich nichtsdestotrotz als Verlierer fühlten – wie die anderen „Deutschen" in Deutschland und in Österreich auch. Trotzdem verbesserten sich die Beziehungen zwischen deutschen und tschechischen Bewohnern der Tschechoslowakei im Alltagsleben im Laufe der Zeit. Die Vertreter der deutschen Parteien waren immer mehr zur Zusammenarbeit bereit, bis schließlich 1926 deutsche Politiker erstmals an der Regierung teilnahmen – dies sollte sich bis 1938 nicht mehr ändern.

---

[4] Zit. nach *Bohemia*, 29. Mai 1921, S. 2.

Diese konstruktive Haltung, die als „Aktivismus“ bezeichnet wird, setzte sich nicht nur in den großen Parteien durch, sondern wurde auch von einem Großteil der Bevölkerung und der deutschsprachigen Presse unterstützt.[5]

Gleichzeitig jedoch verdeutlicht das Schlagwort vom „Volkstumskampf“ die andere, parallel zum Aktivismus existierende Geisteshaltung der Deutschen in der Tschechoslowakei; mit aufgeregter Rhetorik wurde hier genauestens über „Verluste“ und „Gewinne“ des „nationalen Besitzstandes“ Buch geführt. Die Vertreter des „Volkstumskampfes“ gründeten zwar nicht, wie in anderen Ländern, bewaffnete Bataillone und traten kaum einmal durch gewaltsame Aktionen auf, schürten jedoch durch die ständig am Köcheln gehaltene Aufregung die nationalen Ängste der Deutschen vor dem Verlust der deutschen Kultur indem sie eine Situation der permanenten Bedrohung beschworen und – wie Rudolf Jaworski in seinem Buch über den sudetendeutschen Volkstumskampf feststellt – zu „latenter politischer Aggressivität konditionierten.“[6]

Welches Verhältnis die deutschen Bürgerinnen und Bürger der Tschechoslowakei zu ihrem Staat hatten, lässt sich unter anderem an den Vorführungen ablesen, die von den deutschsprachigen Theatern zum Nationalfeiertag oder zu Masaryks[7] Geburtstag gegeben wurden. Dass hier der Geburtstag des Präsidenten ebenfalls berücksichtigt wird, liegt daran, dass dieser in der Tschechoslowakei beinahe wörtlich als „Vater“ des Staates betrachtet und sein Geburtstag fast genauso aufwendig wie der tatsächliche Nationalfeiertag, der Tag der Ausrufung der Republik, gefeiert wurde. Bezüglich der deutschen Festvorstellungen lässt sich, ähnlich wie im Bereich der Politik, eine Wandlung feststellen, die von anfänglicher Gleichgültigkeit dem Staat und seinen Feiertagen gegenüber, über die Beteiligung an und Organisation von Feierlichkeiten in den späten zwanziger und frühen dreißiger Jahren – also genau der Blütezeit des politischen „Aktivismus“ – hin zu einer Abkühlung des Verhältnisses ab Mitte der dreißiger Jahre führt, als unter den deutschen Tschechoslowaken die Nationalisten immer mehr an Boden gewannen.

Während die Nationalfeiertage in den frühen zwanziger Jahren von den deutschen Theatern meist übergangen wurden, begannen sich ab Mitte/Ende

---

[5] Vgl. Jörg Kracik. *Die Politik des deutschen Aktivismus in der Tschechoslowakei 1920-1938.* Frankfurt/Main, Wien u.a.: Lang 1999, S. 29f.

[6] Rudolf Jaworski: *Vorposten oder Minderheit? Der sudetendeutsche Volkstumskampf in den Beziehungen zwischen der Weimarer Republik und der CSR.* Stuttgart: Deutsche Verlagsanstalt 1977, S. 187.

[7] T.G. Masaryk war von 1918 bis 1935 tschechoslowakischer Staatspräsident, wesentlich an der Gründung der Republik beteiligt gewesen und Symbol der Selbständigkeit der Tschechoslowakei.

der zwanziger Jahre Festvorstellungen, meist am Vorabend des eigentlichen Feiertages, einzubürgern. Den Höhepunkt fanden diese Feierlichkeiten zu Masaryks 80. und 85. Geburtstag 1930 und 1935, die weiter unten am Beispiel Brünns beschrieben werden. Was die Theater dabei jeweils zum festlichen Anlass präsentierten, kann in zwei Hauptrichtungen unterteilt werden – die „Meisterwerke“ der deutschen Klassik einerseits, tschechische Künstler andererseits. Inwieweit dabei mit der Aufführung eines deutschen Schauspiels eine politische Aussage verbunden war, müsste anhand der Rezensionen zu den verschiedensten Festvorstellungen untersucht werden und konnte hier leider nicht geleistet werden – dass aber die Aufführung tschechischer Stücke oder Opern eine Demonstration der Verbundenheit mit diesem Staat und der Loyalität zu ihm war, das steht außer Frage. Die Auswahl des Dargebotenen hängt dabei jedoch nicht nur vom Willen des Direktors, sondern auch von den Umständen des jeweiligen Theaters ab, wie folgendes Beispiel zeigen soll.

In Mährisch-Ostrau wurden meist tschechische Stücke gespielt – dass es *tschechische* Stücke zu sein hatten, war eine Entscheidung von Direktor Rudolf Zeisel, der das Theater in Mährisch-Ostrau von 1929 bis 1938 ausgesprochen erfolgreich führte und der dabei nicht nur mit seinen künstlerischen Leistungen, sondern auch durch sein politisches Engagement auffiel. Er musste seinen Posten im Frühjahr 1938 verlassen, als die nationalistischen Mitglieder der Sudetendeutschen Partei die Führung im Theaterverein übernahmen. Dass es allerdings tschechische *Stücke* waren, also Sprechtheater, hat seinen Grund darin, dass das mährisch-ostrauer Ensemble, wie bereits erwähnt, seine Heimstatt seit 1920 im Deutschen Haus hatte, also in einem eigentlich nicht als Theater gebauten Gebäude. Zeisel hatte daher zu Beginn seiner Direktionszeit beschlossen, ein reines Schauspielensemble zu engagieren – Oper und Operette wurden in die Nachspielzeit verlegt und mit Gastspielen bestritten.

Obwohl Zeisel mit dieser Taktik in Ostrau sowohl künstlerischen als auch finanziellen Erfolg hatte, konnte sich der Brünner Deutsche Theaterverein nicht dazu durchringen, die Oper aufzugeben. Zu prestigeträchtig war dieses Genre, zu wichtig für das Brünner Großbürgertum, übermächtig stand die Brünner Operntradition über den tatsächlichen realen Bedingungen. Das Brünner deutsche Theater nützte die beiden ihm im Gebäude des ehemaligen Stadttheaters zur Verfügung stehenden Tage meist für Aufführungen von Opern; auch wenn immer wieder überlegt wurde, die Oper aus Kostengründen aufzugeben, fanden sich doch immer genügend Argumente für ihre Beibehaltung. Eines der wichtigsten dabei war stets ihre Betonung als „nationales Gut“ – sie aufzugeben, wäre einer „nationalen Schande“ gleichgekommen und hätte gewissermaßen den Sieg der widrigen politischen Verhältnisse über die deutsche Kunst bedeutet. Nichtsdestotrotz wurde gerade die Oper zum ersten und bevorzugten Ort der Zusammenarbeit zwischen tschechischem und deutschem Theater. Die erste Inszenierung eines tschechischen Werks am Brünner deutschen Theater war 1922 František Neumanns[8] *Liebelei* gewesen, doch erst mit der Inszenierung von Smetanas *Kuss* 1924 bürgerte sich ein, dass die Aufführungen tschechischer Opern am deutschen Theater unter Mithilfe des tschechischen Ensembles stattfanden. Dieses lieh oft Kostüme und Dekorationen aus, half mit Sängern oder Sängerinnen oder stellte sein Ballett zur Verfügung. Oft wurde die Inszenierung sogar von einem Regisseur des Brünner tschechischen Theaters geleitet; mindestens eine tschechische Oper stand ab 1924 jährlich im Spielplan. Meist waren diese Aufführungen mit besonderen Anlässen verbunden – neben Jubiläen der Komponisten selbst war insbesondere der Nationalfeiertag ein solcher Anlass.

Das Brünner deutsche Theater spielte am Nationalfeiertag beispielsweise den *Herbststurm* von Neumann (1928), Smetanas *Kuss* (1934) oder die *Verkaufte Braut* (1935). Ähnlich verfuhr das Stadttheater Reichenberg, das die *Verkaufte Braut* zum Nationalfeiertag 1934 und Smetanas *Zwei Witwen* und *Dalibor* zu Masaryks Geburtstag 1935 und 36 aufführte – den *Dalibor* nochmals bei einer Gedächtnisfeier für den im Jahr zuvor verstorbenen Masaryk am Tag seines Geburtstags im Jahre 1938. In Reichenberg wurden aber mitunter auch tschechische Stücke als Festaufführung gewählt, so fand 1927 eine Aufführung von František Langers *Periferie* anlässlich des Nationalfeiertages statt. Dies war ein Gastspiel des Prager Divadlo na Vinohradech (Theater in den Weinbergen), mit Jaroslav Kvapil als Regisseur und der Ausstattung von Josep Čapek – dieser tschechischsprachigen Inszenierung folgte etwas über ein Jahr später eine deutschsprachige Inszenierung von *Peripherie*, die das Reichenberger Stadttheater selbst besorgte.[9]

Das deutsche Theater in Mährisch-Ostrau spielte, wie erwähnt, ebenfalls Schauspiele zu festlichen Anlässen. Neben tschechischen zeitgenössischen Autoren wurden auch deutsche Klassiker aufgeführt – die Auswahl spricht jedoch für sich: 1933 setzte Direktor Zeisel Lessings *Nathan der Weise* als Festaufführung an. Ein halbes Jahr nach der „Machtergreifung" der Nationalsozialisten in Deutschland und nach der ersten Flüchtlingswelle deutscher Emigranten in der Tschechoslowakei eine deutliche Aussage. Ein halbes

[8] Neumann war ab 1919 Opernchef, von 1925 bis zu seinem Tod 1929 auch Direktor des Brünner Národní Divadlo.

[9] Vgl. Jirí Janácek. *Ctyrikrát mestské divadlo Liberec* [Stadttheater Reichenberg] *1883-1938*. Liberec: Nakladatelství Bor 2004, S. 52f.

Jahr später wurde zu Masaryks 84. Geburtstag František Langers Komödie *Engel unter uns* gespielt, Zeisel verglich in einem Interview Masaryk explizit mit diesen „menschlichen Engeln“:

> In der Schlussszene freilich führt der Dramatiker Langer die Engel und alle Leute zusammen, sie sind nicht zu unterscheiden und da fragt einer dieser Engel-Menschen zu recht: ‚Wenn solche Menschen auf der Erde leben, ist es dann noch notwendig, dass die Engel aus dem Himmel hierher kommen?‘ Sehen Sie, und dieser positive Glaube an den Menschen und das Gute in ihm ist der poetisch und menschlich so ergreifende Inhalt von Langers Stück. In der neuesten dramatischen Literatur habe ich nichts Schöneres gefunden, um die Person unseres Präsidenten würdig zu verehren.“[10]

Das Theater war bei diesen Feierlichkeiten stets festlich geschmückt, der Aufführung gingen – wie auch in Brünn – die Hymnen und oft eine Ansprache des Direktors voran.

Nicht alle deutschen Einwohner der Tschechoslowakei waren jedoch mit diesen Feiern einverstanden, in Brünn kam es einmal sogar soweit, dass die Festveranstaltung zu einer „Gegendemonstration“ genutzt werden sollte. Bei der 10-Jahres-Feier der Republik im Gebäude des Stadttheaters, aufgeführt wurde Neumanns *Herbststurm*, erhob sich vor Beginn ein junger Mann in einer der Logen und begann, ein Manifest zu verlesen, das mit den Worten begann: „Im Namen der deutschvölkischen akademischen Jugend erhebe ich feierlich Einspruch gegen diese Festvorstellung, zu der kein Anlaß vorliegt.“[11] Weiter kam er allerdings nicht, da das Orchester einfach mit der Ouvertüre begann. Der Student und seine Gefährten wurden verhaftet und wegen Verstoßes gegen das Gesetz zum Schutz der Staatssicherheit angeklagt – dass der damalige Theaterdirektor Hans Demetz im Prozess als Zeuge auftrat, wurde ihm von den Brünner nationalen Kreisen nicht verziehen und dürfte mit eine Rolle für die vorzeitige Lösung seines Vertrages gespielt haben.

Wie die Theater die staatlichen Feiertage begingen, interessierte auch das Schulministerium: Im Mährischen Landesarchiv finden sich Aufstellungen aus den Jahren 1933, 34 und 35, die das Landesamt im Auftrag des Schulministeriums erheben ließ. Sämtliche mährischen Theater wurden dabei befragt, was sie anlässlich der nationalen Festtage aufführten.[12] In den Antworten der deutschen Theater zeigt sich nicht nur, was die Theater aus diesem

[10] Vgl. „Langrovy ‚Andělé mezi námi‘ v ostravském německém divadle“ [Langers *Engel unter uns* am Ostrauer deutschen Theater].- In: *Duch casu*, 6. März 1934.

[11] *Bohemia*, 31. Oktober 1928, S. 4

[12] Moravský Zemský Archiv, Fond B40 Zemský úřad Brno, II. manipulace (1928-1935), 34-5a (Divadla, koncerty, hudební školy, pěvecké spolky, umělců), kart. 4423.

Anlass spielten, sondern auch wie beispielsweise die Theatervereine ohne Theatergebäude den Geburtstag Masaryks begingen, oder der unterschiedliche Grad der Zusammenarbeit zwischen deutschem und tschechischem Ensemble in den verschiedenen Städten. So spielte man zum Nationalfeiertag 1933 in Mährisch-Ostrau, wie bereits erwähnt, *Nathan der Weise*, in Brünn fand eine Festakademie im Schauspielhaus in der Redoute statt, das deutsche Theater in Olmütz konnte das Theatergebäude nur montags benutzen und hatte daher Publikum und Mitglieder aufgefordert, sich an den Festvorstellungen des tschechischen Theaters zu beteiligen, der Znaimer deutsche Theaterverein hatte für diese Saison vom Landesamt noch keine Konzession erhalten (auf die er in seinem Brief verständlicherweise nochmals drängte), beteiligte sich aber an der offiziellen Feier der verschiedenen städtischen Gremien und Vereine im Stadttheater.

Zu einer besonderen Feier kam es 1930 in Brünn zu Masaryks 80. Geburtstag: In einer gemeinsamen Festvorstellung, der die (deutschsprachige und tschechischsprachige) Hymne voranging, spielte das tschechische Ensemble den ersten Akt von Smetanas *Verkaufter Braut*, das deutsche die Festwiesenszene aus Wagners *Die Meistersinger von Nürnberg*. Diese Zusammenstellung war bereits acht Jahre zuvor bei der Gregor-Mendel-Feier[13] aufgeführt worden und wurde von Kritik, Ensemble und Publikum beide Male als großer Versöhnungsakt zelebriert. Der Kritiker des *Tagesboten*, der größten deutschsprachigen Brünner Zeitung, betonte auch diesmal die nationenübergreifende Begeisterung, die das deutsch-tschechische Publikum ergriff:

> [...] schon einmal haben Smetana und Wagner, *Verkaufte Braut* und *Meistersinger*, die beiden Gegenpole völkisch-rassiger Urwüchsigkeit, das Einigungswerk besiegelt. Wieder offenbarten sich auch diesmal, durch den festlichen Anlaß zu denkbarster Selbststeigerung entboten, die beiden, aus gemeinsamen Wurzeln der Kunst erwachsenen und in der Kunst zusammenstrebenden Welten, in der Eigenart ihrer Gefühlssphäre, ihrer Kunstform, offenbarten sich mit so drängender Kraft, daß die durch den festlichen Anlaß an sich gehobene Stimmung im übervollen Hause nach den beiderseitigen Vorführungen zu ehrlicher Hingerissenheit anschwoll.[14]

Ich möchte hier kurz darauf hinweisen, dass es nicht zufällig Opern waren, die beide Theater für diesen Anlass wählten: abgesehen vom grundsätz-

---

[13] Der Begründer der Erblehre war gebürtiger Brünner. 1922 wurde sein 100. Geburtstag mit einem vielfältigen Programm gefeiert – es war die erste Zusammenarbeit zwischen deutschem und tschechischem Ensemble in Brünn und wurde von den Zeitungen dementsprechend gewürdigt.

[14] *Tagesbote*, 8. März 1930, Morgenausgabe, S. 8.

lich höheren Prestige von Opernaufführungen gegenüber dem Schauspiel ist hier insbesondere von Bedeutung, dass Wagner und Smetana gewissermaßen die beiden „Nationalheiligen" im Bereich der Kunst darstellten. Innerhalb ihrer Werke nahmen wiederum *Meistersinger* und *Verkaufte Braut* eine besondere Stellung ein – diese beiden Werke wurden so interpretiert, dass in ihnen der „Nationalcharakter" von Deutschen respektive Tschechen besonders gut festgehalten und dargestellt würde. Die Zusammenstellung dieser beiden Opern bedeutet demnach keine Versöhnungsgeste unter Vernachlässigkeit der jeweiligen Eigenheiten sondern gerade die Anerkennung der nationalen Besonderheiten der jeweils anderen. Insofern können diese Aufführungen als ein Beitrag zu den Identitätskonstruktionen der tschechoslowakischen Deutschen der Zwischenkriegszeit gesehen werden – gerade in den staatsloyalen Konzepten spielte die gegenseitige Anerkennung der nationalen Eigenheiten eine große Rolle. Insbesondere für diese Vorstellungen galt Masaryk mit seiner Betonung des Grundsatzes „Gleiche unter Gleichen" als Schirmherr.

An den Festvorstellungen zu Masaryks Geburtstag lässt sich erkennen, wie sehr er in den dreißiger Jahren auch von den Deutschen als „Vater der Republik" gesehen wurde – insbesondere nach 1933, als deutlich wurde, wie wenig selbstverständlich demokratische Grundrechte in Europa geworden waren. Der deutsche christlichsoziale Minister Spina schrieb über die Feierlichkeiten zu Masaryks 85. Geburtstag 1934:

> Nicht nur das tschechische Volk, sondern auch das Sudetendeutschtum bekennt sich an diesem Tage zum Präsidenten als Symbol des Staates und der demokratischen Fürsorge für die deutsche Minderheit.[15]

Und Masaryks Wiederwahl im Mai des gleichen Jahres wurde zu einer eindrucksvollen gemeinsamen Feier von deutschen und tschechischen Brünnern:

> Für uns Deutsche hatte die gestrige Kundgebung eine weitere Bedeutung, da zum ersten Male seit dem Bestand der tschechoslowakischen Republik deutsche Bürger unserer Stadt gemeinsam, gleichsam Seite an Seite mit unseren tschechischen Mitbürgern, ihre Freude über die Wahl des bedeutendsten und überzeugtesten Vertreters der demokratischen Verfassung dieses Staates, jenes Mannes, der sich immer wieder für den Grundsatz ‚Gleiche unter Gleichen' eingesetzt hat, zum Ausdruck brachten. Der Freiheitsplatz erwies sich als zu klein, um all die Menschen zu fassen, die gekommen waren, um der Feier beizuwohnen.[16]

---

[15] *Tagesbote*, 8. März 1934, Morgenausgabe, S. 1.
[16] *Tagesbote*, 25. Mai 1934, Morgenausgabe, S. 5.

Besonders eindrucksvoll gestaltete sich auch die Gedächtnisfeier des Brünner deutschen Theatervereins anlässlich seines Todes im Jahr 1937. Nach dem Trauermarsch aus Beethovens *Eroica* und einer Gedenkrede von Direktor Kramer sang der Bariton Walter Windholz zu Orgelbegleitung zwei von Brahms *Ernsten Gesängen*, darauf folgte der Vortrag einer chorischen Dichtung des Brünner Schriftstellers Felix Langer: *Requiem für T.G. Masaryk*. Währenddessen wurde Masaryks Bild im Bühnenhintergrund projiziert, die beiden Staatshymnen beschlossen die Feier.[17]

Wie sehr Masaryks Tod auch als Zeichen für das Ende der tschechoslowakischen Republik und des wohl nicht immer konfliktfreien aber demokratisch geregelten Zusammenlebens der unterschiedlichen Nationen in ihr gedeutet werden kann, zeigen die Ereignisse der Jahre 1938/39 mit dem Münchner Abkommen im September 1938 und der Errichtung des „Protektorats Böhmen und Mähren" im März 1939, die nicht nur zur Unterdrückung der tschechischen Bevölkerung führten, sondern auch zur Vertreibung und Ermordung „unliebsamer" deutscher Bewohner der Tschechoslowakei durch die Nationalsozialisten. Das nächste Mal, als der Brünner deutsch-jüdische Opernsänger Windholz die *Ernsten Gesänge* von Brahms im Juni 1943 erneut sang, ging es um die Eröffnung der Rathaushalle im Ghetto Theresienstadt, wohin er im November 1942 deportiert worden war[18]. Von dort wurde er am 16. Oktober 1944 mit einem der sogenannten „Künstlertransporte" nach Auschwitz deportiert,[19] von wo er nicht mehr zurückkehrte – sein Todesdatum ist unbekannt.

[17] Vgl. *Tagesbote*, 2. Oktober 1937, Abendausgabe, S. 3.

[18] Transport Cd, Transportnummer 21; vgl. *Terezínska Pamětní Kniha*, Bd. 2, S. 1045. Zu Windholz' Tätigkeit in Theresienstadt vgl. Katharina Wessely: „Die Wege der SchauspielerInnen des Brünner deutschen Theaters nach 1938." In: *Theresienstädter Studien und Dokumente 2006*. Prag: Sefer 2006 (im Druck).

[19] Transport Er, Transportnummer 952; vgl. *Terezínska Pamětní Kniha*, Bd. 2, S. 1045.

Sylva Pracná, Troppau

Das Stadttheater in Troppau in den zwanziger und dreißiger Jahren des 20. Jahrhunderts

Nach der Entstehung der Tschechoslowakei im Jahre 1918 war es notwendig, sich mit der neuen gesellschaftlichen Lage abzufinden, die nicht nur das öffentliche Leben, sondern auch das Kulturleben veränderte. In Troppau können wir in diesem Zeitraum besonders die Theatertätigkeiten nicht übersehen, als das tschechische und deutsche Theater begonnen haben, auf einer Bühne desselben Theatergebäudes regelmäßig nebeneinander aufzutreten.

Das deutsche Theater knüpfte an frühere Traditionen an, geriet aber durch die veränderten gesellschaftlichen Verhältnisse in eine schwierige Lage. Die Zahl der Zuschauer nahm ab, was auch dadurch zu erklären war, dass das deutsche und österreichische Militär bzw. die österreichischen Beamten angezogen waren. Aber auch das tschechische Ensemble hat dem deutschen einen Teil der tschechischen Zuschauer weggelockt, als der Vertrag über die kostenlose Überlassung des Stadttheaters für tschechische Vorstellungen abgeschlossen wurde. Seit damals wurde diese Vereinbarung Jahr für Jahr erneuert, und die Zahl der tschechischen Vorstellungen nahm zu. Es kam so weit, dass die Zuschauer in Troppau regelmäßig Inszenierungen verfolgen konnten, die von drei professionellen Theatern einstudiert wurden, und zwar in der Interpretation des deutschen Stadttheaters in Troppau, von dem seit 1919 in Troppau gastierenden tschechischen Nationaltheater aus Mährisch-Ostrau, und seit 1921 hat sich hier das Tschechische Theater aus Olmütz präsentiert. Dabei übergehen wir die Laienspiele der Theatergruppe in Troppau.

In den zwanziger und dreißiger Jahren des 20. Jahrhunderts kam es im Troppauer Stadttheater zu einer ungewöhnlichen Lage, als hier ein deutsches und zwei tschechische Theater auf einer Bühne auftraten und auf diese Weise ihre künstlerische Produkte nebeneinander (und hintereinander) präsentierten. Die gemeinsame Bühne und das verständliche Bemühen um Zuschauer, hat eine Konkurrenz geschaffen, die zur Steigerung des künstlerischen Niveaus führte.

Die einzelnen Einrichtungen mussten um ihre Existenz kämpfen. Die ständig zunehmende Zahl von Spieltagen für tschechische Vorstellungen hat das deutsche Theater nicht nur wirtschaftlich, sondern auch in seinem täglichen Bestand negativ beeinflusst. Es ging nicht nur um Zuschauer, sondern auch um den Reinerlös. So befand sich das deutsche Theater in der Spielzeit 1921/22 am Rande der finanziellen Pleite, vor der es bloß eine Sammelaktion der deutschen Bürger rettete. Die erforderliche Summe von drei Millionen wollten diese auf Grund von Beiträgen erzielen: hundert Beiträge zu 10.000 Kronen, Tausend zu 1.000 Kronen und zehntausend zu 100 Kronen.[1] Die Sammelaktion war erfolgreich, und das Theater konnte weiter machen, aber auch später, hatte das Theater im ganzen Zeitraum (zwanziger und dreißiger Jahre) finanzielle Schwierigkeiten, die durch diverse Sparmaßnahmen überwunden werden sollten.

Im Jahre1922 wurde Engelbert Warbek (1859-1932) zum Direktor des Troppauer Theaters ernannt. Es gelang ihm, das Theater zu konsolidieren, und die Verlust glich er folgendermaßen aus: in den Jahren 1922–1925 betrieb er auch in dem renovierten Saal im Restaurant „Zu den drei Hähnen" eine Zusatzbühne, wo vor allem Arbeitervorstellungen für einen geringeren Eintrittspreis dargeboten wurden; hier fanden auch einige Premieren statt. Gegen finanzielle Verluste gab es unter Direktor Warbek Nachtvorstellungen im Stadttheater, die nach dem Ende der tschechischen Vorstellungen gezeigt wurden. Trotz der erwähnten Schwierigkeiten gelang es Engelbert Warbek, die künstlerische Qualität vor allem im Bereich der Oper zu steigern. Auf der Troppauer Bühne wurden anspruchsvolle Werke von Richard Wagner, Richard Strauss, Giuseppe Verdi oder Ludwig van Beethoven einstudiert. Die künstlerische Bedeutung einzelner Ensembles wurde von gastierenden Künstlern maßgeblich beeinflusst. Nicht nur die Gesangleistungen in der Oper, sondern auch im Sprechtheater wurden durch namhafte Gäste sehr abwechslungsreich gestaltet. Zu den Gästen gehörten Rudolf Tyrolt und Wilhelm Klitsch vom deutschen Volkstheater in Wien, ebenso Lilly Marberg und Josef Danegger vom Hoftheater Wien. Das Schauspielensemble und die Neuheiten der Modeoperetten aus Wien haben die anspruchsvolle Produktion des Opernhauses mit geprägt, die einem kleinen Kreis von Zuschauern entsprach.

Den Einfluss der gemeinsamen Theaterbindungen und der zweisprachigen Umgebung bemerkte man auch im Spielplan des deutschen Theaters. Direktor Engelbert Warbek war der gemeinsamen Zusammenarbeit zwischen den Tschechen und Deutschen zugeneigt, und seit 1924 nahm er Werke tschechischer Musiker und Dramatiker in den Spielplan des Theaters auf. Zu den ersten Aufführungen gehörten Opern von Bedřich Smetana (*Die verkaufte Braut* und *Zwei Witwen*, die beide 1924 aufgeführt wurden). Es folgten die Opern von Antonín Dvořák und Leoš Janáček sowie Theaterstücke von František Langer (*Ein Kamel geht durch ein Nadelöhr*, 1925 und *Die Bekehrung des Ferdyš Pištora*, 1929). Im Jahre 1928 wurde Direktor Engelbert

---

[1] Vgl. „Německé divadlo opavské." In: *Jeviště*, Jg. 2. 1921, S. 109.

Warbek wegen des für tschechische Bühnenwerke aufgebrachten Verständnisses zum Ehrenmitglied des tschechischen Theatervereins in Troppau gewählt.

Das vielsprachige Milieu und die Gegenüberstellung der beiden – tschechisch-deutschen – Angebote trug zur Qualitätssteigerung bei, ebenso zu ausgeglichenen künstlerischen Leistungen der erwähnten Theatereinrichtungen. Einen Vergleich der künstlerischen Leistungen ermöglichte der jeweilige Spielplan. Die Zuschauer konnten sich die Aufführung des gleichen Werkes in verschiedenen Inszenierungen zu Gemüte führen, zum Beispiel Beethovens *Fidelio*: zunächst in der Erstaufführung des deutschen Ensembles am 24. März 1927 unter der musikalischen Leitung von Gustav Witt und in der Regie des Sohnes des Theaterdirektors – Otto Warbek und 14 Tage später als Aufführung des Opernensembles aus Olmütz.

Im Jahre 1929 löste Prof. Arthur Löwenstein (1890-1939) Engelbert Warbek nach der siebenjährigen Tätigkeit ab. Diesen Zeitraum können wir als einen Markstein bezeichnen, weil das Theater in eine moderne Bühne umgewandelt wurde. Der erfahrene Dirigent Arthur Löwenstein hat in allen Bereichen die Leistungen des Opernensembles gesteigert, aber auch das Schauspielensemble gewann an Qualität, was durch bessere Bedingungen für die Proben erreicht wurde. Der Direktor Arthur Löwenstein, der zugleich Opernchef war, führte auf der Troppauer Bühne eine Reihe von anspruchsvollen Werken auf: Wagners *Walküre*, *Siegfried*, Mozarts *Zauberflöte* und *Figaros Hochzeit*, Verdis *Troubadour* und *Aida*, Puccinis *Turandot*. Mit diesem Spielplan gehörte das Troppauer Theater zu den bedeutenden Opernszenen des Landes. Ein Drittel des Opernensembles bildeten fest Angestellte, die anderen waren Gäste. Ähnliches galt für das Orchester. Zu den Dauergästen der Troppauer Szene, die Titelrollen darboten, gehörten Cornelis Wygers, Ylarda Wessela und seit der Spielzeit 1930/31 der Tenor Jaroslav Jaroš und der einundzwanzigjährige Bariton Hans Hotter, später Solist der Wiener Staatsoper und Dauergast der Salzburger Festspiele, der Metropolitan Opera in New York und der Scala in Mailand. Von den anderen Gästen der Troppauer Bühne sind besonders nennenswert: Ludwig Flaschner in der Rolle Kecal in der *Die verkaufte Braut*, die Karl Norbert in Szene gesetzt hatte, Lois Odo Böck, ehemaliges Troppauer Ensemblemitglied und später Solist der Oper im Deutschen Theater in Prag.

Zur künstlerischen Auseinandersetzung zwischen dem tschechischen und deutschen Theaterensemble kam es auch ebenfalls, zum Beispiel wurde im Verlauf von zwei Tagen im März 1930 Shakespeare *Hamlet* aufgeführt. Zuerst hat das deutsche Schauspielensemble mit Alexander Moissi vom Berliner Deutschen Theater und danach das Mährisch-Ostrauer Ensemble mit

Miloš Nový das Drama aufgeführt. Wir können auch die Uraufführung der gesellschaftlichen Komödie *Gleichgewicht* des Troppauers Karel Baron erwähnen, die innerhalb eines Monats 1931 sowohl vom Mährisch-Ostrauer Ensemble (in der Regie von Jaroslav Skála) als auch vom deutschen Ensemble (in der Regie von Josef Krastel) aufgeführt wurde. Für die tschechisch-deutsche Annäherung waren auch gemeinsame Vorstellungen am frühen Nachmittag von großer Bedeutung. Am 7. März 1930 feierten beide Gruppen gemeinsam den 80. Geburtstag von Präsident Tomáš G. Masaryk. Im Programm trat die bekannte Ostrauer Schauspielerin Táňa Hodanová auf, und die Schauspieler des deutschen Ensembles führten Grillparzers dramatisches Gedicht *Libussa* auf, während das Orchester des Stadttheaters und der Verein schlesischer Lehrer aufspielten.

Wie ich schon angedeutet habe, setzte sich das Stadttheater Troppau oft genug in der Zwischenkriegszeit mit finanziellen Schwierigkeiten auseinander. Direktor Löwenstein konnte trotz klugen Wirtschaftsgebarens im Zeitraum der Wirtschaftskrise die schlechte finanzielle Lage nicht entscheidend verbessern. Im Frühjahr 1932 war es nicht mehr möglich, die Löhne für die Theaterangestellten auszuzahlen, und Direktor Löwenstein trat zurück. Die Theaterspielzeit wurde vorzeitig beendet, und der Stadtrat war damit einverstanden, damit die Schauspieler im April eine Benefizvorstellung in eigener Regie veranstalten konnten.[2]

Im September 1932 kam ein neuer Direktor – Opernregisseur Paul Gerboth (1875-1933). Seine Tätigkeit wurde leider im Dezember 1933 durch seinen plötzlichen Tod beendet. Während der kurzen Zeit setzte er eine klare Vorstellung durch, und in den Spielplan nahm er gern noch nicht aufgeführte Stücke auf, zum Beispiel Renate Uhls Tragödie *Hafenlegende.*

Im Jahre 1934 übernahm Georg Terramare (1889-1948) das Troppauer Theater (sein eigentlicher Name war Georg Eisler von Terramare). Er war als Schriftsteller und Regisseur und eine bekannte Persönlichkeit und verfügte über reiche Erfahrungen als Chef des Schauspielensembles in Bern und Hamburg, ebenso als ehemaliger Regisseur des Wiener Burgtheaters. Mit Blick in die Zukunft engagierte Terramare seinen Schüler Franz Stoss als stellvertretenden Direktor.[3] Er wollte seine Nachfolger sichern. Auf künstlerischem Gebiet wollte Terramare über ein erfahrenes Team von Regisseuren verfügen und lehnte es ab, Schauspieler Regie führen zu lassen. Seiner Einladung folgten Opernregisseur Hermann Geiger, Eduard Roth,

---

[2] Vgl. „Die Troppauer Theaterkrise.“ In: *Deutsche Post*, Jg. 147, Nr. 63 (13.03.1932), S. 8.; Nr. 64 (15.03.1932), S. 5.

[3] Vgl. „Franz Stoss.“ In: *Langen-Müllers Schauspieler Lexikon der Gegenwart. Deutschland, Österreich, Schweiz.* München, Wien 1986, S. 990.

Regisseur des Schauspielensembles, Operettenregisseur Kurt Hessky, der in der Oper, aber auch im Schauspiel erfolgreich war.

Außer klassischen Bühnenwerken (Schiller, Shakespeare) legte Terramare großen Wert auf die dramatischen Novitäten und widmete auch tschechischen Schauspielen seine Aufmerksamkeit. Während seiner Tätigkeit es handelt sich um drei Spielzeiten –, führte er zwölf Klassiker auf, dazu dreizehn Bühnenstücke, die in der Tschechoslowakei zum ersten Mal gezeigt wurden. Dazu gehörten: Franz Dubskýs Stück aus der spanischen Geschichte, *Johanna, die Wahnsinnige*, Gustav Rankers *Extraausgabe* und seine Dramatisierung vom Tolstois *Auferstehung*, ebenso Reutters *Dr. Johannes Faustus*. Direktor Terramare führte im Troppauer Theater auch seine dramatischen Erstlingswerke *Die Erfüllung* und *Die stille Stunde* auf, die zuvor bereits am Wiener Burgtheater inszeniert worden waren.[4]

Auch in diesem Zeitraum erschienen auf der Troppauer Bühne die gleichen Titel, die von verschiedenen Ensembles einstudiert wurden. 1934 konnten sich die Zuschauer das Theaterstück *Der Geselle* (aus dem Leben russischer Emigranten) des französischen Dramatikers Jacques Deval sogar in drei Aufführungen ansehen. Im März führten beide tschechische Bühnen das Werk auf – das Olmützer und Mährisch-Ostrauer Ensemble –, und am 24. November kam es zur Uraufführung das deutsche Schauspielensemble in der Regie des Theaterdirektors Georg Terramare. Langers Drama aus dem Legionärsmilieu, *Die Reiterpatrouille*, wurde zu einer Gegenüberstellung genutzt: keine drei Monate vor der deutschen Uraufführung am 31. Januar 1936,[5] führte das Mährisch-Ostrauer Schauspielensemble in der Regie von Jiří Myron das Stück in Troppau auf. *Die Reiterpatrouille*, die von Georg Terramare einstudiert worden war, wurde – wie die Presse betonte – stürmisch und mit Begeisterung aufgenommen. Auch die tschechische Presse kommentierte die Uraufführung und stellte fest: „Mit der *Reiterpatrouille* äußerten sich fast vergessene Bemühungen zur Annäherung beider Völker im kulturellen Bereich.“[6] Was die auf der Troppauer Bühne aufgeführte tschechische Inszenierung betrifft, kann man darauf hinweisen, dass es noch Ende 1936 zur tschechoslowakischen Erstaufführung von Eduard Roths Familienkomödie *Das Nest* kam, die mit Wally Rossow in der Titelrolle dargeboten wurde.[7]

[4] Vgl. *Burgtheater 1776-1976*. Wien, 2 Bde, 502, 455 S.

[5] Vgl. -ei-: „Die Reiterpatrouille.“ In: *Neues Tagblatt*, Jg. 3, Nr. 27 (01.02.1936), S. 9.

[6] Vgl. -p-: „Jízdní hlídka na německé scéně v Opavě.“ In: *Moravskoslezský deník*, Jg. 37, Nr. 34 (04.02.1936), S. 4.

[7] Vgl. Tk.: „Das Nest.“ In: *Neues Tagblatt*, Jg. 3, Nr. 299 (24.12.1936), S. 5.

Als Georg Terramare Direktor war, erfreute sich das Theater guter künstlerischer Leistungen. Das Schauspielensemble verzeichnete einen Aufschwung und konnte – dank guter Regiearbeit – zu den modernen Bühneneinrichtungen gezählt werden. Als Terramare 1937 zurücktrat, gab es in der kulturellen Öffentlichkeit Missfallen darüber. Georg Terramare ging mit seiner Frau Erna Terrel nach Prag, aber in der folgenden Spielzeit blieben sie dem Troppauer Theater treu. Georg Terramare leitete sogar das Schauspielensemble, weil der neue Direktor Franz Stoss (1909-1995) drei Monate lang in Berlin gastierte und etwas später über Italien nach Bolivien emigrierte. In dieser bewegten Zeit bevorzugte Direktor Stoss ein Programm: Theater für alle, das einen unterhaltsamen Spielplan aufzuweisen hatte. Aber auch das hat die sinkende Zuschauerzahlen und den finanziellen Niedergang nicht verhindert.[8] Eine Etappe des Troppauer Theaters wurde nun beendet, denn nach der Besetzung Troppaus durch deutsche Truppen am 8. Oktober 1938 hat sich die Lage schlagartig geändert, ebenso die wirtschaftlichen Voraussetzungen.

Die gesamte Zwischenkriegszeit kann man als eine ständige künstlerische Auseinandersetzung und einen Wetteifern – auch unter wirtschaftlichen Gesichtspunkten – betrachten. Die Tätigkeit einzelner Direktoren beeinflusste die Konfiguration des Troppauer deutschen Theaters in jeder Hinsicht, von der Zusammensetzung des Spielplans, über die künstlerische Dimension der Stücke bis hin zu den namhaften Gästen. Trotz aller Schwierigkeiten, einschließlich des Versuchs, das Troppauer Theater mit dem Deutschen Theater in Mährisch-Ostrau zu verbinden, die glücklicherweise nie verwirklicht wurde, erreichte das Troppauer Stadttheater seinen künstlerischen Höhepunkt gerade in den 30er Jahren.

Literatur:

Boženek, Karel: „Operní společnosti na scéně opavského divadla." In: *Časopis Slezského muzea*, Jg. 31.1982.

Buhl, Paul: *Troppau von A bis Z. Ein Stadtlexikon*. München: Aufbau-Verlag 1973.

Jensch, G.: *Theater und Musik in Schlesien*. Berlin-Hallensee 1925.

Zbavitel, Miloš: *Kalendárium dějin divadla v Opavě*. Opava 1995.

[8] Vgl. E. Just: „Troppauer, vergesst Euer deutsches Theater nicht! (Aufgebot des Bürgermeisters zu der deutschen Bevölkerung)." In: *Neues Tagblatt*, Jg. 5, Nr. 73 (27.03.1938), S. 12.

Elżbieta Nowikiewicz

Das deutsche Theater in Bromberg in den Jahren 1939-1944

Danzig war im Reichsgau Danzig-Westpreußen das Zentrum des deutschen Theaterlebens. Die zweitgrößte Stadt im erwähnten Reichsgau war Bromberg. Hier und in allen größeren Städten des Gaues wurden wiederum deutsche Berufstheater gegründet.

In der Zwischenkriegszeit pflegte die Deutsche Bühne, eine Laienbühne, die 1920 gegründet worden ist, die deutsche Theatertradition. Es handelte sich um einen Verein, der nach dem Ende des Ersten Weltkriegs die in Polen verbleibende deutsche Bevölkerung u.a. in Bromberg, Thorn und Graudenz kulturell betreuen sollte.

Im Frühjahr 1939 musste die Deutsche Bühne in Bromberg ihre Tätigkeit einstellen. Im Oktober, wenige Wochen nach Kriegsausbruch, kam das Deutsche Schauspiel, das mit den Baltendeutschen ins Reich umgesiedelt wurde aus Riga nach Bromberg. Nachdem die Bromberger einige Gastaufführungen des Danziger Stadttheaters erlebt hatten, wurde am 14. Dezember 1939 die erste Spielzeit des neuen ständigen Theaterensembles eröffnet. Es war eine Zwischenspielzeit, denn Direktor Heinrich Voigt (geb. 1895), in dessen Händen die Leitung des Theaters lag, musste sich vorwiegend um den Neuaufbau des Ensembles kümmern, da 1940 mit Künstlern für Schauspiel, Oper und Operette sowie mit einer Tanzgruppe eine neue Zeit des Bromberger Theaterlebens beginnen sollte.

Das Propagandaministerium förderte mit beträchtlichen finanziellen Mitteln die Einrichtung des deutschen Theaters in Bromberg. Energische Förderung durch Kreisleiter Kampe und die Unterstützung, die der Kreisleiter durch Gauleiter und Reichsstatthalter Albert Forster erhielt, ermöglichten die gründliche Renovierung der Innenräume unter Aufsicht des Architekten Frick aus Danzig; es gab Verbesserungen bei der technischen Ausstattung und der Beleuchtungsanlage des Stadttheaters. Das Gebäude fasste knapp 730 Plätze, verfügte über eine elektrische Drehbühne und andere moderne technische Hilfsmittel. Am 6. Oktober 1940 wurde das umgebaute Gebäude mit Carl Maria von Webers Oper *Freischütz* feierlich eröffnet.

Die politische Linie des Spielplans wurde selbstverständlich mit Berlin abgestimmt. Die Unterlagen für die von Heinrich Voigt beantragten Dienstreisen belegen, dass der Intendant Reisen nach Berlin auf Anordnung des Reichspropagandaamtes zur Besprechung der U-K-Angelegenheiten im Ministerium unternahm (16. März 1941).[1] Dem Theater wurden – wie jeder Kunstinstitution – während des Krieges politische Aufgaben zugewiesen, jedoch nicht alles war in Bromberg auf die NS-Propaganda eingestimmt. In den Presseberichten wiederholte man zwar bei unterschiedlichen Gelegenheiten Sprüche wie: „Im Kriege schweigen die Musen nicht“[2] oder „die Kunst ist trotz des Krieges zur höchsten Entfaltung mobilisiert“. Nach Zbigniew Raszewskis Meinung, des namhaften polnischen Theaterwissenschaftlers, wäre es jedoch schwer,

> dieses Theater faschistisch zu nennen. Auch wenn es Propagandastücke spielte, konnte man dies einfach nicht feststellen. Im Theater herrschte eine ganz andere Atmosphäre, als im Kino, eine andere als auf der Straße.[3]

Die Durchsicht der Repertoireangebote für die Zeit von 1939 bis 1944 kann die von Zbigniew Raszewski aufgestellte Behauptung bestätigen.

Im Rahmen der kulturellen Aufbauarbeit im Reichsgau erhielt Bürgermeister Walther Ernst den Auftrag, in Bromberg das zweite Theater zu eröffnen, das – wie er in seiner Ansprache bei der Eröffnungsfeier am 12. September 1942 unterstrich – „in den Zeiten höchsten Kräfteentfaltung große Kulturergebnisse“[4] anbieten sollte. Das Kleine Haus mit 450 Sitzplätzen wurde in den Räumlichkeiten des früheren Sommertheaters Elysium, der späteren Deutschen Bühne, in der Gdańska Strasse 68 (während des Krieges Adolf-Hitler-Straße) untergebracht. Es entstanden die Städtischen Bühnen Bromberg mit dem Stadttheater und dem Kleinen Haus. Von der neuen Einrichtung erwartete man eine Belebung des Spielplans. War das Stadttheater jetzt hauptsächlich dem klassischen Schauspiel, der Oper und der Operette vorbehalten, so konnte das Kleine Haus das Kammerspiel pflegen. Die Städtischen Bühnen haben sich schnell zu einem der wichtigsten Kulturinstitute in Bromberg entwickelt. In der fünften Kriegsspielzeit wurde eine neue Namensgebung eingeführt. Das Stadttheater als führende Anstalt der Städtischen Bühnen hieß nun Großes Haus.

Zum Vergleich, Thorn als zweitgrößte Stadt des Reichsgaues Danzig-Westpreußen erhielt am 28. März 1942 ein ständiges Theater, sein Kleines Haus bekam es erst später, am 2. Oktober 1943.

---

[1] Akten des Stadtarchivs in Bydgoszcz. Dienstreisen des Intendanten Heinrich Voigt vom Stadttheater Bromberg 1940-1944. Sign. 5085.

[2] „Bromberger Theaterwoche.“ In: *Deutsche Rundschau* vom 5.April 1943.

[3] Zbigniew Raszewski: *Pamiętnik gapia. Bydgoszcz jaką pamiętam z lat 1930-1945*. Bydgoszcz 1994, S. 370.

[4] Marian Hepke: „ 'Kleines Haus' – als schmuckes Theater. Bürgermeister Ernst stellte das zweite Haus in den Dienst.“ In: *Deutsche Rundschau* vom 14. September 1942.

In der Zeit vom 24. Mai bis zum 25. Juni 1944 war noch die Puppenspielbühne unter der Leitung des Oberspielleiters Ludwig Schwartz in der Jagiellońska Strasse 79 tätig (damals Hermann-Göring-Straße, Räumlichkeiten der Schlachthofgaststätte). Die Puppenspielbühnen entstanden im Reichsgau auf Initiative des Gauleiters Albert Forster.

Nach der Ankündigung des totalen Krieges wurden 1944 im Reich die Theater geschlossen, so dass auch in Bromberg die Saison 1944/45 nicht mehr eröffnet werden konnte. Das Stadttheatergebäude brannte im Jahre 1945 nieder.

Die Intendanz

Heinrich Voigt erhielt im Frühjahr 1940 den Auftrag, das Stadttheater mit allen drei Sparten auszubauen. Er unternahm Dienstreisen in viele Städte des Dritten Reiches, um neues, künstlerisches Personal für Bromberg zu verpflichten.[5] Als er 1943 sein 25jähriges Bühnenjubiläum beging, schickte er an die *Deutsche Rundschau* (30./31. Oktober 1943) einen Brief, in dem er dem Lesepublikum über seinen theatralischen Werdegang folgendes schrieb:

> Geboren bin ich in Berlin als Sohn eines absolut redlichen Ehepaares, von dem der männliche Partner Rektor einer Mädchenschule und der weibliche eine Lehrerin war! [...] Da tauchte nun plötzlich ein krasser Außenseiter auf, der entgegen aller Familientradition nicht Förster oder Mädchenschulrektor oder sonst etwas Wohlangesehenes werden wollte, sondern – Schauspieler! Die Sippe war außer sich! Nur meine Eltern, die geistig sehr aufgeschlossen, humorbegabt und gar nicht schulmeisterisch waren, hatten grundsätzlich nichts dagegen, verlangten aber, daß ich auf jeden Fall das Abitur machte und einige Semester irgend Gescheites studierte (in der heimlichen Hoffnung, ich würde dann mit der Zeit schon von meinem ‚Tick' lassen). Das tat ich nun nicht, der ‚Tick' gedieh im Gegenteil prächtig weiter und entwickelte sich zu einer absoluten Theaterbesessenheit. Hinderlich war nur der Schulbesuch – doch über dieses Thema möchte ich mich im Hinblick auf meinen ältesten Sohn Peter, dem diese Zeilen in die Hände fallen könnten, lieber nicht weiter äußern. [...]
>
> Im Krieg wurde ich dreimal verwundet [...]. Während der Zeit meiner Lazarettenaufenthalte und Rekonvaleszenz studierte ich einige Semester Philosophie, Kunst- und Theatergeschichte, nahm Schauspielunterricht bei dem Sprechmeister des Deutschen Theaters in Berlin, Professor Ferdinand Gregori, und wartete nur auf den Moment, wo ich auf's Theater losgelassen werden konnte. Der kam verhältnismäßig schnell. Ich hatte mich ausgiebig

[5] Akten des Stadtarchivs in Bydgoszcz. Dienstreisen des Intendanten Heinrich Voigt vom Stadttheater Bromberg 1940-1944. Sign. 5085.

mit den Schriften über Dramaturgie und Regie des Mannheimer Intendanten Dr. Carl Hagemann beschäftigt und fuhr eines Tages kurz entschlossen nach Mannheim, um mich ihm persönlich vorzustellen.
Ich [...] hatte innerhalb einer halbstündigen Unterredung einen derartigen Kontakt zu diesem hervorragenden Theatermann, daß er mich sozusagen vom Fleck weg als Dramaturg an das Nationaltheater engagierte! [...] Ich war seelig und maßlos stolz und ließ mir sofort einen Stempel anfertigen: Heinz W. Voigt, 1. Dramaturg und Spielleiter, Nationaltheater Mannheim.
[...]
Im Januar 1919, mit 23 Jahren erhielt ich die erste selbständige Inszenierung anvertraut: Gerhart Hauptmanns *Einsame Menschen*. Vier Jahre blieb ich am Mannheimer Nationaltheater und inszenierte in jungen Jahren schon große Klassiker wie das *Käthchen von Heilbronn* und *Wilhelm Tell*. Ich war damals ein „revolutionärer" Regisseur und machte grundsätzlich alles anders, wie es bisher gemacht wurde. [...] Jedenfalls kämpfte ich mich durch alle inneren und äußeren Hemmnisse und Gefährdungen des künstlerischen Berufes hartnäckig durch und konnte ungefähr nach 10 Jahren ständiger Regiearbeit endlich mit einigermaßen gutem Gewissen mir eingestehen, daß ich jetzt ein fertiger Regisseur geworden war. Das war im Jahre 1928, und ich war Oberregisseur des Schauspiels am Landestheater in Braunschweig. [...] Ich war in Aachen, Würzburg, Kiel, Dessau engagiert, war zwischendurch erwerbslos und mußte „stempeln" gehen, trat als Ansager in einem Berliner literarischen Kabarett auf, eröffnete mit Heinrich George in den Tagen des großen Berliner Schauspielerstreiks das sogenannte „Schauspieltheater" [...] in der Alten Jakobstraße und blieb allen Schwierigkeiten und Widerwärtigkeiten zum Trotz elastisch, optimistisch und kompromißlos in künstlerischen Dingen.

Hinkels großer Auftrag

In Braunschweig vollzog ich 1930 den Übergang zur Oper mit der Inszenierung des *Rosenkavaliers* – und nun war es so weit, daß ich Intendant werden konnte. Das geschah mit einem heiteren, einem nassen Auge 1932 in Dessau, denn ich ahnte schon, daß mit diesem Sprung in die „höhere Beamtenkarriere" die schöne Zeit der rein künstlerischen Arbeit als Regisseur vorbei war und man sich den größten Teil des Jahres mit Verwaltungs- und anderen Sorgen herumärgern mußte. Genau so geschah es auch, aber nun konnte ich nicht mehr zurück. Allerdings erhielt ich auch in meiner neuen Position sehr reizvolle Aufgaben gestellt: 1934 übertrug mir der damalige Leiter des Preußischen Theaterausschusses, Hans Hinkel, den Aufbau des Rheinischen Städtebundtheaters, einer großen Organisation, die die theaterlosen Orte im niederrheinischen Grenzgebiet mit regelmäßigen Vorstellungen zu versorgen hatte, und im Frühjahr 1939 wurde ich zum Studium der deutschen Theatersituation im Baltikum nach Riga und Reval gesandt. Im Anschluß daran übernahm ich die Leitung des deutschen Schauspiels in

Riga, mit dem ich dann im November 1939 nach Bromberg kam und aus dem sich die Bromberger Städtischen Bühnen entwickelten.

Die Spielzeiten

Am 14. Dezember wurde mit der Aufführung des *Prinz(en) Friedrich von Homburg* die erste Spielzeit 1939/40 eröffnet. Das war noch reines Schauspieltheater. In den anschließenden vier Monaten wurden vierzehn Erstaufführungen herausgebracht.

Nach einer relativ kurzen Zeit ist es dem Intendanten gelungen, für die Saison 1940/41 ein vollwertiges Theater mit Personal für alle drei Sparten (Schauspiel, Oper, Operette) zu schaffen[6].

Vom September 1941 bis Juni 1942 gab es 323 Aufführungen mit fast 200.000 Besuchern.[7] Das Schauspiel (einschließlich Lustspiel und Komödie) herrschte vor.

Im Rahmen der Spielzeit 1942/43 wurde vom 4. bis zum 10. April eine erste Bromberger Theaterwoche, eine Art Theaterfestival, der Städtischen Bühnen Bromberg unter der Schirmherrschaft von Regierungspräsidenten Walter Kühn veranstaltet. Sie sollte einen Querschnitt der Leistungen des Ensembles geben und zeigen, dass mit eigenen Kräften ein abwechslungsreicher Spielplan durchgeführt werden kann.[8] Das große Ereignis dieser Spielzeit war die Inszenierung *Nibelungen* von Hebbel.

Sehr kurz war die Pause zwischen den Spielzeiten im Sommer 1943. Die Saison 1942/43, in der 62 Schauspiele, 62 Opern, 49 Abende mit Lustspielen und Komödien und 101 Operetten aufgeführt wurden mit entsprechend 41.185, 40.256, 31.881 und 71.324 Zuschauern, ging am 24. Juni zu Ende. Die neue fing nach einer zehntägigen Vorspielzeit am 3. September 1943 an. Die Verlängerung der Spielzeit mit dem Ziel: ganzjährige Spieldauer wurde als eine Verbesserung der Theaterunternehmung betrachtet und erfüllte dank reichlicher Unterhaltung die Zielsetzung, die Bevölkerung von der tristen Kriegsrealität abzulenken. Ab der zweiten Kriegsspielzeit begannen die Spielzeiten im Herbst in den ersten Septemberwochen. Bis Ende Mai oder Juni wurde durchgespielt (1939/40 dauerte die Spielzeit vom 14. Dezember bis zum 14. April 1940; 1940/41 vom 6. Oktober bis zum 21. Mai; 1941/42 vom 14. September bis zum 28. Juni; 1942/43 vom 8. September bis zum 27. Juni und die letzte vom 3. September bis zum 2. Juli).

---

[6] Erhalten geblieben sind: die Broschüre *Stadttheater Bromberg. Spielzeit 1940/41* und *Das Programm des Stadttheater Brombergs 1940/41,* H. 1-13.

[7] Marian Hepke: „Die Aufgaben des Theaters. Zum Abschluss der Spielzeit 1941/42." In: *Deutsche Rundschau* vom 4./5. Juli 1942.

[8] Vgl. *Deutsche Rundschau* vom 5. April 1943.

Im Kleinen Haus wurde in der Saison 1942/43 an 106 Abenden gespielt. Im ganzen Spieljahr wurden in beiden Häusern der Städtischen Bühnen Bromberg 449 Aufführungen[9] gezeigt. Die nächste Spielzeit begann im Kleinen Haus am gleichen Tag wie die im Stadttheater (3. September 1943). Im Laufe dieser Spielzeit informierte die lokale Presse über zunehmend schwierigere Aufgaben, das heißt über die kriegsbedingte Verknappung der für den Theaterbetrieb wichtigen Materialien. Sparmaßnahmen und nicht zuletzt auch Mangel an Darstellern/Männern mussten sich auf die Spielplangestaltung auswirken.

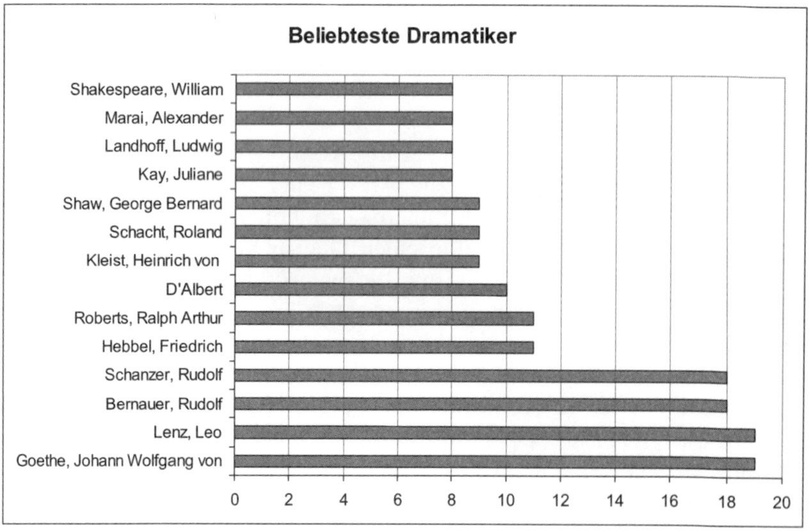

Repertoire – Ablenkung und Unterhaltung um jeden Preis

In den Jahren des Krieges bestimmte die sog. kulturelle Aufbauarbeit im Reichsgau die Repertoirepolitik. Das Ziel lautete: deutsches Kulturgut in bester Form an die Besucher heranzubringen.[10] Außerdem versuchte kein Theater, das Werk eines missliebig gewordenen Autors zu inszenieren.[11] Marian Hepke, Kulturschriftleiter der *Deutschen Rundschau* in Bromberg, hielt es für wünschenswert:

---

[9] 449 – mit geschlossenen Aufführungen für NS-Frauenschaft, NSV und HJ; 380 – Zahl der Aufführungen ohne Berücksichtigung der geschlossenen Vorstellungen.

[10] Vgl. Hepke [wie Anm. 7].

[11] Vgl. Thomas Eicher, Barbara Panse, Henning Rischbieter: *Theater im Dritten Reich. Theaterpolitik, Spielplanstruktur, NS Dramatik.* Leipzig 2000, S. 290.

> in einem Gebiet, in dem es heißt, Menschen, die Jahrzehnte lang in einer anderen Ideenwelt gelebt haben, dem deutschen Kulturschaffen „näher“ zu bringen, und man sollte, so die Hoffnung, weder „auf die Unterhaltungswünsche, noch auf Kassenerfolge“ Rücksicht nehmen.[12]

Daher war es für ihn verkehrt, wenn die Intendanz die Operette übermäßig in den Vordergrund stellte und leichte Unterhaltung förderte. Deutlich zu merken war die Absicht der Theaterleitung, die Bewohner vom Kriegsalltag abzulenken. Man kann von Unterhaltung um jeden Preis sprechen. Es galt, die Soldaten und Zivilbevölkerung zu unterhalten.[13] Entspannung von den Lasten des Krieges und befreiendes Lachen waren hier entscheidende Kriterien. Der Operettenanteil am Repertoire vergrößerte sich bis zum Schluss weiter, und die Alltagsrealität entsprach nicht immer den Parolen des Kulturschriftleiters. Der Trend die Unterhaltung vor der politischen Agitation bevorzugen, kennzeichnete auch andere Bühnen der Region (Danzig, Thorn, Graudenz).

In der Saison 1939/40 kam ausschließlich das Sprechtheater zur Aufführung. In erster Linie sollte das Theater tiefe Erlebnisse vermitteln. Neben der Eröffnungsvorstellung waren es: *Der Strom* von Max Halbe und *Der 18. Oktober* von Walter Erich Schäfer, die das versuchten. Es galt, die Besucher zu erheben und auf sie erzieherisch einzuwirken, schrieb die Presse. Außer dem *Vertrag um Karakat* von Fritz Peter Buch, der ebenfalls ein ernstes Stück war, konnte das Publikum eine Reihe von Komödien, Lustspielen und Schwänken sehen, u.a. *Mama räumt auf* von Roland Schacht, *Maulkorb* von Heinrich Spoerl, *Der Etappenhase* von Karl Bunje, *Lauter Lügen* von Hans Schweikart, *Hokuspokus* von Curt Goetz, *Heimliche Brautfahrt* und *Eine Hochzeitsreise ohne Mann* von Leo Lenz oder *Mädel ahoi*! mit Musik von Walter Kollo.

Die Oper wurde ab der zweiten Spielzeit im rundum erneuerten Theater gegeben. Die Leitung präsentierte in erster Linie ein bekanntes Opernrepertoire, u.a.: *Freischütz* (Carl Maria von Weber), *Rigoletto* (Verdi), *Madame Butterfly* (Giacomo Puccini), *Die verkaufte Braut* (Friedrich Smetana), *Schneider Wibbel* (Mark Lothar) und *Die Entführung aus dem Serail* (W.A. Mozart). Die Oper war insgesamt 56 Mal gegeben. Das Schauspiel brachte 108 Aufführungen, darunter 47 ernste Schauspiele. Am häufigsten sahen die Zuschauer: *Maria Stuart* (Friedrich Schiller), *Iphigenie auf Tauris* (Goethe), *Emilia Galotti* (Lessing), *Medea* (Franz Grillparzer) und *Jugend* (Max

---

[12] Hepke [wie Anm. 7].

[13] Vgl. Hubert Orłowski: *Literatura w III Rzeszy* . Poznań 1979, S. 218.

Halbe).[14] Das Schauspiel brachte ferner noch: *Christian de Wet* von Arnold Krieger, *Parkstraße 13* von Axel Ivers, *Wasser für Canitoga* von Georg Turner und *Verrat von Novara* von Cäsar von Arx. Unter den heiteren Stücken sind zu nennen: *Dame Kobold* (Calderon de la Barca), *Dr. med. Hiob Prätorius* (Curt Goetz), *Vier Gesellen* (Jochen Huth). *Meine Tochter – Deine Tochter* (Leo Lenz, Ralph Arthur Roberts) wurde zehnmal gegeben. An Operetten und Lustspielen mit Musik sah das Publikum am häufigsten *Maske in Blau* von Fred Raymond und *Der Zarewitsch* von Franz Lehár. Für geschlossene Vorstellungen für unterschiedliche Organisationen und Vereine, u.a. Kraft durch Freude (KdF) oder für die Hitlerjugend (HJ) wurden vor allem unterhaltsame Stücke gegeben.

Mit der Spielzeit 1941/42 hat die Oper mit dem Schauspiel gleich gezogen. Es galt dem Bedürfnis nach Rückzug aus dem Alltag entgegenzukommen. Den Rekord hielten Paul Linckes *Frau Luna* und *Wie einst im Mai* (Rudolf Bernauer, Rudolf Schanzer) mit je 18 Aufführungen. Mit 16 folgte Franz Lehárs *Das Land des Lächelns*, weiter Eduard Künneckes *Der Vetter aus Dingsda* und Walter Kollos *Marietta.* Zu zehn Aufführungen brachten es: *Eine Nacht in Venedig* und *Zigeunerliebe* von Franz Lehár. Dank der Verstärkung des Orchesters konnten in der Spielzeit 1941/42 auch größere Opernwerke in den Spielplan aufgenommen werden. Die größte Zahl der Aufführungen (123) erzielte jedoch das Schauspiel (einschließlich Lustspiel und Komödie). An Klassikern sah das Publikum *Torquato Tasso* von Johann Wolfgang von Goethe, *Don Carlos* von Friedrich Schiller, *Amphitryon* von Heinrich von Kleist und William Shakespeares *Viel Lärm um Nichts*. Im Programm sind 69 Opernvorstellungen und 119 Operetten aufgelistet.

In der Spielzeit 1942/43 wurde die Reihe der zum allgemeinen Bestand gehörenden Werken fortgesetzt, aber auch Neuheiten wurden beachtet: Der Spielplan sah unter anderem vor: Schauspiel – Roland Schachts *Die Schauspielerin*, Eberhard Wolfgang Moellers *Das Opfer*, Gerhart Hauptmanns *Die versunkene Glocke*, Goethes *Egmont*, Friedrich Hebbels *Maria Magdalena*, Heinrich von Kleists *Käthchen von Heilbronn*, Herbert Reineckers *Das Dorf bei Odessa* und Adolf Veuhoffs *Sturm über Irland*; Opern – Albert Lortzings *Undine*, Giuseppe Verdis *Maskenball*, Ludwig van Beethovens *Fidelio*, Hermann Reutters *Dr. Johannes Faustus*, Carl Maria von Webers *Abu Hassan*; Operetten – *Der Graf von Luxemburg* von Franz Lehár, *Abenteuer im Atlantik* von Albrecht Nehring und *Mascottchen* von Walter Bromme.

---

[14] Siehe auch: „Wie meine *Jugend* entstand. Gespräch mit dem Dichter Max Halbe." In: *Das Programm des Stadttheaters Bromberg 1940/41*, H. 9, S. 2-6.

In der fünften Kriegsspielzeit 1943/44 übernahm die Oper die dominierende Rolle. Mit Richard Wagners *Tannhäuser*, Friedrich von Flotows *Martha*, Albert Lortzings *Wildschütz*, Giuseppe Verdis *Troubadour*, Ottmar Gersters *Enoch Arden*, Charles Gounods *Margarete*, und Georg Friedrich Händels *Julius Cäsar* hatte man ein reichhaltiges Repertoire aufzuweisen. Das Schauspiel brachte neben Johann Wolfgang von Goethes *Clavigo* den *Kaiser von Portugallien* (Selma Lagerlöf, Paul Knudsen), Felix Dhünens *Uta von Naumburg*, Ludwig Landhoffs *Meister Lorenzo* eine Reihe anderer bedeutender Aufführungen. Die Zahl der Lustspiele war überwältigend.

Obwohl einleitend hervorgehoben wurde, dass Zbigniew Raszewski das Bromberger Theater auf keinen Fall faschistisch nennen wollte, lassen sich, je nach Kriegsphase oder ideologischem Druck vereinzelt Stücke finden, die eine gezielte Propagandaarbeit bestätigen. Sie waren in Bromberg jedoch nicht sehr häufig. Angeboten wurden möglicherweise ideologisch verbrämte Interpretationen.[15]

Das Schauspiel *Christian de Wet* von Arnold Krieger aus Thorn, aufgeführt in Bromberg am 11. Oktober 1940, bezieht sich auf den Kampf gegen England. Auch *Sturm über Irland* von Adolf Veuhoff, einer der Höhepunkte der Bromberger Theaterwoche im Urteil der Presseberichterstattung, war seit 1939 die zweite Uraufführung an den Städtischen Bühnen. Das Stück brachte Szenen aus dem irischen Freiheitskampf, die sich im Leben und Sterben eines Freundeskreises spiegelten. In der *Deutschen Rundschau* (9. April 1943) konnte man lesen:

> Es ist daher nur zu verstehen, daß in einer Theaterwoche, die während des gewaltigen Ringens um unseres Volkes Existenz stattfindet, auch die Bühne auf einen unserer Gegner [England=E.N.] weist. [...] Das Beispiel bietet Irland.

Neben der Inhaltsangabe wurde in diesem Fall noch eine klare Interpretation des Stückes geliefert:

> „Die Aktivität oder besser, der Erfolg liegt auf der gegnerischen Seite. Wer siegt ist England. Aber dieser ‚Sieg' zeigt nur die Verkettung der Schuld, die einmal zum Zerfall führen muß. Und unausgesprochen klingt etwas mit, das wie die Feststellung lautet ‚Das Maß ist voll'."[16]

Auch die Werke der jungen lokalen Bühnendichter wurden in den Spielplan der fünften Spielzeit aufgenommen. An dieser Stelle ist der 1901 in Posen geborene Hans Rehberg, wohnhaft bei Grünberg in Schlesien, zu nen-

---

[15] Z.B. *Der Bettelstudent* von Carl Millöcker. Vgl. Marian Biskup (Hrsg.): *Historia Bydgoszczy*. Bydgoszcz 2004, Bd. II, S. 463.

[16] *Deutsche Rundschau* vom 9. April 1943

nen. Er „ist mit seinen fünf großen Preußendramen der ‚Dichter der Staatsidee' geworden".[17] Herbert Menzel aus Obornik, Dichter der SA und der HJ, war Autor des Grenzlandromans *Umstrittene Erde*, der dramatisiert wurde.

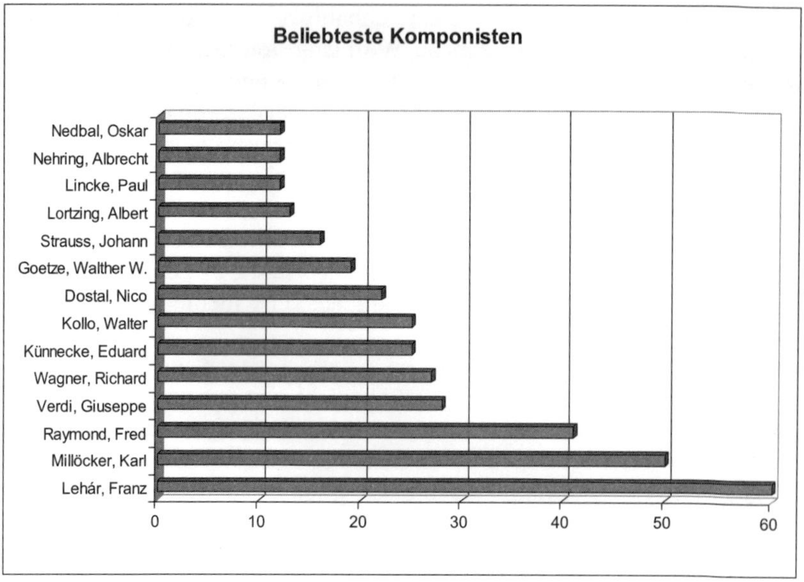

Das Bühnenschaffen im Rahmen der städtischen Kulturarbeit umfasste noch sogenannte Festaufführungen, Gastspiele prominenter Künstler und Kulturtage. Der Kulminationspunkt war die Theaterwoche der Städtischen Bühnen Bromberg. Viele Vorstellungen waren auch für tätige Organisationen gegeben, für die Kraft durch Freude (KdF), die Wehrmacht, NS-Frauenschaft und Hitler Jugend reserviert.

Ensemble, Schauspieler und Gastspiele in anderen Orten der Region

Für beide Einrichtungen der Städtischen Bühnen Bromberg (Stadttheater, später „Großes Haus" und „Kleines Haus") wurde dasselbe Schauspielensemble verpflichtet. Den Kern des Bromberger Schauspielerensembles bildeten Künstler aus Riga. 1940 verpflichtete der Intendant weitere Künstler, so dass das Personal einschließlich des Stadtorchesters 130 Personen um-

[17] Paul Hirth: „Beitrag des Ostens zur jüngsten Dramatik. Bühnendichter unserer Heimat mit neun Unraufführungen in diesem Winter." In: *Deutsche Rundschau* vom 27. September 1943.

fasste. Dem Musikdirektor Lessing aus Baden-Baden ist es gelungen, 40 Musiker für das städtische Orchester zu engagieren. Das Orchester für die Oper musizierte unter der Stabführung von Musikdirektor Schumacher-Danzig, und die Operette wurde von Hans Meyer geleitet. Das Stadtorchester organisierte in jeder Saison die Konzerte in Bromberg: Sinfoniekonzerte, Kammermusikabende und Sonderkonzerte. Hervorzuheben ist noch das Wirken der neuen Tanzgruppe des Stadttheaters (Tanzabende) und des Chors.

In der Presseberichterstattung gab es Dauerbegeisterung aufgrund hervorragender Auftritte einheimischer Schauspieler. Wenn auch einige Künstler manchmal überschätzt wurden, lieferten die Kritiken wertvolle Informationen über das tatsächliche Können der hier auftretenden Schauspieler. Der Rheinländer Hans Obermanns ist in diesem Zusammenhang ein gutes Beispiel. Als im Bromberger Stadttheater die Aufführung der Oper *Schneider Wibbel* von Mark Lothar stattfand, war sie die erste Aufführung dieses Werkes im Osten Deutschlands. Seine Uraufführung hatte das Werk 1938 in der Staatsoper Berlin.[18] Eine der Ursachen, weshalb die Oper so selten aufgeführt wurde, war die Schwierigkeit bei der Besetzung der Titelpartie, die eben Obermanns in Bromberg übernehmen konnte.

Ein anderer Künstler, Ernst G. Helmer, wurde von der Direktion des Theaters am Schiffbauerdamm in Berlin eingeladen, eine Hauptrolle in dem Stück *Frauen haben das gern* von Franz Arnold und Ernst Bach zu spielen.[19]

Auch die Fluktuation der Künstler gibt indirekt Information über das künstlerische Niveau der Bühnenkräfte. Die Tatsache, dass Verena von Jerin (Interpretin tragender Frauenrollen, u.a. Maria Stuart, Iphigenie) 1941 nach Nürnberg ging, kann u.a. für einen Beweis gehalten werden, dass am Bromberger Theater auch bedeutende Darstellerinnen mitgewirkt haben. Ähnlich der Aufstieg Eduard Obsiegers, der ein Engagement in Wien bekam. Zu den aus Bromberg scheidenden Künstlern gehörten auch: Ursula Kerp, Annemarie Reinecke, die Altistin Eva Neudahm und Walter Kassek.

Der berufliche Werdegang der Schauspieler und Sänger der Städtischen Bühnen Bromberg gibt auch Aufschluss über ihre künstlerische Erfahrung. Ludwig Schwartz, Oberspielleiter des Schauspiels, spielte in seiner Karriere zuvor u.a. am Hessischen Landestheater in Darmstadt. Als junger Regisseur war er für eine kleinere Bühne in Hanau tätig. Von dort ging er 1936/38 als erster Spielleiter an das Landestheater Meiningen. Dann war er Oberspielleiter und stellvertretender Intendant am Stadttheater in Zittau, seit 1943 schließlich in Bromberg. Engagements des lyrischen Baritons Heinz Herbert

[18] Vgl. *Deutsche Rundschau*, vom 4. April 1941.
[19] Vgl. *Deutsche Rundschau* vom 12./13. April 1941.

waren in Innsbruck, München und Tilsit. Bromberg war auch das Tätigkeitsfeld für Hans Felder, dem Oberspielleiter der Operette und erstem Komiker. Er kam vom Stadttheater Liegnitz, nach Ablauf seines Weges, der in New York begann und nach vielen Zwischenaufenthalten nach Bromberg führte. Adolf Veuhoff war zuerst Schauspieler und kam als Buffo über Tilsit, Stralsund und Rostock nach Bromberg. Er war Autor zahlreicher Kurzgeschichten und Novellen und veröffentlichte mehrere Dramen. Karl-Heinz Lehmann kam auf Umwegen zum Theater. Als Schauspieler fing er beim Staatstheater Dresden an, kam dann über Memel, Bremerhaven, Luzern, Wuppertal nach Freiburg und Bromberg. Karl Glänzer kam über Litzmannstadt nach Bromberg. Die wichtigsten Stationen des Wirkens von Karl Weber waren Plauen, Bielefeld, Zürich und das Albert-Theater Dresden. In Thorn begann Hans Medo seine Laufbahn, die ihn schließlich nach Greifswald, Troppau, Görlitz, Trier und bei Gastauftritten an das Nollendorf-Theater in Berlin führte. Maria Koch-Putz war Mitglied des Schauspielhauses Bremen, der Bühnen in Stuttgart, Dresden (Staatstheater) und Leipzig. Bremerhaven, Dortmund, Gelsenkirchen, Potsdam und Berlin (Schillertheater, Volksbühne, Theater des Volkes, Freilichtbühne Friedrichshagen) waren Städte, in denen Irene Andor tätig war, bevor sie nach Bromberg kam. Henny Ohlrau war lange Jahre am Stadttheater Bern und Plauen tätig, wo sie bereits unter Indendant Voigt arbeitete. Eduard Neuhaus begann seine Laufbahn in seiner Heimat, am Stadttheater Bremen, später am dortigen Schauspielhaus, war danach in Hildesheim, Liegnitz, Rudolfstadt, Trier, am Frankfurter Künstlertheater, in Osnabrück und zuletzt in Ulm. Joe Assies begann in Münster, seiner Heimatstadt, kam nach Stuttgart und über weitere Stationen und verschiedene Verpflichtungen in Berlin zuletzt ans Düsseldorfer Schauspielhaus. Erwähnenswert ist noch Kurt Winkel. Seine Bühnenstationen sind Bern, Erfurt, Berlin und seit 1939 Danzig. In Bromberg war er schon früher durch Gastspiele bekannt.

Für die fünfte Spielzeit wurden junge Kräfte engagiert. Ihr erstes Betätigungsfeld fanden in Bromberg die Opernsängerinnen Hilde Schönberger und Gerda Frobart (sie war Mitglied einer Truppe der Wehrmachtsbetreuung, die verschiedene Regionen Deutschlands bereiste, um den Soldaten in Lazaretten Unterhaltung zu bieten). Von Teplitz-Schönau, ihrem ersten Engagement, über Krefeld und Gießen ist Barbara Boettcher 1943 nach Bromberg gekommen.

Lieselotte Rottsieper-Kunze arbeitete, bevor sie nach Bromberg kam, im Erzgebirge (Annaberg) und an der Landesbühne in Frankfurt am Main.

Einerseits wurden in Bromberg Gastspiele gegeben, andererseits gab das Bromberger Stadttheater Gastspiele in Hohensalza. Die Auswahl der Inszenierungen war im Wesentlichen bedingt durch die technischen Schwierigkeiten an kleineren Bühnen, die Beförderung des Personals und der Besetzung des Orchesters, das im jeweiligen Orchesterraum nicht in voller Besetzung Platz hatte. In der Spielzeit 1940/41 wurden vierzehn Gastvorstellungen gegeben, zwei Jahre später nur noch vier. Auch in Kutno wurde während der Kulturwoche ein Tanzabend gegeben. Solche Abstecher waren eine zusätzliche Arbeitsleistung des Theaters.[20]

Nachdem das Bromberger Theater im September 1944 aufgehört hatte, gingen die hier wirkenden Schauspieler an andere Theater des deutschen Sprachraums. Nach dem Abschluss der letzten Saison verfasste Marian Hepke einen Abriss der Geschichte des Theaters in Bromberg, in dem geschlussfolgert wird: „Der eiserne Vorhang einer harten Zeit hat sich über die Bühnen aller Theater im Deutschen Reich gesenkt. […] Besser wir verzichten einige Zeit auf die Bühnen, um sie nicht für immer zu verlieren“.[21]

Das Publikum

In Bromberg wohnten die zugewanderten oder hierher versetzten Deutschen aus den westlichen Gebieten Deutschlands: daraus resultierte ein recht bunt zusammengesetztes Publikum. Marian Hepke stellt im Zusammenhang damit fest, „daß die reichsdeutschen Besucher einen verhältnismäßig geringen Teil des Publikums“[22] darstellten, „während die ansässige deutsche Bevölkerung regelmäßig erschien“.[23] Die unterschiedliche Beteiligung der beiden Gruppen am Theaterbesuch hatte im Urteil des Rezensenten Gründe. Die versetzten Beamten erschienen anfangs seltener im Theater, da sie sich zuerst einzuarbeiten hatten, und die eingesessenen Deutschen durften endlich wieder das bis 1939 unzugängliche Gebäude betreten, so dass anfangs dieser Teil der Stadtbewohner recht zahlreich ins Theater kam. Vor der Eröffnung der zweiten Spielzeit in dem vollständig neu hergerichteten und technisch modernisierten Stadttheater waren so viele Anrechtsplätze und Dutzendkarten verkauft, so dass die Intendanz beschloss, keine mehr auszustellen. Der Besuch war erstaunlich gut, so dass Heinrich Voigt folgendes gesagt haben soll: die Zuschauermenge wäre lebendig und interessiert, sie hätte in keiner Weise dem landläufigen Bild des ungeistigen und kulturtätigen

[20] Herbert Eichholz: „Mit dem Bromberger Stadttheater auf ‚Abstecher'.“ In: *Deutsche Rundschau* vom 13. Mai 1942.

[21] Marian Hepke: „Der eiserne Vorhang.“ In: *Deutsche Rundschau* vom 9./10. September 1944.

[22] Marian Hepke: „Die 1. Spielzeit des Stadttheaters im befreiten Bromberg.” In: *Deutsche Rundschau* vom 24. April 1940.

[23] Ebenda.

Ostens entsprochen.[24] Marian Hepke schrieb in diesem Zusammenhang vom theaterfreudigen und theaterbesessenen Bromberg,[25] der Bromberger Zuschauer sei nach ihm „nicht kulturbedürftig, sondern kulturdürstend".[26] Am Ende der Spielzeiten schrieben die Rezensenten schon ab und zu von Lücken im Zuschauerraum.

Der polnische Theaterhistoriker Zbigniew Raszewski verbrachte die Jahre der Besatzung in Bydgoszcz (Bromberg). Nach seiner Meinung haben die meisten Polen das Theater während des Krieges nie betreten. In seinem Buch *Pamiętnik gapia*[27] [Tagebuch eines Beobachters] erinnert er sich an den Moment, als die Deutschen ihr Stadttheater eröffneten und die Polen einen großen Bogen um das Gebäude machten. Erst 1942 war es vorstellbar, die Deutschen, ihre Sprache und Mentalität kennen zu lernen. Man wollte schon ausgewählte Filmvorführungen, Konzerte und Vorstellungen besuchen.

Presseberichterstattung

Die lokalen Berichterstatter waren bemüht, die „hohe erzieherische Aufgaben einer Bühne im Osten"[28] und die „erhebliche Rolle" des Theaters „im politischen und gesellschaftlichen Wachstumsprozeß der Nation"[29] zu unterstreichen. Die Presse musste pausenlos von „künstlerischen Erfolgen" berichten. Schwerpunkt ihrer Aufmerksamkeit waren natürlich die lokalen Verhältnisse. Im Mittelpunkt stand der Intendant Heinrich Voigt, durch den, so die *Deutsche Rundschau*, die Bromberger Städtischen Bühnen den Ruf eines der „lebendigsten Theater des deutschen Ostens"[30] gewonnen haben sollen.

Unter den Autoren der Artikel und Berichte über das Theaterleben in der angegebenen Zeitspanne sind zu nennen: Marian Hepke, Else Daniel, Carl Müller, Mathilde Wiedfeld und Hans Herold. Die meisten Artikel schrieb Marian Hepke, Kulturschriftleiter der *Deutschen Rundschau.*

Mindestens einmal in der Woche wurden den Theaterangelegenheiten eine oder zwei Spalten Platz eingeräumt. Man präsentierte neue Ensemblemitglieder oder kommentierte Aufführungen. Im Verlauf des Krieges wurden die Kritiken in der *Deutschen Rundschau* immer weniger aussagekräftig.

---

[24] Vgl. Marian Hepke: „Es schloß sich der Vorhang." In: *Deutsche Rundschau* vom 13. Juni 1941.

[25] Ebenda.

[26] Marian Hepke: „Es schloß sich der Vorhang. Zum Abschluß der Theaterspielzeit." In: *Deutsche Rundschau* vom 13. Juni 1941.

[27] Zbigniew Raszewski: *Pamiętnik gapia. Bydgoszcz jaką pamiętam*. Bydgoszcz 1994, S. 370.

[28] Hepke Marian: „Die Aufgaben des Theaters." In: *Deutsche Rundschau* vom 4./5. Juli 1942.

[29] „Prof. Dr. Kindermann, Direktor des Zentralinstituts für Theaterwissenschaft würdigt das Schaffen der Deutschen Bühne Bromberg." In: *Deutsche Rundschau* vom 10./11. Juli 1943.

[30] *Deutsche Rundschau* vom 6./7. November 1943.

1944 sind nur vereinzelt Artikel über das Theaterleben zu finden. Die Erstaufführungen wurden nach wie vor besprochen. Da ihre Zahl stark gesunken war, gab es keine Möglichkeiten mehr, sie in der Zeitung zu beurteilen.

Die Presse liefert bekanntlich ein bestimmtes Stimmungsbild einer Zeit. Im Krieg war sie darauf angelegt, die NS-Parolen zu verbreiten. Daher berief sie sich gern auf Personen, die als „politisch zuverlässig" galten. Die Aussagen und Reden von Professor Dr. Heinz Kindermann[31] über das deutsche Theater im Osten wurden häufig zitiert oder ungekürzt abgedruckt. Die *Deutsche Rundschau* berichtete außerdem über die Theateraktivitäten im benachbarten Thorn und Graudenz.

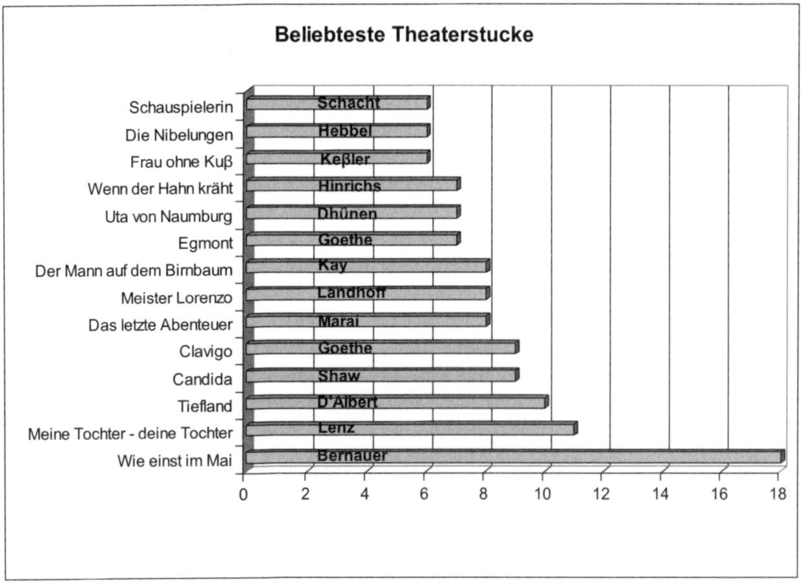

[31] Professor für Theaterwissenschaft an der Universität Wien, lehrte 1926-36 Literaturgeschichte in Danzig.

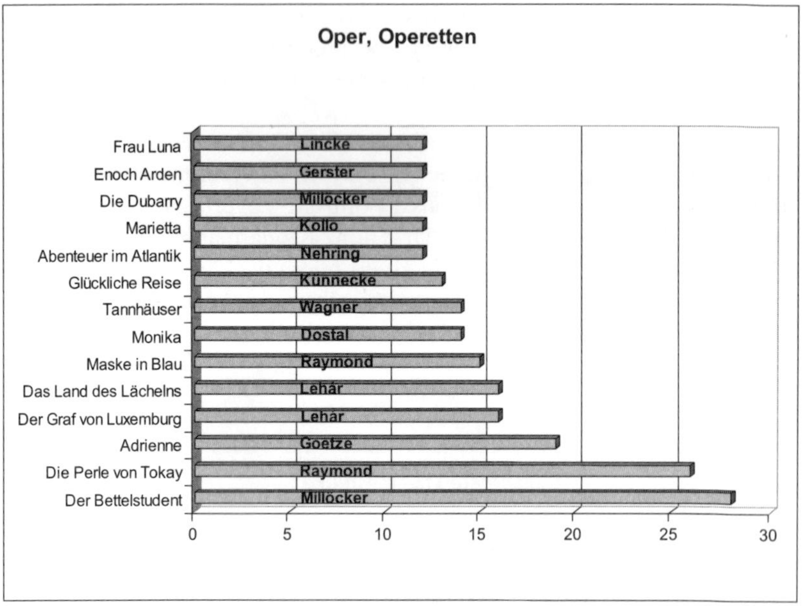
Oper, Operetten
Frau Luna
Lincke
Enoch Arden
Gerster
Die Dubarry
Millöcker
Marietta
Kollo
Abenteuer im Atlantik
Nehring
Glückliche Reise
Künnecke
Tannhäuser
Wagner
Monika
Dostal
Maske in Blau
Raymond
Das Land des Lächelns
Lehár
Der Graf von Luxemburg
Lehár
Adrienne
Goetze
Die Perle von Tokay
Raymond
Der Bettelstudent
Millöcker
0
5
10
15
20
25
30

Anhang: Spielplan des deutschen Theaters in Bromberg

Datum	Autor/ Komponist	Titel	Genre	Regie/ Spielleitung	Besetzung	Wie oft
14.12. 1939	Heinrich von Kleist	*Prinz von Homburg*	Schauspiel in 5 Akten	Heinrich Voigt		1
06.01. 1940 – 04.02. 1940	Karl Bunje	*Der Etappenhase*	Volksstück in 4 Akten	Spielleitung: Max Tobien Bühnenbild: Johann H. Brehm		4
07.01. 1940	Walter Kollo	*Mädel ahoi!*	Lustspiel-operette in 3 Akten			7
13.01. 1940 – 04.02. 1940	Fritz Peter Buch	*Vertrag um Karakat*	Schauspiel in 3 Akten	Spielleitung: Wolfgang Eduard Obsieger Bühnenbild: Johann H. Brehm		4
20.01. 1940 – 04.02. 1940	Hans Schweikart	*Lauter Lügen* Erstaufführung	Lustspiel in 3 Akten	Spielleitung: Peter Großman Bühnenbild: Johann H. Brehm	Charlotte Christann, Elfriede Jerra, Verena von Jerin, Eduard Obsieger, Harald Wolff	3
04.02. 1940 – 24.02. 1940	Leo Lenz	*Heimliche Brautfahrt* Erstaufführung	Lustspiel in 3 Akten	Spielleitung: Wolfgang Eduard Obsieger Bühnenbild: Johann H. Brehm	Elfriede Jerra, Carl Georg Couété, Peter Großmann, Kurt Rentsch-Jonas, Max Tobien, Walter Moeller, Hans Flössel, Roswitha Grundmann, Hubert Poppe, Hans Hein Wittmann, Karl Michael Rödemeyer, Twed Bark, Leon Laur	4
10.02. 1940 – 18.02. 1940	Ferdinand Oesau	*Lotse an Bord*	Fischer-komödie in 4 Akten	Spielleitung: Peter Großmann Bühnenbild: Johann H. Brehm	Hans Hein Wittmann, Bronny Geiger, Hans Flössel, Emmy Baumann, Hubert Poppe, Gisela Rohr	2

17.02. 1940 – 06.04. 1940	Leo Lenz	*Hochzeitsreise ohne Mann*	Lustspiel in 3 Akten	Spielleitung: Max Tobien Bühnenbild: Johann H. Brehm	Hans Flössel, Elfriede Jerra, Harald Wolff, Charlotte Christann, Hubert Poppe, Hans Hein Wittmann	4
17.02. 1940 – 10.03. 1940	Max Halbe	*Der Strom* Erstaufführung	Schauspiel in 3 Akten	Spielleitung: Wolfgang Eduard Obsieger Bühnenbild: Johann H. Brehm	Verena von Jerin	4
2.03. 1940 – 25.03. 1940	Roland Schacht	*Mama räumt auf*	Lustspiel in 3 Akten	Spielleitung: Max Tobien Bühnenbild: Johann H. Brehm	Charlotte Chistann, Verena von Jerin, Eduard Obsieger, Bronny Geiger, Kurt Rentsch-Jonas, Karl Michael Rödemeyer, Giesela Lohr, Roswitha Grundmann, Grete Laury	3
09.03. 1940 – 25.03. 1940	Curt Goetz	*Hokuspokus*	Lustspiel	Spielleitung: Peter Großmann Bühnenbild: Johann H. Brehm	Hans Hein Wittmann, Kurt Rentsch-Jonas, Eduard Obsieger, Karl Michael Rödemeyer, Harald Wolff, Elfriede Jerra, Grete Laury, Walter Moeller, Leon Laur	3
24.03. 1940 – 07.04. 1940	Walter Erich Schäfer	*Der 18. Oktober*	Schauspiel in 3 Akten	Spielleitung: Wolfgang Eduard Obsieger Bühnenbild: Johann H. Brehm	Roland Wertentin,[32] Eduard Obsieger, Karl Michael Rödemeyer, Franz Josef Verron, Harald Wolff, Kurt Rentsch-Jonas, Walter Moeller, Carl Georg Couété, Max Tobien, Hans Hein	4

[32] Als Gast.

					Wittmann, Hubert Poppe, Hans Flössel, Arved Bark	
13.04. 1940 – 14.04. 1940 Saison ende 1939/ 40	Hermann Bahr	*Das Konzert*	Lustspiel in 3 Akten	Spielleitung: Wolfgang Eduard Obsieger Bühnenbild: Johann H. Brehm	Eduard Obsie-ger, Charlotte Christann, Karl Michael Röde-meyer, Elfriede Jerra, Bronny Geiger, Gisela Lohr, Max Tobien, Emmy Baumann, Grete Laury, Roswitha Grundmann, Elvira Ruth	2

Die neue Saison

06.10. 1940 – 23.10. 1940	Carl Maria von Weber	*Der Freischütz*	Oper	Inszenierung: Friedrich Ammermann		3
09.10. 1940 – 18.10. 1940	Arnold Krieger	*Christian de Wet*	Schauspiel	Inszenierung: Heinrich Voigt Bühnenbild: Heinz Hollenhorst Kostüme: Ingeborg Graff	Friedrich Schüt-ze, Charlotte Christann, Franz Josef Verron, Eduard Obsieger, Karin Hagemann, Hubert Poppe, Carl Georg Couté, Hans Flössel, Hans Hein Wittmann, Harald Wolff, Karl Michael Rödemeyer, Curt Lauer-mann, Harry Bender, Josef Huckschlag, Richard Kohl-hardt	3
13.10. 1940 – 01.11. 1940	Franz Lehár	*Frasquita*	Operette	Inszenierung: Heinrich Voigt, Hans Mayer	Ena Lenser, Hermann Groote, Wally Antelmann, Otto Faßler, Lotte Henne, Siegelinde Hopf, Eduard Obsieger, Karl Michael Röde-meyer, Fritz	7

					Schmidt, Harald Wolff, Hans Hein Wittmann, Hans Flössel	
25.10. 1940 – 02.11. 1940	Jochen Huth	*Die vier Gesellen*	Lustspiel	Spielleitung: Heinz Schade	Karin Hagemann, Verena von Jerin, Wally Antelmann, Herta Schon, Hans Flössel, Hans Heinz Wittmann, Harald Wolff, Kurt Lauermann, Elvira Ruth	2
30.10. 1940	Friedrich Schiller	*Maria Stuart*	Tragödie	Inszenierung: Heinz Schade		1
31.12. 1940	Johann Strauss	*Fledermaus* Sylvestererstauffuhrung	Oper	Inszenierung: Heinz Schade	Otto Faßler, Ena Lenser, Ursula Kerp, Georg Weilandt, Walter Kassek, Ernst G. Helmer,[33] Hans Hein Wittmann, Hubert Poppe, Ehrengerd Büttner, Annemarie Reuter, Franz Josef Verron, Irmgard Grulke, Traute Sigel	8
04.01. 1941	Curt Goetz	*Dr. Med. Hiob Prätorius*	Schauspiel			1
10.01. 1941	Giuseppe Verdi	*Rigoletto*	Oper			3
11.01. 1941 – 26.01. 1941	Paul Helwig	*Flitterwochen*	Lustspiel in 3 Akten	Inszenierung: Wolfgang Eduard Obsieger	Ernst. G. Helmer,[34] Gerlinde Roeder, [35] Hertha Schon, Karl Rödemeyer, Annemarie Reuter, Elvira Ruth,	4
17.01. 1941	Johann Wolfgang von Goethe	*Iphigenie auf Tauris*	Schauspiel	Inszenierung: Heinz Schade	Verena von Jerin, Friedrich Schütze, Hans Hein Wittmann, Fritz Albrecht,	3

[33] Zum ersten Mal in Bromberg.

[34] Als Gast.

[35] Als Gast.

					Karl Rödemeyer	
02.03. 1941	Giacomo Puccini	*Madame Butterfly* Erstaufführung	Oper in 3 Akten	Inszenierung: Friedrich Ammermann	Annemarie Reinecke, Siegelinde Hopf, Georg Weilandt, Fritz Schmidt, Ingeborg Graff	5
02.02. 1941 – 23.02. 1941	Richard Keßler, Musik: Walter Kollo	*Frau ohne Kuß*	Musikal. Lustspiel in 3 Akten	Inszenierung: Wolfgang Eduard Obsieger	Wally Antelmann, Otto Faßler, Hans Hein Wittmann, Hermann Groote	6
08.02. 1941 – 16.03. 1941	Max Halbe	*Jugend*	Schauspiel	Inszenierung: Heinz Schade	Friedrich Schütze, Ernst G. Helmer, Magda Wengiel,[36] Franz Josef Verron, Hubert Poppe	3
15.02. 1941 – 09.03. 1941	Georg Turner	*Wasser für Canitoga* Erstaufführung	Schauspiel in 3 Akten		Fritz Albrecht, Karl Rödemeyer, Karin Hagemann, Verena von Jerin, Hans Hein Wittmann, Hans Flössel, Hubert Poppe, Eduard Obsieger, Curt Lauermann, Ernst G. Helmer, Harry Bender, Heinz Suchantke, Franz Josef Verron	3
21.02. 1941 – 16.04. 1941	Nico Dostal	*Die ungarische Hochzeit*	Operette	Inszenierung: Otto Faßler	Otto Faßler, Wally Antelmann, Hermann Groote, Ena Lenser, Hans Hein Wittmann, Gerda Groß, Curt Lauermann, Franz Josef Verron, Ernst G. Helmer, Heinz Suchantke, Helene Friedler, Fritz Koch,	8

[36] Zum ersten Mal in Bromberg.

					Hubert Poppe, Hanna Buske	
05.03. 1941 – 23.03. 1941	Pedro Calderon de la Barca	*Die Dame Kobold*	Komödie	Inszenierung: Heinz Schade	Magda Wengiel, Fritz Albrecht,[37] Hertha Schon, Karl Rödemeyer, Hans Flössel, Hubert Poppe, Curt Lauermann, Irmgard Grulke	5
8.03. 1941 – 30.03. 1941	Friedrich Smetena	*Die verkaufte Braut*	Volksoper	Inszenierung: Friedrich Ammermenn Musikalischer Leiter: Walter Schumacher	Annemarie Reinecke, Georg Weilandt, Walter Kassek, Fritz Schmidt, Lotte Henne, Hans Obermanns, Siegelinde Hopf, Hans Hein Wittmann, Ursula Kerp	4
14.03. 1941 – 21.04. 1941	Cäsar von Arx	*Der Verrat von Novara*	Schauspiel	Inszenierung: Heinz Schade	Verena Von Jerin, Hertha Schon, Fritz Albrecht, Hans Flössel, Ernst G. Helmer, Eduard Obsieger, Friedrich Schütze, Hans Hein Wittmann	6
28.03. 1941 – 22.04. 1941	Fritz Schwiefert	*Marquerite durch drei*	Lustspiel in 3 Akten	Inszenierung: Heinrich Voigt	Hans Flössel, Eduard Obsieger, Karl Rödemeyer, Ursula Liederwald	5
04.04. 1941 – 18.05. 1941	Mark Lothar	*Schneider Wibbel*	Heitere Oper		Hans Obermanns, Annemarie Reineke	9
13.04. 1941 – 25.05. 1941	Fred Raymond	*Maske in Blau*		Inszenierung: Heinrich Voigt	Ena Lenser, Wally Antelmann, Hermann Groote, Otto Faßler, Eduard Obsieger, Fritz Albrecht, Ernst G. Helmer, Curt Lauermann, Hubert Poppe,	15

[37] Hans Hein Wittmann in Vertretung.

					Franz Josef Verron, Leo Laur, Teja Marbert	
30.04. 1941 – 15.05. 1941	Franz Grillparzer	*Medea*	Trauerspiel in 5 Akten			3
16.05. 1941 – 29.05. 1941; 02.06. 1941	Leo Lenz, Ralph Arthur Roberts	*Meine Tochter – deine Tochter*[38]	Lustspiel in 3 Akten			10
11.05. 1941 – 28.05. 1941	Wolfgang Amadeus Mozart	*Entfuhrung aus dem Serail*	Komische Oper in 3 Akten	Inszenierung: Curt Dyckerhoff	Walter Schumacher, Olga Witt,[39] Georg Weilandt, Hans Böck, Ursula Kerp, Walter Kassek, Karl Rödemeyer	5
01.05. 1941 – 28.05. 1941	Gotthold Ephraim Lessing	*Emilia Galotti*	Trauerspiel	Inszenierung: Heinrich Voigt	Fritz Albrecht, Eduard Obsieger, Magda Wengiel, Karl Rödemeyer, Friedrich Schütze, Charlotte Christann, Verena von Jerin	5
21.05. 1941 – 08.06. 1941	Franz Lehár	*Der Zarewitsch*[40]	Operette	Inszenierung: Heinz Schade	Hermann Groote, Sonja Ena Lenser, Otto Faßler, Wally Antelmann, Friedrich Schütze, Hans Hein Wittmann, Curt Lauermann	11
01.06. 1941 – 02.06. 1941[41]	Pietro Mascagni Ruggiero Leoncavallo	*Cavalleria rusticana* *Bajazzo*	Oper Oper			2 2

[38] Letzte Schauspielvorstellung.

[39] Als Gast.

[40] Letzte Vorstellung der Spielzeit.

[41] Letzte Opervorstellung.

Die dritte Saison

Vorspielzeit 06.09. 1941 – 28.09. 1941	Franz Lehár	*Das Land des Lächelns*	Grosse Operette in 3 Akten	Inszenierung: Hans Felder	Heidi von Riessen, Werner von Albrich, Liesl Riemer, Adolf Veuhoff, Eduard Obsieger, Karl Weber, Hubert Poppe, Hans Medo, Christa Hermann, Anni Holtz, Grete Wittlich, Leon Laur, Richard Kohlhardt	16
14.09. 1941 – 05.10. 1941	Richard Wagner	*Der fliegende Holländer*[42]	Romantische Oper	Inszenierung: Friedrich Ammermann	Hans Obermanns, Helene Sachers, Alfred Jahn, Alfred Stein, Eva Neudahm, Walter Kassek	10
17.09. 1941 – 25.09. 1941	Hans Heinz Ortner	*Isabella von Spanien*	Schauspiel	Inszenierung: Heinz Schade	Christina Borck, Karl-Heinz Lehmann, Karl Rödemeyer, Ludwig Hahn, Karl Glänzer, Curt Lanermann, Hubert Poppe, Eduard Obsieger, Karin Hagemann, Karl Weber, Hans Medo, Harry Bender	3
26.09. 1941	Albert Lortzing	*Der Waffenschmied*	Komische Oper	Inszenierung: Friedrich Ammermann	Alfred Stein, Ursula Kerp, Hermann Holtappel, Walter Kassek, Eva Neudahm, Herbert Hirche, Josef Huckschlag	1
27.09. 1941 – 04.10. 1941[43]	Ludwig Thoma	*Moral*	Lustspiel in 3 Akten	Inszenierung: Karl Glänzer	Hans Felder, Irene Andor, Elfi Wildermuth, Hans Me-	3

[42] Eröffnung der Winterspielzeit.

					do, Elvira Ruth, Curt Lauermann, Maria Koch-Putz, Karlheinz Gail, Ludwig Hayn, Karl- Heinz Lehmann, Wilhelm Nork, Eduard Obsieger, Ursula Liederwald, Harry Bender, Anneliese Heelge-Blenk, August Kaminski	
31.12. 1941 – 15.02. 1942	Rudolf Bernauer, Rudolf Schanzer	*Wie einst im Mai*	Posse mit Gesang	Inszenierung: Hans Felder	Ursula Kerp, Eduard Obsieger, Adolf Veuhoff, Wilhelm Nork, Heidi von Niessen, Hans Medo, Irene Andor, Karl Rödemeyer, Elfi Wildermuth, Hubert Poppe, Ursula Liederwald, Christina Bork, Karl Weber	18
02.01. 1942 – 27.01. 1942	William Shakespeare	*Othello*	Tragödie			4
04.01. 1942 ? – 18.01. 1942	Gerdt von Bassewitz	*Peterchens Mondfahrt*	Kinderschauspiel			2
07.01. 1942 – 23.01. 1942	Lars Hansen, Karl Holten	*Bären*	Schauspiel in 3 Akten	Inszenierung: Karl Glänzer	Karl Heinz Lehmann, Ludwig Hayn, Karl Rödemeyer, Leonore Esdar, Curt Lauermann, Irene Andor, Karin Hagemann, Hans Medo, Harry Bender	4

[43] Okt.-Dez. 1941: 4. Jahresviertel *Deutscher Rundschau* nicht zugänglich.

10.01. 1942 – 11.02. 1942	Heinrich von Kleist	*Amphitryon*	Komödie	Inszenierung: Heinz Schade	Karl-Heinz Lehmann, Hubert Poppe, Christina Borck, Ursula Liederwald, Ludwig Hayn, Karl Rödemeyer, Harry Bender, Karl Weber, Hans Medo	4
11.01. 1942	Leo Lenz, Ralph Artur Roberts	*Meine Tochter – Deine Tochter*	Lustspiel in 3 Akten			1
22.01. 1942 – 24.02. 1942	Georges Bizet	*Carmen*	Oper in 4 Akten	Inszenierung: Friedrich Ammermann	Veronika Siegfried,[44] Alfred Jahn, Hans Obermanns, Annemarie Reinecke, Alfred Stein, Hermann Holtappel, Herbert Hirsche, Walter Kassek, Ursula Kerp, Eva Neudahm	10
24.01. 1942	Pietro Mascani Ruggiero Leoncavallo	*Cavaleria rusticana* *Der Bajazzo*	Oper			1
27.01. 1942 – 06.04. 1942	Eduard Künnecke	*Der Vetter aus Dingsda*	Operette	Inszenierung: Karl Glänzer?	Heidi von Niessen, Werner von Albrich, Hans Felder, Irene Andor, Liesl Riemer, Adolf Veuhoff, Walter Kassek, Leon Laur, Herbert Hirche,	12
30.01. 1942 – 04.02. 1942	August von Kotzebue	*Die beiden Klingsberg*	Lustspiel	Inszenierung: Heinz Schade	Eduard Obsieger, Wilhelm Nork, Maria Koch-Putz, Karl Heinz Lehmann, Christina Borck, Karin Hagemann, Curt Lauermann, Ludwig Hayn, Hertha Schon, Hubert Poppe, Ursula Lieder-	2

[44] Gastierende Altistin.

					wald, Harry Bender, Karl Weber, Hans Medo, Elfi Wildermuth, Elivia Ruth	
07.02. 1942 – 12.03. 1942	William Shakespeare	*Viel Lärm um Nichts*	Lustspiel	Inszenierung: Heinz Schade	Karl Heinz Lehmann, Leonore Esdar, Karin Hagemann, Karl Rödemeyer, Wilhelm Nork, Ludwig Hayn, Eduard Obsieger, Karlheinz Gail, Karl Weber, Curt Lauermann, Hans Medo, Hubert Poppe, Harry Bender, Theo Heiligers, Hermann Holtappel, Ursula Liederwald, Elfi Wildermut, Adolf Veuhoff	4
20.02. 1942 – 14.03. 1942	Carl Millöcker	*Gasparone*	Operette in 3 Akten	Inszenierung: Friedrich Ammermann	Annemarie Reinecke, Ursula Kerp, Werner von Albrich, Walter Kassek, Hans Felder, Adolf Veuhoff, Ludwig Hayn, Herbert Hirche, Hubert Poppe, Leon Laur, Theo Heiliger, Bernhard Suhnke	10
27.02. 1942 – 18.03. 1942	Friedrich Kayßler	*Jan der Wunderbare*	Lustspiel	Inszenierung: Karl Glänzer	Heinrich Voigt, Hans Medo, Curt Lauermann, Herta Schon, Karl Weber, Elvira Ruth, Elfi Wildermuth, Karin Hagemann, Karlheinz Gail	5
11.03. 1942 –	Ermanno Wolf-Ferrari	*Die vier Grobiane*	Komische Oper	Inszenierung: Friedrich	Alfred Stein, Hans Ober-	5

07.04. 1942				Ammermann	manns, Hermann Holtappel, Herbert Hirch, Heidi von Niessen, Ursula Kerp, Annemarie Reinecke, Eva Neudahm, Irmgard Köhler, Walter Kassek, Georg Weilandt	
15.03. 1942 – 04.04. 1942	Paul Apel	*Der goldene Dolch*	Schauspiel in 2 Akten	Inszenierung: Heinz Schade	Karl Rödemeyer, Maria Secher, Karlheinz Gail, Karin Hagemann, Karl Heinz Lehmann, Ludwig Hayn, Eduard Obsieger, Harry Bender	4
22.03. 1942 – 20.05. 1942	Paul Lincke	*Frau Luna*	Burleskgroteske Operette	Inszenierung: Karl Glänzer	Adolf Veuhoff, Curt Lauermann, Hans Medo, Irene Andor, Annemarie Reinecke, Heidi von Niessen, Werner von Albrich, Eva Neudahm, Wilhelm Nork, Liesel Riemer, Hans Felder, Elfi Wildermuth	12
31.03. 1942 – 10.04. 1942	Alexander Runge	*Die beste Freundin*	Lustspiel	Inszenierung: Heinz Schade	Gisa Busch, Eduard Obsieger, Wilhelm Nork, Curt Lauermann	3
05.04. 1942 – 26.05. 1942	Eugen d'Albert	*Tiefland*	Musikdrama in einem Vorspiel und 2 Akten	Inszenierung: Friedrich Ammermann	Anneliese Weiß,[45] Alfred Jahn, Hans Obermanns, Ursula Kerp, Alfred Stein, Herbert Hirche, Walter Kassek, Annemarie Reinecke, Irm-	10

[45] Wirkt sonst am Opernhaus Nürnberg.

					gard Köhler, Eva Neudahm	
22.04. 1942 – 01.05. 1942	Friedrich Schiller	*Don Carlos*	Schauspiel	Inszenierung: Karl Glänzer	Heinrich Voigt, Christina Borck, Karlheinz Gail, Karl-Heinz Lehmann, Wilhelm Nork, Eduard Obsieger, Hans Medo, Ludwig Hayn, Kurt Lauermann, Harry Bender, Hans Felder, Hubert Poppe, Adolf Veuhoff, Maria Secher, Maria Koch-Putz, Karin Hagemann, Elvira Ruth	4
09.05. 1942 – 22.05. 1942	Giovacchine Forzano	*Ein Windstoß*	Lustspiel in 7 Bildern	Inszenierung: Heinrich Voigt	Eduard Obsieger, Karin Hagemann, Herta Schon, Hans Medo, Karlheinz Gail, Curt Lauermann, Karl Glänzer, Karl-Heinz Lehmann, Wilhelm Nork, Ludwig Hayn, Karl Weber, Hubert Poppe, Gisa Busch, Elfi Wildermuth, Elvira Ruth, Harry Bender, Gardy von Beesten, Horst Ring, Georg Pahlberg	4
15.05. 1942 – 08.06. 1942	Guiseppe Verdi	*La Traviata*	Oper in 4 Akten	Inszenierung: Friedrich Ammermann	Ursula Kerp, Georg Weilandt, Erich Wocke, Annemarie Reinecke, Irmgard Köhler, Walter Kassek, Hermann Holtappel, Herbert Hirche, Alfred Stein	6
24.05. 1942 – 09.06.	Franz Lehár	*Zigeunerliebe*	Romantische Operette	Inszenierung: Hans Felder	Annemarie Reinecke, Erna Schieferdecker,	10

1942					Werner von Albrich, Walter Kassek, Lisel Riemer, Adolf Veuhoff, Hans Felder, Herbert Hirche, Irene Andor, Heinz Jamin	
29.05. 1942 – 10.06. 1942	Curt Goetz	*Ingeborg*	Lustspiel in 3 Akten	Inszenierung: Heinz Schade	Gisa Busch, Eduard Obsieger, Wilhelm Nork, Leonore Esdar, Hubert Poppe	3
13.06. 1942 – 25.06. 1942	Maximilian Böttcher	*Krach im Hinterhaus*	Lustspiel in 3 Akten	Inszenierung: Karl Glänzer	Herta Schon, Ursula Hoeller,[46] Karin Hagemann, Hans Medo, Curt Lauermann, Irene Andor, Karl Heinz Lehmann, Elvira Ruth, Elfi Wildermuth, Karl Rödemeyer, Karlheinz Gail, Karl Glänzer, Ludwig Hayn, Harry Bender, Fritz Koch, Christa Hermann, Heinz Jamin	5
14.06. 1942 – 28.06. 1942	Walter Kollo	*Marietta*	Operette in 3 Akten	Inszenierung: Hans Felder	Werner von Albrich, Heidi von Niessen, Hans Medo, Karl Heinz Lehmann, Adolf Veuhoff, Trude Rudorf, Curt Lauermann, Eduard Obsieger, Karlheinz Gail, Heinz Jamin, Leon Laur	12

[46] Als Gast.

Die vierte saison

29.08. 1942 – 11.10. 1942	Carl Millöcker	*Die Dubarry*	Grosse Operette in 8 Bildern	Inszenierung: Friedrich Ammermann	Henny Ohlrau, Hilde Prasuhn, Sonja Arlett, Irene Andor, Kriemhild Falke, Eveline Meisel, Trude Breitschopf, Karl-Heinz Lehmann, Eduard Neuhaus, Karl Rödemeyer, Curt Lauermann, Hans Medo, Hans Felder, Hubert Poppe, Adolf Veuhoff, Eduard Obsieger, Werner von Albrich, Georg Lehn, Heinz Jamin	12
09.09. 1942	Eberhard Wolfgang Moeller	*Das Opfer*	Spiel in 3 Akten	Inszenierung: Heinz Schade	Leonore Esdar, Karl Rödemeyer, Curt Lauermann, Karl-Heinz Lehmann, Henny Ohlrau, Eduard Neuhaus, Wilhelm-Huber-Waldherr, Joe Assies, Harry Bender, Hans Medo, Georg Lehn	1
08.09. 1942 – 18.12. 1942	Ludwig van Beethoven	*Fidelio*[47]	Oper	Inszenierung: Friedrich Ammermann	Marie Auerbach	7
17.09. 1942 – 23.10. 1942	August Hinrichs	*Wenn der Hahn kräht*	Lustspiel	Inszenierung: Karl Glänzer	Eduard Neuhaus, Henny Ohlrau, Kriemhild Falke, Hans Medo, Wilhelm Huber-Waldherr, Joe Assies, Hubert Poppe,	7

47 Beginn der Hauptspielzeit.

					Georg Lehn, Heinz Jamin	
01.10. 1942 – 13.11. 1942	Albert Lortzing	*Undine*	Romantische Oper in 4 Aufzügen		Annemarie Reinecke, Hans Obermanns, Walter Kassek, Alfred Stein, Maria Auerbach, Theo Heiliger, Eva Neudahm, Herbert Hirsche, Ruth Sommer, Erich Wocke	5
09.10. 1942 – 08.11. 1942	Friedrich Hebbel	*Die Nibelungen*	Tragödie	Inszenierung: Heinz Schade	Karl Rödemeyer, Eduard Neuhaus, Karl-Heinz Lehmann, Wilhelm Huber-Waldherr, Wilhelm Nork, Leonore Esdar, Kriemhild Falke, Henny Ohlrau, Trude Breitschopf	6
24.10. 1942 – 28.02. 1943	Nico Dostal	*Monika*	Operette in 3 Akten	Inszenierung: Hans Felder	Ursula Kerp, Werner von Albrich, Ruth Sommer, Grete Wittlich, Hans Medo, Hans Felder, Vera Sonja Arlett, Adolf Veuhoff, Helga Braun, Irene Andor, Eduard Neuhaus, Joe Assies, Georg Lehn, Hubert Poppe, Josef Huckschlag Ruscha Heldt-Brehmer	14
31.10. 1942 – 25.11. 1942	Hadrian Maria Netto	*Die Liebe ist das wichtigste im Leben*	Lustspiel in 3 Akten	Inszenierung: Karl-Heinz Lehmann	Henny Ohlrau, Eduard Obsieger, Florence Werner, Brigitte Oehlers, Willhelm Huber-Waldherr, Curt Lauermann, Trude Breit-	5

					schopf, Irene Andor, Georg Lehn	
11.11. 1942 – 12.11. 1942	Leos Janacek	*Jenufa*	Oper in 3 Aufzügen	Inszenierung: Friedrich Ammermann	Emmy Jesse,[48] Maria Auerbach, Alfred Jahn, Walter Kern, Hans Obermanns, Eva Neudahm, Ursula Kerp, Ruth Sommer, Ursula Reimann, Herbert Hirche, Hedwig Kohlhardt	4
28.11. 1942 – 16.12. 1942	Gerhart Hauptmann	*Die versunkene Glocke*	Märchendrama in 5 Akten	Inszenierung: Heinrich Voigt	Karl Rödemeyer, Brigitte Oehler, Henny Ohlrau, Eduard Neuhaus	6
05.12. 1942 – 02.05. 1943	Albrecht Nehring	*Abenteuer im Atlantik*[49]	Operette in 3 Akten		Sonja Arlett, Hildegard Prasuhn, Werner von Albrich, Hans Felder, Henny Ohlrau, Hans Medo, Curt Lauermann, Karl Rödemeyer, Joe Assies, Georg Lehn	12
19.12. 1942 – 14.01. 1943	Axel von Ambesser	*Wie führe ich eine Ehe*	Lustspiel in 3 Akten	Inszenierung: Heinz Schade	Wilhelm Nork, Kriemhild Falke, Leonore Esdar, Eduard Obsieger, Karl-Heinz Lehmann, Eveline Meisel	5
25.12. 1942 – 18.02. 1943	Guiseppe Verdi	*Ein Maskenball*	Oper in 3 Akten	Inszenierung: Friedrich Ammermann	Alfred John, Hans Obermanns, Maria Auerbach, Eva Neudahm, Ursula Kerp, Josef Huckschlag, Alfred Stein, Herbert Hirche, Theo Heiligers,	7

[48] Neu verpflichtetes Mitglied.

[49] Auch im Rahmen der Theaterwoche.

					Fritz Schmidt, Emmy Josse, Bodil Riek, [50] Heinz Wolfgang Wolff[51]	
10.01. 1943 – 15.05. 1943	Franz Lehár	*Der Graf von Luxemburg*	Operette in 3 Akten		Ursula Kerp, Adolf Veuhoff, Werner von Albrich	16
23.01. 1943	Anton Hamik	*Der verkaufte Grossvater* [52]	Lustspiel			1
19.01. 1943 – 09.04. 1943	Goethe	*Egmont*[53]	Trauerspiel	Inszenierung: Hans Schade	Kriemhild Falke, Karl Heinz Lehmann, Eduard Neuhaus, Joe Assies, Karl Rödemeyer, Werner von Albrich, Wilhelm Nork, Bernhard Böwe, Georg Lehn, Irene Andor, Hubert Poppe, Curt Lauermann, Hans Medo, Theo Heiligers, Harry Bender, Josef Huckschlag, Heinz Jamin	7
29.01. 1943 – 27.02. 1943	Friedrich Michael	*Der blaue Strohhut*	Lustspiel in 5 Akten	Inszenierung: Heinrich Voigt	Heinrich Voigt, Wolfgang Eduard Obsieger, Hubert Poppe, Lenore Esdar, Brigitte Oehler, Irene Andor, Eweline Meisel, Henny Ohlrau	5
06.02. 1943 – 10.04. 1943	Carl Maria von Weber Norbert Schultze	*Abu Hassan* *Max und Moritz*	Singspiel in 1 Aufzug Tanzspiel			5

[50] Als Gast.

[51] Als Gast.

[52] Das erste Stück, das parallel im Kleinen Haus aufgeführt wurde.

[53] Auch im Rahmen der Bromberger Theaterwoche am 9 April. Gastschauspiel des Staatsschauspielers Paul Hartmann als Egmont..

20.02. 1943 – 01.04. 1943	Walter Gilbricht	*Der Erbe seiner selbst*	Komödie in 4 Akten	Inszenierung: Karl-Heinz Lehmann	Eduard Neuhaus, Karl Rödemeyer, Trude Breitschopf, Käthe Schmidt, Wilhelm Nork, Georg Lehn, Joe Assies, Hans Medo, Harry Bender, Bernhard Böwe	4
03.03. 1943 – 21.03. 1943	Richard Wagner	*Siegfried*	Oper			3
04.03. 1943 – 23.04. 1943	Friedrich Hebbel	*Maria Magdalene*	Bürgerliches Trauerspiel in 3 Akten	Inszenierung: Heinz Schade	Irene Andor, Kriemhild Falke, Käte Schmidt, Joe Assies, Harry Bender, Georg Lehn, Karl-Heinz Lehmann, Hans Medo, Eduard Neuhaus, Karl Rödemeyer	5
11.03. 1943 – 26.04. 1943	Walter Bromme	*Mascottchen*	Operette in 3 Akten	Inszenierung: Hans Felder	Trude Rudorf, Adolf Veuhoff, Werner von Albrich, Sonja Arlett, Irene Andor, Joe Assies, Hans Felder, Käthe Schmidt, Ursula Reimann	8
19.03. 1943 – 22.04. 1943	Roland Schacht	*Schauspielerin*[54]	Komödie in 5 Akten	Inszenierung: Heinz Schade	Leonore Esdar, Brigitte Oehler,[55] Irene Andor, Trude Breitschof, Joe Assies, Harry Bender, Josef Huckschlag, Hans Medo, Wilhelm Nork	6

[54] Auch im Rahmen der Theaterwoche.

[55] Vertreten auch von Käthe Schmidt.

04.04. 1943 – 18.06. 1943	Hermann Reutter	*Dr. Johannes Faustus*[56]	Oper in 3 Aufzügen	Inszenierung: Walther Schumacher	Hans Ober-manns, Alfred Stein, Walter Kassek, Emmy Josse,[57] Ursula Kerp	7
07.04. 1943 – 28.04. 1943	Adolf Veuhoff	*Sturm über Irland*[58]	Schauspiel	Inszenierung Heinz Schade	Karl Rödemey-er, Curt Lauer-mann, Karl-Heinz Lehmann, Wilhelm Nork, Georg Lehn, Eduard Neu-haus, Werner von Albrich, Heinz Jamin, Bernhard Böwe, Irene Andor, Richard Kohl-hardt, Hubert Poppe, Harry Bender	4
08.04. 1943	Guiseppe Verdi	*La Traviata*[59]	Oper in 4 Akten	Inszenierung Friedrich Ammermann	Ursula Kerp, Georg Weilandt, Erich Wocke, Annemarie Reinecke, Irmgard Köhler, Walter Kassek, Hermann Holt-appel, Herbert Hirche, Alfred Stein	1
25.04. 1943 – 06.06. 1943	Johannes Strauss	*Wiener Blut*	Operette	Inszenierung Friedrich Ammermann	Hildegard Pra-suhn, Werner von Albrich, Ursula Kerp, Sonja Arlett, Walter Kassek, Hans Felder, Hans Medo, Hubert Poppe, Joe Assies	8
07.05. 1943 – 05.06. 1943	Heinrich von Kleist	*Das Kätchen von Heilbronn*	Schauspiel	Heinrich Voigt	Käthe Schmidt, Hubert Poppe, Henny Ohlrau, Kriemhild Fal-ke, Eduard Neu-	4

56 Eröffnung der Bromberger Theaterwoche.

57 Als Gast.

58 Im Rahmen der Bromberger Theaterwoche. Uraufführung.

59 Im Rahmen der Bromberger Theaterwoche.

					haus, Leonore Esdar, Brigitte Oehler, Adolph Veuhoff, Karl Rödemeyer, Wilhelm Nork, Curt Lauermann, Joe Assies, Hans Medo, Heinz Jamin, Evelyne Meisel, Theo Heiligers, Heinrich Braunroth, Richard Kohlhardt, Josef Huckschlag, Irene Andor, Trude Breitschopf, Ruscha Heldt-Brehmer, Vera Roedat-Katowski, Harry Bender	
22.05. 1943 – 04.06. 1943	Nikolaus Asztalos	*Die Nacht in Siebenbürgen*	Lustspiel	Inszenierung Heinz Jamin	Henny Ohlrau, Wilhelm Nork, Karl-Heinz Lehmann, Kriemhild Falke, Eduard Neuhaus, Florence Werner, Harry Bender	3
23.05. 1943 – 27.06. 1943	Otto Nicolai	*Die lustigen Weiber von Windsor*	Oper	Inszenierung Friedrich Ammermann	Ursula Kerp, Eva Neudahm, Alfred Stein, Hans Obermanns, Josef Huckschlag, Annemarie Reinecke, Walter Kern, Walter Kassek, Herbert Hirche, Werner Schmidt, Richard Kohlhardt, Bernard Böwe, Everardus Janssen	7
09.06. 1943 – 19.06. 1943	Herbert Reinecker	*Das Dorf bei Odessa*	Schauspiel	Inszenierung Heinz Schade	Kriemhild Falke, Henny Ohlrau, Irene Andor, Eduard Neuhaus, Karl	3

					Rödemeyer, Hans Medo, Curt Lauermann, Karl Heinz Lehmann, Hubert Poppe, Heinz Jamin, Joe Assies, Georg Lehn	
14.06. 1943 – 24.06. 1943	Eduard Künnecke	*Glückliche Reise*	Operette	Inszenierung Heinrich Voigt	Werner von Albrich, Adolf Veuhoff, Eduard Neuhaus, Hildegard Prasuhn, Trude Rudorf, Brigitte Oehler, Trude Breitschopf, Hans Medo, Eduard Obsieger	6
27.06. 1943[60]						

Die fünfte Spielzeit

21.08. 1943 – 31.08. 1943	Eduard Künnecke	*Glückliche Reise*	Operette	Inszenierung Heinrich Voigt	Sonja Arlett, Werner von Albrich, Hans Medo, Trude Breitschopf, Hans Neuhaus	7
03.09. 1943[61] – 21.11. 1943	Richard Wagner	*Tannhäuser*	Oper in 3 Aufzügen	Inszenierung Friedrich Ammermann	Paul Helm,[62] Dagmar Schröder,[63] Maria Auerbach, Hans Obermanns, Alfred Stein, Gerda Frobart, Vasili Kosmas, Hans Felder, Heinz Herbert, Herbert Hirche, Hilde Schönberger, Ria Beinhorn, Liesl Pospich	14
08.09. 1943 – 30.09.	Felix Dhünen	*Uta von Naumburg*	Schauspiel (ein politisches Stück)	Inszenierung Ludwig Schwartz	Hans Medo, Kriemhild Falke, Eduard	7

[60] Schluss der vierten Spielzeit.

[61] Eröffnung der Spielzeit 1943/44.

[62] Gast vom Gautheater Saarbrücken.

[63] Vom Reichsgautheater Posen.

1943					Neuhaus, Karl-Heinz Lehmann, Karl Rödemeyer	
11.09. 1943 – 22.05. 1944	Fred Raymond	*Die Perle von Tokay*	Operette in 3 Akten	Inszenierung Hans Felder	Beatrice Fischer, Werner von Albrich, Adolf Veuhoff, Sonja Arlett, Hans Felder, Henny Ohlrau, Curt Lauermann, Georg Lehn, Hans Medo, Käthe Schmidt, Joseph Huckschlag	26
26.09. 1943 – 27.12. 1943	Walter W. Goetze	*Adrienne*	Operette in 3 Akten	Inszenierung Heinrich Voigt	Beatrice Fischer, Ena Lenser, Werner von Albrich, Hans Felder, Karl-Heinz Lehmann, Harry Bender, Heinz Jamin, Eduard Neuhaus, Joseph Huckschlag, Leon Laur, Karl Rödemeyer, Hubert Popppe	19
09.10. 1943 – 27.10. 1943	Selma Lagerlöf, Paul Knudsen	*Der Kaiser von Portugallien*	Schauspiel in 4 Akten	Inszenierung Ludwig Schwartz	Eduard Neuhaus, Henny Ohlrau, Lieselotte Kunze, Irene Andor, Curt Lauermann, Hubert Poppe, Ludwig Schwartz,[64] Wilhelm Nork, Harry Bender, Heinz Jamin, Leonore Esdar, Trude Breitschopf, Luise Krams, Georg Lehn, Käthe Schmidt, Karl Rödemeyer, Christine Johannsen, Os-	3

[64] In Vertretung des erkrankten Hans Medo.

					wald Alscher, Anneliese Koetter	
21.10. 1943 – 03.12. 1943	Friedrich von Flotow	*Martha*	Romantische Oper in 4 Aufzügen	Inszenierung Friedrich Ammermann	Ilse Römer, Vasili Kosmas,[65] Alfred Stein, Barbara Boettcher, Herbert Hirche, Joseph Huckschlag, Bruno Glaeser	8
01.11. 1943 – 04.03. 1944	Alexander Marai	*Das letzte Abenteuer*	Schauspiel in 3 Akten		Heinrich Voigt, Bronny Geiger, Karl Rödemeyer, Curt Lauermann, Trude Breitschopf, Liselotte Kunze-Rottsieper	8
27.11. 1943 – 09.03. 1944	Ludwig Landhoff	*Meister Lorenzo*	Schauspiel in 5 Akten		Karl Rödemeyer, Ludwig Schwartz, Eduard Neuhaus, Kriemhild Falke, Wilhelm Nork, Liselotte Kunze-Rottsieper, Georg Lehn, Curt Lauermann, Harry Bender, Heinz Jamin	8
09.12. 1943 – 10.03. 1944	Albert Lortzing	*Der Wildschütz*	Oper in 3 Aufzügen	Inszenierung Friedrich Ammermann	Alfred Stein, Gerda Frobart, Heinz Herbert, Hanna Zahlmann, Kurt Winkel, Ilse Römer, Luise Schmidt-Krams, Hans Felder	7
25.12. 1943 – 19.02. 1944	Giuseppe Verdi	*Der Troubadour*	Oper in 4 Akten		Joseph Huckschlag, Wasili Kosmas, Bodil Rieck, Hanna Zahlmann, Alfred Stein	11
06.01. 1944 – 08.03. 1944	Juliane Kay	*Der Mann auf dem Birnbaum*	Lustspiel in 3 Akten	Inszenierung Heinrich Voigt	Georg Lehn, Brigitte Oehlers, Karl Rödemeyer, Lieselotte	8

[65] Zum ersten mal.

					Kunze-Rottsieper, Hubert Poppe, Heinz Jamin, Karl Heinz Lehmann, Eduard Neuhauss, Wilhelm Nork, Harry Bender, Käte Schmidt, Ludwig Zuckermandel	
17.01. 1944		Gret Palucca[66]				
04.02. 1944 – 02.07. 1944	Carl Millöcker	*Der Bettelstudent*	Operette in 3 Akten	Inszenierung Friedrich Ammermann	Alfred Stein, Alfred Jahn, Bodil Rieck, Gerda Frobart, Kurt Winkel, Käthe Schmidt, Hans Medo, Hanna Zahlmann, Heinz Jamin, Christiane Wieds	28
16.03. 1944 – 16.05. 1944	Johann Wolfgang von Goethe	*Clavigo*	Trauerspiel	Inszenierung Heinz Jamin	Karl Rödemeyer, Eduard Neuhaus, Karl-Heinz Lehmann, Kriemhild Falke, Leonore Esdar, Curt Lauermann, Hans-Georg Busch, Harry Bender, Jupp Huckschlag, Ludwig Zuckermandel	9
12.03. 1944 – 29.06. 1944	Ottmar Gerster	*Enoch Arden*	Oper in 4 Bildern	Inszenierung Heinrich Voigt, Musikleitung: Walter Schumacher	Hans Obermanns, Maria Auerbach, Bodil Rieck, Alfred Jahn, Gerda Frohbart, Theo Heiligers	12
26.03. 1944 – 11.05. 1944	Hans Müller-Kray Leo Delibes	*Der Spiegel der Prinzessin* *Coppelia*	Ballet in 1 Aufzug Ballet in 3 Bildern			7

66 Einmaliges Tanzgastspiel.

21.04. 1944 – 30.06. 1944	Charles Gounod	*Margarete*	Oper in 5 Akten	Inszenierung Friedrich Ammermann, Musikleitung: Walter Schumacher	Alfred Stein, Wasili Kosmas, Irene Landmann, Heinz Herbert, Kurt Winkel, Barbara Boettcher, Teo Heiligers	9
03.05. 1944 – 21.06. 1944	George Bernard Shaw	*Candida*	Mysterium in 3 Akten	Inszenierung Ludwig Schwartz	Leonore Esdar, Karl-Heinz Lehmann, Hans-Georg Busch, Eduard Neuhaus, Hubert Poppe, Christiane Johannsen	9
17.05. 1944		Masami Kuni	Der Tänzer Japans[67]			
21.05. 1944 – 01.07. 1944	Musik: Oskar Nedbal	*Die Erntebraut*	Operette in 3 Akten	Inszenierung Hans Felder, Musikleitung: Hans Mayer	Werner von Albrich, Beatrice Fischer, Adolf Veuhoff, Inge Christensen, Irene Andors, Hans Medo, Ursula Rehberg, Leon Laur, Theo Heiligers	12
07.06. 1944 – 22.06. 1944[68]	Georg Friedrich Händel	*Julius Cäsar*	Oper in 3 Akten	Inszenierung Walter Schumacher, Oberspielleiter: Friedrich Ammermann	Hans Obermanns, Maria Auerbach, Hanna Boettcher, Alfred Jahn, Alfred Stein, Heinz Herbert, Theo Heiliger	3

[67] Einmaliges Gastspiel.

[68] Ende der lezten Kriegsspielzeit.

Karolina Prykowska-Michalak

Schwieriger Nachbar – Max Halbe
Heimat-Dramaturgie auf den deutschen Bühnen in Polen

> Es ist die Tragik des Menschen und Dichter Max Halbe, dass sein späteres Leben und Schaffen im Schatten der *Jugend* standen hat und dieses frühe Werk des 27jaehrigen Dichters damit den Maßstab für alle weiteren Werke abgeben sollte. So sind dann auch dem Dichter in seinen Mannesjahren manche Enttäuschungen nicht erspart geblieben. Wie sein Danziger Landsmann Arthur Schopenhauer hat Halbe in jungen Jahren den großen Erfolg seines Lebens errungen, trotzdem seine späteren Werke an dichterischer Erkenntnis, Reife und Abrundung vielleicht noch gewonnen haben.[1]

Mit diesem Aufsatz kehre ich wieder zu den Dramen Max Halbes zurück, welche untrennbar mit Polen verbunden sind.

2001 wurde anlässlich des Jubiläums – 200 Jahre des Theaters am Kohlmarkt in Danzig – eine internationale Tagung organisiert und danach eine Publikation[2] vorbereitet. Damals habe ich die Halbeschen Dramen vor dem Hintergrund der Danziger Landschaft untersucht.

Wie Stephen Wolting (der Autor des demnächst erscheinenden Buchs über das Danziger Theater) feststellt, leistete ich damit einen Beitrag zur deutsch-polnischen Versöhnung. Ich bemühte mich um eine objektive Analyse der Dramentexte. Im Visier stand das naturalistische Drama, z.B. *Jugend*.

Was für eine Bedeutung die früheren Dramen Halbes für das Publikum der deutschen Bühnen hatte, kann man anhand des Theaterrepertoires unmissverständlich darstellen. Mit der Halbeschen *Jugend* wurden der Alltag und der Festtag in der Provinz gefeiert.

Die Uraufführung des Stücks *Jugend* fand 1893 auf der Bühne des Residenztheaters in Berlin statt. Die Handlung dieses Stückes findet im Pfarrhof Rosenau in Westpreußen statt. In Übereinstimmung mit dem Liebesmotiv zwischen Annchen und Hans hat Halbe die herrliche, unwiederholbare Atmosphäre des Frühlings in der Weichselniederung ausgemalt. Er hat es durch die detaillierten Bemerkungen über Zeit und Raum, durch die lyrischen Dialoge der Hauptpersonen sowie die Volkslieder erreicht.

---

[1] *Danziger Theaterzeitung* vom 05.10.1940. Vergleich: Stephan Wolting: *Bretter die Kuturkulissen markierten*. Wrocław 2003.

[2] Jan Ciechowicz (Hrsg.): *200 lat teatru na targu węglowym*. Gdańsk 2005.

Ein Jahr zuvor, 1892, erschien das Drama *Eisgang*, welches der erste Erfolg von Halbe war.

Das gesteigerte Interesse für Halbes Werke in Deutschland konnte man noch bis 1897 beobachten; damals wurde das Drama *Mutter Erde* im Deutschen Theater aufgeführt.

Kein anderes Stück dieses Autors hat in Deutschland einen mit den drei ersten Werken vergleichenden Erfolg erzielt.

Die Uraufführung des Liebesdramas *Jugend* auf polnischem Gebiet fand 1896 im Danzigern Stadttheater statt, seitdem wurde es oft aufgeführt und neu einstudiert.[3]

Noch vor dem Ersten Weltkrieg, 1905, fand die Premiere des Dramas in Thorn statt. Auch auf den deutschen Bühnen in anderen Städten wurden die früheren Stücke von Halbe gern und oft gespielt. Wahrscheinlich fanden sie auf dem polnischen Gebiet mehr Zuspruch als in Deutschland. Die Werke Halbes waren populär, weil der Autor zum Handlungsort seiner Dramen Danzig und die Weichselniederung gewählt hatte, um die ständige Abrechnung mit der Geschichte und der Tradition dieser Gegend zu führen – deswegen ist für die Polen dieses Erbe nach Halbe kaum zu akzeptieren.

Die früheren Stücke von Halbe wurden bis 1918 oft aufgeführt. Die Provinzbühnen bevorzugten das neue Repertoire, und der gute Ruf des Dramatikers aus Berlin war für sie die beste Werbung. Nach 1918 änderte sich die politische Situation.

In den Jahren 1919-1920 wurden alle stehenden deutschen Bühnen in Großpolen und in Pommern aufgelöst. Viele Schauspieler versammelten sich in den Laienensembles, welche im so genannten „Deutsche Bühne Verband" Niederlassung Bromberg vereinigt waren.

Stefan Papée schrieb 1930:

> Für viele Deutsche hatten diese [Laienvorstellungen K.P-M.] sehr große Bedeutung, nicht nur kulturelle aber auch politische! Die Wahl der Stücke spielte keine große Rolle, weil die politischen Aufgaben, nicht nur leidenschaftliche Dichtung von Schiller aber auch flache Kadelburg erfühlt. Chauvinismus war bei solchen Festen ebenfalls anwesend, es fehlten jedoch nie die fanatischen Nationalisten und die erhitzte Jugend.[4]

Der Alltag der deutschsprachigen Bühnen in der Provinz gehörte noch lange dem Naturalismus von Halbe. Zum Beispiel: In Lodz bereitete man 1915 die festliche Premiere der *Jugend* zum 50. Geburtstag des Autors. Fünf Jahre später debütierte mit diesem Stück ein Dilettantentheater – die Freie Bühne.

---

[3] *200 lat teatru na targu węglowym* [wie Anm. 2], S. 270.

[4] Stefan Papée: „Dziesić lat teatru w Polsce Zachodniej (1918-1928)". In: *Strażnica Zachodnia*, 9 (1930), Nr 2, S. 264.

In der deutschen Forschungsliteratur kann man nachlesen, dass Halbe in seinen Dramen vom Naturalismus durch Neuromantik bis zur nationalistischen Heimatkunst übergeht. Solche Betrachtungen kann man z.B. in den neusten zeitgeschichtlich-biografischen Studien von Ulrich Erdmann aus dem Jahre 1997 finden.[5]

Halbes Stellung gegenüber Polen verschärfte sich nach dem Versailler Vertrag, in dem Danzig als Freie Stadt anerkannt wurde. Während seines Besuchs in Danzig 1919 notierte Halbe:

> und diese Stadt, die schönste des deutschen Nordens, soll durch einen Federstrich eines amerikanischen Weltschulmeisters [US-Präsident Wilson] den polnischen Banditen ausgeliefert werden![6]

Heimatkunst wurde vor dem Ersten Krieg kaum wahrgenommen. Deswegen gibt z.B das Drama *Mutter Erde,* ganz stark in Heimatliteratur eingebunden, in seiner Aussage zur Verteidigung der preußischen Erde vor der polnischen Expansion einen extremen Standpunkt wieder. Es hatte seine Erstaufführung 1897 in Danzig.[7]

Nach 1907 schrieb Halbe vor allem die historischen Dramen. Ihre Schauplätze waren Danzig und Umgebung. Die Handlung des ersten, *Das wahre Gesicht* (1907), „spielt in der Zeit des Königs Sigmund August. Der polnische König hatte um Danzig gekämpft." Der Autor hat sehr lakonisch den historischen Hintergrund beschrieben. Wichtiger war ein anderes Motiv – der deutsche Kapitän in der freien Reichstadt Danzig-Zierenberg, der durch seine polnische Frau – Cordula betrogen wurde. Wegen Cordulas Trick geriet die Stadt fast in die Hände des Feindes. In diesem Drama zeigt der Autor nicht so viel Invektiven gegen Polen – Cordula, ihren Vater Woiwode von Marienburg und seine Kompanien. Diese Personen kompromittieren sich in seinen Taten. Die pseudohistorische Wirklichkeit dieses Stückes hat kein anderes Ziel als die Äußerung der polenfeindlichen Gefühle des Autors.

Dieses Stück wurde, wie Peter O. Löw schrieb, wegen der dramatischen Mängel wahrscheinlich nie aufgeführt.

Noch im selben Jahr entstand das Drama *Freiheit*, dessen erste und wohl auch einzige Aufführung im Oktober 1925 am Danziger Stadttheater stattfand[8].

Der Kritiker der *Danziger Rundschau* urteilte: „Ich will nicht sagen, daß das Stück nichts taugt, aber es ist erbarmungslos schlecht."[9] Das störte aber

---

[5] Ulrich Erdmann: *Vom Naturalismus zum Nationalismus?* Frankfurt/Main: Peter Lang Verlag 1997.

[6] Ebd.

[7] Und dann war noch 1916, 1922 und 1939 gespielt. Erdmann [wie 5], S. 200 und 270.

[8] *200 lat teatru na targu węglowym* [wie Anm. 2], S. 290.

nicht den großen Festtag, genauer gesagt die Festwoche, mit der man in Danzig den 60. Geburtstag des Autors und seine Ehrenbürgerschaft der Freien Stadt Danzig feierte. Während dieser Woche hat man außer erwähnter *Freiheit* auch *Der Strom* und *Der Ring des Gauklers* gespielt.

1933 entstand das nächste „historische Werk" von Halbe, ebenfalls kaum spielbar, *Heinrich von Plauen.* Es bot jedoch die Möglichkeit, einen Helden der polnischen Geschichte, den König Wladyslaw Jagiello, zu verunstalten. Den Hintergrund für das Geschehen lieferte Tannenberg. Nach dem Tod des Großmeisters Ulrich von Jungingen hat Heinrich von Plauen die Regierung des Ritterordens übernommen. Der Autor beschreibt den polnischen König als: „Mörder und verschlagenen Feigling" und seinen Bruder Witold, beide Litauer, als feigherzige Lehensmänner des Maria-Ordens.

Heinrich von Plauen wurde am 4. Juni mit großem Erfolg in der Marienburg aufgeführt. Arthur Kutscher teilte mit: „An den drei Abenden 8000 Zuschauer. Die Begeisterung war außergewöhnlich."[10] Es war ein Festtag der preußischen Junker.

> Unglaubwürdigkeit der dargestellten Extreme in *Heinrich von Plauen* trug offenbar dem unter dem preußischen Publikum herrschenden revanchistischen Zeitgeist erfolgreich Rechnung und bot in der melodramatischen Stilisierung der Konfliktkonstellation von 1410 den Bezug auf die politische Gegenwart im deutsch-polnischen Grenzgebiet an.[11]

Diese Stück hatte, was kein Wunder war, wegen der „stilistischen Schwächen" und wegen der, höflich ausgedrückt, unzeitgemäßen Anrede wie z.B.: „mein super kluger Junker Hans"[12] eine sehr geringe Wirkung, und Halbe bemühte sich um weitere Aufführungen dieser seiner Meinung nach „wohlgelungenen Arbeit". Er wandte sich an die Theatergemeinde Deutsche Bühne München e.V., erhielt jedoch keinen positiven Bescheid. Kurz vor seinem Tod stellte Halbe fest, dass *Heinrich* ein Tendenzstück war und schrieb:

> es war […] damals 1933 die Zeit großer politischer Annäherung seitens des Führers an die polnische Republik, so dass eine zeitlang so gar fraglich war, ob das Stück überhaupt in Marienburg zur Festspielaufführung gelangen könnte, wofür es doch geschrieben und bestimmt war.[13]

Halbe diffamierte mit großem Engagement Polen, die polnischen Helden und die polnische Geschichte. Jan Chodera meint, dass Halbe auf diese Weise an die niederen Instinkte der Zuschauer und Leser appellierte und somit

---

[9] Ebd.
[10] Erdmann [wie Anm. 5], S. 142.
[11] Ebd.
[12] Ebd., S. 143.
[13] Erdmann [wie Anm. 5], S. 143.

indirekt zur nationalistischen Instrumentalisierung seiner deutschen Leserschaft beitrug.[14]

Die letzten Dramen Halbes, die fast durchweg in Danzig gespielten, dienten der nationalsozialistischen Propaganda zur Untermauerung ihrer für den Osten entwickelten Blut-und-Boden-Propaganda.

Halbe wurde damals gern nach Danzig eingeladen und feierte dort seine Jubiläen: Zu seinem 70. Geburtstag kam es in Danzig zur Aufführung seines Dramas *Erntenfest,*[15] mit welchem dem Hochmeister des Deutschen Ritterordens, Hermann von Salza, ein Denkmal gesetzt werden sollte.

Am 5. Oktober 1940, anlässlich seines 75. Geburtstages, hat der „Dichter des Weichsellandes und Danziger Ehrenbürger" die Uraufführung von *Kaiser Friedrich II.* besucht. Die Uraufführung, wie es Halbe in seinem Leben schon oft erfuhr, blieb die einzige Aufführung dieses besonders schwachen Werks. Der Münchner Autor der Monagrafie über Halbe, Hans von Hülsen, bezeichnet diese Stück als einer „Primanerarbeit".

Die Aufführung war festlich. Im Danziger Archiv befinden sich Fotos, auf welchen der Dichter dem Regisseur und Schauspieler Karl Kliewer Anweisungen gibt.

Der damalige Stadttheaterdirektor Herrmann Merz hat Halbe die festliche Ausgabe gewidmet.

Zum Schluss

Es ist unbestritten, dass Halbes Schaffen im Schatten seiner ersten Dramen steht. Fast alle späteren Schriften zeugen vor allem von einer großen Heimatsehnsucht und einer Mentalität, welche Erdmann als typisch für das Wilhelminische Zeitalter beschreibt. Sie zeichnete sich durch „selektive Wahrnehmung und das Denken in Hierarchien, Freund-Feind-Bildern und die Projektion eigener Aggressionen auf Fremdgruppen".[16] Für Halbe war diese Gruppe eindeutig mit den Polen besetzt.

Halbe errang einen Platz in der Danziger Geschichte. Die Danziger Historiker würdigen das und schreiben:

> Mit dem Nicht-Danziger Halbe [hat Danzig] einen lokalen Dramatiker gefunden, der dazu bereit war, den Ruhm der Stadt und ihrer Umgebung auch außerhalb ihrer Grenzen zu verkünden.[17]

---

[14] Wolting [wie Anm. 1], S. 267.

[15] Vergl. P.O. Loew, ??????? Die Uraufführung war in Danzig am 03.10.1936; in diesem Saison wurde dieses Stück 4 mal gespielt: *200 lat teatru na targu węglowym* [wie Anm. 2].

[16] Doerry, „Übergangsmenschen." In. Erdmann [wie Anm. 5], S. 104.

[17] *200 lat teatru na targu węglowym* [wie Anm. 2], S. 291.

Cordula Treml

Von Deutschen beeinflusstes Theater in Paris während der Besatzungszeit am Beispiel des Théâtre de l'Odéon (1940-1944)

1. Einführung – Besatzungszeit im Überblick

> Après cette grande et tragique coupure, que va devenir le théâtre de Paris? Nous nous trouvons devant cette grande et douloureuse inconnue [...] les masques ont été jetés à terre [...] les cothurnes dispersés [...] mais déjà de grands ouvriers du théâtre sont prêts à reprendre le travail. Il faut les en féliciter, étant donné les difficiles et si délicates circonstances actuelles.[1]

In der Tat hatte eine gewaltige Erschütterung im Juni 1940 das gesamte Pariser Theatermilieu erfasst und innerhalb weniger Tage vollkommen paralysiert. Schauspieler, Regisseure und Intendanten verloren von heute auf morgen ihre Arbeit, mussten fliehen, sich verstecken, wieder andere verließen freiwillig die Hauptstadt. Dennoch setzten nach nur wenigen Wochen die meisten Theaterbegeisterten mutig ihr Werk fort, schrieben und inszenierten weiterhin Stücke, planten neue Projekte und Premieren. Grundsätzlich geändert hatten sich jedoch die Bedingungen, unter denen sie künftig zu arbeiten hatten.

Exakt dieses Szenario bildet die Ausgangssituation für François Truffauts Film *Die letzte Métro*, der die fiktive Geschichte eines kleinen Pariser Theaters während der deutschen Besatzung erzählt. Thematisiert wird dabei das Schicksal des jüdischen Intendanten Lukas Steiner, der gezwungen ist, sich im Keller des Theaters zu verstecken, die Proben des Ensembles mit Hilfe seiner Frau, die kurzfristig die Leitung des Theaters übernimmt, jedoch mitverfolgen und sogar wesentlich beeinflussen kann. Diese filmische Aufbereitung einer historisch sowie theatergeschichtlich ebenso interessanten wie problematischen Epoche lieferte eine erste Anregung zu meinen Forschungen.

Im Mittelpunkt dieser Betrachtung steht die Geschichte des Odéon im Zeitraum zwischen Juni 1940 und August 1944. Dabei soll in erster Linie kritisch überprüft werden, wie sich die deutsche Besatzung auf die Arbeit am

---

[1] Zitiert in *La Gerbe*, 11.7.1940, S. 3: Echos, Le théâtre à Paris: „Was wird aus dem Pariser Theater nach diesem großen und dramatischen Einschnitt werden? Wir sehen uns mit diesem schmerzhaften, noch nie da gewesenen Ereignis konfrontiert [...] die Masken wurden zu Boden geworfen [...] die Kothurne verstreut [...] doch schon sind bedeutende Theatermacher bereit, ihre Arbeit wieder aufzunehmen. Angesichts der so schwierigen und widrigen momentanen Umstände muss man sie dazu beglückwünschen." [Übers. d. Verf.]

zweiten französischen Staatstheater auswirkte. Untersucht wird vor allem der Einfluss, den die Besatzungssituation auf administrative wie künstlerische Entscheidungen und den Spielbetrieb insgesamt ausübte. Insbesondere soll auch der Einfluss der deutschen Besatzer auf den Spielplan des Odéon untersucht und kritisch überprüft werden.

Die Zeit der deutschen Besatzung Frankreichs, die innerhalb der französischen Geschichte wie des gesamten vom Zweiten Weltkrieg betroffenen Europas, eine absolute Ausnahmesituation darstellte, begann am 14. Juni 1940 mit dem Einmarsch deutscher Soldaten in Paris. Nachdem Frankreich in den vorausgehenden Wochen binnen kürzester Zeit von den deutschen Divisionen in einem sogenannten „Blitzkrieg" an allen Fronten besiegt worden war, blieb dem Land letztlich nur noch die Kapitulation. Daher bat die nach Bordeaux geflüchtete französische Regierung wenig später um einen Waffenstillstand, der bereits am 22. Juni unterzeichnet wurde und am 25. Juni in Kraft trat.

Mit Beginn der deutschen Besatzung wurde das französische Staatsgebiet durch eine Demarkationslinie in zwei Zonen geteilt: Das unbesetzte Gebiet [*zone libre*] in der südlichen Hälfte und das besetzte Gebiet [*zone occupée*] nördlich der Trennungslinie. Nach Abschluss der Waffenstillstandsverhandlungen ließ sich die französische Regierung in Vichy, 300 Kilometer südlich von Paris, nieder und behielt zwar offiziell ihre Souveränität, begab sich durch die Einwilligung zur Kollaboration mit dem Sieger jedoch in Abhängigkeit vom nationalsozialistischen Deutschland.

Nachdem die Deutschen innerhalb weniger Wochen die Basis für ein effektives Machtinstrumentarium im okkupierten Frankreich geschaffen hatten, verschärften sie in den folgenden vier Jahren ihr Besatzungsregime zunehmend. Auf Grund der Kriegsereignisse besetzten sie im November 1942 schließlich das gesamte französische Gebiet, was am Status der Regierung von Vichy jedoch nichts änderte. Die rigorose deutsche Haltung machte sich schon ab 1941 in einer deutlichen Verschlechterung der Versorgungslage bemerkbar, die sich hauptsächlich in der Rationierung von Lebensmitteln sowie Strom- bzw. Heizkohlerestriktionen äußerte. Auch nahmen die Repressionen gegen die jüdische Bevölkerung kontinuierlich zu, und ab 1942 häuften sich die Sanktionsmaßnahmen gegen Juden und Kommunisten, die von unbekannten Tätern verübte Attentate stellvertretend büßen mussten. Allerdings nahm ab 1942 auch der innere Widerstand in Frankreich zu, und es bildeten sich zahlreiche militärisch aktive Gruppen der Résistance, die ab 1943 in einer allgemeinen Befreiungsbewegung vereinigt wurden. In den Monaten kurz vor Ende der deutschen Besatzung musste die französische Bevölkerung weitere drastische Einschränkungen in Kauf nehmen. Gerade die Lage in der Hauptstadt verschlechterte sich zunehmend, da sich alliierte Bombenangriffe häuften und Lebensmittel und Elektrizität immer knapper wurden.

Nachdem die Alliierten am 6. Juni an der Küste der Normandie gelandet waren, mobilisierte die Résistance die Bevölkerung und löste einen nationalen Aufstand aus, der schließlich zum Sturz der Vichy-Regierung führte und die deutschen Besatzer ab Anfang August 1944 zur Evakuierung der Hauptstadt veranlasste. Diese Revolte, die das gesamte Land erfasste, gipfelte am 19. August im Aufstand von Paris, an dem sich neben militärisch organisierten Widerstandsmitgliedern vor allem zahlreiche Zivilisten beteiligten. Gemeinsam verteidigten sie die Stadt tagelang in erbitterten Barrikadenkämpfen. Die Befreiung von Paris erfolgte schließlich am 25. August 1944, als französische Truppen die Hauptstadt erreichten und die deutsche Militärverwaltung zur Kapitulation zwangen.

2. Situation der Pariser Theater während der deutschen Besatzung

2.1. Verwaltung durch deutsches Militär

Im besetzten Gebiet sorgten verschiedene deutsche Dienststellen zum einen für die Umsetzung der Richtlinien des Waffenstillstandes, zum anderen für die Kontrolle der französischen Verwaltungsbehörden. Die deutsche Militärverwaltung, an deren Spitze der Militärbefehlshaber in Frankreich stand, setzte sich aus dem Kommandostab und dem Verwaltungsstab zusammen.

Zum Kommandostab gehörte unter anderem die Propaganda-Abteilung Frankreich, die gleichzeitig der Wehrmacht und dem Propagandaministerium in Berlin unterstellt und in vier regionale Unterabteilungen, die sogenannten Propaganda-Staffeln, gegliedert war. Die Pariser Staffel, die ihren Sitz im Zentrum der Hauptstadt hatte, war wie alle anderen Staffeln und die Abteilung in folgende Referate bzw. Gruppen unterteilt: Presse, Kultur, Literatur, Aktivpropaganda, Rundfunk und Film. Innerhalb der Gruppe Kultur gab es neben den Referaten Musik, Schöne Künste und Variété die Untergruppe Theater, die mit der Überwachung der Pariser Theater betraut war. Das Arbeitsgebiet des Theaterreferats wurde in einem Tätigkeitsbericht der Gruppe Kultur in folgende sechs Aufgabenbereiche eingeteilt:

a) Erfassung, Überwachung und Betreuung der französischen Bühnen von Paris. (Opern, Schauspiele und Operetten)
b) Überprüfung der in Zeitschriften und Tageszeitungen erscheinenden Abhandlungen über das Arbeitsgebiet. (Voranzeigen, Kritiken, Artikel).
c) Einrichtung und Arbeit eines dramaturgischen Büros.
d) Behandlung der Judenfrage.

e) Künstlerische Beurteilung. (Vergleich und Auswertung gewonnener Eindrücke).

f) Allgemeines aus dem Arbeitsgebiet. (Soziale Fragen, korruptive Vorgänge aus der Zeit vor der Besatzung, usw.).[2]

Die ständige Kontrolle der einzelnen Theater war für die Propagandastaffel essentiell. Das Schwergewicht lag dabei auf dem sogenannten Außendienst, dem Besuch der Proben und Theatervorstellungen. Die dünne Personaldecke erschwerte jedoch die Ausübung dieser Aufgaben, da außer dem Gruppenleiter lediglich ein Sachbearbeiter für Theaterfragen zur Verfügung stand. Auch dürften die zuständigen Offiziere von der Menge der zu bewältigenden Arbeit überfordert gewesen sein. Immerhin hatte das Theaterreferat schon zu Beginn der Besatzung die Kontrolle über 26 Pariser Bühnen und berichtete ferner, dass bereits innerhalb der ersten acht Wochen über 30 Vorstellungen besucht worden waren.[3]

2.2. Ziele deutscher Kulturpolitik

Der Einfluss von Reichspropagandaminister Goebbels wirkte sich unter anderem durch dessen freundschaftliches Verhältnis zum Leiter der Propaganda-Abteilung auch auf das besetzte Frankreich, insbesondere auf den Bereich der Kulturpolitik, aus. Goebbels Hauptziel war es, die Dominanz des französischen Kultureinflusses in Europa zu brechen und ausschließlich deutsche Kultur zu fördern, um sie international zum allgemeingültigen Vorbild werden zu lassen.

Aus einem Bericht über die Ergebnisse einer Kulturreferententagung der einzelnen Propagandastaffeln von 1941 gehen die zwei wesentlichen Ziele deutscher Kulturpolitik in der besetzten Zone klar hervor:

> Dagegen ist eine staerkere kulturpropagandistische Taetigkeit wuenschenswert. Es ist wichtig, dass den Franzosen Eindruecke und Beispiele des Kunstlebens im dritten Reich gegeben werden, nachdem der erste Auftrag an die Prop. Staffeln, das franzoesische Kulturleben wieder in Gang zu bringen, als erfuellt angesehen werden kann.[4]

So war auch das Pariser Theaterleben während der deutschen Besatzung klar von diesen beiden kulturpolitischen Bestimmungen geprägt, die sich in

---

[2] Zitiert in: Archives nationales (Paris), Archives allemandes, AJ 40 1001 (7), Taetigkeitsbericht der Gruppe IV: Kultur, Arbeitsgebiet Theater, S. 1. Da das Dokument nicht vollständig erhalten ist, fehlt die Datumsangabe. Ein Hinweis im Text lässt jedoch darauf schließen, dass dieser nur wenige Wochen nach Beginn der deutschen Besatzung, im August oder September 1940, entstand.

[3] S. ebd. S. 5, 6.

[4] Zitiert in: Archives nationales, archives allemandes, AJ 40 1001 (7), Ergebnisse der Arbeitstagung der Kulturreferenten, Paris, 24.05.1941, S. 1

konkreten Maßnahmen der Propagandastaffel äußerten. Bereits ab Juni 1940 bemühten sich die deutschen Verantwortlichen, möglichst schnell eine Wiederaufnahme des Spielbetriebs sämtlicher Pariser Bühnen zu erreichen, um die Bevölkerung abzulenken, vor allem aber um ihr die Rückkehr in die Normalität zu suggerieren. Die bewusste Förderung des Theaterlebens in der französischen Hauptstadt sollte zudem ein ganz bestimmtes Bild von den deutschen Besatzern fördern: Eine aufgeschlossene, großzügige Haltung vermittelte den Eindruck absoluter Korrektheit im Umgang mit den Kulturgütern des besetzten Landes und ließ zugleich auf großes Kulturverständnis des deutschen Reiches insgesamt schließen. Das Theater sollte die Bevölkerung vorwiegend unterhalten, ihr aber auch ein Forum des gemeinschaftlichen Austausches liefern, der natürlich unpolitisch bleiben musste. Denn nichts fürchteten die deutschen Besatzer mehr als Zusammenkünfte mit politischem oder gar antideutschem Charakter. Folglich erkoren sie unter anderem das Theater aus propagandistischen Absichten dazu, die Menschen in Paris abzulenken und den Wunsch nach politischer Betätigung durch verstärkte kulturelle Anregung zu dämpfen. Wenn die Propagandastaffel in ihren Bemühungen um einen Aufschwung gerade des Pariser Theaterlebens während der vier Besatzungsjahre zwar durchaus erfolgreich war und der Stadt unzweifelhaft etwas von ihrem früheren Glanz zurückgab, so waren die Motive dafür nicht liberalem Denken entsprungen, sondern stellten vielmehr das Ergebnis einer konsequent geplanten politischen Strategie eines totalitären Regimes dar.

Ab 1941, dem zweiten Jahr der Okkupation, wurde die Verbreitung deutschen Kulturguts in der besetzten Zone zur obersten Priorität. Ab diesem Zeitpunkt bemühte sich die Propagandastaffel intensiv, deutsche Stücke in diversen Pariser Theatern aufführen zu lassen. Jedoch konnten die deutschen Machthaber ihre Einflussnahme auf die Pariser Spielpläne bei weitem nicht in dem Maße geltend machen, wie sie es im Rahmen ihrer propagandistischen Kulturpolitik wohl ursprünglich geplant hatten. So wurden zwischen 1941 und 1944 in Paris lediglich sieben Stücke deutscher Autoren inszeniert, und dies ausschließlich an den drei Staatstheatern, im Théâtre de l'Odéon, der Comédie Française und dem Théâtre du Palais de Chaillot.

Ein weiteres Mittel, die deutsche Kulturhegemonie wirkungsvoll zu propagieren, sahen die Besatzer in der Unterbindung französischer Kulturangebote im Ausland, um so Frankreichs Ansehen als ruhmreiche Kulturnation endgültig zu brechen. Daher erschwerten sie unter anderem die Genehmigungsverfahren für Gastspiele französischer Truppen und verweigerten sogar namhaften Künstlern, etwa Gaston Baty, dem Mitbegründer der theaterreformierenden Vereinigung *Cartel*, die Tourneeerlaubnis.

2.3. Anwendung der Rassengesetze

Ab Herbst 1940 unternahmen die Deutschen einen besatzungspolitisch entscheidenden Schritt, indem sie die antisemitischen Rassengesetze, die im deutschen Reich bereits seit 1935 in Kraft waren, nach und nach auch im besetzten französischen Gebiet einführten. Neben zahlreichen von den deutschen Besatzern erlassenen antisemitischen Verordnungen wurde gleichzeitig vom Kollaborationsregime in Vichy eine Reihe diskriminierender Rassengesetze und Dekrete erlassen, die jeweils für das gesamte französische Gebiet galten und darauf abzielten, die jüdische Bevölkerung mehr und mehr aus dem öffentlichen Leben auszuschließen.

Am 3. Oktober 1940 wurde von Vichy der sogenannte Judenstatus [*Loi portant statut des juifs*] erlassen, in dem das Judentum zum ersten Mal als Rasse und nicht als Religionsgemeinschaft bezeichnet und den Juden künftig der Zugang zu öffentlichen Ämtern und freien Berufen verboten wurde. Nach Artikel 5 dieses Gesetzes wurden Juden unter anderem auch aus dem Theaterbetrieb ausgeschlossen, sofern sie als Direktoren, Verwalter oder Geschäftsführer eines Theaters tätig waren. Der Beruf des Schauspielers war ihnen zu diesem Zeitpunkt offiziell noch nicht verboten worden. Offensichtlich wurde der Druck der deutschen Behörden später so groß, dass Vichy am 6. Juni 1942 ein Dekret erließ, das den Juden die Ausübung künstlerischer Berufe definitiv untersagte. Betroffen davon waren sowohl Schauspieler in Theater und Film, als auch Sänger, Musiker und sonstige Künstler, die in öffentlichen Vorstellungen auftraten.

Am 27. September 1940 erließ die deutsche Militärverwaltung die erste Verordnung im besetzten französischen Gebiet. Diese verbot jüdischen Flüchtlingen künftig die Rückkehr in die nördliche Zone und verpflichtete zudem alle Juden zur behördlichen Registrierung. Um eine offizielle Erfassung aller im besetzten Gebiet lebenden jüdischen Personen zu ermöglichen, mussten deren Pässe mit einem roten Stempel mit der Aufschrift *Juif* [Jude] versehen werden. Zum Zweck der Registrierung sandte die Generaldirektion der Schönen Künste daher an alle Bühnen einheitliche Formulare, in denen sämtliche Ensemblemitglieder und am Theater Beschäftigten über ihre Abstammung Auskunft geben mussten. Dabei standen drei vorformulierte Erklärungen zur Auswahl durch deren Unterzeichnung von der betreffenden Person entweder versichert werden sollte, dass kein Großelternteil jüdischer Herkunft war oder aber die Anzahl der jüdischen Großeltern sowie gegebenenfalls die jüdische Abstammung des Ehepartners angegeben werden musste.

Jüdische Künstler konnten sich teilweise schützen, indem sie nicht unter ihrem wirklichen Namen auftraten, sondern sich möglichst neutral klingende Pseudonyme zulegten, wie dies damals auch viele nicht-jüdische Künstler taten. Allerdings erließ die Regierung in Vichy am 10. Februar 1942 umgehend ein Gesetz zur Namensänderung, das jüdischen Personen den Gebrauch von Pseudonymen generell verbot. Wenige Monate vor dem Dekret vom 6. Juni 1942 bedeutete dies für viele jüdische Künstler bereits ein Berufsverbot, da sie künftig unter ihrem echten jüdischen Namen nicht mehr akzeptiert wurden und folglich kein Engagement erhielten. Ab dem 29. Mai 1942 wurden alle Juden ab dem sechsten Lebensjahr durch eine Verordnung der deutschen Militärverwaltung gezwungen, in der Öffentlichkeit einen gelben Judenstern deutlich sichtbar an ihrer Kleidung zu tragen. Ab dem 8. Juli 1942 wurde ihnen durch eine erneute deutsche Verordnung sogar der Besuch öffentlicher Einrichtungen, darunter auch Theater und Kinos, verboten.

So hatten es die deutschen Behörden mit Unterstützung aus Vichy in nur zwei Jahren geschafft, den Juden die Präsenz im Bereich des Theaters – sei es auf der Bühne oder im Zuschauerraum – mittels eines undurchlässigen, sich ständig verdichtenden Netzes diskriminierender Gesetze vollständig zu verbieten.

2.4. Beginn der Zensur

Der Einfluss der deutschen Besatzer erstreckte sich auf den gesamten Bereich der dramatischen Produktion. Um diese absolut kontrollieren und nach ihren eigenen Vorstellungen gestalten zu können, führten die Besatzer sofort mit Okkupationsbeginn die Zensur dramatischer Werke ein.

Zunächst unterlagen alle Theateraufführungen einer ständigen Vorzensur, für die in Paris das Theaterreferat der Gruppe Kultur der Pariser Propagandastaffel zuständig war. Obwohl die eingereichten Stücktexte stets zuerst von den Zensurbehörden in Vichy begutachtet wurden, entschied letztlich jedoch die deutsche Kontrollbehörde über die Zulassung oder Ablehnung eines Stückes. Neben zwei Belegexemplaren pro Stück musste jede Pariser Bühne auch sämtliche Theaterplakate und Programme einreichen, da diese ebenfalls zensiert wurden. Nachdem die Zensoren der Propagandastaffel alle Theatertexte sowohl in der eingereichten Fassung als auch im Original überprüft hatten, verfassten sie einen Bericht, in dem die jeweiligen Stücke bewertet und die Entscheidung zur Zulassung bzw. Ablehnung begründet wurde. Insgesamt musste das Theaterreferat pro Monat etwa 60 Stücke zensieren, von denen durchschnittlich 10% abgelehnt wurden.

Neben dieser Vorzensur existierte in Einzelfällen auch eine Nachzensur, die erst nach Aufführung eines Stückes stattfand. Mindestens ein Vertreter der Propagandastaffel sah sich jedes neue Stück entweder bei der Premiere oder bei einer der späteren Vorstellungen an, um zu prüfen, ob die Zensuranweisungen, meist Streichungen oder Korrekturen im Text, genau eingehalten wurden. Im Zweifelsfalle wandte er sich an den Leiter der Gruppe Kultur, der die definitive Entscheidungsgewalt über die Zukunft einer Aufführung besaß. So war es durchaus möglich, dass eine Inszenierung selbst nach der Premiere auf Anordnung der deutschen Zensoren nochmals verändert werden musste oder nachträglich verboten werden konnte.

Durch diese Zensurmaßnahmen versuchten die Deutschen in erster Linie die Stücke von Autoren, die ihnen aus rassischen oder politischen Gründen verdächtig waren, zu verbieten sowie jegliche antideutschen Einflüsse zu unterbinden. Unter dieses Verbot fielen übrigens nicht nur Originaltexte jüdischer Autoren, sondern auch alle von Juden gefertigte Übersetzungen. Die Deutschen befürchteten, dass die aufgeführten Stücke politische Anspielungen oder sonstige Botschaften enthalten, die ihren Interessen zuwiderliefen und somit imstande waren, das Publikum politisch zu beeinflussen. Dramatische Werke, die von Ländern der deutschen Kriegsgegner einen positiven Eindruck vermittelten, wurden ebenso verboten wie solche, die auch nur im geringsten antideutsche Tendenzen beinhalteten.

> Die Zensurtaetigkeit hat sich auf die Pruefung bezuegl. politischer Unbedenklichkeiten zu beschraenken. Kuenstlerisch soll seitens der Prop. Staffeln kein Einfluss genommen werden. Die Prop. Staffeln sind nicht dazu da, dem franzoesischen Kulturleben deutsche Moral- oder kuenstlerische Wertmassstaebe zu vermitteln.[5]

Da eine allzu strikte und offensichtliche Theaterzensur die Gefahr barg, Widerstände in der Bevölkerung zu veranlassen, entschieden sich die deutschen Zensoren, den Anschein einer relativen Liberalität zu wahren und sich unter anderem gegen eine moralisch motivierte Zensur auszusprechen. Jedoch erwies sich die scheinbar liberale deutsche Einstellung auch bei der Zensur lediglich als genau kalkulierte Attitüde, die stets im Dienst machtpolitischer Zielsetzungen operierte und ein ausgezeichnetes Täuschungsmanöver darstellte.

[5] Zitiert ebd., S. 1

3. Das Théâtre de l'Odéon während der deutschen Besatzung

3.1. Wiederaufnahme und Leitungswechsel

Bis zum 8. Juni 1940 wurde im Odéon regelmäßig gespielt. Nachdem am folgenden Tag in der Matinee noch Corneilles *Le Cid* und Molières *Les précieuses ridicules* aufgeführt worden waren, wurde die Saison am 9. Juni schließlich vorzeitig beendet.

Am selben Tag hatte die französische Regierung beschlossen, Paris noch in der Nacht zu verlassen, da der Einmarsch der Deutschen unmittelbar bevorstand. Dies löste in der Bevölkerung regelrechte Panik aus und veranlasste zahlreiche Pariser dazu, sofort aus der Hauptstadt zu flüchten und sich einstweilen aufs Land zurückzuziehen.

In Kooperation mit dem Generalinspektor der Comédie Française erstellte Schauspieler Jacques Grétillat ab dem 22. Juni eine Liste aller Künstler und Mitarbeiter des Odéon, die sich zu diesem Zeitpunkt noch in Paris aufhielten und setzte sich als Vertreter des Ensembles vehement für eine baldige Wiederaufnahme des Spielbetriebs ein. Am 19. Juli fand bereits eine erste Versammlung des Ensembles nach Besatzungsbeginn statt. Nach der Rückkehr des Administrators Pierre Aldebert am 27. Juli konnte schließlich auch die Verwaltung des Odéon ihre Amtsgeschäfte wiederaufnehmen. Vier Tage später empfing Aldebert alle Künstler, die für die nächste Spielzeit am Théâtre de l'Odéon unter Vertrag standen, und die Wiedereröffnung der Saison wurde für den Monat September festgelegt

Die Wiedereröffnung fand nicht unter denselben Vorzeichen statt, da der bisherige Intendant Paul Abram, der bereits seit 1925 als stellvertretender und ab 1930 als alleiniger Direktor des Théâtre de l'Odéon fungiert hatte, auf Grund seiner jüdischen Abstammung die Leitung aufgeben und die Direktion des Theaters auf Druck der deutschen Militärverwaltung ab Anfang Juli 1940 niederlegen musste. Aus Angst vor Repressionen der deutschen Besatzer tauchte er in seiner Heimat in Südfrankreich unter. So fiel Paul Abram im Odéon als erster den antisemitischen Maßnahmen der Besatzer zum Opfer. Durch einen Beschluss vom 12. April 1941 wurde – nach mehreren Interimsleitungen – René Rocher vom französischen Staat zum Intendanten des Théâtre de l'Odéon ernannt und übernahm diese Funktion offiziell am 16. Mai. Zunächst war die Ausübung dieses Amtes laut Vertrag auf zwei Jahre beschränkt, wurde 1943 jedoch für zwei weitere Jahre verlängert.

Sicherlich spielte bei der Besetzung der Stelle Rochers langjährige Erfahrung als Schauspieler, Regisseur und vor allem als Theaterleiter eine nicht unwesentliche Rolle. Seit 1911 machte er sich einen Namen als Schauspieler an diversen Bühnen der französischen Hauptstadt. Von 1916 bis 1923 war er sogar Mitglied im Ensemble der renommierten Comédie Française. Danach gründete er sein eigenes kleines Theater, die Comédie Caumartin, und begann dort seine Karriere als Regisseur und Intendant, die er anschließend als Leiter des Théâtre Antoine und des Théâtre du Vieux-Colombier fortsetzten konnte. Bevor René Rocher das Théâtre de l'Odéon übernahm, hatte er bereits eine erfolgreiche Laufbahn im Pariser Theatermilieu hinter sich und galt in Künstlerkreisen damals als äußerst angesehene und engagierte Persönlichkeit.

Allerdings waren nicht allein Rochers Theatererfahrung sowie seine besonderen Fähigkeiten im Umgang mit dem Ensemble ausschlaggebend für die Besetzung des Direktorenpostens, sondern spielte vor allem auch seine politische Einstellung eine wesentliche Rolle. Die deutschen Besatzer hätten in einer derartigen Führungsposition wohl kaum eine Person geduldet, die sich nicht deutlich kollaborationsbereit gezeigt und das neue Regime eindeutig befürwortet hätte. René Rocher machte keinen Hehl aus seiner Einstellung. Wie Zeitzeugen bestätigen, war der Intendant des Odéon zwar kein Anhänger der nationalsozialistischen Ideologie, gab sich jedoch überaus deutschfreundlich und setzte volles Vertrauen in das neue französische Kollaborationsregime unter Regierungschef Pétain.[6]

3.2. Deutsche Überwachungsstrategien

3.2.1. Forderung von Ariernachweisen und Entlassung jüdischer Ensemblemitglieder

Eine strikte Anwendung der eingeführten Rassengesetze wurde von den Deutschen vehement gefordert und permanent kontrolliert. Gerade bei staatlichen Institutionen, zu denen das Odéon als nationale Bühne zählte, legten die Besatzer offensichtlich besonderen Wert darauf, die Bestimmungen der antisemitischen Gesetzgebung akkurat durchzuführen und keine Ausnahmen zu tolerieren. Am 31. Oktober 1940 mussten Interimsintendant Jacques Copeau, Oberspielleiter Pierre Aldebert und Generalsekretär Raymond Genty auf Aufforderung des Bildungsministeriums in Vichy durch sogenannte Ariererklärungen ihre arische Abstammung offiziell belegen, indem sie schriftlich versicherten, dass beide Teile ihrer Großeltern nicht-jüdischer Abstammung waren.[7] Ebenso wurden diese Nachweise dem gesamten Ensemble sowie allen anderen am Theater Beschäftigten abverlangt. Immer wieder wurde die Theaterverwaltung von der Vichy-Regierung aufgefordert, Re-

---

[6] Interview mit den Schauspielerinnen Christiane Carpentier und Annie Gaillard, geführt von der Verfasserin am 18.12.2001 in Paris, S. 5

[7] Archives Nationales, Beaux-Arts, F^{21} 5167 (6), Théâtre National de l'Odéon, Ariererklärungen von Copeau, Aldebert, Genty, Paris, 31.10.1940.

chenschaft über die Herkunft sämtlicher Künstler und Angestellten abzulegen. Im Bereich der Rassengesetzgebung hielt sich Rocher strikt an die deutschen Vorgaben und sorgte bereitwillig für die Durchführung der entsprechenden Maßnahmen im Odéon.

Wie rigoros er in der Praxis tatsächlich agierte, beweist seine unerbittliche Haltung im Falle zweier jüdischer Schauspielerinnen, Jacqueline Hopstein und Suzanne Delaur. Obwohl diese schon im Juni 1940, also noch vor Erlass des „Judenstatus“, von den deutschen Behörden Berufsverbot erteilt bekommen hatten, durften sie unter Rochers Vorgängern nach wie vor Mitglieder des Ensembles bleiben und bekamen weiterhin regelmäßig ihre monatliche Gage bezahlt, unabhängig davon, ob sie nun tatsächlich als Schauspielerinnen eingesetzt wurden oder nicht. Mit Rochers Amtsantritt im Mai 1941 änderte sich die Situation für die beiden Ensemblemitglieder dagegen schlagartig: der neue Intendant strich umgehend ihre Gage, die ihnen vertraglich bis zum Saisonende zustand, und kündigte ihnen das Engagement am Odéon. Diesen Vertragsbruch rechtfertigte Rocher damals lediglich mit einer angeblichen Weisung der Besatzungsbehörden und berief sich damit indirekt auf seine Verpflichtung gegenüber der von den Deutschen und Vichy gemeinsam betriebenen Rassenpolitik. Im Laufe der Besatzungszeit wurden am Odéon weitere jüdische Schauspieler entlassen.

In einem in Französische übersetzte Schreiben der Propagandastaffel an die Kommandantur der Stadt Paris von September 1940 empört sich der Verfasser darüber, dass gerade im Theater immer noch jüdisch Künstler zugelassen seien, und führt als Beispiel unter anderem das Théâtre de l'Odéon an:

> Pas de Juifs dans les Théâtres et à la Radio? Quelle blague! Le Théâtre National de l'Odéon n'ose seulement plus indiquer à l'affiche les petits rôles de l'avant dernier acte – car ses pensionnaires remplissant ces rôles sont Juifs. Pourquoi un poids deux mesures? […] Pourquoi certains Juifs joueraient-ils quand d'autres se voient interdire l'exercice de leur profession?[8]

[8] Zitiert in: Archives nationales, archives allemandes, AJ 40 1002 (7), Schreiben der Propagandastaffel an den Kommandant der Stadt Paris, September 1940, Eingang 24.09.1940: Keine Juden in den Theatern und im Radio? Was für ein Schwindel! Das Théâtre National de l'Odéon wagt nur nicht mehr, die kleinen Rollen des vorletzten Aktes auf dem Plakat anzukündigen – denn die Ensemblemitglieder, die diese Rollen spielen, sind Juden. Warum zwei verschiedene Maßstäbe anwenden? [...] Warum sollten einige Juden spielen dürfen, wenn anderen dagegen die Ausübung ihres Berufes verboten wird?

Ferner wurden in dem Brief, der wohl eine Art Kommentar zum aktuellen Stand der Anwendung der Rassengesetze im Theaterbereich darstellen sollte, einige jüdische Ensemblemitglieder des Odéon namentlich genannt: Roger-Weber, Jacques Eyser, Michèle Verly, Jacqueline Hopstein und Madeleine Romani-Dreyfus. In dem Schreiben wird auf eine Taktik hingewiesen, die zumindest zu diesem frühen Zeitpunkt der deutschen Besatzung vom Théâtre de l'Odéon offensichtlich ganz bewusst praktiziert wurde: Die Namen jüdischer Schauspieler, die kleine Rollen verkörperten, wurden auf sämtlichen Ankündigungsplakaten und vermutlich auch in den Programmheften weggelassen, um die betreffenden Personen vor den Säuberungsmaßnahmen der deutschen Antisemiten zu schützen. Wie der Brief der Propagandastaffel beweist, hatten die Besatzer derartige Verschleierungsmanöver allerdings schnell durchschaut und griffen daraufhin noch strenger durch.

Jacqueline Hopstein, Michèle Verly und Madeleine Romani-Dreyfus waren ab der Spielzeit 1941/42 tatsächlich nicht mehr Mitglieder im Ensemble. Ihre Kollegen Jacques Eyser und Roger-Weber traten dagegen während der gesamten vier Besatzungsjahre im Odéon auf. Weber spielte 1942 in einem deutschen Stück sogar eine Schlüsselrolle: Er verkörperte den Marquis Posa in der französischen Adaptation von Schillers *Don Carlos*. Offensichtlich waren die deutschen Besatzer bei der Anwendung der Rassengesetze nicht immer konsequent, anderenfalls hätten sie diese Besetzung wohl nie toleriert.

3.2.2. Monatliche Berichterstattung

Als weitere Kontrollmaßnahme forderte das Besatzungsregime detaillierte Informationen über die finanzielle und personelle Situation der Theater sowie deren Spielplan. Zu diesem Zweck führten die Deutschen ein System zweisprachiger Fragebögen ein, die von jedem Pariser Theaterleiter ausgefüllt und an die Propagandastaffel weitergeleitet werden mussten. Jeder dieser sogenannten *questionnaires* beinhaltete im Wesentlichen sieben Teilfragen. Um möglichst umfassend über die Betriebsbedingungen und künstlerischen Tendenzen der Bühnen informiert zu werden, forderten die Besatzer folgende Angaben: 1. Beschäftigtes Personal, 2. Jüdische Mitarbeiter, 3. Im Berichtsmonat aufgeführte Werke, 4. Besucherzahlen pro Vorstellung, 5. Einnahmen pro Vorstellung, 6. Heizkohlebedarf, 7. Probleme im Theaterbetrieb.

Das Beispiel des Berichts vom 28. Oktober 1940, der zur Beantwortung eines derartigen Fragebogens vom Odéon angefertigt wurde, veranschaulicht, wie präzise die Theaterverwaltung die geforderten Informationen – in der vorgeschriebenen Reihenfolge – anzugeben hatte.[9]

Zunächst erfolgte eine Auflistung aller Beschäftigten nach folgenden Berufskategorien:

„55 acteurs et actrices“, „66 personnes autres (Administration, machinistes, costumières, etc...)“ und „60 à 70 musiciens et choristes, selon les pièces“. Anschließend musste das Theater Auskunft über die Beschäftigung jüdischer Angestellter geben. Da jedoch zu diesem frühen Zeitpunkt der deutschen Besatzung offensichtlich noch nicht alle Mitarbeiter ihre Ariererklärungen unterzeichnet hatten, konnte die Verwaltung des Odéon im Oktober 1940 lediglich bekannt geben, dass nach dem bisherigen Stand der Abstammungsüberprüfung keine Juden am Theater beschäftigt seien. Häufig wurden detailliertere Angaben zum Herkunftsnachweis einzelner Personen verlangt, vor allem wenn diese neu engagiert waren oder den Besatzern zum Beispiel wegen ihrer untypischen Nachnamen suspekt waren. Hier erwähnte man speziell den Fall von drei Künstlerinnen: „Nous avons demandé à Mmes: Michèle Verly, Alice Field et Suzanne Stanley leurs papiers et jusqu'à lors une grande partie de ceux-ci est entre nos mains.“[10]

Im folgenden Abschnitt des Antwortbogens wurden die Titel aller Stücke, die zwischen 1. und 27. Oktober 1940 im Odéon gespielt worden waren, angegeben. Den vierten und fünften Punkt des Fragebogens beantwortete die Theaterverwaltung stets zusammen, indem sie hinter jedem Spieltag sowohl die erfassten Besucherzahlen als auch die entsprechenden Einnahmen notierte.

Im sechsten Teil des Antwortberichts musste das Odéon Auskunft über seinen Heizkohleverbrauch geben. Dies sollte den Besatzern die Berechnung der benötigten Kohlenmenge, die insgesamt für die Pariser Theater zur Verfügung gestellt werden mussten, erleichtern. Im Oktober 1940 gab die Verwaltung lediglich an, dass das Theater auf Grund des milden Wetters noch nicht beheizt worden war.

Im siebten und letzten Teil hatten die Theater schließlich die Möglichkeit, Schwierigkeiten im Theaterbetrieb zu schildern oder die Besatzer auf notwendige Maßnahmen hinzuweisen. So forderte das Théâtre de l'Odéon im Oktober 1940 die Normalisierung des Verkehrs- und damit auch des Thea-

[9] Vgl. alle folgenden Zitate: Archives nationales, archives allemandes, AJ 40 1002 (7), Théâtre de l'Odéon, Réponse au questionnaire, Paris, 28.10.1940, S. 1-3.

[10] Ebd., S. 1, 2.: Wir haben Frau Michèle Verly, Alice Field und Suzanne Stanley um ihre Papiere gebeten und bis jetzt haben wir einen Großteil davon erhalten.

terbetriebs: „Il serait utile que les autobus et certains trains de banlieue soient rétablis afin que le Théâtre puisse reprendre sa vie normale.“[11]

3.2.3. Reservierung einer festen Loge für das deutsche Militär

Zwecks besserer Überwachung beeinflussten die Besatzer einen weiteren wichtigen Bereich des Theaterbetriebs im Odéon, nämlich die Platzverteilung im Zuschauerraum. In einem offiziellen Schreiben forderte die deutsche Militärverwaltung die Leitung des Théâtre de l'Odéon Anfang September 1940 auf, dem deutschen Militär für alle Vorstellungen eine eigene Loge zur Verfügung zu stellen. Prompt bestätigte der damalige Interimsintendant Jacques Copeau am 25. September diese Forderung und teilte der Militärverwaltung mit, dass die sechs Plätze der Loge Nummer 37 ab sofort ausschließlich für deutsche Armeemitglieder reserviert seien und die Karten in Zukunft bei Vorlage eines entsprechenden Belegs an der Theaterkasse abgeholt werden könnten.

Am Schluss des Dokuments schrieb Copeau folgende unmissverständliche Zeilen: „En dehors de cette servitude, le Théâtre National de l'Odéon n'aura à donner aucune place de faveur au Personnel de l'Occupation Militaire en France.“[12] Damit gab er klar zu erkennen, dass er darüber hinaus jegliche Bevorzugung deutscher Militärangehöriger strikt ablehne und zu keinen weiteren Zugeständnissen bei der Platzreservierung bereit sei. Sein Unmut darüber, der deutschen Forderung nach einer eigenen Loge Genüge leisten zu müssen, spiegelt sich darin deutlich wider. Selbst wenn Copeaus verantwortungsvolle Position seine Absicht, den Besatzern von Anfang an seinen persönlichen Standpunkt zu vermitteln, durchaus rechtfertigt, so erscheint dieser bewusste Affront gegenüber der Besatzungssmacht sehr gewagt und war möglicherweise ein Grund dafür, ihn als Intendant sowohl des Odéon als auch der Comédie Française abzulehnen.

Die Verwunderung der Militärverwaltung über die abweisende Stellungnahme des Interimsleiters äußerte sich unter anderem im Anfügen von drei dicken Balken und einem Fragezeichen am Rand neben der zitierten Passage. Ferner wurde das Schreiben später offensichtlich von verschiedenen Personen mit Notizen versehen. Unter anderem findet sich ganz unten auf dem Dokument die unterstrichene Zeile „Weitere Loge für Kommandantur“, die den Wunsch der Militärverwaltung nach der Reservierung weiterer

[11] Ebd., S. 2, 7.: Die Stadtbusse und einige Vorortzüge sollten wieder eingesetzt werden, damit sich der Theaterbetrieb wieder normalisieren kann.

[12] Zitiert in: Archives nationales, archives allemandes, AJ 40 1002 (7), Théâtre National de l'Odéon, Son Excellence M. le Général von Streccius, Chef de l'Occupation Militaire en France, Hotel Majestic, Paris, 25.09.1940.

Plätze im Odéon ausdrückte. Allerdings existiert kein Dokument, das die Bestätigung einer derartigen Forderung von Seiten des Theaters belegen würde.

Von besonderem Interesse sind in diesem Zusammenhang auch die Kriterien, die bei der Auswahl der Loge, die den Besatzern letztlich zugeteilt wurde, eine Rolle gespielt haben könnten. Da es sich um eine Seitenloge unweit der Mittelloge handelte, genoss man von dort eine relativ gute Sicht auf die Bühne. Außerdem bot sich ein umfassender Überblick über die Zuschauerreihen, insbesondere im Parkett. Die Theaterleitung hatte also offensichtlich darauf geachtet, den Verantwortlichen der Propagandastaffel vorteilhafte Plätze zu reservieren, um ihnen optimale Möglichkeiten zur Beurteilung der Aufführungen zu bieten. Das Theater selbst konnte an einer positiven Kritik der Besatzer nur größtes Interesse haben und wählte daher ganz bewusst jene Seitenloge aus.

Allerdings suggeriert François Truffaut in seinem Film *Die letzte Métro* noch einen anderen Aspekt, der die Platzreservierung für das deutsche Militär ebenfalls beeinflusst haben könnte. Kurz vor einer wichtigen Premiere wird im Théâtre Montmartre über die Verteilung der Plätze an die Propagandastaffel diskutiert. Dabei bemerkt der Theaterverwalter ironisch, man solle es doch wie im Odéon handhaben, dort würden sie den Deutschen nämlich die Seitenloge geben, da es in dem Fall nicht so schlimm sei, wenn die Plätze leer blieben. Selbst wenn der Plot für Truffauts Film fiktiver Natur ist, so orientiert sich der Regisseur dennoch sehr genau an historischen Fakten und spielt auf zahlreiche Begebenheiten an, die sich im Pariser Theatermilieu während der Besatzungszeit tatsächlich ereignet haben. Daher ist es nicht auszuschließen, dass die Motive des Odéon für die spezielle Wahl der Seitenloge in Theaterkreisen ein offenes Geheimnis waren. Demnach fürchtete das Theater offensichtlich, dass die der Propagandastaffel zugeteilten Plätze ohnehin des öfteren frei blieben, und versuchte dies bereits im Vorfeld durch die Reservierung einer unauffälligeren seitlichen Loge auszugleichen. Dies wäre allerdings auch ein Hinweis darauf, dass die deutschen Besatzer die Vorstellungen im Odéon offenbar nicht so regelmäßig besuchten wie geplant und ihre Anwesenheit bei den unterschiedlichen Aufführungen womöglich von persönlichen Präferenzen abhängig machten.

3.3. Das Repertoire unter dem Einfluss der Besatzungsmacht

3.3.1. Inszenierung von Friedrich Schillers *Don Carlos*

Die Propagandastaffel setzte sich ab 1941 vehement für eine verstärkte Einführung deutscher Stücke ins Repertoire der Pariser Bühnen ein. Die Leitung des Odéon bemühte sich daher, den Spielplan des Hauses künftig dieser deutschen Forderung entsprechend auszurichten. Mit der Inszenierung von drei deutschen Stücken, die zum festen Bestandteil des Repertoires wurden, übertraf das Théâtre de l'Odéon jedoch die beiden anderen Staatstheater in den Bemühungen um die Verbreitung deutschen Kulturguts.

Den Auftakt dieser gezielt ausgewählter Beispiele deutscher Dramatik bildete René Rochers Inszenierung von Friedrich Schillers *Don Carlos* im Jahre 1942. Theaterautor Jean Sarment hatte zu diesem Zweck eine französische Fassung erstellt, die den Inhalt der Schillerschen Vorgabe getreu wiedergab. Lediglich die Verse des Originals wandelte er dabei in Prosa um. Da die Dramen Schillers in Frankreich damals nur mehr zu Studienzwecken an Schulen und Universitäten rezipiert wurden und seit über hundert Jahren an keiner Pariser Bühne mehr aufgeführt worden waren, stellte die Premiere von *Don Carlos* am 11. April 1942 am Odéon ein echtes Theaterereignis dar. Die deutschen Besatzer zeigten sich eher enttäuscht. Kritik übte die Propagandastaffel in einem Tätigkeitsbericht an der französischen Bearbeitung des Schillerschen Originals, die die Aussagekraft des Dramas angeblich deutlich beeinträchtigte:

> Von dem seiner revolutionaeren Leidenschaft und seines hohen Ethos beraubten ‚Don Carlos' blieb nur das Handlungsgeruest stehen, das Intrigenstueck, das Sensationsdrama. Diese Entdeckung, peinlich und gefaehrlich, geht nicht zu Lasten Schillers, beweist aber von neuem, wie vorsichtig bei der Auswahl der hier einzusetzenden deutschen Werke vorgegangen werden muss. Das Odéon hat die nichtleichte Aufgabe mit anerkennenswerter Gewissenhaftigkeit angepackt, doch mussauch die Aufführung im Ganzen als ungenuegend bezeichnet werden.[13]

Ähnlich negativ bewertete auch der deutsche Kritiker der propagandistischen *Pariser Zeitung* die Inszenierung und bemängelte ebenfalls die Vernachlässigung der zentralen Thematik des Stückes zugunsten des Eifersuchtsdramas, das lediglich als „Anlass und Bindeglied"[14] der Handlung dienen sollte. Die essentielle Bedeutung des humanitären Gedankenguts, das in den idealistischen Forderungen des Marquis von Posa zum Ausdruck kommt, wurde in der französischen Version offenbar von der „Tragödie einer unglücklichen Neigung"[15] überlagert.

---

[13] Zitiert in Archives nationales, archives allemandes, AJ 40 1001 (7), Tätigkeitsbericht der Gruppe Kultur (Theater), Paris, April 1942, S. 20 f

[14] Zitiert in: *Pariser Zeitung*, Nr. 102, 14.04.1942, S. 5: Deutsches Drama – französisch. „Iphigenie" im „Théâtre Français" – „Don Carlos" im „Odéon".

[15] Zitiert ebd.

Die meisten französischen Kritiker dagegen zeigten sich sowohl von Rochers Inszenierung als auch von Sarments Bearbeitung des deutschen Dramas begeistert. André Castelot, der Theaterkritiker des Propagandablattes *La Gerbe* vertrat sogar die Ansicht, man vergesse bei dieser Aufführung vollkommen, dass es sich um eine Übersetzung handle. Hinsichtlich der schauspielerischen Qualität herrschte bei der französischen Fachkritik ebenfalls weitgehend Einigkeit. Besonders hervorgehoben wurde die außerordentliche Leistung des Darstellers Henri Rollan, der die Rolle des despotischen spanischen Königs verkörperte. Alain Laubreaux, der als überzeugter Kollaborateur für verschiedene Propagandaorgane arbeitete und als einflussreichster Theaterkritiker der Besatzungszeit galt, äußerte in der Zeitschrift *Je suis partout* in pathetisch-überschwänglichem Stil, dass Rollan durch seine meisterhafte Darstellung sowohl seiner Kunst als auch seinem Land höchste Ehre erweise und lobte den Schauspieler für die besonders präzise Herausarbeitung der menschlichen Charakterzüge des Tyrannen. Die Leistung eines anderen Künstlers, Roger-Weber in der tragenden Rolle des Marquis Posa, wurde von Laubreaux dagegen absolut negativ bewertet. Der Kritiker behauptete, der Schauspieler führe durch seine zu klein angelegten Gesten und seine leise Stimme eine regelrechte Zersetzung der verkörperten Persönlichkeit vor und trage daher allein die Verantwortung dafür, dass die Hauptszene des Stückes, die Konfrontation zwischen König Philipp II. und Marquis Posa, ihre ganze Kraft und beinahe auch ihren Sinn verlöre.

Die Darstellung des Schauspielers wich offenbar deutlich von Laubreaux' Bild des strahlenden Helden Marquis Posa ab. Denkbar wäre aber auch, dass der Kritiker die unbefriedigende Leistung des Künstlers zum Anlass nahm, diesen aus persönlicher Abneigung aufs Heftigste anzugreifen. Da Roger-Weber angeblich jüdischer Abstammung war, dennoch aber weiterhin seinen Beruf ausüben und am Odéon auftreten durfte, könnte Laubreaux mit seiner scharfen Kritik durchaus auch seinem Antisemitismus Ausdruck verliehen haben.

Bei der Beurteilung der schauspielerischen Leistungen hielten sich die deutschen Verantwortlichen insgesamt sehr zurück und vermittelten im Gegensatz zur französischen Theaterkritik in ihren Berichten zur Inszenierung von *Don Carlos* nur eine sehr vage Vorstellung von der tatsächlichen darstellerischen Nuanciertheit: Henri Rollan wurde als König „ein Spiel der grossen Leidenschaften“, attestiert, die „beiden jugendlichen Helden Carlos und Posa“ wurden als „nach den deutschen Begriffen zu matt“ empfunden, da sie sich als „ruhig deklamierende, sehr kultivierte Sprecher“ und nicht als „feurig begeisterte Gestalten, wie sie auf der deutschen Bühne stehen“ erwiesen. Das Spiel sämtlicher weiblicher Darstellerinnen wurde schlicht als „weniger eindrucksvoll“ beschrieben. Ferner wurde betont, dass das Publikum die Aufführung lediglich „als gut gebrachte Literaturgeschichte beklatschte“, dass die Inszenierung – offensichtlich trotz aller darstellerischen Mängel – dennoch „grosse Anerkennung“ verdiene, da „an Ausstattung und Kostümen wie auch für das gute Zusammenspiel grosse Mühe aufgewendet worden war“.[16] Da die Kritik fast ausnahmslos aus derartig oberflächlichen, verallgemeinernden Bewertungen bestand, stellt sich die Frage, ob es sich bei dem Autor des Berichts tatsächlich um eine theatererfahrene Person handelte. In der Tat waren innerhalb der Propagandastaffel zahlreiche Militärangehörige niederer Ränge beschäftigt, denen zweifelsohne die nötige Fachkompetenz in Theaterfragen fehlte.

Wie die Inszenierung des Schillerschen Dramas vom französischen Publikum aufgenommen wurde, geht aus den teils widersprüchlichen Quellen nicht eindeutig hervor. Im Tätigkeitsbericht der Propagandastaffel wurde die Reaktion des französischen Publikums festgehalten:

> Da die Aufnahme beim Publikum gut ist, glaubte das Referat davon absehen zu duerfen, zum Schutz der Dichtung einzugreifen. Es sind lediglich einige Aenderungen vorgeschlagen worden, die auch beruecksichtigt wurden.[17]

Gleichzeitig erfolgte damit ein Hinweis auf die Praxis der deutschen Zensurbehörden, die im Falle von *Don Carlos* offensichtlich keine ernsthaften Einwände gegen Rochers Inszenierung vorbrachten, geschweige denn das Erwirken eines Verbotes in Erwägung zogen. Für einen Publikumserfolg spricht die Tatsache, dass das Schillersche Drama insgesamt 36 Mal aufgeführt wurde und damit die meisten anderen Stücke, die während der Besatzungszeit am Odéon gespielt wurden, deutlich übertraf.

Auf der inhaltlichen Ebene enthielt *Don Carlos* durchaus Elemente, die einen Vergleich mit der aktuellen Situation der deutschen Besatzung nahe gelegt hätten. Die Schilderung der tyrannischen Herrschaft des machtbesessenen Königs, der sein eigenes Volk sowie annektierte Provinzen unterdrückte und selbst vor grausamen Bluttaten nicht zurückschreckte, wenn sie seinen politischen Zielen förderlich waren, erlaubte einen deutlichen Bezug zum damaligen politischen Geschehen in Europa. Die zentrale Thematik des Stückes enthielt sehr wohl Anregungen, die das französische Publikum nicht nur in seinem Oppositionsgeist bestärken, sondern durchaus auch zur Auf-

---

[16] Alle Auszüge zitiert in: Archives nationales, archives allemandes, AJ 40 1002 (7), Premierenkritik zu *Don Carlos* von Hauptmann Dr. Schoeneich, Paris, 13.04.1942.

[17] Zitiert in: Archives nationales, archives allemandes, AJ 40 1001 (7), Tätigkeitsbericht der Gruppe Kultur (Theater), Paris, April 1942, S. 20.

lehnung gegenüber dem Besatzungsregimes verleiten hätte können. So legte Marquis Posa im entscheidenden Gespräch mit Philipp II. nicht nur schwärmerisch seine Träume dar, sondern forderte vom Despoten persönlich schließlich sogar Gedankenfreiheit für das Volk: „Donnez-nous le droit de penser.“[18] Enthusiastisch vertrat Posa seine freiheitlichen Ideale auch gegenüber seiner Verbündeten, der Königen: „Nous rêvions d'un état pacifié où les hommes respireraient à l'aise.“[19]

Die französische Fassung des deutschen Dramas besaß ohne Zweifel genügend Kraft, um das humanitäre Gedankengut des Autors zu vermitteln und im Kontext der Besatzungszeit eine spezielle Freiheitsbotschaft zu überbringen. Erstaunlich ist jedoch, dass diese politische Brisanz des Schillerschen Dramas in keiner einzigen Kritik, weder von deutscher noch von französischer Seite thematisiert oder kritisch diskutiert wurde.

3.3.2. Inszenierung von Gerhart Hauptmanns *Fuhrmann Henschel*

In der folgenden Spielzeit präsentierte René Rocher dem französischen Publikum mit seiner Inszenierung von Gerhart Hauptmanns *Fuhrmann Henschel* ein weiteres Beispiel deutscher Dramatik. In einem Rückblick auf die Spielzeit 1942/43 begründete der Theaterleiter seine bewusste Förderung ausländischer Autoren wie folgt:

> D'autre part, j'ai cru devoir faire une place aux pièces étrangères, car, à mon avis, il me semble que le rôle du Théâtre National de l'Odéon ne doit pas se borner à servir les lettres Françaises, mais avant tout l'art dramatique dans le sens le plus large de ce terme.[20]

Auch wenn Rochers Engagement für eine verstärkte Aufgeschlossenheit gegenüber ausländischer und somit auch deutscher Dramatik glaubwürdig erscheint, darf dies dennoch nicht darüber hinweg täuschen, dass gerade die Aufnahme eines Hauptmann-Stückes ins Repertoire des Odéon wohl einem unmittelbaren Auftrag der deutschen Besatzungsbehörden folgte. Diese hatten nämlich die Absicht, den 80. Geburtstag des Dichters am 15. November

[18] Zitiert in: Friedrich Schiller: *Don Carlos*, Adaptation française de Jean Sarment, Collection de Théâtre d'aujourd'hui et de demain, Paris 1943, 3. Akt, S. 134: „Geben Sie Gedankenfreiheit, Sir!“

[19] Zitiert ebd., 4. Akt, S. 184: „Wir träumten von einem Staat, in dem Frieden herrscht und die Menschen frei atmen können.“

[20] Zitiert in: Bibliothèque Jean-Louis Barrault, Fonds Rocher, La saison 1942-1943 à l'Odéon, S.1: Zum anderen glaubte ich ausländischen Stücken einen Platz einräumen zu müssen, da sich der Auftrag des Théâtre National de l'Odéon meiner Meinung nach nicht darauf beschränken darf, sich in den Dienst französischer Literatur zu stellen, sondern in erster Linie der dramatischen Kunst im weitesten Sinne dienen muss.

1942 nicht nur im Deutschen Reich zu feiern, sondern Gerhart Hauptmann auch in der französischen Hauptstadt durch eine Reihe von Veranstaltungen zu ehren. Das denkwürdige Jubiläum des großen deutschen Autors wussten die Besatzer sehr geschickt für ihre Zwecke zu nutzen, da sie ihre Forderung nach einer stärkeren Verbreitung deutscher Dramatik nun mit einem konkreten Anlass rechtfertigen konnten.

Die Aufführung wurde von der gesamten französischen Theaterkritik in höchsten Tönen gelobt. René Rocher gelang es offensichtlich, das deutsche naturalistische Drama für ein französisches Publikum ansprechend in Szene zu setzen. Der schlesische Dialekt des Originals wurde dabei in einen französischen Dialekt umgewandelt, um die von Hauptmann bewusst eingesetzte, charakteristische umgangssprachliche Färbung zu erhalten. Selbst bei der Auswahl der Kostüme versuchten die Verantwortlichen am Odéon, möglichst große Authentizität widerzuspiegeln und kleideten die Darsteller in schlichter rustikaler Manier. Allerdings waren diese Kostüme nicht – wie in der Originalfassung von Hauptmann vorgeschrieben – dem Kleidungsstil der Schlesier nachempfunden, sondern imitierten typisch ländliche Kleidung aus dem Schwarzwald. Offensichtlich wurde bewusst der folkloristische Stil einer deutschen Region gewählt, die sich in unmittelbarer Nachbarschaft zu Frankreich befand und dem Großteil des französischen Publikums vermutlich vertraut war.

Das Stück selbst galt in Frankreich neben den *Webern* als bekanntestes und populärstes Hauptmann-Drama. Schon 1901 hatte André Antoine eine äußerste erfolgreiche Aufführung des *Fuhrmann Henschel* an seinem Theater präsentiert. Die damals von Jean Thorel erarbeitete Übersetzung bildete auch die Grundlage für Rochers Inszenierung und hatte nach Ansicht der meisten Theaterkritiker einen entscheidenden Anteil am erneuten Erfolg des Stückes. So schrieb Marcel Lapierre in der Zeitschrift *L'Atelier* etwa, Thorels Text zeichne sich vor allem durch eine besonders gelungene Übertragung der Hauptmannschen volkstümlichen Sprache aus. In erster Linie zeigte sich die französische Theaterkritik aber von der Leistung der Hauptdarsteller Jacques Grétillat und Line Noro in den Rollen des Fuhrmann Henschel und des Dienstmädchens Hanne beeindruckt.

Alain Laubreaux hob in seiner Stückkritik in *Je suis partout* die bemerkenswerte, sensible Darstellung Jacques Grétillats hervor und vertrat gar die Meinung, der Künstler habe seine schauspielerische Kraft nie zuvor so eindrucksvoll bewiesen wie mit der Verkörperung dieser Rolle und damit eindeutig einen Höhepunkt seiner Karriere erreicht. Das Hauptmannsche Drama, das ganz anders als etwa *Don Carlos* fern jeder politischen Thematik ein tragisches Einzelschicksal beschreibt, wurde insgesamt 25 Mal am Odéon aufgeführt. Trotz der euphorischen Kritiken der ersten Wochen übernahm man die Inszenierung nicht mehr in die nächste Theatersaison. Da das Stück, das anfangs durchaus Erfolg beim Pariser Publikum verzeichnen konnte, im Laufe der Monate nämlich immer weniger Zuschauer anzog, entschloss sich die Theaterleitung die Hauptmann-Inszenierung im September 1943, kurz nach Beginn der neuen Spielzeit, abzusetzen.

3.3.3. Friedrich Hebbels *Maria Magdalena*

Zwei Tage bevor die letzte Vorstellung des *Fuhrmann Henschel* gegeben wurde, fand am Théâtre de l'Odéon bereits die Premiere eines weiteren deutschen Stückes statt. Am 25. September 1943 brachte René Rocher eine Neuinszenierung von Friedrich Hebbels bürgerlichem Trauerspiel *Maria Magdalena* heraus. Den Anlass dafür bildete angeblich das hundertjährige Jubiläum des Stückes, dessen letzten Akte der Dichter in Paris geschrieben hatte. Wahrer Grund für die erneute Aufführung eines deutschen Stückes auf der Bühne des zweiten französischen Staatstheaters war aber sicherlich der zunehmende Druck von Seiten der deutschen Besatzungsbehörden. Im Tätigkeitsbericht der Untergruppe Theater der Propagandastaffel fand sich unter anderem eine knappe Kritik zur Premiere von *Maria Magdalena*:

> Das bürgerliche Milieu einer norddeutschen Kleinstadt um 1830 war gut getroffen. Die Darsteller wahrten einen gemässigten, klaren Stil, der die Tragödie unter kleinen Leuten lebenswahr und erschütternd werden liess.[21]

Diese Zeilen vermitteln in ihrer Kürze und Schlichtheit klar die positive Resonanz der Inszenierung bei der Propagandastaffel. Auch der Kritiker der *Pariser Zeitung* zeigte sich und war der Meinung, dass Hebbels *Maria-Magdalena* „von allen Werken, die wir in den letzten Jahren auf französischen Bühnen sahen, [...] den stärksten Eindruck hinterliess." Der Autor begründete dies nicht nur mit der Zeitlosigkeit, dem „Weltgültigen" der Hebbelschen Kleinbürgertragödie, sondern führte den Erfolg vor allem auf die intelligente Regie René Rochers zurück, der auf „allen bequemen Naturalismus" verzichtet und so „eine Atmosphäre des Klassischen im Sinn des Ueberzeitlichen und Erhabenen geschaffen"[22] hatte.

In der französischen Presse gab es unterschiedliche Meinungen. Die Theaterkritiker von *Comœdia*, *La Gerbe* und *Paris-Midi* teilten die Ansicht ihres deutschen Kollegen und betonten vor allem die außergewöhnliche ju-

---

[21] Zitiert in: Archives nationales, archives allemandes, AJ 40 1001 (7), Tätigkeitsbericht der Gruppe Kultur (Theater), Paris, 29.09.1943.

[22] Alle Ausschnitte zitiert in: *Pariser Zeitung*, Nr. 269, 29.09.1943, S. 5: Der grosse Realist.

gendliche Kraft, die Rohheit und die Beklemmung, die das Stück in Rochers Neuinszenierung ausstrahlte. Das Drama habe ihrer Ansicht nach auch nach hundert Jahren nichts von seiner typischen Atmosphäre eingebüßt. Alain Laubreaux jedoch konnte all dies offensichtlich nicht überzeugen. In seiner Kritik zweifelte er an der Fähigkeit der Hebbelschen Tragödie, die Menschen der damaligen Gegenwart noch wirklich bewegen zu können. Er hielt das Schicksal des unverheirateten, schwangeren Mädchens Clara, das sich aus Furcht vor einem Verstoß gegen die gängige Moral das Leben nimmt, für absolut überholt. So konnte er auch der Inszenierung am Odéon nicht viel abgewinnen und empfand selbst das Spiel der Künstler, mit Ausnahme der Schauspielerin Yvonne Gaudeau, die die Titelrolle innehatte, lediglich als mittelmäßig.

Der Kritiker der *Pariser Zeitung* würdigte die Darstellungskraft der Hauptdarstellerin in besonderer Weise und sprach in diesem Zusammenhang gar von einer Vereinigung der zwei unterschiedlichen Kulturen:

> Yvonne Gaudeau als Clara war schlicht, gross und erschütternd – eine überragende Leistung, die zugleich deutsch und französisch war. Vielmehr, sie wurde dem Deutschen in dieser Gestalt vollauf gerecht und blieb doch französisch im Schauspielerischen.[23]

Auch wenn das Pariser Publikum bei der Premiere sehr beeindruckt schien und die Schauspieler mehrfach mit Szenenapplaus belohnte, hielt diese von der deutschen Presse behauptete Begeisterung der französischen Zuschauer wohl nicht allzu lange an, da das Stück am Odéon insgesamt nicht öfter als zwölf Mal aufgeführt wurde.

3.3.4. Gastspiel aus Hamburg mit Friedrich Hebbels *Gyges und sein Ring*

Das Ensemble des Odéon führe während der Besatzungszeit selbst kein weiteres deutsches Stück mehr auf. Allerdings stellte die Theaterleitung das Haus im Mai 1944 für ein Gastspiel des Staatlichen Schauspielhauses Hamburg zur Verfügung, das dort an vier Abenden Friedrich Hebbels Tragödie *Gyges und sein Ring* in deutscher Sprache aufführte. Am meisten erstaunt dabei, dass zum fortgeschrittenen Zeitpunkt des Krieges ein derartig aufwändiges Unterfangen überhaupt noch realisiert werden konnte. Trotz mehrfachen Bombenalarms und ständiger Bedrohung durch alliierte Fliegerangriffe konnten die Vorstellungen des deutschen Ensembles offensichtlich dennoch problemlos vonstatten gehen.

---

[23] Zitiert ebd.

Für das französische Publikum stellte dieses Gastspiel insofern eine Besonderheit dar, als es eine der wenigen Auslandstourneen deutscher Ensembles während der Besatzungszeit in Paris war. Zudem wurden die Zuschauer sowohl mit einer ihnen nicht sonderlich geläufigen dramatischen Tradition als auch einer fremden Sprache konfrontiert. Auch wenn die deutsche wie die französische Theaterkritik diese erneute Aufführung eines deutschen Dramas wiederum mit großem Lob überschüttete und von warmherziger und beifallsfreudiger Aufnahme berichtete, so bleibt zu bezweifeln, ob das kaum fachkundige französische Theaterpublikum aus diesem deutschen Gastspiel tatsächlich Gewinn ziehen konnte. Obwohl zumindest den Verantwortlichen der Propagandastaffel die Aufführungen in ihrer Muttersprache keine größeren Probleme bereitet haben dürften, ist es dennoch verwunderlich, wie oberflächlich und wenig aussagekräftig die Kurzkritik des Theaterreferats wiederum ausfiel. Darin erfährt man neben der Besetzung der Hauptrollen lediglich, dass „die gut durchgearbeitete Aufführung [...] bei Publikum und Presse ein anerkennendes Echo“ fand. Derart nichtssagende Beurteilungen lassen darauf schließen, dass die Verantwortlichen der Propagandastaffel – wenn überhaupt – nur in Ausnahmefällen Theaterkenner waren. Meist waren sie als Militärangehörige meist ohne ihre Einwilligung zur Überwachung des Pariser Theaterlebens abgeordnet worden.

Friedrich Hebbels Tragödie *Gyges und sein Ring*, die auf eine antike Erzählung zurückgeht, war zu Beginn des 19. Jahrhunderts in Paris entstanden und sollte auf Wunsch des Autors ursprünglich an der Comédie Française in französischer Sprache uraufgeführt werden. Allerdings wurde das Stück damals vom ersten französischen Staatstheater abgelehnt. Ähnlich verhielt es sich offensichtlich bei der Gastspielplanung des Hamburger Schauspielhauses. Erneut wurde die Aufführung des Hebbelschen Dramas an der Comédie Française in Erwägung gezogen. Da deren Leitung jedoch den nötigen Enthusiasmus vermissen ließ, René Rocher dagegen deutlich mehr Kooperationsbereitschaft zeigte, beschlossen die Propagandabehörden des Deutschen Reiches, das Hamburger Ensemble mit Hebbels Tragödie am Théâtre de l'Odéon zu gastieren lassen.

Neben den Leistungen der drei Hauptdarsteller, Maria Wimmer, Karl Wüstenhagen und Stig von Nauckhoff, beeindruckte die Fachkritik vor allem die Schlichtheit des Bühnenbildes, das von ursprünglich vier Szenenbildern der Hamburger Inszenierung, in denen sich das Hebbelsche Drama abspielt, auf eine einzige Kulisse reduziert worden war. Durch Hinzufügen bestimmter Ausstattungsgegenstände und Requisiten konnte die Bühne ohne großen Aufwand in verschiedene Räume, wie einen Tempel, eine Säulenhalle oder das Zimmer der Königin, verwandelt werden. Damit wurde die klassische Einheit von Ort, Zeit und Handlung verdichtet und eine bewusste Anlehnung an die Formstrenge des antiken Dramas betont. Andererseits hatte diese Sparsamkeit bei der Ausstattung auch ganz pragmatische Gründe, da der Transport nach Paris einen enormen Aufwand bedeutete und ein Minimum an Materiallast die Anreise erheblich erleichterte.

Theaterfachmann Alain Laubreaux ließ seiner Begeisterung für die Inszenierung des Hamburger Staatstheaters in der Theaterrubrik von *Je suis partout* freien Lauf. Er nutzte dabei die Gelegenheit, in dem Propagandablatt die französische Theaterkunst aufs Heftigste zu schmähen und im Gegenzug den Vorbildcharakter der deutschen Bühnenkunst in höchsten Tönen zu preisen. Den Anlass dafür bildete eine Klassikerpremiere an der Comédie Française, die von Laubreaux im selben Artikel vollkommen verrissen wurde. Angesichts der beschämenden Leistung des ersten französischen Staatstheaters bezeichnete Laubreaux die Lektion an künstlerischer Gewissenhaftigkeit und Disziplin, die das deutsche Ensemble seinen Pariser Kollegen erteilt hatte, als regelrechte Ohrfeige für das französische Theater. Seine Hommage an die deutsche Theaterkunst und die Bewunderung für die Hingabe, mit der sich die deutschen Schauspieler ihrer Kunst widmeten, bestätigt nur allzu deutlich die deutschfreundliche Gesinnung des Kritikers.[24]

Sein Kollege von der *Pariser Zeitung* sah in dem Gastspiel des deutschen Ensembles einen symbolischen Akt der Verständigung zwischen dem französischen und dem deutschen Volk. Deutschland habe nämlich gerade in einem Augenblick, als Frankreich eine immer stärkere alliierte Bedrohung erfahre, dem Pariser Publikum durch „ein Werk und eine Aufführung [...], die zur Besinnung auf das Wahre und Grosse hinführen" Trost gespendet und in vorbildlicher Weise deutsche Diszipliniertheit demonstriert, die sich auch durch die politischen Umstände nicht unterdrücken lasse. Die spezielle Kraft, von der die Leistung der deutschen Truppe trotz aller kriegsbedingten Einschränkungen zeugte, sollte sich positiv auf das französische Publikum auswirken. Der Kritiker betonte ferner den „kameradschaftlichen Geist" des Intendanten René Rocher, der durch die Unterstützung des deutschen Ensembles eine würdige Gegenleistung für das Gastspiel erbracht habe und bezeichnete diese Gegenseitigkeit als „grosse Kraft und Tugend der Zukunft"[25]. Die politische Anspielung ist dabei unüberhörbar: Die Gastvorstellung von *Gyges und sein Ring* wurde als gelungener Beitrag zu einer Koop-

[24] *Je suis partout*, Nr. 667, 26.05.1944, S. 5: Les Spectacles. Une semaine tragique.

[25] Alle Auszüge zitiert in: *Pariser Zeitung*, 23.05.1944: Gyges und sein Ring im Odéon. Geschichtsdrama in geschichtlicher Situtation.

eration gewertet, die Frankreich kulturell wie politisch noch stärker an das Deutsche Reich binden sollte.

3. Ausblick: Das Odéon zwischen Anpassung und Kollaboration

Das Théâtre de l'Odéon erlebte die Zeit der deutschen Besatzung als schwierige Phase, die zahlreiche Einschränkungen mit sich brachte, zugleich aber auch eine produktive Periode mit großem Publikumsandrang darstellte. Da es als Staatstheater besonderes Ansehen genoss, das auch die deutschen Besatzer für ihre Zwecke zu nutzen gedachten, war es oft einem stärkeren Druck durch die Okkupationsbehörden ausgesetzt als andere Pariser Bühnen. Auf Grund der Anpassungsbereitschaft der Theaterleitung gegenüber deutschen Überwachungs- und Kontrollmaßnahmen wurden die von den Besatzern geforderten Auflagen fast ausnahmslos eingehalten. Widerstand gegenüber der Besatzungsmacht oder dem Regime von Vichy war von Seiten der Theaterleitung des Odéon nicht zu spüren. Vielmehr erfolgte eine Anpassung an die von der deutschen Militärverwaltung in Kollaboration mit dem französischen Staat verfolgten kulturpolitischen Ziele. Auch wenn die deutschen Besatzer Spielplanentscheidungen am Odéon beeinflussten und versuchten, das Theater zu Propagandazwecken zu benutzen, war die Wirkung dieser gezielten Aktionen deutscher Kulturpropaganda dennoch nur beschränkt. Da das Théâtre de l'Odéon den Weisungen des Besatzungsregimes zwar Folge leistete, jedoch keineswegs gezielt und kontinuierlich im Dienste deutscher Politik agierte, kann hier nicht von einer eindeutigen Kollaboration mit der Besatzungsmacht die Rede sein. Vielmehr bewegte sich das Theater zwischen unfreiwilliger Anpassung an das neue System, bewusster Einführung von Maßnahmen, die gewisse Ziele der Kollaborationspolitik unterstützten, und der Bemühung, trotz allem politische Neutralität und künstlerische Unabhängigkeit zu wahren.

Paulo Astor Soethe, UFPR, Curitiba/ Brasilien

Deutschsprachiges Laientheater in Brasilien

1.

Die deutsche Immigration in Brasilien begann im Jahre 1824. Bis 1953, als ca. 2.500 Donauschwaben im Bundesstaat Paraná als letzte große Immigrationsgruppe ansässig wurden, sind insgesamt ca. 350000 Deutsche nach Brasilien eingewandert. Man schätzt, dass heute etwa 6 Millionen Brasilianer mindestens teilweise deutschstämmig sind. Die Siedlungsgebiete befinden sich aus historischen und klimatischen Gründen im Süden des Landes, wo die meisten Einwanderer als Bauer arbeiteten. In einem Bundesstaat wie Rio Grande do Sul beträgt die deutschstämmige Bevölkerung 12% der gesamten Einwohnerschaft.[1]

Durch die Entstehung von mittleren Städten in den Siedlungsgebieten (z.B. Joinville und Blumenau) und die Einwanderung bzw. innere Migration von Deutschen in schon bestehende Großstädte (wie Curitiba und Porto Alegre) entstand in Südbrasilien seit der Mitte des 19. und insbesondere in den 20er und 30er Jahre des 20. Jahrhunderts ein urbanes deutschsprachiges Kulturleben, in dem auch das Theater eine relevante Rolle spielte. Die Duldung und zum Teil auch die vorhandene beträchtliche Sympathie für die deutsche Sprache und Kultur bei brasilianischen Autoritäten ermöglichte bis 1937 die Entwicklung eines gut ausgebauten Schulwesens (zirka 1000 Schulen), die Existenz einer deutschsprachigen Presse, sowie die Gründung und Wirkung von sozialen und kulturellen Musik-, Turn- und Theatervereinen. Diese Einrichtungen prägten das alltägliche Leben der Städte, nicht nur das der deutschen oder deutschstämmigen Einwohner.

Eine strenge Nationalisierungspolitik unter Diktator Getúlio Vargas setzte jedoch 1938 vielen dieser Einrichtungen ein allzu schnelles Ende.[2] Die Maß-

---

[1] Siehe dazu u.a. Gilberto Freyre: *Nós e a Europa germânica*. Rio de Janeiro: Grifo 1971; Karl Heinrich Oberacker Jr.: *Der deutsche Beitrag zum Aufbau der brasilianischen Nation*. São Paulo: Herder 1955; Werner Aulich: *O Paraná e os Alemães. Paraná und die Deutschen*. Curitiba 1953; Willems (1946); neuere Bibliographie in Karen Pupp Spinassé: *Deutsch als Fremdsprache in Brasilien. Eine Studie über kontextabhängige unterschiedliche Lernersprachen und muttersprachliche Interferenzen*. Frankfurt/M.: Lang 2005 und darin zum Thema das Kapitel 2.

[2] Siehe dazu Marlene de Fáveri: *Memórias de uma (outra) guerra. Cotidiano e medo durante a Segunda Guerra em Santa Catarina*. Florianópolis 2002 und Janine Gomes da Silva: *Tempo de lembrar, tempo de esquecer... As vibrações do Centenário e o período da nacionalização: histórias e memórias sobre a cidade de Joinville*. Florianópolis 2004. Ein besonderes Wort

nahmen wurden zunächst aus innenpolitischen Gründen ergriffen. Es ging dem Präsidenten Vargas mit seiner Nationalisierungspolitik darum, die Vereinheitlichung und Kontrolle der Institutionen und der Presse zu erreichen und durch Bekräftigung der Macht von lokalen Oligarchien deren politische Unterstützung zu gewinnen. Natürlich gab es schon ab 1933 in den deutsch-brasilianischen Siedlungen problematische Beziehungen zum Hitler-Regime, die zu bekämpfen waren; solche Verbindungen und Sympathien gab es jedoch bis 1942 auch innerhalb der brasilianischen Zentralregierung, im sogenannten Estado Novo.[3] Ab 1941 blies jedoch in der Weltpolitik ein anderer Wind, und das Vargas-Regime passte sich schnell an: 1942 erklärte Brasilien Deutschland den Krieg. Intern wurde im Land die Nationalisierungspolitik weiter vorangetrieben, und galt dann – sehr opportun – als Maßnahme zur Bekämpfung von Spionage und Einmischung deutscher Interessenvertreter in Brasilien, als ob dies von Anfang an deren einziges Ziel gewesen wäre. Die Unterdrückung der deutschen Sprache und der deutschsprachigen Kultur in den Siedlungsgebieten führte zur undifferenzierten Diskriminierung von Menschen und zur Tabuisierung der damaligen politisch-ideologischen Fraugen, die auch heute zum Teil offen sind.

Erst 1945, als der Zweite Weltkrieg und kurz darauf auch das Vargas-Regime zu Ende waren, wurde die Diskriminierung der deutschen Sprache in Brasilien allmählich aufgegeben. Da hatten innerhalb des Landes die Maßnahmen der Vargas-Diktatur und auf internationaler Ebene der beseitigte nationalsozialistische Wahn bereits so große Schäden verursacht, dass nur einige Wenige moralisch imstande waren, schon ab 1945 kulturelle Aktivitäten zu starten, die im Zusammenhang mit der deutschen Sprache und Kultur standen: Es geht hier um Intellektuelle, die während des Kriegs emigriert waren.

Dieser geschichtliche Rahmen weist auf die Existenz von zwei Phasen in der Geschichte des deutschsprachigen Theaters in Brasilien hin: Eine *erste Phase* bis 1938, als das Theater als bereits etablierte Aktivität der traditionellen deutschen Siedlungen in Brasilien verstanden werden soll; und eine *zweite Phase*, in der das Theaterleben durch emigrierte Intellektuelle organisiert wurde bzw. durch fortschrittlich gesinnte Nachfahren der Immigranten. Als jüngere Generation konnten sie sich damals für ein moderneres, international ausgewähltes Repertoire entscheiden. Eine Voraussetzung für diese zweite Phase ist allerdings, dass es trotz der Jahre der Unterdrückung der deutschen

---

des Dankes geht an Arselle de Andrade da Fontoura, Mitarbeiterin des Historischen Archivs der Stadt Joinville, für ihre kompetente wissenschaftliche Beratung.

[3] Siehe dazu u.a. Maria Luiza Tucci Carneiro: *O anti-semitismo na Era Vargas*. São Paulo: Perspectiva 2001.

Sprache immer noch ein potentielles deutschsprachiges Publikum gab. Diese zweite Phase währt bis Mitte der 60er Jahre, danach verliert meine Generation in den meisten Fällen den muttersprachlichen Kontakt mit dem Deutschen.

Nach einer langen Pause entsteht jetzt erst möglicherweise eine dritte Phase, indem sich Brasilien nach einer weiteren rechtskonservativen Diktatur zwischen 1964 und 1986 als Demokratie konsolidiert. Ein allgemeines und freies Erziehungswesen ist wieder vorhanden, und Deutsch als Fremdsprache und als Sprache der Vorfahren kann prinzipiell wieder gepflegt werden. Eine wichtige Rolle spielt, dass die politische Belastung der Vergangenheit – ich meine hier die Annäherung vieler Immigranten an deutschnationalistisches Denken in den 30er und 40er Jahren - überwunden wird. Die Tabuisierung vieler Themen durch die älteren Generationen hatte in Südbrasilien bis in die späten 80er Jahre zu einer Art von Neutralisierung der deutschen Sprache als lebendiges, modernes und kulturtaugliches Medium geführt.

2.

Über Aktivitäten des deutschsprachigen Laientheaters in Brasilien bis 1938 gibt es in deutscher Sprache eine recht spärliche Literatur[4]. Eine wertvolle Arbeit – bisher leider nur auf Portugiesisch – ist das kleine Buch von Elly Herkenhoff über das Theaterleben der Stadt Joinville im Bundesstaat Santa Catarina zwischen 1858 und 1938.[5]

Im letzten Quartal des 19. Jahrhunderts wurden in Südbrasilien mehrere Kulturvereine und Theatergruppen gegründet. Ich erwähne hier u.a. den „Theater- und Musikverein Frohsinn" in Blumenau, den „Theater-Verein Thalia" in Curitiba (gegründet 1882), die „Harmonie-Gesellschaft" in Joinville (gegründet 1858; neugegründet und erweitert 1872) und seit kurzem in Joinville den „Theaterverein Thalia" sowie die Theatergruppen „Unter uns" (1889) und „Nur für uns" (1896).

Elly Herkenhoff schreibt in ihrem Beitrag, dass die Hermonie-Gesellschaft und die Theatergruppe „Nur für uns" im sozialen Leben der Stadt die wichtigsten Kultureinrichtungen waren. Sie berichtet, dass nach der Kriegserklärung von Brasilien an Deutschland im Ersten Weltkrieg (im Oktober 1917) eine kurze Pause im deutschsprachigen Kulturleben in Joinville eintrat. Die Pause endete mit einem neuen Aufschwung, als eine neue Welle von Immigranten, die sogenannten „Neudeutschen", nach der großen Krise in den 20er Jahre in Deutschland aus Europa eintrafen. In dieser Zeit entstanden neue Theatergruppen z.B. der „Theaterverein Joinville" (1921), der

---

[4] Vgl. als eins der wenigen Beispiele Aulich [wie Anm. 1], S. 180-186; 198-203.

[5] Elly Herkenhoff: *Joinville – nosso teatro amador (1858-1938)*. Joinville: Arquivo Histórico, Fundação Cultural da Prefeitura de Joinville 1989

„Theaterverein Joinvillense" (1924) und der „Deutsche Theaterverein" (1928). Herkenhoff behauptet im Falle dieser letzten Gruppe, dass sie eine der wichtigsten in der letzten Periode des Laientheaters in der Stadt sei,[6] jedoch vermittelt sie wenige Informationen über ihre Tätigkeit, so gut wie nichts allerdings über Besetzung und Repertoire.

Dazu kann ich drei Bilder reproduzieren, die in ihrer beschränkten Zahl relativ viel über die Aktivitäten der Gruppe aussagen und die Theatertätigkeit der damaligen Zeit veranschaulichen. Ich verfüge über die Bilder, weil meine Großmutter, Maria Theresia Kessler-Soethe, eine der Darstellerinnen im „Deutschen Theaterverein" war.

Bild 1

Auf Bild 1 sitzt meine Großmutter in der Mitte, vermutlich in einer der Hauptrollen des Stückes *Im weißen Rößl*, dem Lustspiel von Oskar Blumenthal und Gustav Kadelburg aus dem Jahre 1896, das ab 1930 als Singspiel von Ralph Benatzky international sehr erfolgreich wurde.

[6] Ebenda, S. 20.

Bild 2

Auf Bild 2, datiert: 19. Oktober 1929, steht sie als Klärchen, die einzige weibliche Figur im Drama *Zapfenstreich* von Franz Adam Beyerlein, entstanden 1903 und verfilmt 1925 unter der Regie und mit dem Drehbuch von Konrad Wiene.

Bild 3

Auf dem vermutlich ältesten Bild (Bild 3) steht sie wieder in der Mitte der Bühne. Das inszenierte Stück konnte ich bisher nicht identifizieren.

Unbekannte Materialien wie diese geben Auskunft über Aktivitäten der verschiedenen Gruppen. Sie befinden sich zum Teil in Privatbesitz, aber ebenso in historischen Archiven der Städte, in privaten Archiven deutsch-brasilianischer Clubs, die am Ende der 30er Jahre wegen der Nationalisierungspolitik umbenannt wurden. Informationen zum deutschsprachigen Theater in der Presse der damaligen Zeit wurden meines Wissens noch nicht recherchiert.

Die Protagonisten der zweiten Phase des deutschsprachigen Theaters in Brasilien (1938-1964) sind die Emigranten Willy Keller, Werner Hammer, Wolfgang Hoffmann-Harnisch und dessen Sohn Wolfgang Harnisch. Auch dem Österreicher Karl Lustig-Prean, der in São Paulo lebte und wirkte, sind wichtige Bemühungen um politische und kulturelle Aktivität in dieser Zeit hoch anzurechnen.[7] Alle sind Ende der 30er Jahre auf der Flucht vor dem Nazi-Regime in Brasilien eingetroffen. Ich verweise auf die Publikationen von Fritz Pohle[8] und Izabela Maria Furtado Kestler.[9] Die Zeit zeichnet sich durch eine deutliche Politisierung der Arbeit, Spaltungsbestrebungen und Meinungsverschiedenheiten auf persönlicher Ebene prägen das Bild.

Nach einer Phase der Zusammenarbeit mit Willy Keller an dem von ihnen gegründeten „Freien Europäischen Künstlertheater" in Rio de Janeiro haben sich Wolfgang Hoffmann-Harnisch und sein Sohn von der Gruppe getrennt und einen anderen Weg beschritten. Hoffmann-Harnisch bevorzugte ab Ende des Zweiten Weltkrieges ein klassisches deutsches Repertoire (*Faust*, *Wilhelm Tell*, *Kabale und Liebe* u.a.) und ging mit seinem Sohn auf Tournee in Städte, wo ein deutschsprachiges Publikum schon längst vorhanden war: Curitiba, Joinville, Blumenau und Porto Alegre. Die Suche nach Kontinuität und Bewahrung des vorher bestehenden Theaterlebens durch die ortsansässigen Immigranten brachte Hoffmann-Harnisch viel Kritik ein. Seine Klassiker-Aufführungen sind „bei manchen Protagonisten des Emigrationstheaters in Rio auf erheblichen Widerspruch gestoßen", berichtete Fritz Pohle.[10] Willy Keller, der 1957 Leiter des Goethe-Instituts in Rio de Janeiro wurde,

---

[7] Unter anderem führte Lustig-Prean eine interessante Korrespondenz mit Thomas Mann, in der der Lübecker sich ausführlich über die eigene brasilianische Herkunft äußerte. Lustig-Prean gründete schon 1940 in São Paulo eine Schauspielschule und ein Kindertheater und unter seiner Leitung kam u.a. am 10. Dezember desselben Jahres Curt Goetz' Stück *Ingeborg* zur Aufführung (vgl. Fritz Pohle: *Emigrationstheater in Südamerika abseits der Freien Deutschen Bühne*, Buenos Aires. Hamburg 1989, S. 58f). Lustig-Prean veröffentlichte nach seiner Rückkehr nach Österreich humorvolle Memoiren: Karl Lustig-Prean: *Lustig-Prean lachendes Panoptikum*. Frankfurt/M., Wien: Forum 1952.

[8] Pohle [wie Anm. 7].

[9] Izabela Maria Furtado Kestler: *Die Exilliteratur und das Exil der deutschsprachigen Schriftsteller und Publizisten in Brasilien*. Frankfurt/M.: Lang 1992.

[10] Vgl. Pohle [wie Anm. 7] S. 62.

verschweigt den Namen von Hoffmann-Harnisch in seinem Bericht über das Theaterleben der damaligen Zeit in Rio. Werner Hammer schreibt über Hoffmann-Harnisch in einem Brief an Paul Walter Jacob in Argentinien: „Ich will nicht sagen, dass Hoffmann-Harnisch ein Nazi ist, aber er ist ein Opportunist, der sich so dreht, wie der Wind weht."[11] Hoffmann-Harnisch kehrte 1951 nach Deutschland zurück und arbeitete weiter als Publizist. Er veröffentlichte u.a. ein Buch über Brasilien[12] und eine *Anthologie für deutsche Leser* (1958). Willy Keller lebte bis zum seinem Lebensende 1979 in Brasilien. Das Repertoire und die Gestaltung der Aufführungen des „Freien Europäischen Künstlertheaters" unter der professionellen Spielleitung des Regisseurs Willy Keller sind bestimmt eines der wichtigsten Kapitel in der Geschichte des Laientheaters in Brasilien.

Noch im Rahmen der zweiten Phase möchte ich die Aktivitäten des „Grupo de Teatro Independente" erwähnen. Gegründet wurde die Gruppe am 30. Mai 1948 in Curitiba von Willi Polewka, Fritz Wagner, Bernardo Kirchgaessner, Ketty Mais und João Poeck. Die Gruppe ist ein interessantes Beispiel für die Wiederaufnahme und Erneuerung der Tradition des deutschsprachigen Theaters in Brasilien vor Kriegsausbruch. Aulich[13] berichtet, dass in den ersten Jahren ihrer Tätigkeit diese Gruppe 23 Aufführungen veranstaltete, „die insgesamt von weit mehr als zehntausend Zuschauern besucht [...] wurde." In einem Bericht in der Monatszeitschrift *Panorama* erfährt man, dass die Gruppe weiter besteht und mittlerweile einem Publikum von insgesamt 36.000 und 29 Stücke in 113 Aufführungen präsentiert hat.[14] Im Jahr 1958, zum 10. Gründungsjahr der Gruppe, sei Hugo von Hofmannsthals *Jedermann* inszeniert worden. Als der Bericht in *Panorama* erschien, stand *Bunbury* von Oscar Wilde auf dem Programm. Die Gruppe organisierte Übersetzungen von brasilianischen Stücken ins Deutsche, z.B. *Amanhã será diferente* von Paschoal Carlos Magno bzw. *Morgen wird es anders sein* in der deutschen Fassung von Lilian Berley-Bering.

Wenn die Rede von einer dritten Phase im deutschsprachigen Theater in Brasilien sein darf, dann nur prospektiv und optimistisch. Zum Abschlusse dieser kurzen Präsentation des Laientheaters in Brasilien blicke ich wieder auf die Stadt Curitiba und möchte ein Beispiel für die neue Szenerie geben. 1997 hat die Kollegin Virgínia Sambaquy-Wallner (Bundesuniversität von Paraná) ein praktisches Seminar über deutschsprachiges Theater angeboten.

[11] Vgl. Ebd., S. 65.
[12] Wolfgang Hoffmann-Harnisch: *Brasilien: ein tropisches Großreich*. Berlin: Safari 1955.
[13] Vgl. Aulich [wie Anm. 1], S. 202.
[14] Sylvio Back, Sérgio Matulevicius u. Hermes Astor Soethe: „A importância de ser Ernesto em alemão." In: *Panorama* (Curitiba), 1961, Nr. 110, S. 60-64.

Es wurden szenische Lesungen geübt, ausgewählte Szenen im Kreis der Kursteilnehmer aufgeführt. Ursprünglich war kein öffentlicher Auftritt vorgesehen. Als das Semester zu Ende war, wollten die Studenten sich weiterhin mit dem gleichen Stoff beschäftigen. Eine Arbeitsgruppe entstand und durfte sich im Goethe-Institut Curitiba treffen und üben. Virginia Sambaquy-Wallner begleitete die Aktivität der Gruppe.

Eines Tages fassten die Teilnhemer den Entschluss, ein Stück zu präsentieren. Die Dozentin wurde zur Regisseurin, die Studenten zu Schauspielern. So entstand die Gruppe „Wir sprechen Deutsch". Die meisten Teilnehmer waren Studenten der Germanistik, andere Interessenten konnten aber aufgenommen werden. Und so ging die Arbeit kontinuierlich weiter. 2005 übersiedelte Virgínia Sambaquy-Wallner nach Deutschland, die Gruppe wird seitdem von Fernanda Baukat Silveira geleitet, einer Studentin der Germanistik, die vor ihrem germanistischen Werdegang ein Studium des Theaters abgeschlossen hatte.

Das bisher inszenierte Repertoire der Gruppe besteht aus folgenden Stücken: *Die Ausnahme und die Regel* von Brecht (1997); *Die Kleinbürgerhochzeit* von Brecht (1998; 2004); *Die Physiker* von Dürrenmatt (1999); *Das Kaffeehaus* von Fassbinder (1999); *Der kaukasische Kreidekreis* von Brecht (1999); *Der Besuch der alten Dame* von Dürrenmatt (2000); *Mutter Courage und ihre Kinder* von Brecht (2001); *Das Haus in Montevideo* von Goetz (2002); *Der gestiefelte Kater* von Tieck (2002); *Die Dreigroschenoper* von Brecht (2003); *Der Meteor* von Dürrenmatt (2004); *Leonce und Lena* von Büchner (2005).[15]

Für *Leonce und Lena* rechnete die Gruppe mit der schon üblichen Unterstützung des Goethe-Instituts und einiger Firmen. Unterstützt wurde die Initiative im Jahr 2005 aber auch von der Stiftung des Teatro Guaíra, eines der wichtigsten Theater in Südamerika.

Unter diesen günstigen Voraussetzungen konnte die Gruppe dem Publikum zum ersten Mal Untertitel in brasilianisch-portugiesischer Sprache bie-

---

[15] Es spielten: Adriano Távora, Alan Mota, Alexandre Wolf, Aline Maria Kukolj, Ana Paula S. Carvalho, Beatrice R. Schmid, Betina Aisengart, Carolina Doetzer, Cesar Longhi, Claudia S. Schmid, Clodoaldo Chaves Junior, Cristian Dieterich, Cristina Imaguiore, Daiane Carolina Gonçalves, Daniel Benke, David A. Scortecci de Paula, Deborah Mittelbach, Déborah Pondelek, Diego Lourenço Paes, Edina Maria Fouquet, Eloana Santos Chaves, Fabrice Levassor, Fernanda Baukat, Franco Fuchs, Genevive de Oliveira Moreira, Helena Sambaquy-Wallner, Isaías Emilio da Silva, José Aguiar, José Retorta, Kalima Trento, Karin Ingdart, Laura Janaina Dias Amato, Lorival Junior, Lucía Alvarez, Luiz Rogério Lucena, Márcia Cristina Rui, Marísia Brüning, Maurini de Souza A. Pereira, Melissa Reihner, Nadia Maria França Friebe, Pedro Felipe Alves Pereira, Priscila Jung, Raphael Schnabel, Renato Steiner da Silva, Roland Seelig, Sebastião Eugênio de Camargo, Solaine Keller, Tamie Yassu, Ursula Schmid.

ten. Eine interessante, symbolisch vielsagende Erneuerung, die sich z. B. der „Deutsche Theaterverein" im Joinville der 20er Jahren kaum hätte vorstellen können. Hoffentlich handelt es sich hier in der Tat um eine neue Phase des deutschsprachigen Laientheaters in Brasilien, eine lange und produktive Phase, der kein Krieg und keine Diktatur ein frühzeitiges Ende setzen.

Literatur

Aulich, Werner: *O Paraná e os Alemães*; *Paraná und die Deutschen*. Curitiba 1953. [Bibliographie S. 107f].

Back, Sylvio; Sérgio Matulevicius u. Hermes Astor Soethe: „A importância de ser Ernesto em alemão." In: *Panorama* (Curitiba), 1961, Nr. 110, S. 60-64.

Carneiro, Maria Luiza Tucci: *O anti-semitismo na Era Vargas*. São Paulo: Perspectiva 2001.

Freyre, Gilberto: *Nós e a Europa germânica*: em torno de alguns aspectos das relações do Brasil com a cultura germânica no decorrer do século XIX. Rio de Janeiro: Grifo 1971.

Fáveri, Marlene de: *Memórias de uma (outra) guerra. Cotidiano e medo durante a Segunda Guerra em Santa Catarina*. Florianópolis 2002, Dissertation – Universidade Federal de Santa Catarina.

Herkenhoff, Elly: *Joinville – nosso teatro amador (1858-1938)*. Joinville: Arquivo Histórico, Fundação Cultural da Prefeitura de Joinville 1989.

Hoffmann-Harnisch, Wolfgang: *Brasilien: ein tropisches Großreich*. Berlin: Safari 1955.

Kestler, Izabela Maria Furtado: *Die Exilliteratur und das Exil der deutschsprachigen Schriftsteller und Publizisten in Brasilien*. Frankfurt/M.: Lang 1992.

Lustig-Prean, Karl: *Lustig-Prean lachendes Panoptikum*. Frankfurt/M., Wien: Forum 1952.

Oberacker Jr., Karl Heinrich: *Der deutsche Beitrag zum Aufbau der brasilianischen Nation*. São Paulo: Herder 1955.

Pohle, Fritz: *Emigrationstheater in Südamerika abseits der Freien Deutschen Bühne, Buenos Aires*. Hamburg 1989.

Silva, Janine Gomes da: *Tempo de lembrar, tempo de esquecer... As vibrações do Centenário e o período da nacionalização: histórias e memórias sobre a cidade de Joinville*. Florianópolis 2004, Dissertation – Universidade Federal de Santa Catarina.

Spinassé, Karen Pupp: *Deutsch als Fremdsprache in Brasilien. Eine Studie über kontextabhängige unterschiedliche Lernersprachen und muttersprachliche Interferenzen*. Frankfurt/M.: Lang 2005.

Horst Fassel, Tübingen

Argentinische Rückschau
Deutsches Theater in Buenos Aires vor und nach 1945

Am 23. April 2005 berichtete das *Argentinische Tageblatt* über „Südlichste Festspiele der Welt eröffnet“. Unter der Schirmherrschaft der österreichischen Botschaft in Argentinien, durch Mithilfe der Wiener Philharmoniker und anderer österreichischer Kultureinrichtungen kam es vom 16.-30. April 2005 in Ushaia zu einem zweiwöchigen Festival, das mit Dvoraks Symphonie *Aus der neuen Welt*, mit Mozart Ouvertüre zur *Zauberflöte* eröffnet wurde. Ähnliche Initiativen deutscher oder österreichischer Kulturinstitutionen sind eher selten geworden. Deutsches Berufstheater ist in Argentinien nur eine ferne Erinnerung.

Man könnte dies mit den Gegebenheiten vor Ort in Verbindung bringen – heute zusätzlich mit der anhaltenden Wirtschaftskrise –: das argentinische Musiktheater war und ist dem europäischen Opern- und Konzerthäusern durchaus vergleichbar, und die Stars sind dort nicht seltener zu sehen als auf dem alten Kontinent. Berühmt ist zum Beispiel das 1857 erbaute Teatro Colon, dessen Aufführungen weltweit wahrgenommen wurden und an dem Ernst Busch vor 1945 während seines Exils tätig war. Das Sprechtheater jedoch hat sich in Argentinien in der Zwischenkriegszeit nur unter großen Schwierigkeiten behaupten können. Um bekannte Darsteller sind damals sogenannte „Companias“ eingerichtet wurden, deren Bestand oft ephemer war. Die bekanntesten Autoren Argentiniens sind zudem in der Regel nicht Dramatiker: Jorge Borges, Ernesto Sabato, Adolfo Bioy Casares haben durch ihre Lyrik und Prosa ein internationales Publikum erreicht, ebenso Silvina Ocampo (1903-1994), die zusammen mit J. R. Wilcock allerdings auch ein Schauspiel in Versen (*Los traidores* [Die Verräter], 1956) verfasst hat. Ein weiterer angesehener argentinischer Autor, Manuel Puig (1932-1990), hat in den achtziger Jahren des 20. Jahrhunderts zahlreiche Bühnenwerke publiziert, u.a. *Ein Sternenmantel* (1983), *Erinnerungen an Tijuana* (1985).

1. Deutsche Minderheitengruppen in Argentinien

Ein deutschsprachiges Theater gab und gibt es in Argentinien dennoch. Es entstand, weil sich in dem achtgrößten Land der Welt in mehreren Ansiedlungswellen deutsche Siedler niederließen. Schon im 16. Jahrhundert begleiteten nicht nur Spanier und Holländer sondern auch Deutsche den Konquistador Mendoza (1487-1537), dessen Expedition 1535 den Hafen von Cadiz verließ und der 1536 Buenos Aires gründete. Einer der Expeditionsteilnehmer, Ulrich Schmidl, wurde zum ersten Chronisten argentinischer Zustände und Erlebnisse.[1] Es dauerte jedoch bis zum 19. Jahrhundert, bis eine größere deutsche Ansiedlerwelle Argentinien erreichte. Eigentlich gab es vier größere Siedlungsströme:

a. in der wilhelminischen Zeit
b. nach dem Ersten Weltkrieg
c. in den dreißiger Jahren
d. nach 1945

a. Zu den frühesten Siedlern gehörten Vertreter bürgerlicher Mittelschichten, die in Argentinien Erfolge erhofften. Sie fügten sich in die dortige Gesellschaft ein, heirateten Töchter oder Söhne der argentinischen Elite und gehörten nach einige Generationen zu den wohlhabendsten Bürgern in Buenos Aires und im Land.

b. Nach dem Ersten Weltkrieg kamen Militärs, die ihren Beruf nicht aufgeben wollten und in Argentinien auf einen Neuanfang hofften. Paul Walter Jacob, der Theatermann, charakterisierte sie:

> Nach dem Ersten Weltkrieg kam mit der zweiten Einwanderungswelle das Offiziersproletariat. Deutsche Offiziere, die einen anderen Beruf nicht ausüben konnten oder Militärs bleiben wollten, überschwemmten das Land. Zu ihnen gehörte auch diese Landsknechtnatur von Ernst Röhm, der über Argentinien und Bolivien wieder nach Deutschland zurückkehrte. Diese Leute wohnten jedoch nicht in Buenos Aires, sie gingen aufs Land, heirateten reiche argentinische Erbinnen und kamen sie zu großem Bodenbesitz.[2]

c. Sieht man von Paul Zech, dem bekannten Expressionisten ab, der schon 1933 nach Buenos Aires kam, fanden die meisten jüdischen und deutschen Betroffenen der nicht-politischen Emigration erst in den späten dreißiger Jahren nach Lateinamerika, demnach auch nach Argentinien. Dies geschah, nachdem in Europa durch Hitlers Aggressionen Zufluchtstätten rar geworden

---

[1] Ulrich Schmidl: *Wahrhaftige Historien einer wunderbaren Schiffahrt*. Graz 1962.

[2] Vgl. Paul Walter Jacob: „Von den Schwierigkeiten einer Emigrantenbühne. – Die ‚Freie Deutsche Bühne' in Buenos Aires." In: Manfred Schlösser (Hrsg.): *Theater im Exil 1933-1945*. Ein Symposium der Akademie der Künste. Berlin 1979 (Schriftenreihe der Akademie der Künste; 12), S. 178. Siehe auch: Nicolás Jorge Dornheim: "Teatro y exilio. Paul Walter Jacob visto desde Argentina." In: *Teatro y teoría teatral y otros temas germanísticos*. Actas de las XII Jornadas de la Asociación Argentina de Germanistas, 25 al 28 de julio de 2001. Buenos Aires 2003, S. 24-36; Fritz Pohle: *Emigrationstheater in Südamerika. Abseits der "Freien Deutschen Bühne"*. (Schriftenreihe des Paul Walter Jacob-Archivs; 2) Buenos Aires 1989; Fritjhof Trapp: Exiltheater in Frankreich und Lateinamerika. In: Anne Saint Sauveur-Henn (Hrsg.): *Zweimal verjagt. Die deutschsprachige Emigration und der Fluchtweg Frankreich – Lateinamerika; 1933-1945*. Berlin: Metropol 1998.

waren und die liberalere Einreisepraxis Argentiniens unter dem pro-britischen Präsidenten Ortíz (bis 1940) den Emigranten die Chance bot, sich dort niederzulassen. Nach Kriegsausbruch nahm Argentiniens Bereitschaft ab, neue Emigranten aufzunehmen, und 1944 wurden die Grenzen für deutsche Emigranten endgültig geschlossen. Jacob schrieb über diese Emigranten: „Es waren Kaufleute und Akademiker, die den rechten Anschluss verloren hatten und nicht so prominent waren, dass Bekannte in Nordamerika sie aufgenommen hätten." Jacobs nennt diese seine Leidensgefährten eine „farblose" Exilgruppe.[3] Man nimmt an, dass 20% der Emigranten nach Südamerika emigrierten. Allein bis 1941 zog es: 40.000 nach Argentinien, 20.000 nach Brasilien und 10.000 nach Chile.[4]

d. Nach 1945 setzten sich auch viele ehemalige Nazis nach Lateinamerika ab, darunter so berüchtigte wie Eichmann, Mengele, Barbie. Vom argentinischen Diktator Perón wurden sie und viele andere bevorzugt behandelt und unterstützt. Für die anderen Argentiniendeutschen war dies eine – oft unverdiente – Belastung.

Nach dem Ersten Weltkrieg gab es in Argentinien 130.000 Deutsche, 1933 waren es 286.000.[5] Bis 1950 zählte man in Brasilien 23.500 Einwanderer und 25.000 Flüchtlinge, in Argentinien 5.861 Einwanderer und 45.000 Flüchtlinge. In Buenos Aires lebten ungefähr 100.000 Deutsche. Über die frühen Emigranten aus dem Dritten Reich schreibt Kießling:

> Anfangs war der Zustrom deutscher Emigranten nach Argentinien gering. Als Zech im Sommer 1933 hier angekommen war, traten die ‚wenigen Emigranten, meist jüdische Rechtsanwälte und Ärzte, Lehrer und Parteisekretäre [...] kaum in Erscheinung, sie finden bei den staatlichen Organen keinerlei Unterstützung, und sie werden auch nur registriert und eventuell wieder ausgewiesen, wenn die faschistischen Spitzel sie wegen ‚marxistischer Umtriebe' bei der politischen Polizei denunzieren. Im Jahre 1935 kamen 2.650 deutsche Emigranten nach Argentinien; 1937 waren es 2.857. Die meisten von ihnen blieben in Buenos Aires. Sie gehörten dem städtischen

[3] Ebda.

[4] Vgl. Günther J. Bergmann: *Auslandsdeutsche in Paraguay, Brasilien, Argentinien.* Bad Münstereifel: Westkreuz 1994, S. 221; siehe auch: Ronald C. Newton: *The „Nazi Menace" in Argentina, 1931-1947.* Stanford 1992; Olaf Gaudig u. Peter Veit: *Der Widerschein des Nazismus. Das Bild des Nationalsozialismus in der deutschsprachigen Presse Argentiniens, Brasiliens und Chiles 1932-1945.* Berlin 1997.

[5] In Brasilien lebten zur gleichen Zeit 300.000 (nach 1918), 1933 umfasste die deutsche Volksgruppe 800.000 Einwohner. Siehe Bergmann [wie Anm. 4].

Bürgertum an und scheuten das harte und entbehrungsreiche Dasein in den Erschließungsgebieten im Inneren des Landes.[6]

Die Deutschen in Argentinien verfügten früh über eine eigene deutschsprachige Presse: 1868 erschien die *Deutsche La Plata Zeitung*, die 1943 ihr Erscheinen einstellte. 1878 begann die Schweizer Familie Alemann mit der Herausgabe des *Argentinischen Wochenblattes*, das 1889 als *Argentinisches Tageblatt* fortgeführt wurde. Heute ist dieses *Argentinische Tageblatt* die einzige deutschsprachige Zeitung des Landes, erscheint allerdings seit 1980 nur noch als Wochenblatt und beschränkt sich vorwiegend auf Berichte aus Politik, Wirtschaft und Tourismus. 1925 übernahm der Enkel des Zeitungsgründers, Dr. Ernesto F. Alemann, die Leitung der Zeitung. Sein Widerstand gegen die Gleichschaltung der Deutschen in Argentinien,[7] seine konsequente antifaschistische Haltung entsprach dem freisinnig-liberalen Credo seines Großvaters. 1934 wurde auf das Verlagsgebäude ein Bombenanschlag verübt, die Deutsche Botschaft in Buenos Aires strengte sechs Prozesse gegen den Herausgeber an, 1936 entzog die Universität Heidelberg Ernesto Alemann seinen dort erworbenen Doktortitel, aber alle diese Diskriminierungen und Anfeindungen konnten dem standhaften Journalisten nicht zur Aufgabe seine Position veranlassen. Später verordnete Präsident Perón eine Papierrationierung und ließ die Druckerei zeitweilig schließen, aber die Zeitung hat überlebt. Sie ist für die Entwicklung des deutschsprachigen Theaters ein wichtiger Zeuge. Die Wochenausgaben des *Argentinischen Tageblattes* können seit 1998 auch im Internet eingesehen werden.

Obwohl die vierte Herausgebergeneration 1992 die Schließung der hauseigenen Druckerei nicht vermeiden konnte, teilt sie heute auf ihrer Homepage mit:

> Die Zeitung sieht sich als Mittler zwischen dem deutschsprachigen Kulturbereich und Argentinien und als Nachrichtenorgan der Deutschen Gemeinschaft in Argentinien. Vereine, Schulen und Religionsgemeinschaften haben die Möglichkeit, Mitteilungen kostenlos im Tageblatt zu veröffentlichen. Weitere Schwerpunkte der journalistischen Arbeit der Redaktion sind Kultur, Sport, Literatur, Unterhaltung, Reisen, Naturwissenschaft und Medizin sowie Interviews mit Persönlichkeiten aus dem politischen, kulturellen oder gesellschaftlichen Leben im deutschsprachigen Raum und Argentinien.[8]

---

[6] Vgl. Wolfgang Kießling: *Exil in Lateinamerika.* (Kunst und Literatur im antifaschistischen Exil; 4) Frankfurt am Main: Röderberg 1981, S. 70.

[7] Dort war 1931 eine sehr aktive nationalsozialistische Gruppe gegründet worden, die aus dem Dritten Reich Unterstützung erhielt.

[8] Vgl. http://www.tageblatt.com.ar/.

Weitere deutschsprachige Presseorgane waren: der sozialdemokratische *Vorwärts* (1884-1937), die *Neue deutsche Zeitung,*[9] *Der Trommler* (1932-1939), ein Nazi-Blatt mit 4.000 Auflage, *Der Deutsche in Argentinien*, ein Organ der Deutschen Arbeitsfront (DAF, ab 1934, 700 Auflage). *Die deutsche La Plata-Zeitung* hatte eine Auflage von 45.000, das *Argentinische Tageblatt* von 40.000 Exemplaren.

Außerdem gab es seit dem 19. Jahrhundert deutsche Vereine, deren Tätigkeit bis heute wenig erforscht ist. 1892 gründete man in Buenos Aires sogar einen Deutschen Theaterverein.[10] In den dreißiger Jahren kam eine Rundfunksendung hinzu: die Deutsche Stunde, die – wie Paul Zech schrieb – gleichgeschaltet war.[11]

Mit der Situation von 1933-1945 hat man sich – zunächst in der DDR-Dokumentation über deutsche Exilliteratur, danach in dem Sonderforschungsbereich der Deutschen Forschungsgemeinschaft wahrscheinlich eingehend beschäftigt. Dabei wurde vor allem die Tätigkeit der langlebigsten deutschen Exilbühne, der Freien Deutschen Bühne (1940-1950), dargestellt, deren Ausläufer noch 1960 überlebten – so teilte es Jacob mit – und denen durch die Bonner Ministerialbürokratie der Todesstoß versetzt sein soll, als man nur noch Gastspiele bundesdeutscher Theater nach Argentinien förderte, nicht aber diese deutsche Bühne in der argentinischen Hauptstadt.[12] Wie sich innerhalb der deutschen Minderheitengruppe in Argentinien, die in Buenos Aires, in der Umgebung von Rosario, Santa Fe, in Misiones und im Chaco lebten, eine Kulturtätigkeit entfaltet hat, ist bisher nicht zusammenhängend dargestellt worden. Aufgrund der Beiträge zur Exilsituation gewinnt man den Eindruck, dass es erst sehr spät – 1938 – zur Gründung eines deutschsprachigen Theaters in Argentinien gekommen ist.

---

[9] Untertitel: Sozialistisches Organ für die La Plata-Staaten = Nuevo diario aleman / Deutsche Genossenschaft. Buenos Aires, 1919-1933.

[10] Vgl. Anne Saint Sauveur-Henn: *Un siècle d'emigration allemande vers l'Argentine*. Köln, Weimar, Wien: Böhlau 1995, Kap.: Les associations culturelles, S. 323-326. 1916 wurde der Deutsche Volksbund für Argentinien gegründet, der 1938 über 102 Untergliederungen verfügte. Außerdem gab es eine sehr aktive Jüdische Kulturgemeinschaft, die allerdings deutschsprachiges Theater 1938 nicht fördern wollte.

[11] Vgl. Paul Zech: „Es charakterisiert überhaupt die geistige Verfassung der Kolonie (gemeint ist: die deutsche Minderheitengruppe, dieses ungeheuere Heer von Agenten, Bankbeamten, Technikern und kaufmännischen Angestellten, in der Mehrzahl natürlich ‚gleichgeschaltet' und in der Äußerung brauner Rüpeleien so rührig wie kaum in einem anderen außerdeutschen Lande." (vgl. Kießling [wie Anm. 8], S. 65.)

[12] Dies teilte Jacob bei der Tagung der Ost-Berliner Akademie mit. Vgl. *Theater im Exil 1933-1945* [wie Anm. 2], S. 186. (Ob Jacob dies nur tat, um den DDR-Organisatoren einen Gefallen zu tun, oder ob der Bonner Ministerialrat Dr. Schlösser tatsächlich durch Unkenntnis die lokalen Initiativen in Buenos Aires abgewürgt hat, muss dahin gestellt bleiben.)

2. Deutsches Theater in Argentinien

a. Von 1918-1945

Diese immer wieder behauptete späte Gründung deutscher Ensemble in Argentinien kann nicht stimmen. Wenn schon 1892 ein Deutscher entstand, muss es auch die entsprechende Theatertätigkeit gegeben haben, auch wenn man diese bisher nicht untersucht hat.

Nach dem Ersten Weltkrieg gab es deutsche Theater und Gastspiele, Bühnenverein von denen wir eines aus dem Jahre 1921 erwähnen:

> 1921 kam als erste deutsche Theatergesellschaft die Operette unter der Leitung von Gustav Bluhm. [...] Als Anfang konnte man sich diese Operettenspielzeit gefallen lassen, aber leider bog sich die Linie der Fortentwicklung nicht nach oben, sondern abwärts. 1922 kam schon der Rückschlag: mittelmäßige Kräfte auf der Bühne. [...] Die Gesellschaft endete mit einem jähen Zusammenbruch.[13]

Wenn man die Entwicklung nach 1918 nicht kennt, liegt dies an den verwendeten Quellen: man hat die oben erwähnte deutsche Presse, vor allem die *Deutsche La Plata Zeitung* nicht zu Rat gezogen, vor 1933 auch das *Argentinische Tageblatt* nicht; allerdings ist diese Tageszeitung in Deutschland nicht vorhanden, weil ihr Vertrieb durch die Nazi-Zensur verboten worden war. Deshalb gibt es den weißen Fleck auf der Karte des deutschen Theaters.

Bevor die Emigranten eintrafen, bestand auf jeden Fall die Bunte Bühne von Roberto Bauer, ein Kabaretttheater, über dessen Tätigkeit bisher nicht berichtet wurde. Seit 1938 bestand auch das Deutsche Theater, das Ludwig Ney leitete, aber in der Exilliteratur wird Ney immer wieder als Nazi bezeichnet, was ein Desinteresse an der Tätigkeit seines Ensembles beglaubigte. Beide Einrichtungen, die von Bauer wie die von Ney, wurden von Jacob angesprochen, als er 1940 sein Exiltheater gründete. Er bemühte sich um Absprachen mit beiden Theatereinrichtungen, um die – bei Theatern übliche Konkurrenz zu vermeiden und um seinen Kollegen nahe zu legen, ihm keine Zuschauergruppen abzuwerben. Dass ein solcher Versuch erfolglos bleiben musste, ist verständlich, und dieser Wettstreit der Bühnen um Zuschauer hat mit politischen Positionen nichts zu tun.

Ludwig Ney konnte seine Bühne bis 1952 behaupten. Dann stellte sie ihre Tätigkeit ein, aber in den sechziger Jahren war Ney erneut als Intendant eines Theaters aktenkundig. Über sein Ensemble vor 1945 erfahren wir:

> Eine Mischung zwischen Liebhaber- und Berufstheater stellte Ludwig Neys Deutsches Theater dar, das in den 15 Jahren seines Bestehens neben leich-

[13] Johannes Frantze: „Deutsches Theater in Argentinien." In: *Der Auslandsdeutsche*, 9 (1926), S. 36.

terer dramatischer Literatur auch Klassiker (Goethes *Faust*, Schillers *Wallenstein*) und moderne Autoren (Hochwälders *Heiliges Experiment*) aufführte.[14]

Schon diese kurze Präsentierung zeigt einerseits, dass mit Schillers *Wallenstein* ein Stück inszeniert wurde, das man zeitgleich auch in Deutschland bevorzugte. Wenn Ney aber tatsächlich ein Nazi gewesen wäre, bliebe es erstaunlich, dass er Fritz Hochwälder spielte, einen Exilautor. Hochwälders jüdische Eltern waren von den Nazis deportiert worden, und sein *Heiliges Experiment*, 1943 publiziert, stellte das Drama des Jesuitenstaates in Paraguay dar, als 1767 das Reich der Liebe und Gerechtigkeit für die Indios der Staatsraison geopfert wurde. Aber es gab weitere Repertoireangebote von Ney:

> Neys Gruppe spielte vor allem in Buenos Aires, wo sie Lessings *Minna von Barnhelm*, Schillers *Maria Stuart*, Büchners *Woyzeck*, Hausmanns *Fischbecker Wandteppich*, *Ingeborg* von Götz und Stücke von Thornton Wilder, Priestley, Eliot und Anouilh aufführte.[15]

Büchners *Woyzeck* gehörte in der NS-Lesart zur „entarteten Kunst“, Hausmann galt den Nazis als christlicher Autor, von dem man vor allem seine Kinderliteratur hinnahm, kaum seine Dramatik, auch nicht *Der Fischbecker Wandteppich*. Wilder, Priestley, Eliot und Anouilh hätte man vergeblich in den Programmen deutscher Theater vor 1945 entdecken können. Auch wenn Ney Nazi gewesen war, entspricht sein Repertoire nicht den Vorstellungen eines Theatermachers im Dritten Reich. Man darf vermuten, dass er von den Mitgliedern der Freien Deutschen Bühne als Konkurrent empfunden und deshalb – ohne größeres Nachdenken – als Nazi verunglimpft wurde, was zur Folge hatte, dass man sich mit der Tätigkeit seines Ensembles nicht beschäftigte.

Mit den spanischen „Companias“ setzte man sich auch kaum auseinander. Nur eine einzige Rezeptionsstudie geht darauf ein, welche deutsche Exilautoren auf diesen argentinischen Theatern zu sehen waren. Mit „Exildramatik auf argentinischen Bühnen“ beschäftigt sich ein Kapitel der Kölner Dissertation von Hans-Christof Wächter,[16] und der Verfasser bezieht sich ausschließlich auf folgende Aufführungen: auf Ferdinand Bruckners Stück *Die Rassen*, das im Dezember 1934 im Teatro Comico aufgeführt wurde, wobei man eine französische Übersetzung verwendete. Weil die Deutsche Botschaft die Auf-

---

[14] Vgl. Wilhelm Lütge, Werner Hoffmann, Karl Wilhelm Körner, Karl Klingenfuss: *Deutsche in Argentinien*. Buenos Aires 1980, S. 278.

[15] Ebda., S. 279.

[16] Hans-Christof Wächter: *Theater im Exil. Sozialgeschichte des deutschen Exiltheaters 1933-1945*. München: Hanser 1973, S. 205-210.

führung zu verhindern versuchte, weil am 16. Dezember 1934 ein Zwischenfall mit randalierenden deutschen NS-Anhängern im Theater stattfand, reagierte die argentinische Öffentlichkeit empört auf diese Einmischung des Dritten Reichs in die Kulturtätigkeit Argentiniens.[17] Nach Bruckner gab es auch eine Aufführung von Werfels *Jacobowsky und der Oberst* am Teatro El Nacional (am 16. Oktober 1945), aber die Inszenierung von Narciso Ibanez Menta wurde nicht besonders beachtet. Das waren die einzigen – von Theaterhistorikern ermittelten – Stücke deutscher Exilautoren, die man auf den spanischsprachigen Bühnen in Argentinien zu sehen bekam. Man könnte hinzufügen, dass Paul Zech, der in Buenos Aires lebte und außer Gedichten und Prosa, die ihn bekannt machten, auch Bühnenwerke schrieb – auch mit seiner südamerikanischer Thematik – von den argentinischen Theatermacher nicht beachtet wurde. Ob er sich darum bemüht hat, war nicht festzustellen.[18]

Wenden wir uns nun der Freien Deutschen Bühne zu. Sie wurde von Paul Walter Jacob gegründet und geleitet. Als Gründungsdatum steht der 20. April 1940 fest. Dass sie sich über zehn Jahre lang behaupten und danach immer wieder Wiederbelebungsversuche unternehmen konnte, macht sie zur langlebigsten deutschen Exilbühne. Schon nach sieben Jahren hat Jacob sich wie folgt über sein Unternehmen geäußert:

> Außerhalb der Schweiz und neben den deutschen und österreichischen Theatergruppen in New York, London, Stockholm, die zum größten Teil nur sporadisch Vorstellungen geben, ist die Freie Deutsche Bühne in Buenos Aires heute das einzige ständig spielende deutschsprachige und völlig unabhängige Theater in der ganzen Welt. In den sieben Jahren ihres Bestehens ist ein Repertoire aus der klassischen und modernen Bühnenliteratur al-

[17] Paul Zech schrieb dazu: „Bruckner-Taggers *Rassen*, übersetzt aus dem Französischen, eine lächerliche Karikatur des Stückes, eine Karikatur das ganze Theater. Und kein Hahn würde danach gekräht haben, wenn die braune Gilde nicht ein paar Hundert Leute in das Theater kommandiert hätte, um gegen die ‚Verunglimpfung der deutschen Hoheitszeichen [lies: Horst-Wessel-Lied], gegen die Verächtlichmachung des Führers und gegen die Herabsetzung des deutschen Volkes' mit Krakel, Gestank und Handgemenge zu protestieren, was schließlich auch zur vorübergehenden Schließung des Theaters führte. Ob solche unverschämten Randalierungen, von der hiesigen Landesleitung der N.S.D.A.P., inspiriert, inszeniert und finanziert, sich dem Ansehen des Deutschtums als unbedingt förderlich erweisen, muss nach diesem ‚Sturm auf das Theater' und nach dieser ‚Saalschlacht' durchaus bezweifelt werden." (vgl. Hans-Christof: Wächter [wie Anm. 1], S. 209).

[18] Zech schrieb von 1919 bis 1933 Dramen (u.a. *Gelandet*, 1919, *Das trunkene Schiff*, 1924, *Der unbekannte Kumpel*, 1927), die man in Argentiniern nicht kannte. Dass dort aber Stücke wie *Der letzte Inka* (1936) oder *Indiospiele* (1937), *Emigration* (1939) oder *Südamerikanische Nächte* (1944) nicht zur Kenntnis genommen worden, ist verwunderlich.

ler Völker und Zeiten in deutscher Sprache, in der Sprache Goethes und Heines zur Darstellung gebracht worden.[19]

Sein Hinweis auf das ausgewogene Programm ist später von der Fachliteratur hinterfragt worden. Aber Jacob kannte die Zielgruppen: das deutsche und jüdische Wohlstandsbürgertum, das vor 1933 nach Argentinien gekommen war, die ländliche deutsche Bevölkerung, die für sein Theater nicht in Frage kam und die unpolitische und politische Emigration.[20] An die einheimische spanische oder italienische Bevölkerung wurde nicht gedacht. Jacob glaubte: „Von diesen 200.000 Menschen [gemeint sind die deutschen Einwohner von Buenos Aires] kamen nur die 100.000 der dritten Einwanderungswelle in Frage.“[21] Dass es allerdings nicht 100.000 sondern nur maximal 50.000 waren, steht heute fest.

Unterstützt wurde die Freie Deutsche Bühne vom *Argentinischen Tageblatt*, das 1939 Inserate veröffentlichte, durch die Schauspieler angeworben wurden. Außerdem unterstützte Dr. Alemann Jacob dabei, einen Spielort zu finden, ebenso ein Geschäftszimmer: es befand sich im Hochhaus der argentinischen Schauspielergewerkschaft, „in dem sämtliche Schauspielerorganisationen Argentiniens untergebracht waren.“[22] Dort lag auch die Bühne, die man gemietet hatte und die bis 1943 Spielort der FDB blieb. Dr. Aleman sammelte für das Ensemble und als Startkapital standen bald 10.000 Pesos (4-5.000 Mark) zur Verfügung.

Unterstützt wurde das Theater auch durch „Das andere Deutschland“, einen Verein., den der ehemalige sozialdemokratische Reichstagsabgeordnete Dr. August Siemsen leitete, und auch der jüdische Kulturbund, der zunächst nur Stücke in hebräischer Sprache und von jüdischen Dramatikern fördern wollte, stand im Einvernehmen mit Jacobs Einrichtung.

Allerdings wurde schon des Debütstück zum Problem. Angekündigt war zunächst das pazifistische Drama von Maurice Rostand *Der Mann, den sein Gewissen trieb*, das dann abgesetzt werden musste, weil man – der Krieg war ausgebrochen – nur unpolitische Stücke akzeptieren wollte. Deshalb startete das Ensemble mit Ladislaus Bus-Fekete anspruchsloser Komödie *Jean.*[23] Wenn Jacob – wie gesehen – von einem ausgewogenen Programm

[19] Vgl. Paul Walter Jacob: *Theater. Sieben Jahre Freie Deutsche Bühne in Buenos Aires.* Buenos Aires 1946, S. 7.

[20] Die politische Emigration war in Argentinien nur spärlich vertreten.

[21] Vgl. Paul Walter Jacob [wie Anm. 2], S. 178.

[22] Ebd., S. 183.

[23] Es geht dabei um folgende Geschichte: Jean, der Kammerdiener des ungarischen Ministerpräsidenten, zieht ins Parlament ein, spricht für die Opposition, bleibt aber Kammerdiener. Die Tochter des Ministerpräsidenten verlässt für Jean, dessen Ehrlichkeit sie schätzt, ihren Ehemann.

gesprochen hatte, das dem eines deutschen Stadttheaters ähnlich war – Klassiker, moderne Dramatiker, Unterhaltungsangebote und – durch Operetten – Ansätze zu einem Zweispartentheater – so wurde ihm vorgeworfen, sich ausschließlich auf Revuestücke und zum Teil seichte Unterhaltung festgelegt zu haben und nur gelegentlich Exildramatik und zeitnahe, politisch brisante Themen auf der Bühne zugelassen zu haben.[24] So soll – Trapp zufolge – 1942 das Emigrantenstück von Robert Ardrey *Leuchtfeue*r, im gleichen Jahr Lillian Hellman *Die Unbesiegten*, ein erstes politisches Stück in Jacobs Repertoire,

1943 das Drama *Vater und Sohn* des Exildramatikers J. Ayalti gespielt worden sein, dass Widerstand und Deportation der Juden im besetzten Frankreich thematisierte. 1945 wurde Franz Werfels *Jakobowsky und der Oberst* aufgeführt und veranlasste eine spanischsprachige Aufführung des gleichen Stückes, und nach Kriegsende (1948) stand Carl Zuckmayers *Des Teufels General* auf dem Spielplan. Sonst sollen Konversationsstücke, keine Klassiker gezeigt worden sein.

Die Wirklichkeit war komplexer, als es solche Verallgemeinerungen nahe legen. In der Zeit von 1940 bis 1946 gab es an der Freien Deutschen Bühne 165 Premieren, die in 550 Vorstellungen präsentiert wurden.[25] Wöchentlich gab es eine Vorstellung, die meisten Stücke wurden in 2-4 Vorstellungen wiederholt. Dies entsprach den Gepflogenheiten von Stadttheatern des 19. Jahrhunderts. Außerhalb von Buenos Aires gastierte die FDB noch in Montevideo, der Hauptstadt Uruguays, wo es einen deutschen Exilsender und ein kleines Ensemble, die sogenannten Kammerspiele, gab. Wie oft man in Montevideo auftrat, ist nicht bekannt. Außerhalb von Buenos Aires trat die FDB sonst nicht auf. Eine exakte Aufstellung der gespielten Stücke finden wir bei Olga E. Rojer.[26] Daran erkennt man eine Besonderheit: außer den traditionellen und schon lange bekannten Bühnenerfolgen von Arnold und Bach, Curt Götz, Franz Molnár, die zur Erinnerungskultur des emigrierten Mittelstandes gehörten, außer Ibsen, Schnitzler, Wedekind, Kaiser, Pirandello, Gorki, Shaw und Oscar Wilde, waren recht häufig ungarischstämmige Dramatiker Teil des Repertoires. Von den 173 Stücken, die Rojer verzeichnet, sind 21 von ungarischen Dramatikern verfasst worden. Zwei von ihnen gehören auch zu der kleinen Gruppe, von der ein Stück zweimal inszeniert

---

[24] Vgl. Fritjhof Trapp: „Zwischen Unterhaltungsfunktion und der Erwartung politischer Stellungnahme. Spielplan und künstlerische Konzeption der ‚Freien Deutschen Bühne' Buenos Aires." In: *Theater im Exil 1933-1945* [wie Anm. 2], S. 118-137.

[25] Vgl. Ebd., S. 119.

[26] Vgl. Olga Elaine Rojer: *Exile in Argentina 1933-1945. A Historical and Literary Introduction*. New York, Bern, Frankfurt am Main, Paris: Lang 1989, 250 S. Kap. The Exile Theatre: Die Freie Bühne (Teatro Alemán Independiente), S. 160-163.

wurde: neben Hermann Bahrs *Konzert*, das 1940 und 1944 gezeigt wurde, Brandon Thomas *Charleys Tante*, das 1941 und 1946 Erfolg hatte, waren Ladislaus Fodors *Matura* (1941, 1944) und Ludwig Hirschfelds *Ein schwedisches Streichholz* (1940, 1943) die Ausnahmen, denn meist wurde ein Stück einmal gezeigt und eventuell in 2-4 Vorstellungen wiederholt. Zu den anderen Dramatikern ungarischer Abstammung[27] sind zu erwähnen: Bus-Fekete, von dem man *Jean*, *Die Töchter ihrer Exzellenz*, *Liebe Ungenügend* inszeniert wurden, Ladislaus Fodor, dessen *Roulette* (1940), *Arm wie eine Kirchenmaus* (1942), *Matura* (1941, 1944), *Die Füllfeder* (1943) und *Dr. Juci Szabo* (1943) man aufführte. Von Franz Molnár wurden folgende Stücke einstudiert: *Delila* (1941), *Spiel im Schloss* (1941), *Eins Zwei Drei* (1941), *Der Teufel* (1942), *Olympia* (1943). Stefan Berkeffi (2 Stücke), Ludwig Zilahy, Nikolaus Lászlo, Emmerich Halasz (alle mit je einem Stück) sind weitere Dramatiker der ungarischstämmigen Gruppe. Nach Curt Götz und Bernard Shaw, von denen jeweils acht Stücke im Repertoire der FDB auftauchen, waren Molnár und Fodor mit je fünf gespielten Stücken die beliebtesten Autoren der FDB.

Sieht man davon ab, dass bei ihnen thematische und mentale Konstanten auszumachen sind, zeigt dieser Schwerpunkt an, dass sich die FDB auf eine Realität stützte, auf eine bestimmte Zuschauergruppe: der Anteil der deutschsprachigen Juden aus Ungarn muss beträchtlich gewesen sein, denn es gab auch eine ungarische Bühne, mit der Jacob 1946 eine Vereinbarung zur Zusammenarbeit unterzeichnete. Er selbst sprach nicht ungarisch, aber er dirigierte Operettenaufführungen des ungarischen Ensembles: Paul Abrahams *Ball im Savoy* und *Die Blume von Hawaii*, ebenso Emmerich Kálmáns *Gräfin Mariza*.[28] Dass zwei dieser Operetten auch im Spielplan der FDB erscheinen (*Ball im Savoy*, *Gräfin Mariza*) bestätigt diese Zusammenarbeit. 1945 wurde sogar eine Frühjahrs-Operettenspielzeit mit vier Operetten (*Frauen haben das gern* von Arnold-Bach und Kollo, *Jim und Jill* von Grey-Newman und Ellis-Myers, *Die kleine Sünderin* von Gilbert und *Marilou* von Völlmer-Frey) präsentiert, ein Indiz dafür, dass die traditionelle Operettenmode (in Wien und Budapest) auch in Buenos Aires weiterlebte.

Dass die FDB mit Festveranstaltungen ein größeres Publikum ereichte, muss auch erwähnt werden: 1943 gab es eine „Gedächtnisfeier für Max Reinhardt", 1944 eine für Conrad Veidt, 1946 einen Rezitationsabend Ernst Deutsch, schließlich 1943 eine Kabarett-Revue *Drei Jahre Freie Deutsche Bühne*.

[27] Oft waren es jüdische Dramatiker aus Ungarn.

[28] Kálmáns Operette *Herbstmanöver* wurde schon 1908, im Jahr der Uraufführung in ungarischer Sprache (!) in Buenos Aires aufgeführt, und zwar im Teatro Odeón.

Es gibt keine Untersuchung zu der sozialen und beruflichen Struktur der deutschsprachigen Exilgruppe in Argentinien. Dass nicht nur aus Deutschland, sondern ebenso aus Ungarn, der rumänischen Bukowina Emigranten nach Buenos Aires kamen und dort zum Publikum der FDB wurden, kann angenommen werden. Auch ist nicht bekannt, ob und wann diese Emigranten nach Europa zurückkehrten und damit das Zuschauerreservoire von Buenos Aires schwächten. Der FDB ist, ebenso wie den beiden anderen deutschen Theatern, eines nicht gelungen: deutsche Dramatiker auf spanisch- oder italienischsprachigen Bühnen von Buenos Aires zu popularisieren, Kontakte zu den einheimischen Bühnen zu knüpfen, was ihre eigene Position gestärkt hätte.

b. Deutsches Theater nach 1945

Nach dem Zweiten Weltkrieg gab es zwar eine vierte Immigrationswelle nach Argentinien, mit der auch hochrangige Nazis nach Argentinien kamen, darunter Eichmann, Barbie, Mengele, Hauptsturmführer Erich Priebke[29] Präsident Juan Domingo Perón (1946-1955) sorgte dafür, dass das Vermögen und die Nazi-Bonzen in unterschiedlicher Tarnung in Argentinien lange Zeit unentdeckt bleiben konnten.

Heute gibt man die Zahl der Deutschen im Land mit 300.000 bis 500.000 an. Bekannt und untersucht ist inzwischen das sogenannte Belgrano-Deutsch,[30] eine Sprachmischung aus Deutsch und Spanisch. Auch eine deutsche Radiosendung: „Treffpunkt Deutschland“ ist vorhanden, die sonntags von 10 bis 14 Uhr bei Radio Popular in Buenos Aires ausgestrahlt wird. Im Internet schließlich findet man die *Argentinien Nachrichten*,[31] die in Stuttgart zusammengestellt werden und auf politische, wirtschaftliche und kulturelle Großereignisse Bezug nehmen und demzufolge den Problemen der deutschen Minderheit wenig Beachtung schenken.

Das Hauptproblem ist die fortschreitende Assimilation der deutschen Bevölkerungsgruppen, die auch an den sinkenden Bezieherzahlen des *Argentinischen Tageblattes* abzulesen war, das nach 1980 von einer Tageszeitung erneut zur Wochenzeitung wurde. Dass unter solchen Bedingungen ein deutsches Berufstheater keine realistischen Überlebenschancen hatte, ist verständlich.

---

[29] Priebke war verantwortlich für die Hinrichtung von 335 Zivilisten in den Ardeatinischen Höhlen Italiens im März 1944. Er fand mit seiner Familie Zuflucht in Argentinien und war mit falschen Papieren ausgestattet, für die der Heilige Stuhl in Rom gesorgt hatte. Vgl. Roberto Frankenthal: „Pakt des Schweigens.“ In: www.argentinien-nachrichten.de vom 1.11.2006.

[30] In der Stadt Villa General Belgrano leben viele Argentiniendeutsche.

[31] www.argentinien-nachrichten.de

Ludwig Ney hat seine Deutsche Bühne bis 1952 weitergeführt und – wie vor 1945 – Klassiker, Klassiker der Moderne und der internationalen Dramatik und selbstverständlich auch Konversationsstücke, dramatische Schwänke und Lustspiele aufführen lassen. Bis zu Beginn der sechziger Jahre war vom Deutschen Theater wenig zu hören, danach wandelte Ney sein Theater in ein Zimmertheater um, dass sich darum bemühte, künstlerisch anspruchsvolle Inszenierungen darzubieten. Parallel zu diesem Zimmertheater gab es in den sechziger Jahren auch die Deutschen Kammerspiele, die von Reinhold K. Olszewski geleitet wurden. Die Lebensdauer beider Einrichtungen und ihre Entwicklung ist bislang nicht ausreichend erforscht worden. Bekannt ist, dass sich die Bühnentätigkeit – wie schon im Falle der Freien Deutschen Bühne – in den argentinischen Wintermonaten von April bis Oktober abspielte, dass es sich um Wochenendaufführungen handelte und dass sie zum Teil Erstaufführungen für den südamerikanischen Kontinent waren.

Wir beschränken uns auf einige Aufführungen von 1967 und 1968, die im *Argentinischen Tageblatt* begutachtet wurden. Das Zimmertheater, das von der Literarisch-künstlerischen Gesellschaft unterstützt wurde, führte am 9. Juli 1967 Strindbergs *Fräulein Julie* auf. Dr. Werner Maus führte Regie, am 23. August des gleichen Jahres wurde Jean Anouilhs *Jeanne oder die Lerche* inszeniert, bei der 20 Darsteller beschäftigt waren und Frey selbst Regie führte.[32] Aus dem Jahre 1968 ist vor allem die Aufführung von Aldo Nicolajs *Das Pendel* erwähnenswert, die am 11. September stattfand. Der Theaterkritiker des *Argentinischen Tageblattes*, Guillermo Knepler schrieb damals:

> Die Erfahrung, dass sich Berufstheater nach dem Kassenrapport zu richten pflegen, während Avantgardebühnen sich von künstlerischen Erwägungen leiten lassen können, findet ihre neuerliche Bestätigung in dem von Ludwig Ney geleiteten Zimmertheater: es müssen nicht immer die weltbekannten Namen der Dramatiker – Anouilh, Eliot oder Hochwälder beispielsweise – auf dem Theaterzettel stehen; Hauptsache ist die Qualität des Stückes, auch wenn es sich um einen hierzulande noch wenig aufgeführten Autor [...] handelt.[33]

Und abschließend hieß es:

> Das Bühnenbild Fred Kremers, der das verlängerte ‚P' der Aufschrift ‚Pendel' symbolisch zwischen den einzelnen Stimmungen nun hin und her pendeln ließ, aber vor allem die Spielleitung Ludwig Neys, der mit einem

[32] Vgl. Guillermo Knepler: „Anouilh ‚Jeanne'." In: *Argentinisches Tageblatt* vom 27.08.1967, S. 7.

[33] Vgl. G.K. [Guillermo Knepler]: „Nicolajs ‚Das Pendel' im Zimmertheater." In: *Argentinisches Tageblatt* vom 13.09.1968, S. 5.

> Minimum an Andeutungen das Maximum herausholte, waren untadelig. Man kann ruhig sagen, dass dieses Stück und seine Aufführung zum Besten gehört, das vom Zimmertheater bisher geboten wurde. Der Beifall des Premierenpublikums ließ an diesem Eindruck keine Zweifel aufkommen.[34]

Es scheint festzustehen, dass sich das Zimmertheater als Startrampe für moderne Klassiker und für weniger bekannte Autoren etablierte und vor allem Wert auf die künstlerische Qualität des Gesamteindrucks der Aufführung legte. Die langjährigen Erfahrungen Neys, der auch seine Familie mitspielen ließ (seine Tochter Cornelia gefiel im *Pendel*), hat diese hochgesteckten Erwartungen und damit die Beschränkung auf eine Zielgruppe, die vor allem Theaterkenner einschloss, ermöglicht.

Die Deutschen Kammerspiele sind vor kurzem Gegenstand einer Hamburger Magisterarbeit geworden.[35] Darin finden sich exakte Angaben über den beruflichen Werdegang von Reinhold Olszewski (1917-1982), der zuletzt die Hersfelder Festspiele leitete[36] und zuvor mit einem Tourneetheater Lateinamerika bespielte. Nach Kriegsende (er war ab 1943 Soldat) und nach der Kriegsgefangenschaft siedelte Olszewski 1947 nach Chile aus. Die Deutschen Kammerspiele hatten von 1949 bis 1954 ihren Sitz in Santiago de Chile, wo sie im Kinosaal Marconi spielten. Als Hans Moser 1951 in einem Gastspiel in Buenos Aires auftrat, wurde er auch für die Kammerspiele verpflichtet, ein Prestigeerfolg für die kleine Institution. Von 1955 bis 1964 wurden die Kammerspiele vom bundesdeutschen Auswärtigen Amt bezuschusst, was ihre Tätigkeit anspornte. Von 1965 bis 1971 war Buenos Aires Sitz der Deutschen Kammerspiele. Zwei ehemalige Schauspieler der Freien Deutschen Bühne wurden Mitglieder des Ensembles. Nach erheblichen Anlaufschwierigkeiten unterstützten die jüdische Pestalozzi-Schule und die deutschen Vereine die Bühne, die mit einer *Faust II*-Aufführung (Regie Ulrich Erfurth) startete, der u.a. auch das Drama *Marat/Sade* von Peter Weiss folgte. In der zweiten Spielzeit erreichte die Bühne den Höhepunkt ihrer Tätigkeit: 40.488 Zuschauer wohnten den Aufführungen bei.[37] *Dantons Tod* von Büchner und Dürrenmatts *Meteor* waren die herausragenden Ereignisse dieser zweiten Spielzeit, und das Musical *Stop the world* folgte nach dem 1965 erfolgreichen *Kiss me, Kate!* Die dritte Spielzeit war auf Tourneen erfolgreich, die Deutsche Botschaft zeigte sich allerdings über die Aufführung

---

[34] Ebd., S. 5.

[35] Vgl. Nicola Lange: „Ein deutschsprachiges Tourneeensemble in Lateinamerika. Die Deutschen Kammerspiele des Theatergründers, Schauspielers und Regisseurs Reinhold Olschewski. Hamburg 2006,“: http://www1.uni-hamburg.de/exillit/neueversion/periodika/dls/kammerspiele.pdf

[36] Sein Nachfolger war dort ab 1984 Karl Vibach.

[37] Vgl. Nicola Lange [wie Anm. 35], S. 30.

von Brechts *Aufstieg und Fall der Stadt Mahagonny* und Hofmannsthals *Großes Welttheater* enttäuscht.[38] 1969 wurde Mrozeks *Tango*, Pavel Kohuts *August August, August* und Dürrenmatts *Play Strindberg* zu den Rennern der Saison. Nach einjähriger Pause fand 1971 die letzte Spielzeit der Deutschen Kammerspiele statt.

Ab 1960 wurde Buenos Aires Teil des Gastspielprogramms der Deutschen Kammerspiele, die nach und nach fast alle südamerikanischen Hauptstädte bespielten. Olszewski bemühte sich, zeitgenössische Dramatik aufführen zu lassen. Seine Aufführung von Brechts *Dreigroschenoper* (1956, dann 1968 in Buenos Aires) war die Erstaufführung des Stücks in Lateinamerika, ebenso Max Frischs *Biedermann und die Brandstifter* (1961), Dürrenmatts *Meteor* (1965). Als Festaufführungen wurden auch Klassiker dargeboten: 1962 Lessings *Nathan der Weise*, 1964 Shakespeares *Hamlet*. Dass auch Musicals einstudiert wurden, kam den Wünschen des Publikums entgegen.

Wie man die Stücke auswählte, kann man an Einzelbeispielen ersehen. Die Kammerspiele inszenierten im Juli 1967 Georg Kaisers Satire *Napoleon in New Orleans*. Vor der Premiere hielt Guillermo Knepler fest: „Um den deutschen Bühnenschriftstellers Georg Kaiser ist es still geworden: sein damals erfolgreichstes Werk, *Gas*, hat sich im wahrsten Wortsinne verflüchtigt, und ähnlich erging es Werken wie *Kolportage*, *Die Bürger von Calais* sowie – aus seiner Emigrantenzeit – *Soldat Tanaka*."[39] Gewählt wurde das Stück, weil Kaiser als junger Angestellter der AEG in Argentinien gelebt hatte. Solche biographischen Bezüge erleichterten oft die Wahl von Werken eines Autors. Dass die FDB *Kolportage*, ein Konversationsstück Kaisers, gespielt hatte, war längst vergessen.

Ein weiterer Grund für die Wahl war das Unterhaltungsangebot, dass anders als in der NS-Zeit, als Kaiser mit seinem Stück den Napoleonkult der Nazis aufs Korn genommen hatte, nur noch als Amüsement empfunden wurde. Bei Trapp erfahren wird über diesen Napoleonkult und über das Stück Kaisers:

> Darauf aber folgt die Tragikomödie *Napoleon in New Orleans* (angefangen um 1937, abgeschlossen erst 1941). Die Legende, das Napoleon aus St. Helena entkommen und in die Vereinigten Staaten geflüchtet sei, formt Kaiser zu einer satirischen Schilderung der sozialen Bedingungen für die Diktatur um. Der Mythos des wieder aufgetauchten Führers, der selbstverständlich ein Hochstapler ist, gedeiht auf dem Boden der lächerlichen, ja erbärmlichen Leichtgläubigkeit seines einzigen Anhängers und Gönners, Hector

[38] Ebd., S. 76.

[39] Vgl. G.K. [Guillermo Knepler]: „Kaisers ‚Napoleon in New Orleans' in den Kammerspielen." In: *Argentinisches Tageblatt* vom 19.07.1967, S. 5.

> Dergans. Ein bisschen spukt der Schatten Arturo Uis hinter den Kulissen dieser Geschichte eines gänzlich heruntergekommenen Asozialen und Schauspielers, der seine Rolle nur deswegen so meisterhaft beherrscht, weil er ja selber ein Gauner ist: ‚Des Imperators Frechheit', heißt es, ‚kennt keine Grenzen. [...] Die Geschichte selbst ist, so impliziert das Stück, zu einer elenden Farce geworden, die geschichtliche Größe erweist sich als jämmerliche Illusion und der Diktator nur als ein schlechter Komödiant.[40]

Über die Erstaufführung in Buenos Aires schrieb der unermüdliche Kritiker Kepler: „Vollblut-Dramatiker brauchen keinen Kommentar, ihr Werk packt und erdrückt uns. [...] Bonapartismus ist die treibende Kraft in Georg Kaisers Komödie."[41] Danach wird die historische Szenerie, vor der sich das „Drama" der Rettung Napoleons abspielte – eine Erfindung Kaisers – ausführlich beschrieben und kritisch kommentiert. Schließlich erhielten Darsteller und Regisseur für diese Leistung Lob, aber der Stellenwert der Aufführung im Spielplan der Deutschen Kammerspiele wurde nicht erörtert. Auch wurde nicht deutlich, ob die Anliegen des Exilwerkes in ihrer ursprünglichen Form erkannt und verwirklicht waren.

Die Deutschen Kammerspiele, von bundesdeutschen Subventionen abhängig, konnten sich nur bis 1971 halten. Danach gab es höchstens vereinzelte Gastspiele deutscher Theatergruppen in Buenos Aires zu sehen, die das Goethe-Institut oder die Deutsche Botschaft finanzierten.

Das sind die schlechten Nachrichten. Die gute Nachricht kommt aus der St. Bonifatius-Gemeinde aus Buenos Aires. Dort gründete Wolfgang Grashof, ein Theaterliebhaber, der in dänischer Kriegsgefangenschaft erstmals in einem Shakespeare-Stück aufgetreten war, mit Zustimmung von Pfarrer Paul Denninger 1958 eine Laienspielgruppe, von der er heute mit berechtigtem Stolz behauptet, sie sei Berufsbühnen durchaus gleichzustellen. Zur Gruppe gehörten von Anfang an Margot Meaglia, Loretta Danschewitz, Renate Reiss, Ida Bretschneider, Roland Wartenberg, die Jahrzehnte lang tätig blieben, ebenso die Familienangehörigen von Wolfgang Grashof.[42] Im Laufe der

---

[40] Vgl. Fritjhof Trapp: „Zwischen Unterhaltungsfunktion und der Erwartung politischer Stellungnahme. Spielplan und künstlerische Konzeption der ‚Freien Deutschen Bühne' Buenos Aires." In: *Theater im Exil 1933-1945* [wie Anm. 2], S. 132.

[41] Vgl. Walter Mieses: „Zur Aufführung von Georg Kaisers Komödie in den Deutschen Kammerspielen." In: *Argentinisches Tageblatt* vom 09.07.1967, S. 5.

[42] Vgl. Marion Kaufmann: „Deutsch auf argentinischer Bühne. 45 Jahre Theaterensemble St. Bonifatius." In: *Argentinisches Tageblatt* vom 29.04.2003: „Im Laufe der Jahre hat die Gruppe wegen Todesfall, Ausreise oder aus anderen Gründen, 35 Darsteller verloren. Es seien also nur die ‚Jetzigen' erwähnt: Der Grashof Clan: Wolfgang, Else, Gerhard, Karin, Manfred und Kuky; Roland Wartenberg, Margot Meaglia, Cristina Riancho geb. Meaglia, Degenhard und Ingrid Jampert, Gertrud Hof-

Jahre erwarben sich alle Bühnenerfahrung und bekannten sich zu bestimmten Darstellertypen. Jeder kannte jeden, und bei den 2-4 Einspielungen pro Jahr, zu denen Veranstaltungen zu den Weihnachtsfeiertagen hinzukamen – zum Beispiel eine Vorstellung *Das Weihnachtslied der ganze Welt* (1968),[43] konnte man von Wiederbegegnungen mit Vertrauten und Vertrautem ausgehen. Auch die Bühnenbildner erlernten ihr Handwerk, so dass von einer echten Leistungsstärke des Ensembles ausgegangen werden kann, die auch heute jährlich in Erscheinung tritt.

Ein Archiv der St. Bonifatiusgruppe gibt es nicht, aber Pfarrer Paul Denninger hat uns einige wenige der Saalprogramme zur Verfügung gestellt, und bis 1980 berichtete das *Argentinische Tageblatt* regelmäßig über die Aufführungen des Ensembles. Es fand sich allerdings niemand, der eine Überblicksdarstellung gewagt hätte, die über den Bericht von Marion Kaufmann hinausgegangen wäre, der beim 45. Jubiläum in der erwähnten Tageszeitung abgedruckt wurde.[44] Kaufmann interviewte damals Grashof und andere langjährige Mitglieder des Laientheaters (Wolfgang und Manfred Grashof, Margot Meaglia, Roland Wartenberg). Wir erfahren von Wolfgang Grashof:

> Klar, meint Wolfgang G., früher haben wir vier Stücke im Jahr gegeben und jede Vorstellung war ausverkauft! Das hat sich aus bekannten Gründen im Laufe der Zeit geändert. Ein gutes Stück, mit dem wir viel Erfolg hatten, war *Minister gesucht,* ein Lustspiel von Fritz Eckhardt, davon gaben wir dreizehn Vorstellungen; die von 1500 Zuschauern gesehen wurden.[45]

Es gab spezielle Ereignisse: die Eckhardt-Inszenierung wurde oben erwähnt. Im Jahre 1976 gab es eine Aufführung von Goethes *Faust I.* Darüber liest man bei Kaufmann:

> „Eine Großtat: Goethes *Faust* in der Bonifatiusgemeinde“: So betitelte 1976 G. Knepler, der damalige Theaterkritiker des *Argentinischen Tageblatts*, seine Rezension dieses aufsehenerregenden Theaterereignisses. „[...] wir können hier oft – wenn auch nicht immer – mit europäischen Glanzvorstellungen nicht mit, aber man sollte doch nicht auf das Wiedererleben eines exquisiten Werkes verzichten, ganz abgesehen davon, dass man die Hingabe der Mitwirkenden bedingungslos anerkennen muss.“ Wolfgang Grashof, Spielleiter und „Mephisto!, hat das Werk gekürzt; es wurde der erste Teil gegeben. "Ich habe (so Grashof verschiedene Szenen des ersten Teiles ineinander verschachtelt und noch zwei Bilder aus dem zweiten Teil hinzugenommen. Für die Bearbeitung des Stückes habe ich ein gutes halbes

mann, Edgar und Gerardo Schaaf, Barbara Schäfer, Anita und Hansi Müller, Peter Naab, Carolina Petrone und Renate Reiss“.

[43] Vgl. „Spielgruppe St. Bonifatius.“ In: *Argentinisches Tageblatt* vom 01.12.1968, S. 7.

[44] Vgl. Marion Kaufmann [wie Anm. 42].

[45] Ebda.

> Jahr gebraucht." „Die Titelrolle (schrieb GK) wurde würdig von Roland Wartenberg (älterer Faust) und Manfred Widmann als verjüngter Faust dargestellt."[46]

Man sieht: die Regelmäßigkeit der Aufführungen war gewährleistet, man scheute sich vor Klassikern nicht, bevorzugte allerdings humoristische Vorgaben, die den Darstellern die Chance boten, ihre Mobilität unter Beweise zu stellen und zum gesellschaftlich-feierlichen Ereignis den Löwenanteil beizutragen. Zweifellos war der Rahmen – die St. Bonifatius-Gemeinde – von vornherein für politisches Theater, ebenso für Stücke mit erotischen Problemen tabu. Wie sonst ausgewählt wurde, kann man – so lange kein Überblick über die Spielplangestaltung vorliegt – nichts sagen.

Wir werden auch hier Beispiele von 1967 und 1968 anführen. Am 11. August 1967 wurde Fritz Eckhardts Lustspiel *Minister gesucht* erstaufgeführt.[47] Der Kritiker Knepler stellte fest, dass Norbert Pietek als Soldat Kessler „eine sehr gelungene Figur auf die Bühne gebracht hat," und „Wolfgang Grashof hat es einmal mehr verstanden eine überaus drollige Figur auf die Bretter zu stellen: sein ‚Herr Rusitzka' mit dem leicht fremdländischen Akzent ist ein Schnorrer und Hochstapler zugleich."[48] Für die Bühnenausstattung wurden Mausbach, Kosel und Zwirner gelobt, für die Regie Grashof, der dafür gesorgt hatte, das das Stück „zügig ablief" und die beste Aufführung der St. Bonifatius-Truppe bis dahin war.

Im Jahre 1968 führte das gleiche Ensemble *Charleys neue Tante* erfolgreich auf. Es war ein Rückgriff auf Brandon Thomas Welterfolg *Charleys Tante*, der durch die FDB 1941 und 1944 in Buenos Aires gezeigt worden war. Diesmal hatte man – auch nach Heinz Rühmanns Film nach Thomas, eine eigene Variation auf das Thema erarbeitet. Am 8. September fand die Premiere statt. Knepler stellte fest:

> Das das Gegenteil einer alten Tante nicht immer eine junge ist sondern auch eine neue sein kann, hat uns die St. Bonifatius Gemeinde-Stadt vorgestern bewiesen. Der Librettist Gustav Kampendonck, der Komponist Lotar Olias und der Textdichter Karl Schwabach haben den bewährten Schwank in freier Bearbeitung in ein Musical umgewandelt, insofern vorteilhaft, als sie die zahlreichen treffsicheren Pointen beibehalten und sie überdies mit eingängigen Liedern garniert haben.[49]

---

[46] Ibidem.

[47] Vgl. „Theater in der St. Bonifatiusgemeinde." In. *Argentinisches Tageblatt* vom 04.08.1967 und G.K. [Guillermo Knepler]: „Eckhardt ‚Minister gesucht' in der Bonifatiusgemeinde." In: *Argentinisches Tageblatt* vom 16.08.1967.

[48] Vgl. [wie Anm. 41].

[49] Vgl. G. K. [Guillermo Knepler]: „‚Charleys neue Tante' in der Bonifatiusgemeinde." In: *Argentinisches Tageblatt* vom 10.09.1968, S. 5.

Grashofs Truppe war durchaus auch für musikalische Aufführungen geeignet und hat dies im Laufe der Jahre wiederholt unter Beweis gestellt. Dass diese Sprech- und Musikstücke am besten ankamen, hat die Aufnahme der Inszenierung von 1968 gezeigt.

Die deutschsprachige Sankt Bonifatius-Gemeinde Buenos Aires war 1911 gegründet worden und hat es bis heute geschafft, sich als deutschsprachige Glaubens- und Kulturgemeinschaft zu behaupten. Das ist in der vielsprachigen Umgebung, in der der Assimilationsdruck der spanischen Staatssprache sehr groß ist, keineswegs einfach gewesen. Dasselbe gilt für die „Spielgruppe St. Bonifatius-Stadt", wie sie sich selbst nannte. Sie hat 1980 und 1990 an ihr22- bzw. 32-jähriges Jubiläum erinnert. In den jeweiligen Publikationen, die durch Inserate finanziert wurden, kann man allerdings bloß erfahren, welche Stücke im Jubiläumsjahr auf dem Programm standen. 1980 war es eine Dramatisierung des *Gestiefelten Katers* von Thekla und Guido von Kaulla und Saul O'Haras dreiaktige Komödie *Heiraten ist immer ein Risiko*, bei der Wolfgang Grashof Regie führte, Tito Mausbach und Degenhard Jampert für das Bühnenbild sorgten und die Darsteller Manfred und Wolfgang Grashof, Loretta Danschewitz, Ida Bretschneider, Andreas Brühlmann, Resi Stieber, Eleonora Gloger und Tito Mausbach waren.[50] 1990 führte man Gerhard Menzel und Hans Schweikarts Schauspiel *Der Postmeister* (nach Puschkin) auf. Wieder führte Wolfgang Grashof Regie, den Bühnenbildentwurf lieferte P. J. Jelin, die Ausführung des Bühnenbildes besorgte Degen hard Jampert, und als Darsteller traten auf: Wolfgang Grashof, Cristina Riancho, Manfred Grashof, Gerhard Grashof, Degenhard Jampert, Roland Wartenberg, Xaver Mayer, Margot Meaglia, Elfi Imgraben, Patricia Renner. Angekündigt wurde auch Pierre Chesnots Komödie *Lifting*.[51] 2004 war die graphische Aufmachung des Programms viel bescheidener. Man führte Walter G. Pfaus Lustspiel *Opa wird's schon richten* auf. Regie führte, wie immer, Wolfgang Grashof, das Bühnenbild besorgte Gerardo Schaaf, und als Darsteller traten auf: Wolfgang und Manfred Grashof, Else Grashof, Cristina Riancho, Wolfgang Rapp, Renate Reiss, Margot Meaglia, Degenhard Jampert.[52] Zum 75. Jahrestag der Gründung der deutschen St. Bonifatius-Gemeinde in Buenos Aires wurde eine Gedenkschrift herausgegeben, in der auch einige Bilder die Tätigkeit der Spielgruppe festhalten. Auch wird deren

---

[50] Vgl. *Comunidad de catolicos de habla alemana. 1958-1980. 22 Jahre Spielgruppe St. Bonifatius-Stadt*. Buenos Aires 1980, unpaginiert.

[51] Vgl. Ebd.

[52] Vgl. *Gemeinde deutschsprechender Katholiken. 1958-2004 Spielgruppe „St. Bonifatius" seit 46 Jahren im Fastsaal Cuba 1981*. Buenos Aires 2004, unpaginiert.

COMUNIDAD DE CATOLICOS

DE HABLA ALEMANA

1958

1980

22 JAHRE

Spielgruppe

St. Bonifatius-Stadt

●

FESTSAAL

CUBA 2981 - CAPITAL FEDERAL

T. E. 70-3021

22jähriges Jubiläumspublikation der Spielgruppe St. Bonifatius-Stadt

"Der Postmeister"

Schauspiel in 3 Akten
von Gerhard Menzel und Hans Schweikart
nach einer Novelle von Alexander Puschkin

Regie: **Wolfgang Grashof**

Der Postmeister, Andrej Michailonitsch	WOLFGANG GRASHOF
Dunja, seine Tochter	CRISTINA RIANCHO
Fürst Minsk, Alexeij Wassilijewitsch	MANFRED GRASHOF
Mitja, Student	GERHARD GRASHOF
Hauptmann Schuwalow	DEGENHARD JAMPERT
Iwan	ROLAND WARTENBERG
Der Nachbar, Fjodor Fjodorowitsch	XAVER MAYER
Die Tante, Akulina Sergejewna	MARGOT MEAGLIA
Die Dorfalte, Adrilowa Schulz	ELFI IMGRABEN
Tamara, Zofe bei Minsk	PATRICIA RENNER

Ort der Handlung: Die Postmeisterei Wogryma im Granitschkowoschenlandkreis im Gouvernement S.u. Petersburg

Zeit	JAHRHUNDERTWENDE

Regieassistentin	PATRICIA RODRIGUEZ
Bühnenbildentwurf und Gestaltung	P. J. JELLIN
Bühnenbau	DEGENHARD JAMPERT
Technik und Beleuchtung	PETER NAAB
Masken	LORETTA DANSCHEWITZ
Kostüme	CRISTINA RIANCHO MARGOT MEAGLIA
Souffleuse	GERTRUD HOFMANN
Inspizient	DIETER BEUTH
Organisation	IDA BRETSCHNEIDER MARGOT MEAGLIA RENATE REISS GERHARD GRASHOF

— Pause nach dem 2. Akt —

Die Möbel für diese Inszenierung wurden freundlicherweise von der Firma "MUEBLES BARTHEL S.C.A." - Cap. R. Freire 3065 - Capital Federal, zur Verfügung gestellt.

Besetzung *Der Postmeister,* 1990

Repertoire – wie später von Marion Kaufmann – aufgezählt, ohne dass mitgeteilt wird, wann die einzelnen Aufführungen stattgefunden haben. Dass man in den frühen Jahren 2-3 Stücke pro Jahr einstudiert und bis 6 Mal aufgeführt hatte, wird mitgeteilt, ebenso erfährt man, dass Eckhardts *Minister gesucht* (1967) 15 Aufführungen erlebte und damit die erfolgreichste Inszenierung der Spielgruppe war. Insgesamt ist dies alles viel zu wenig, um die verdienstvolle, langjährige und für die deutsche Stadtbevölkerung so wichtige Tätigkeit der Laiendarsteller, die sich aufgrund der langjährigen Bühnenerfahrung mit Berufsschauspielern vergleichen konnten, in ihrer Vielfalt und ihrer Wirkung richtig zu erfassen.[53]

Außer dem Ensemble der St. Bonifatius-Gemeinde gab es in Buenos Aires auch Schüleraufführungen in deutscher Sprache. Am häufigsten – wie schon vor 1945 – in der jüdischen Petsalozzi-Schule, wo am 11. November 1967 das Lustspiel *Der Lampenschirm* von Curt Götz aufgeführt wurde.[54] Am 25. und 30. Oktober 1968 spielten die Pestalozzi-Schüler Molières *Der eingebildete Kranke*.[55]

Wir belassen es bei diesen Beispielen, die exemplarisch zeigen, dass die deutschsprachige Theatertätigkeit in Buenos Aires es durchaus verdient, näher untersucht zu werden, was bisher nur in einem Einzelfall – aufgrund des Nachlasses von Reinhold Olszewski in Hamburg – am Beispiel Deutsche Kammerspiele 2006 geschehen ist.

3. Schlussbetrachtungen

Wir müssen darauf hinweisen, was in dieser Darstellung fehlt: das gesamte Theater- und Kulturambiente ist ausgeklammert (das gilt auch für die zitierten Arbeiten). Man kann beispielsweise 1967 festhalten, dass verschiedene Theater in Buenos Aires deutsche Bühnenwerke in spanischer Sprache aufführten: am 7. August führte das Teatro Comico Brechts *Aufstieg und Fall der Stadt Mahagonny* auf, das Teatro del Globo Peter Weiss *Marat/ Sade*, und im Teatro Colon gab es eine Wagner-Premiere: die Oper *Siegfried* faszinierte die Zuschauer.

Im gleichen Jahr wurden 100 Jahre seit der Gründung des Deutschen Hospitals in der argentinische Hauptstadt gefeiert und Ingeweide Geleng gastier-

---

[53] Vgl. „Spielgruppe St. Bonifatius." In: *Gemeinde deutschsprechender Katholiken „Sankt Bonifatius"*. Buenos Aires 1986, S. 34-38.

[54] Vgl. „Curt Götz in der Pestalozzi-Schule." In: *Argentinisches Tageblatt* vom 04.11.1967, S. 5 (Vorankündigung) und Lizzie Lobstein: „Die Fest-Abitur spielt Curt Götz." In: *Argentinisches Tageblatt* vom 14.11.1967, S. 5. Der einzige Kritikpunkt bezog sich auf das Alter der Darsteller („Die zarte Liebesszenen litten gottlob noch an mangelnder Erfahrung").

[55] In: *Argentinisches Tageblatt* vom 21.10.1968, S. 5.

te mit großem Erfolg in Buenos Aires.[56] 1968 kam im August das Düsseldorfer Ballett nach Buenos Aires, das Zimmertheater veranstaltete im gleichen Monat einen Mozartabend, der Deutschlehrerverein Argentiniens feierte sein zehnjähriges Bestehen und es gab den Besuch des deutschen Außenministers Willy Brandt in Argentinien, der auch eine deutsche Buchausstellung mitbrachte.

Verfolgt man das *Argentinische Tageblatt*, stellt man fest, wie häufig über Theaterereignisse in Deutschland berichtet wurde: über die Aufführung von Lasker-Schülers *Die Wupper*,[57] über den 100. Geburtstag von Albert Bassermann,[58] über die Vorbereitungen zur Aufführung von Hochhuths *Soldaten* und über dessen Vorläufer,[59] über Ernst Toller[60] oder Paul Wegener.[61] Außerdem wurden literarische Texte abgedruckt: von Mrozek, von Ephraim Kishon, von Madame de Stäel, aber auch von Heinz Steguweit.

Hinzunehmen müsste man die Berichte aus den spanisch- und italienischsprachigen Zeitungen, um sich die Kulturszene der argentinischen Hauptstadt zu vergegenwärtigen und zu sehen, ob dort tatsächlich eher US-amerikanischer, französischer, italienischer Kultur und Literatur der Vortritt gegeben wurde oder – und wie – sich deutsche Kultur einer jeweils zeitbedingten Aufnahme erfreute.

Man sieht, es ist noch einiges zu tun. Das wäre:

- Auswertung der Archive in Buenos Aires und in Argentinien (möglicherweise gibt es dort Theaterbestände, Plakate, Programme). Es ist gut möglich, dass man auch Nachlässe von Intendanten und Schauspielern findet.
- Recherchen in den unterschiedlichsten Presseorganen (in den nichtdeutschsprachigen, um die Rezeption deutscher Dramatik festzustellen, in den deutschen, um die vorhandenen Wissenslücken zu füllen).

---

[56] Vgl. „Lebhafter Applaus für Ingeweide Geleng." In: *Argentinisches Tageblatt* vom 16.10.1967, S. 5.

[57] Vgl. „Berliner Theatertreffen. Begeisterung über Lasker-Schülers ‚Wupper'". In: *Argentinisches Tageblatt* vom 11.07.1967, S. 5.

[58] „Albert Bassermann – ein großer Schauspieler, großer Mensch." In: *Argentinisches Tageblatt* vom 06.09.1967, S. 5.

[59] „Warten auf Hochhuth." In: *Argentinisches Tageblatt* vom 5.10.1867; Hermann Brunswick: „Lenz ‚Die Soldaten'. Zur Vorgeschichte des neuen deutschen Dramas." In: *Argentinisches Tageblatt* vom 10.08.1968, S. 5.

[60] Curt Wilck: „Ernst Toller – Revolutionär und Dichter." In: *Argentinisches Tageblatt* vom 30.11.1968, S. 5.

[61] Vgl. „Porträt eines großen Künstlers. Vor zwanzig Jahren starb Paul Wegener." In: *Argentinisches Tageblatt* vom 13.09.1968, S. 5.

- Aufsuchen von Erinnerungsliteratur, die einige neue Erkenntnisse vermitteln könnte.
- Suche in den Exilsammlungen in Südamerika und Deutschland, um weitere Details zu klären.
- Kontakte zu deutschen Schulen in Buenos Aires und Argentinien. Vor allem der Versuch, in der Pestalozzi-Schule neues Material zu finden, auch um dort die Entwicklung des deutschen Schultheaters zu erkunden, wären ratsam.

Das alles ist mit großen Schwierigkeiten großen Schwierigkeiten verbunden, und was in Deutschland selbst machbar wäre: zu untersuchen, wie sich das Theatergeschehen in einzelnen deutschen Zeitungen aus Argentinien widerspiegelt, denn diese Zeitungen liegen in deutschen Bibliotheken vor.

Einige Anhaltspunkte zur Entwicklung eines deutschen Berufs- und Laientheaters konnte ich ihnen vermitteln. Aber die Lücken sind groß und sollten – auch mit Unterstützung der Thalia Germanica – behoben werden.

Claus Stephani, München

Traditionelles Volksschauspiel der Zipser in Nordrumänien
Bewahrung, Pflege und Verlust lokaler Überlieferung

In der zweiten Hälfte des 20. Jahrhunderts, während der kommunistischen Ära, waren zwischen 1949 und 1989 bei den deutschen Bevölkerungsgruppen Rumäniens, „der deutschen mitwohnenden Nationalität",[1] Brauchtumsbesinnung und -pflege ein „existenzielles Bedürfnis" und „ein lebenswichtiger Faktor im Dasein einer Sprachinselgruppe, als Gemeinschaft und Ethnie".[2] Durch eine vielfältige Folge von traditionellen Festen, die das Jahr hindurch – vom 1. Januar bis zum 25. Dezember – in allen Siedlungsgebieten gefeiert wurden, versuchte man als ethnische Minderheit, die eigene kulturelle Identität zu bewahren und zu festigen.

Diese Aspekte der Brauchtumspflege wurden, besonders in den 1970er Jahren, häufig in Pressebeiträgen kommentiert; und bei gelegentlichen Rundtischgesprächen, an denen dann bekannte Persönlichkeiten der deutschen Minderheit teilnahmen, meldeten sich zuweilen kritische Stimmen zu Wort. Interessant, aber kaum verwunderlich, bleibt die Tatsache, dass beim öffentlichen Meinungsaustausch zum Thema Brauchtumswahrung die Pflege von Tradition und Überlieferung seitens einiger junger rumäniendeutscher Schriftsteller und Publizisten damals sehr negativ beurteilt wurde. So verstieg man sich sogar zur abwertenden Einschätzungen: „Urzellaufen ist ein Davonlaufen von der Kultur. Und achthundert Jahre in Anführungsstrichlein sind ein achthundertjähriger Sterilisierungs- und Verblödungsprozeß" der Siebenbürger Sachsen.[3]

Obwohl in zahlreichen rumäniendeutschen Presseberichten und Fernsehfilmen immer wieder auf die Bedeutung von Brauchtum und Überlieferung hingewiesen wurde – wobei, in Siebenbürgen und im Banat die Staats- und Parteibehörden, das muss hier gesagt werden, in der Regel diesen Veranstal-

---

[1] Monica Barcan, Bert Millitz: *Die deutsche Nationalität in Rumänien.* Bukarest: Kriterion 1977, S. 129 ff.; Waltraut Lenz: „Nationalitätenpolitik – an Fakten gemessen." In: *Volk und Kultur*, 34 (1982), H. 12, S. 9.

[2] Vgl. Brigitte Stephani: „Lebenswichtiger Faktor: Brauchtumspflege. Gedanken zur Gegenwärtigkeit Traditioneller Feste bei den Deutschen in Rumänien." In: *Jahrbuch für ostdeutsche Volkskunde* (Marburg, weiterhin: Jb.OV), Bd. 29 (1986), S. 134.

[3] Vgl. "Strukturalismus und Kerweih. Rundtischgespräch." In: *Neue Literatur* (Bukarest, weiterhin: NL), 21 (1970), Nr. 8, S. 46.

tungen eher tolerant und fördernd gegenüberstanden[4] – gibt es nur spärliche Hinweise über die gleichzeitige Existenz und Pflege des traditionellen, *religiös* geprägten Brauchtums bei den Zipser Bevölkerungsgruppen im Nordosten und bei den Sathmarschwaben im Nordwesten Rumäniens. Es handelt sich dabei um das sogenannte Volksschauspiel, das in den meisten Gemeinden und Dörfern dieser Gegenden über ein Jahrhundert hindurch im Rahmen überlieferter Feste und Ordnungen gepflegt wurde.

Dabei gab es aber in einigen Ortschaften, nach 1947, in der kommunistische Ära, manchmal zwei Störfaktoren, die – aus heutiger Sicht und für einen Außenstehenden vielleicht unbegreiflich –, hintergründig und wie im stillen Einvernehmen zusammenwirkten, wenn es darum ging, diese Überlieferungen zu unterdrücken bzw. abzuschaffen, so z.B. bei den Schwaben in Bildegg (Beltiug, Kreis Sathmar/Satu Mare) oder bei den Zipsern in Oberwischau (Vişeu de Sus, Kreis Maramuresch/Maramureş). Hier waren es die katholischen Geistlichen und die lokalen kommunistischen Parteiorgane, „mit denen man jedes Jahr Probleme hatte", auch wenn sie aus verschiedenen Gründen und Blickwinkeln agierten.[5]

So berichtet beispielsweise Simon Wieland, dass der katholische Pfarrer von Bildegg immer wieder versucht, den „Nikolausbrauch" abzuschaffen, „weil man die Sprüche deutsch oder schwäbisch und nicht ungarisch aufsagt", während die kommunistische Parteibehörde ebenfalls „dagegen" ist, „weil ihnen der Brauch zu religiös scheint".[6]

Diese Situation dauerte – nachdem sowohl die Sathmarschwaben als auch die Oberwischauer Zipser der katholischen Glaubensgemeinschaft angehörten – Jahrzehnte lang an. „Die katholischen Pfarrer – meist madjarisierte Sathmarschwaben, die ungarisch eingestellt waren – versuchten, das deutsche Brauchtum zu unterdrücken", und daher „gab es auch in den sechziger Jahren wegen des Herodesspiels Streit".[7]

Im Jahre 1973 berichtet der deutsche Schulleiter von Oberwischau, Helmut Berner, dass der römisch-katholische Stadtpfarrer Laurentius Gellert, „der eigentlich Gnandt hieß", nun, „anstelle des Herodesspiels ein ‚ungarisches' Bethlehemspiel einführen" wolle. Das sei ihm jedoch „nicht gelungen, weil die Zipser sich weigerten mitzumachen und weil sie auch offen dagegen protestierten". Nachher wurde, seitens der katholischen Kirche, „im-

---

[4] Vgl. Eduard Eisenburger: „Tradition und Heute." In: *Volk und Kultur* (Bukarest, weiterhin: VK), 27 (1975), H. 4, S. 8; Claus Stephani: „Volkskunst und Brauchtum der Deutschen in Rumänien." In: *Tribuna României*, 10/217 (15.11.1981), S. 12.

[5] Vgl. Brigitte Stephani: „Die Engel, die Schwarzen und die Juden. Anmerkungen zu einem sathmarschwäbischen Brauch." In: JbOV, Bd. 33 (1990), S. 318.

[6] Ebenda.

[7] Vgl. Brigitte Stephani: *Zipser Kinderwelt in Nordrumänien*. Elwert: Marburg 1989, S. 275f.

mer wieder versucht, das deutsche Kinderbrauchtum zu unterdrücken [...] Dabei hätten sich ja gerade die Pfarrer um die Bewahrung dieser Tradition bemühen müssen".[8]

Doch, „[...] obwohl die Behörden das nicht gern sehen. Es ist eben ein christliches Spiel und nicht eines vom Staat", wurde ‚der Herodes' regelmäßig aufgeführt, denn „verboten hat man es nicht", erzählte Maria Schmidt, 1968.[9] Und so hieß es damals, 1968, dass „auch heute noch die Kinder zu Weihnachten mit dem ‚Herodes' durch die Zipserreih' gehen [...], wo ein deutsches Haus am andern steht".

Trotz dieser und anderer wiederkehrender Schwierigkeiten von Seiten der katholischen Kirche im Sathmarland und in der Maramuresch – auf die wir hier jedoch nicht näher eingehen werden – hat sich bei den Zipser Bevölkerungsgruppen in den nordrumänischen Siedlungsgebieten, im ostmarmatischen Wassertal (Valea Vaserului) und in einigen Ortschaften der Südbukowina, ein lebendiges Winterbrauchtum erhalten, das erst Ende der 1980er Jahre und dann, als Folge der großen Aussiedlungswelle, nach 1990, beinahe gänzlich verschwunden ist.

Betrachtet man die Brauchtumsspiele des Jahreslaufes und des Jahreskreises, so kann man, besonders bei den winterlichen Weihnachtsspielen dieser Gegenden öfters auch, als Folge des Jahrhunderte währenden Zusammenlebens, Einflüsse anderer mitwohnenden Ethnien – Rumänen, Ruthenen bzw. Huzulen – erkennen. So ähneln die Neujahrswünsche und -sprüche der Zipser Kinder und Jugendlichen, die am 31. Dezember „ånwinschen" gehen, jenen der rumänischen *Colinde* der Vorweihnachtszeit in den Siedlungen des Borschatals (Ostmaramuresch). Und einige Zipser Neujahrsbräuche, wie z.B. „Ti Kapra" (rum. die Ziege) oder „Tås Kapra-Spiel" in Oberwischau, eine szenische Form des Straßentheaters, dürften rumänischen Ursprungs sein.

Die Märchenerzählerin Elisabeth Zeppelzauer-Ilk berichtete 1984 von diesem Umzugsspiel als Form des Stubentheaters: „Am Neujahrstag ziehen die Zipser Jungen zu zweit von Haus zu Haus. Der eine ist ‚ti Kapra', der andere sein Begleiter. ‚Die Ziege' ist mit einem zottigen Teppich bis zum Kopf bekleidet. Oben sieht der ‚Ziegenkopf' heraus. Dieser besteht aus einem geschnitzten Gehörn mit Augen und Oberkiefer. Daran ist mit Lederbändern als Gelenk ein Brettchen als Unterkiefer locker befestigt. Zieht man nun an den Lederbändern, so klappt der Unterkiefer rhythmisch gegen den Oberkiefer. Die ‚Ziege' springt ‚meckernd' im Zimmer herum, während der Begleiter singend und dankend kleine Geldspenden entgegen nimmt."

[8] Ebenda, S. 276.
[9] Ebenda, S. 275.

„Diesen Brauch“, heißt es weiter, „übernahmen die Zipser von den Rumänen, und so blieb auch der Name erhalten [...]“.[10] Während die rumänischen Kapra-Spieler, d.h. „die Begleiter“, verschiedene humorvolle Neujahrsreime vortragen,[11] sagten die Zipser, soweit bisher bekannt, in Oberwischau und besonders jenseits der Karpaten in Mariensee (Cârlibaba Veche) folgenden Spruch auf, den wir hier im südbukowinischen Dialekt wiedergeben: „I binsch, i binsch, i baaß nit bås, / hinterm Nubn ßitzt a Hås, / in der Stubn springt a Ziegn, / mecht ßie aa (auch) a Kreizer kriegn“.[12]

Ein anderer Spruch des Kapra-Begleiters, der in den 1980er Jahren besonders in Freudenthal (Valea Stânei) vorgetragen wurde, lautet:

> I binsch [wünsch] a glicklich neijes Jåhr, / a pessres bie [wie] dås ålte bår [war], / viel Glick und Ssegn, / a långes Leben, / Fried und Freid und Einigkeit / und die liebe Ksundheit“. Manchmal gab es zwei Kapra-Begleiter, einen Zipser und einen Rumänen, seltener einen Huzulen. Der rumänische Junge fügte dann noch folgenden Spruch hinzu: „Bince, bince, bace, / dai la mine colace; / bince, bince, beu, / dai la mine un leu“ (Bintsche, bintsche, batsche, / gebt mir eine Kolatsche; bintsche, bintsche, beju, / gebt mir einen Leu),[13] oder: „Aşa-i capra ghie la muntie, / behăe şi dă ghin fruntie; / foaie verde busuioc, / un creiţar şi mult noroc, / cât vă lasă inima, / huţaţa şi huţaţa!“ (So ist die Ziege vom Berg, / sie meckert und nickt mit dem Kopf, / grünes Blatt vom Basilikum, / einen Kreuzer und viel Glück, / wieviel euer Herz euch geben läßt, / huzaza und huzaza.[14]

Auf die Vielfalt der Neujahrsbräuche und -wünsche der Zipser in Nordrumänien – in Oberwischau (Maramuresch) sowie in den südbukowinischen Ortschaften Mariensee (Cârlibaba Veche), Ludwigsdorf (Cârlibaba Nouă), Jakobeny (Iacobeni), Poschoritta (Pojorâta), Luisenthal (Fundu Moldovei), Eisenau (Prisaca Dornei), Freudenthal (Valea Stânei) u.a.[15] – kann hier im einzelnen nicht eingegangen werden.

Betrachtet man im Rahmen des traditionellen Brauchtums die Gesamtheit des rumäniendeutschen Volksschauspiels – bei den Banater Schwaben, den Siebenbürger Sachsen, Sathmarschwaben, Maramurescher und Südbukowi-

[10] Vgl. Anton-Joseph Ilk: *Zipser Winterbrauchtum* (Typoskript), 1984, S. 4; Brigitte Stephani [wie Anm. 7], S. 204f.

[11] Vgl. Brigitte Stephani [wie Anm. 7], S. 204.

[12] Franz Czerwensky (auch: Tschwerwensky), (66), Flößer, Mariensee (Cârlibaba Veche, Südbukowina). Tonbandaufnahme vom 9. Mai 1985, siehe: Brigitte Stephani [wie Anm. 7], S. 200-203; vgl. Anton-Joseph Ilk: *Zipser Volksgut aus dem Wassertal.* Marburg: Elwert 1990, S. 342.

[13] Vgl. Claus Stephani: *Erfragte Wege. Zipser Texte aus der Südbukowina, Kreis Suceava.* Bukarest: Kriterion 1975, S. 130.

[14] Vgl. Franz Czerwensky [wie Anm. 12].

[15] Vgl. Claus Stephani [wie Anm. 13], S. 129-140; Brigitte Stephani [wie Anm. 7], S. 200f.

ner Zipsern –, so können hier, bis gegen Ende der 1980er Jahre, fünf Hauptgattungen unterschieden werden:

Erstens *Ortsfeste* mit *Brauchtumsspielen* (z.B. der „Rößchentanz" in Keisd/Saschiz oder das „Gansabreiten" in Törnen/Păuca), zweitens *Umzugsspiele* (wie die Banater Kerweihfeste, das „Feldbrunnenfest" in Schönau/Şona, die „Matschkaraner" in Oberwischau), drittens *Stubenspiele* (so „Ti Kapra" oder das „Christkindlspiel" in Oberwischau und in einigen Zipser Gemeinden der Südbukowina), viertens *Straßenspiele* (z.B. der „Nikolausbrauch" bei den Sathmarschwaben, das „Herodesspiel" und der „Tånzpär" bei den Zipsern), fünftens traditionelle *Großspiele*, wo sich Teilnehmer und Zuschauer entlang einer Straße oder auf einem öffentlichen Platz versammelten (z.B. beim siebenbürgisch-sächsischen Urzellaufen in Agnetheln/Agnita, Marpod/Marpod und Großschenk/Cincu).[16]

Im Folgenden sei nun auf eine Form des religiös geprägten Stubenspiels, das unabhängig von der katholischen Kirche bzw. auf Initiative von Privatpersonen und somit auch außerhalb des unmittelbaren „Einflußbereichs" der Staats- und Parteibehörden gepflegt wurde, hingewiesen. Es handelt sich um das weit verbreitete „Christkindlspiel", das sich z.B. in Oberwischau, trotz starken Rückgangs der dortigen deutschen Bevölkerung, bis heute erhalten hat.

Ein Versuch zur Neubelebung des Zipser Weihnachtsbrauchtums in Aussiedlerkreisen nach 1990 dürfte das 2004, „zum ersten Mal seit vielen Jahren", wieder aufgeführte „Bethlehemspiel" in Ingolstadt und Augsburg sein, das „mit alten Weihnachtsliedern bei Kerzenschein, Glühwein und Plätzchen" als landsmannschaftliche Veranstaltung in einer Gaststätte zustande kam.[17] Als eine ähnliche Initiative kann auch das Herbergsspiel „Ti plindi Wirtstocher", das zu Weihnachten 2003 in Alkoven bei Linz aufgeführt wurde, bezeichnet werden.[18]

Vor der sogenannten Wende 1989/90 – wonach im „Schneeballeffekt" der Massenexodus der rumäniendeutschen Bevölkerungsgruppen einsetzte, die nun ihre jahrhundertealten Siedlungen und Landschaften verließen, um mehrheitlich nach Deutschland auszusiedeln – wurde am 25. Dezember das

---

[16] Vgl. Anton-Joseph Ilk: „‚Matschkaraner' und ‚Zåmlegn' – Zwei Zipser Volksbräuche oben im Wassertal." In: *Cântarea României* (Bukarest), 1986, Nr. 2, S. 62; Ders. [wie Anm. 12], S. 341-343; Göllner, 1987: S. 32-42, 71f, Brigitte Stephani [wie Anm. 7], S. 203f, 220f; Dies. [wie Anm. 5], S. 318-324.

[17] Vgl. Elfriede Czirbusz, Josef Olear: „Weihnachtsfeier in Ingolstadt und Augsburg." In: *Wassertaler Heimatbote* (2005), Nr. 1-2, S. 32.

[18] Vgl. Ehrentraud Mittermair, Anton-Joseph Ilk: „Ti plindi Wirtstochter. Herbergsspiel [...]." In: *Wassertaler Heimatbote*, 2005, Nr. 1-2, S. 29-34.

„Christkindlspiel“ in privatem Rahmen sowohl in Oberwischau als auch in einigen Zipser Ortschaften der Südbukowina aufgeführt.

Diese Tradition des Stubentheaters reicht in Marmatien, der historischen Maramuresch, bis ins 18. Jh. zurück, und noch vor dem Ersten Weltkrieg und danach wieder in den 1930er Jahren wurde das deutschsprachige „Christkindl“ – im Rahmen der „völkischen Jugendbewegung“ – auch in anderen, damals noch von Deutschen bewohnten Ortschaften regelmäßig aufgeführt, so z.B. in Kapnik-Oberstadt (Cavnic-Oberştat), Sigeth (Sighetul Marmaţiei), Mittelwischau (Vişeu de Mijloc), Schradenthal (Valea Scradei), Pfefferfeld (Baia Borşa), Langenfeld an der Theiß (Câmpulung la Tisa), Großbotschko (Bocicoiu Mare), Rohnen (Coştiui), Franzenthal (Valea lui Francisc), Stein (Piatra), Ludwigsthal-Hütte (Huta Certeze), Großhorn (Şomcuţa Mare) sowie auch in den Zipser Siedlungen im weiter nördlich gelegenen Theresiental, Rauhau, Deutsch-Mokra, Luhy u.a. in der heutigen Karpatenukraine (Transkarpatien).

Über das Christkindlspiel in der südbukowinischen Gemeinde Mariensee berichtete der Flößer Franz Czerwensky bei einer Befragung 1985: „sind mir gangen von Haus zu Haus. Das war ein schöner Brauch. Das Christkindlspiel haben gespielt nur Kinder, Mädl und Buben, am ersten Weihnachtstag. Am Heiligen Abend sind mir alle in die Kirche gangen, die evangelischen Zipser in ihre, die katholischen Zipser in ihre – jeder in seine. Das Christkindlspiel aber haben mir gespielt bei allen Deutschen hier im Tal“ (gemeint ist das Tal der Goldenen Bistritz/Bistriţa Aurie).

Seitens der lokalen Partei- und Gemeindebehörden gab es, wie bereits angedeutet, eine gewisse, stillschweigende Toleranz – man sah „mit Unwillen dem religiösen Treiben zu“ und war genau informiert, was sich am 25. Dezember als volkstümliches Stubentheater bei den deutschen und auch bei den rumänischen und ukrainischen (ruthenischen bzw. huzulischen) Einwohnern abspielte. Doch das Christkindlspiel und andere szenischen Darstellungen, wie auch das Sternsingen und die rumänischen *Colinde*, wurden offiziell nicht verboten. So nahmen an diesen und anderen szenischen Darstellungen alljährlich auch Schüler teil, die ansonsten der Pionierorganisation angehörten, ohne dass dieses für sie irgendwelche Folgen hatte. Oft traten dieselben deutschen Kinder bei offiziellen Veranstaltungen im schulischen Laientheater auf und am 25. Dezember zogen sie mit dem Christkindlspiel durch die Zipserreih', dem deutschen Stadtteil von Oberwischau.[19]

---

[19] Vgl. Carola Schuster: „Freude an Tanz und Gesang. Kulturbrief aus einem zu neuem Leben erwachten Städtchen (Oberwischau).“ In: *Volk und Kultur*, 27 (1975), H. 5, S. 12f; Brigitte Stephani [wie Anm. 7], 290-293; Claus Stephani: „Gespräch mit Oberwischauer Laienspielern.“ In: *Volk und Kultur*, 20 (1968), H. 7, S. 14f.

Für gewöhnlich wirkten da sechs Darsteller mit: ein Ansager, Maria und Josef, die beiden Erzengel, Michael und Gabriel, und ein Hirte. Nachdem beim Szenenspiel der Hirte nur einmal einen kurzen Monolog zu sprechen hatte („I håb missen lång stehn, / jetzt mecht i dås Kindl ßehn"), trat in dieser Rolle, als „Tschoban" (rum. cioban), manchmal auch ein rumänischer Junge auf. Franz Czerwensky meint, die Rolle des Hirten wäre nicht so attraktiv gewesen, weil es unter der deutschen Bevölkerung keine Schafhirten gegeben habe und dieses „immer ein walachischer oder huzanischer Beruf" gewesen sei.[20]

Ein vollständiger Spieltext wurde 1985 sowohl in der Mundart der Zipser aus Mariensee[21] als auch im umgangssprachlichen „Bukowiner Deutsch" aufgezeichnet. Die zweite Variante erschien danach in gekürzter Fassung in einem Sammelband mit Volkstexten aus der Zipser Kinderwelt Nordrumäniens.[22] Bemerkenswert ist, dass die Spieltexte sich von Ort zu Ort mehr oder weniger unterschieden. Es gab zahllose Varianten, da jede Spielgruppe bei den Aufführungen einzelne Textstellen oder Reime, manchmal auch nur sporadisch, veränderte.

Erwähnenswert wäre hier die Tatsache, dass es beim Christkindlspiel manchmal auch Musikeinlagen, d.h. Wechsel von Wort und Lied, gegeben hat, denn z.B. in Mariensee und im benachbarten Ludwigsdorf (Cârlibaba Nouă, am rechten Ufer der Goldenen Bistritz), wurden oft einige Strophen des Dialogs gesungen. Es handelt sich dabei um jene Stelle, wo Josef sagt: „Ssoll i des Kindl biegn (wiegen), / muß i den alten Rock mir ausziegn. / Schlåf, Kindl, schlåf [...]" sowie nach dem Sprechchor aller Darsteller: „Laufts, laufts, ihr Hirten, / bringst a Bieglein (Wiegelein) her, / es is hier heit ßo kålt / und dås Kindl zittert uns går ßehr. / Schlaf, Kindl, schlåf [...]".

Dann wurde von allen Anwesenden – den Spielern und Zuschauern bzw. Gastgebern – ein altes Zipser Wiegenlied gesungen: „Schlåf, Marie, schlåf, / dein Våtr hiet die Schåf, / dein Bruder hiet die Kuh, / und påld schlåfts aa du [...]".[23] Am Ende des Spiels – nach dem Monolog „Låßt uns ßingen und Opfer pringen, / alle Glocken ßollen klingen, / denn hier im kleinen Krippelein / liegt unser Jesuskindl fein" – sangen die Darsteller: „Mir dånken eich fier die Gåben, / die mir von eich bekommen håben! / Gott, den Herrn, wolln bir (wir) jetzt loben!" Zum Abschluß des Christkindlspiels, folgte hier

[20] Vgl. Franz Czerwensky [wie Anm. 12]; Brigitte Stephani [wie Anm. 7], S. 274.

[21] Vgl. Anneliese Thudt, Gisela Richter: „Die Mundarten der sogenannten Zipser in Oberwischau (und in der Südbukowina)." In: *Forschungen zur Volks- und Landeskunde* (Bukarest/Hermannstadt), Bd. 8 (1965), Nr. 1, S. 27-48.

[22] Vgl. Brigitte Stephani [wie Anm. 7], S. 272-275.

[23] Ebd., S. 158.

meist noch das bekannte Weihnachtslied „Vom Himmel hoch, da komm ich her“, oder manchmal auch ein anderes Kirchenlied, wo alle Anwesenden mitsangen.[24]

Abschließend kann nun festgestellt werden, dass es in den abgelegenen Gegenden Nordostrumäniens, in der Maramuresch und der Südbukowina, auch unter den prekären Bedingungen der kommunistischen Ära, ein traditionelles Brauchtum der Weihnachtszeit gegeben hat. Bei den dortigen deutschen Bevölkerungsgruppen, den Zipser Sachsen, wurde das „Christkindl“ von Einzelspielern und Spielgemeinschaften weiterhin praktiziert und in Oberwischau sogar bis in die Gegenwart bewahrt. In anderen Ortschaften am Rande der östlichen Waldkarpaten führte der folgenreiche Massenexodus der rumäniendeutschen Bevölkerung – beginnend mit den 1990er Jahren –zum endgültigen Erlöschen des Volksschauspiels und seiner verschiedenen szenischen Gattungen.

Bibliographie

Barcan, Monica; Bert Millitz: *Die deutsche Nationalität in Rumänien*. Bukarest: Kriterion 1977.

Czerwensky (auch: Tschwerwensky), Franz (66), Flößer, Mariensee (Cârlibaba Veche, Südbukowina). Tonbandaufnahme v. 9. Mai 1985, vgl. Stephani, 1989:, S. 272-275.

Czirbusz, Elfriede; Josef Olear: „Weihnachtsfeier in Ingolstadt und Augsburg.“ In: *Wassertaler Heimatbote* (2005), Nr. 1-2, S. 32f.

Eisenburger, Eduard: „Tradition und Heute.“ In: *Volk und Kultur*, 27 (1975), H. 4, S. 8-13.

Ilk, Anton-Joseph: *Zipser Winterbrauchtum* (Typoskript), 1984, 10 S.

Ilk, Anton-Joseph „‚Matschkaraner‘ und ‚Zåmlegn‘ – Zwei Zipser Volksbräuche oben im Wassertal.“ In: *Cântarea României* (Bukarest), 1986, Nr. 2, S. 62.

Ilk, Anton-Joseph: *Zipser Volksgut aus dem Wassertal*. Elwert: Marburg 1990.

Lenz, Waltraut: „Nationalitätenpolitik – an Fakten gemessen.“ In: *Volk und Kultur*, 34 (1982), H. 12, S. 9, 23.

Mittermair, Ehrentraud; Anton-Joseph Ilk: „Ti plindi Wirtstochter. Herbergsspiel [...].“ In: *Wassertaler Heimatbote*, 2005, Nr. 1-2, S. 29-34.

Schuster, Carola: „Freude an Tanz und Gesang. Kulturbrief aus einem zu neuem Leben erwachten Städtchen (Oberwischau).“ In: *Volk und Kultur*, 27 (1975), H. 5, S. 12f.

Stephani, Claus: „Gespräch mit Oberwischauer Laienspielern.“ In: *Volk und Kultur*, 20 (1968), H. 7, S. 14f.

[24] Vgl. Franz Czerwensky [wie Anm. 12].

Stephani, Claus: *Erfragte Wege. Zipser Texte aus der Südbukowina, Kreis Suceava.* Bukarest: Kriterion 1975, vgl. auch: Ders.: „Wassertal im Dezember." In: *Tribuna României* (Bukarest, weiterhin, 10/219 (15.12.1981), S.11; Ders.: „Frieden und Freude. Neujahrsbräuche und -wünsche in Rumänien." In: *Tribuna României*, 11/220 (01.01.1982), S.11.

Stephani, Claus: „Volkskunst und Brauchtum der Deutschen in Rumänien." In: *Tribuna României*, 10/217 (15.11.1981), S. 12.

Stephani, Brigitte: „Lebenswichtiger Faktor: Brauchtumspflege. Gedanken zur Gegenwärtigkeit Traditioneller Feste bei den Deutschen in Rumänien." In: *Jahrbuch für ostdeutsche Volkskunde* (Marburg), Bd. 29 (1986), S. 132-144.

Stephani, Brigitte: *Zipser Kinderwelt in Nordrumänien.* Elwert: Marburg 1989.

Stephani, Brigitte: „Die Engel, die Schwarzen und die Juden. Anmerkungen zu einem sathmarschwäbischen Brauch." In: *Jahrbuch für ostdeutsche Volkskunde* (Marburg), Bd. 33 (1990), S. 318-324.

„Strukturalismus und Kerweih. Rundtischgespräch." In: *Neue Literatur* (Bukarest), 21/8 (1970), 46-63. Siehe auch das „Ergebnis eines weiteren Rundtischgesprächs." In: *Neue Literatur* (Bukarest), 22/8 (1971) sowie die ausführlichen Berichte von Stephani, Brigitte: „Brauchtum kennen – Brauchtum Pflegen. ‚Volk und Kultur'-Rundtischgespräch (I-III)." In: *Volk und Kultur*, 35/10 (1983), S. 36-38, 36/1 (1984), S. 35-38, 36/7 (1984), S. 36-39. Vgl. dazu Stephani, Claus: „Die Rolle der rumäniendeutschen Presse bei Pflege und Wahrung von Brauchtum (I)." In: *Volk und Kultur*, 36/7 (1984), S. 40f.

Thudt, Anneliese; Gisela Richter: „Die Mundarten der sogenannten Zipser in Oberwischau (und in der Südbukowina)." In: *Forschungen zur Volks- und Landeskunde* (Bukarest/Hermannstadt), Bd. 8 (1965), Nr. 1, S. 27-48.

Bettina Göbels

Unique and unstageable? Goethes *Faust* auf der Bühne in Großbritannien seit 1945

Von allen unseren „Klassikern“ ist Goethes *Faust*, oder zumindest dessen erster Teil, der mit Abstand meistgespielte in Großbritannien. Das scheint auf den ersten Blick nicht verwunderlich, allerdings ist zu bedenken, dass Goethe eigentlich vor allem den britischen Germanisten bekannt ist. Goethe ist und bleibt zwar ein unumstrittener Gigant der europäischen Literatur, doch scheint er, wie erst vor kurzem im *Independent on Sunday* zu lesen war, ein verstaubter Gigant auf einem Podest, zwar hoch verehrt aber kaum gelesen.[1] Die englischen Romantiker des frühen 19. Jahrhunderts verehrten Goethe und machten ihn in England bekannt, vor allem Thomas Carlyle. Doch das Goethebild, das er geprägt hat, ist keine besonders gute Empfehlung für eine zeitgenössische Rezeption. Carlyle sah und vermittelte Goethe nicht als promethäischen Dichter und Naturgenie sondern als den Weisen, den Lehrmeister. Das Resultat hat der britische Germanist John R. Williams charakterisiert:

> immer wieder taucht im angelsächsischen Bereich die Vorstellung eines schweren, gravitätischen, wuchtigen Goethe auf – und das entspricht, glaube ich, der typischen britischen Vorstellung des „schwerfälligen“ Deutschen, der „heaviness“ der deutschen Philosophie, des deutschen Humors, der deutschen Küche, des deutschen Wesens.[2]

Nach dem Trauma des Zweiten Weltkriegs war Deutschland und seine Kultur erst recht nicht beliebt, bis Brecht Mitte der fünfziger Jahre die britischen Bühnen nachhaltig eroberte. Dennoch wurde *Faust I* immer wieder gegeben: von Studententheatergruppen, Studenten der Royal Academy of Dramatic Art, kleinen Wanderschauspieltruppen und sogar Laienspielern. *Faust I* ist seit 1945 häufiger gespielt worden als jedes Schillerdrama, selbst *Maria Stuart*. Das Stück wurde immer wieder neu übersetzt und auch dann neu inszeniert, wenn die letzte Produktion in der Presse schlecht bewertet oder gar nicht besprochen worden war. Viele Gründe veranlassen diese Kon-

---

[1] C.J. Schüler, “Time to come down from the pedestal.” In: *Independent on Sunday*, 2. Juli 2006.

[2] John R. Williams, „Napoleons Taschentuch. Aspekte der britischen Goethe-Rezeption im 20. Jahrhundert.“ In: Bernhard Beutler and Anke Bosse (Hrsg.): *Spuren, Signaturen, Spiegelungen. Zur Goethe-Rezeption in Europa*. Köln et al.: Böhlau 2000, S. 427-440, (S. 433).

tinuität trotz des negativen Klimas. Zunächst ist *Faust* als Meisterwerk eines unumstrittenen Giganten der Weltliteratur im englischsprachigen Raum noch unverbraucht, also noch nicht durch eine große Zahl von Inszenierungen im Bewusstsein von Regisseuren und Zuschauern eingegrenzt. Zum anderen ist der Stoff Briten leicht zugänglich, da er bereits von Christopher Marlowe bekannt ist. Allerdings erkennen Regisseure und Theaterkritiker die philosophische Tiefgründigkeit und Modernität der Goetheschen Version an, die Marlowes Stück überflügelt. Regisseure rechtfertigen die Inszenierung des ausländischen Klassikers in ihren Programmheften oft mit dem Argument, dass Goethe die intellektuell und thematisch reizvollere Version bietet. Sicherlich auch für den Versuch, den Theaterbesucher positiv auf das ausländische, weniger bekannte Stück einzustimmen, wird Marlowes Stück mit der Behauptung klein geredet, es biete abgesehen von zwei guten Auftritten – der Pakt- und der Verdammungsszene – kaum etwas von literarischer Bedeutung.[3] Auch im *Times Literary Supplement* war 2002 zu lesen, „[t]he Germans should subsidize Marlowe for putting Goethe in so good a light.“[4] Die Episode in Teil I, die Goethes Erfindung ist, die Gretchentragödie, ist durch Gounods Oper ebenfalls in das kulturelle Gedächtnis eingeführt und läuft somit nicht Gefahr, als Element, das die bekannte Geschichte von Dr. Faustus verfälscht, abgelehnt zu werden.

Die Geschichte der Faustinszenierungen ist auch eine Geschichte der Faustübersetzungen. Eine Standardübersetzung, die in ihrer Bedeutung der von Schlegel und Tieck gleicht, kann man nicht erwarten, da die Leistung der beiden Romantiker in der Übersetzungswissenschaft als einmaliges Phänomen gilt. Übersetzungen veralten generell schnell und lassen für alle, die sie nach Jahren oder Jahrzehnten für eine Inszenierung in Erwägung ziehen, schon deshalb zu wünschen übrig. Zudem haben sich in Großbritannien im Laufe des 20. Jahrhunderts Geschmack und Konvention der Bühnensprache stark gewandelt. Bis weit in die fünfziger Jahre war eine archaisch anmutende Sprache die Regel, Archaismen wurden oft mit Poetizität verwechselt. Worte, grammatische Formen und beispielsweise die zweite Person Singular „thou“ wurden auf der Bühne noch zu einer Zeit verwendet, als man sie schon lange nicht mehr in Romanen, geschweige denn in gesprochener Sprache antraf. Auch in der anglikanischen Liturgie wurden diese alten Formen seit den sechziger Jahren verdrängt. Was im Jahre 1949 akzeptable Bühnensprache war, würde heute gestelzt klingen und das Publikum befremden.

[3] David Freeman: „Notes on Faust.“ In: *Programmheft des Lyric Theatre, Hammersmith*, zu seiner Produktion von *Faust* im März/April 1988.

[4] Peter Porter: „Damnable notions.“ In: *Times Literary Supplement* 29. März 2002. [Kritik zur Young-Vic-Inszenierung von Marlowes *Dr Faustus*].

Außerdem wird *Faust* vom Mythos der Unübersetzbarkeit begleitet. Ein Gemeinplatz von Übersetzern, auch hier anzutreffen, ist, dass Poesie das sei, was in der Übersetzung verloren geht. Eine weitere Schwierigkeit, die selbst die Theaterkritiker der letzten beiden Jahrzehnte in Großbritannien bemerkt haben, präsentieren die Verse, die im deutschen sprichwörtlich geworden sind –bekanntlich sehr viele – und die zu übertragen sind, und zwar so, dass sie die Leichtigkeit und Selbstverständlichkeit von Sprichwörtern auch in der Zielsprache aufweisen. Jede Übersetzung ist in zweierlei Hinsicht ein Kompromiss und wie der berühmte Goetheübersetzer David Luke einmal schrieb, eine Herausforderung, es selbst besser zu machen und wie Faust in der Studierzimmer-II-Szene auszurufen: „Ich muß es anders übersetzen!“[5] – was ebenfalls erklärt, weshalb sich bislang keine Version als allgemein anerkannter Standard durchzusetzen vermochte. Zu guter letzt sollte daran erinnert werden, dass eine gute Studien- oder Leseübersetzung noch lange keine gute Bühnenübersetzung ist, denn bei dieser spielen weniger wortgenaue Treue, als Sprechbarkeit, Eingängigkeit, Flüssigkeit und effektgetreue Übertragung der humoristischen Elemente eine Rolle. *Faust* wurde zwischen 1900 und 1945 nur einmal gespielt, und zwar in einer Übersetzung in eben einer – wie erwartet – archaischen Bühnensprache. Bis in die achtziger Jahre gab es keine bemerkenswerte Auswahl an Übersetzungen britischer Provenienz, so dass Regisseure sie selbst anfertigen oder für ihre Inszenierung in Auftrag geben mussten.

Nun determinieren Übersetzungen die Regie, beziehungsweise spiegeln sie in den Fällen dann, wenn der Regisseur selbst mit übersetzt.. Im Folgenden möchte ich die Entwicklung der Faustaufführungen und -übersetzungen seit dem Ende des Zweiten Weltkriegs resümieren und konzentriere mich auf die wichtigsten, sozusagen exemplarischen Inszenierungen. Ich werde zeigen, wie sich das Herangehen an das Stück gewandelt hat und drei Phasen aufweist.

1) Eine Phase der Fremdheit,
2) Eine Phase des langsamen Sich Einlassens auf den Text,
3) Eine Phase der Aneignung.

[5] David Luke, „Translating *Faust*: A Personal Statement.“ In: Paul Bishop (Hrsg.): *A Companion to Goethe's* Faust *Parts I and II.* Rochester: Camden House 2001, S. 271-282 (S. 271).

1. Erste Nachkriegsaufführungen

Die erste Aufführung nach dem Krieg fand 1948 im Q-Theatre in Brentford statt. Regisseur Jack de Leon verfasste eine Prosa-Adaption, um einem britischen Publikum zu zeigen, dass man Goethes Drama nicht auf der Basis von Gounods Oper beurteilen sollte.[6] Das Für und Wider von Prosa- oder Versübersetzungen des *Faust* im Bezug auf ihrer jeweilige Bühnentauglichkeit bedarf einer eingehenderen Untersuchung, die dieser Aufsatz nicht leisten kann. Für die Untersuchung und Kritik der besprochenen Aufführungen sind die subtilen Unterschiede zwischen Prosa- und Versversionen erstaunlich irrelevant. Die Problematik im Zusammenhang mit den Übersetzungen, die bei den Aufführungen verwendet wurden, liegt nicht in erster Linie in feinen Details wie Poetizität oder Versifikation begründet. Die Probleme sind wesentlich handgreiflicher: aus germanistischer Sicht wurden wesentliche Bedeutungsebenen übersehen und den Text verflacht nicht die Prosa an sich, denn die Versübersetzung von Howard Brenton weist die gleichen Mängel auf. Die Probleme sind stets inhaltlicher Art. In seinem Vorwort erklärt de Leon, er habe sich geweigert, metaphysisch anspruchsvolle Fragestellungen zu streichen und sie damit der Langeweile der Unintelligenten zu opfern,[7] ein Versprechen, das er allerdings nicht gehalten hat. Fausts „Zwei Seelen wohnen, ach! in meiner Brust“ (V. 1112) wurde beispielsweise gar nicht übersetzt, so dass das Auftauchen des Mephisto psychologisch-metaphorisch nicht motiviert und eine Interpretation der Figur als Fausts alter ego ausgeschlossen war. Als nächstes machte de Leon einen Fehler, der vielen späteren Übersetzern unterlief. Er übersah, dass Faust Mephisto eine Wette anbietet, keinen Pakt, dass dies bereits das erste große Missverständnis zwischen den beiden ist. Sein Faust sagt „That's the bargain I offer you.“ (S.35) Dies hat weitreichende Folgen für die Interpretation des Nachfolgenden. Reduziert man die Übereinkunft zwischen Faust and Mephistopheles auf einen Pakt, dann kehren wir zur mittelalterlichen Fabel von Johann Spies“ zurück. Vom Sünder, der seine Seele für ein paar Gelüste und Abenteuer verkauft. Die Skepsis des Goethe'schen Faust geht damit verloren; gleichzeitig war auch genau die Stagnation impliziert, der er nie anheim fallen könnte und deshalb die Wette anbietet: er bestreitet die Zufriedenheit bei platten Sinnesgelüsten, die Möglichkeit, jemals zufrieden zu sein. Damit war sowohl dem Humor als auch der Gelehrtentragödie der Boden entzogen, entspringen diese doch der Ironie des grundlegenden Missverständnisses zwischen Faust

---

[6] *Goethe's Faust Part One*. Prose Stage Version by Jack de Leon. With detailed production notes. London: Fortune Press 1950.

[7] „Introduction" zu: *Goethe's Faust Part One*. Prose Stage Version by Jack de Leon, S. 5f (S.5).

und Mephisto. Mephisto war nicht länger der intellektuell Unterlegene, der Fausts Objekt der Sehnsucht nicht begreift und seine Energie auf Gelüste verschwendet, die Faust seine Wette leichter gewinnen lassen könnten. An die beiden Seelen in Fausts Brust und an die Möglichkeit zur Transzendenz des Körperlichen, zur Vereinigung war nicht mehr zu denken. Das auf den ersten Blick erstaunliche Urteil der *Times* über das Stück wird somit verständlich:

> an intellectual drama, in which the real passions are for ideas and abstractions, for knowledge and power and experience, in which physical passion is regarded with hardly more interest than drunkenness".[8]

De Leon wurde seinem Anspruch, metaphysische Fragestellungen erhalten zu wollen, nicht gerecht. Goethes zwei Neuerungen, die den Stoff aus der Naivität des frühneuzeitlichen Mysterienspiels um einen gottlosen Hedonisten herausheben, wurden offensichtlich übersehen – interessanterweise sind es gerade die entscheidenden Unterschiede zu allen bekannten früheren Versionen, auch der Marlowes. Obwohl man das Marlowesche Drama für weniger bedeutend hält, scheint es trotzdem auf Grund seiner zentralen Stellung im dramatischen Kanon die Wahrnehmung zu beeinflussen und als Filter zu fungieren: was man nicht kennt, sieht man auch nicht. Doch das allein reicht nicht als Erklärung dafür aus, weshalb die metaphysischen Aspekte des Dramas so offensichtlich übersehen, beziehungsweise bei der Bearbeitung beseitigt wurden. Vielmehr liegt ihr eine tiefe Unsicherheit und vielleicht sogar Skepsis der Briten im Umgang mit solchen Fragestellungen in einem Drama zugrunde. Das klassische englischsprachige Theater kennt vor allem die Charaktertragödie, deren Paradigma die Shakespeare'sche ist. Tragische Konflikte basieren auf dem charakterlichen So-Sein der Protagonisten und ihrer Interaktion. Konflikte – ob gesellschaftlicher, politischer oder emotionaler Art – sind psychologisch motiviert. Ein gutes Theaterstück zeichnet sich einerseits durch glaubhafte, tiefgründige Charakterzeichnung aus, andererseits durch logisch nachvollziehbare psychologische Beglaubigung. Metaphysische Fragestellungen und Konflikte in einem Drama sind den Briten grundsätzlich fremd, und sie bestätigen auch das Vorurteil, dass das deutsche Drama grundsätzlich schwere – da philosophische – Kost sei, was wiederum das zuvor erwähnte gravitätische Goethebild bestärkt. Dies macht der Tragödie zweiten Teil auch fast unzugänglich. Die meisten Übersetzer beschränkten sich deshalb auf Teil I. Regisseure kannten infolgedessen weniger als die Hälfte des Dramas von Goethe. Ein Gesamtverständnis des

[8] Anon., [Kritik ohne Titel], *The Times*, 1. Mai 1948.

Textes und seines Gedankenreichtums war nicht möglich. 1949 fertigte Louis MacNeice eine Übersetzung für die BBC an, die auch Teil II umfasste.[9] Er war kein Germanist und beurteilte das Stück vor dem Hintergrund des britischen dramatischen Kanons. Im Vorwort zu seiner Ausgabe erfährt man, er finde Goethes Inkohärenzen nicht tiefsinnig. Teil II wurde nicht als komplexes Panoptikum des menschlichen Lebens, der Erfahrung und der Tat wahrgenommen, das den ersten Teil nur fortführt und steigert: psychologische Stringenz der Charakterentwicklung und der daraus resultierenden Handlung wurden erwartet – und nicht gefunden. MacNeice verfuhr mit dem Text, den er ja für die BBC bearbeitete, wie man generell in Großbritannien bis heute mit Texten verfährt, wenn sie von der eigenen dramatischen Tradition stark abweichen, da man Ablehnung bei Kritik und Publikum zu befürchten hat, wenn es für den britischen Geschmack entweder zu langweilig oder zu pathetisch ist: man „domestiziert" – wie es Übersetzungswissenschaftler nennen – und gleicht den Text den Gewohnheiten und dem Geschmack des Publikums an. Das gesamte Drama wurde auf zwei Drittel gekürzt, die meisten Striche erfuhr Teil II.

Auch die Übersetzungen, die nach de Leons erschienen, zeugen von Unsicherheit im Umgang mit der sogenannten Gelehrtentragödie. Zwar wurde oft genauer übersetzt; allerdings macht sich die Unsicherheit darin bemerkbar, dass die Übersetzungen in der ersten Hälfte holprig sind. Ein gutes Beispiel ist die Versübersetzung von George Madison Priest, die 1952 erschien und in einer Laienaufführung 1954 in Sheffield benutzt wurde.[10] Hier zeigen sich bereits die Schwierigkeiten, die einer Versübersetzung innewohnen. Das Englische hat weitaus weniger Wörter mit trochäischer Prosodie, so dass gereimte Verse mit weiblichem Ende ein Hauptproblem von Versübersetzungen darstellen. Die auch von Priest gewählte Standardlösung ist die Verwendung des auf „-ing" endenden Partizip-Präsens. Problematisch ist, dass diese Partizipien im Vergleich mit der gesprochenen Standardsprache überproportional häufig auftreten, was den Leser und Zuhörer daran erinnert, dass es sich bei dem Text um eine Übersetzung handelt. Um des Reimes oder Metrums willen werden häufig Füllelemente eingefügt, die nicht selten unfreiwillig komisch oder holprig wirken und die Natürlichkeit und den Sprachfluss hemmen, die Goethes Vers so geschmeidig machen. „Es irrt der Mensch, solang er strebt" wird um eines Reimes mit „survive" willen fol-

---

[9] Johann Wolfgang von Goethe: *Faust: Parts 1 & 2.* An abridged version. Translated by Louis MacNeice and E.L. Stahl. London: Faber and Faber 1965.

[10] Johann Wolfgang von Goethe: *Faust Parts One and Two*. Translated by George Madison Priest. (Great Books of the Western World No. 47). Chicago, London et al.: Encyclopaedia Britannica 1952.

gendermaßen wiedergegeben: „Man errs as long as he doth strive." (V. 317) Das Hilfsverb wirkt deplaziert, denn es dürfte grammatikalisch an dieser Stelle zur Emphase treten, die hier aber nicht vorliegt. Darüber hinaus zeigt die Wahl der seit Jahrhunderten nicht mehr gebräuchlichen Nebenform „doth" statt des heute üblichen „does", dass Priest hier Archaismus mit Poetiziät verwechselt. In der Szene „Nacht" wird dieser Stil fortgesetzt: Archaismen in Wortwahl und Grammatik (zweite Person Singular bei Anrede sowohl des Mondes als auch des Erdgeists); häufige Verb-Objekt-Inversionen, die teilweise sogar das Verständnis erschweren („To see if through the spirit"s power and speech / Perchance full many a secret I may reach": V. 378-9) Schließlich missglückt ihm die im deutschen Sprachraum sprichwörtlich gewordene Stelle: „Here now I stand, poor fool, and see / I"m just as wise as formerly." (V. 358-9) Das „–ly" wird nur mit Übertreibung des Jambus zur betonten Silbe, die sich mit „see" reimt, was unbeholfen und unfreiwillig komisch wirkt. Verglichen damit ist die Gretchentragödie wesentlich eingängiger. Sie weist deutlich weniger Archaismen auf: während der Erdgeist noch die zweite Person Singular verwendet, sprechen Gretchen und Faust einander im zeitgenössischen „you" an; selbst das in der gesprochenen Sprache so häufige Füllsel „just" oder umgangssprachliche Phrasen sind hier zu finden. Gerade der Dialog im Garten zeigt den großen Stilunterschied zum Prolog und der Gelehrtentragödie:

> *Faust* Sweet darling!
> *Margaret* Wait a bit!
> *She plucks a star-flower and picks off the petals, one after the other.*
> *Faust* What"s that? A nosegay?
> *Margaret* No,
> It"s just a game.
> *Faust* What?
> *Margaret* You will laugh at me, do go!
> *She pulls off the petals and murmurs.*
> *Faust* What are you murmuring?
> *Margaret [half aloud]* He loves me – he loves me not!
> *Plucking off thelast petal with lovely joy.*
> He loves me!
> *Faust* Yes, my child! and let this blossom"s word
> Be oracle of gods to you! He loves you!
> You understand that word and what it means? He loves you!
> (V. 3179-3186)

Es scheint also, als würden die Übersetzungen immer dann geschmeidiger, wenn die in der englischen Theatertradition fremd anmutende Gelehrtentragödie von dem vertrauteren Genre der Liebestragödie abgelöst wird und der Übersetzer sich wieder auf vertrautem Terrain bewegt.

2. Aufbruch

In den siebziger, vor allem jedoch in den achtziger Jahren begann eine Emanzipation von der skeptischen Betrachtung des Ungewohnten. Studenten führten Teil I 1975 und 1976 auf.[11] Beide Produktionen verwendeten eine Neuübersetzung John Prudhoes, eines Germanistikprofessors der Universität Manchester.[12] Hier sind die holprigen Archaismen die Ausnahme. Im Prolog heißt es: „For men must err, while men still strive." (S. 12) Das von Prudhoe eingefügte „must" macht aus der einfachen Feststellung des Herrn die Verkündigung eines Naturgesetzes; allerdings entspricht das Modalverb „must" in dieser Bedeutung auch nicht dem alltäglichen Sprachgebrauch des zwanzigsten Jahrhunderts. Im Großen und Ganzen ist Prudhoes Version in zeitgenössischem, teilweise sogar umgangssprachlichem Englisch gehalten. Zum Durchbruch kam *Faust* allerdings erst in den achtziger Jahren. Man ließ sich erstmals auf das Stück jenseits der von der eigenen Tradition geprägten Erwartungen um seiner selbst willen ein, entwickelte Neugier auf das Andere, dem man unmittelbar nach dem Krieg noch verständnislos begegnet war. Mit ein Grund dafür war ohne Zweifel die Aktualität, die man plötzlich in *Faust* wahrnahm. Die Thatcher-Ära veränderte nicht nur die britische Theaterlandschaft durch radikale Kürzung der staatlichen Subventionen, sondern die gesamte britische Gesellschaft, indem sie einen radikalen Liberalismus einführte. Bis heute assoziiert man die Thatcher-Ära in Großbritannien mit emotionslosem marktwirtschaftlichen Kalkül und der totalen Absage an die Solidargesellschaft, deren Geist man am besten in dem bis heute berüchtigten Satz zusammengefasst sieht:

> And, you know, there's no such thing as society. There are individual men and women and there are families. And no government can do anything except through people, and people must look after themselves first. It is our duty to look after ourselves and then, also, to look after our neighbours.[13]

Die Regisseure entdeckten im *Faust* völlig neue Aspekte und zeitlose Themen. Zunächst änderte sich das Verständnis der Gretchentragödie radikal. Ein für alle Mal wurde mit der sentimentalen Liebestragödie aufge-

---

[11] Juli 1975: Studenten der Universität Manchester; 1976: Oxford Lincoln Players (Studenten des Lincoln College, Universität Oxford), in Oxford und am Young Vic Theatre, London.

[12] Johann Wolfgang von Goethe: *Faust. The Tragedy Part One*. Translated for the English-speaking stage by John Prudhoe. New York: Manchester University Press; Barnes & Noble 1974.

[13] Interview vom 23. September 1987, veröffentlicht in *Woman's Own*, 31. Oktober 1987.

räumt: man sah jetzt, beispielsweise 1984 im Cardiff Sherman Theater, eine junge Frau, die für Schmuck und Geschmeide ihre Tugend verkauft und erst ihren Glauben an Gott wiederfindet, nachdem sie zwei Morde begangen hat. Das Drama wurde als hochaktuell empfunden in einer Zeit, in der, so das Programmheft, die menschliche Seele nur noch eine käufliche Ware ist, in einer Welt, in der alles käuflich und jede zwischenmenschliche Beziehung ein Vertrag ist. Ähnlich zynisch war auch der Blick der kleinen Schauspieltruppe The Rude Mechanicals auf das Drama. Einer der Zecher in Auerbachs Keller war in dieser Aufführung Gretchens Bruder Valentin, dessen Entrüstung über Gretchens Fehltritt die Heuchelei einer mit zweierlei Maß messenden Gesellschaft entlarvte. Dies war nicht zuletzt auch der gelungenen Adaption zu verdanken: Nigel Fazal bearbeitete eine Übersetzung aus dem 19. Jahrhundert: das Ergebnis war eine schwungvolle, umgangssprachliche Fassung, die gerade in Mephistos Versen die Frechheit der Rolle wiederzugeben wusste.[14] Schon im Prolog zeigt sich eine Leichtigkeit und gleichzeitige Bodenständigkeit, die man bei anderen Übersetzern oft vermisst:

> Pardon me, if I do not sound glib and oily,
> Though your court might scorn my lack of unction,
> The pathos of my language would surely
> Make you laugh – but laughter"s not your function.
>
> I like to see the Governor now and then,
> To keep my dealing – well – on a level;
> What a decent, noble gentleman,
> To speak so humanely with the devil! (S.2-4)

„glib and oily" könnte man kritisieren als eine jener Stellen, wo sich Fazal – hier um des Reimes willen – im Register vergreift; an anderen Stellen, besonders in der Szene „Hexenküche", werden Mephistos Beschimpfungen gegen die Hexe mit deutlich obszönerem Vokabular wiedergegeben als Goethes Original zu fordern scheint. Doch Fazal vermochte damit nicht nur Mephistos Komik wirkungsgetreu wiederzugeben; auch wurde damit eine Weite des sprachlichen Registers erreicht, die dem englischsprachigen Publikum von Shakespeare vertraut ist und als Teil des sprachlichen Reichtums angesehen wird. Die Reaktion der Kritiker spricht ebenfalls dafür: Es war die erste Aufführung, die auch das Interesse von Kritikern überregionaler Zeitungen weckte. Daniel Johnson vom *Daily Telegraph* pries sie sogar als

[14] Johann Wolfgang Goethe: *Faust, Part One.* (partly adapted from John Anster's 1835 translation). Translated by Nigel M. Fazal, [Manuskirpt], Januar 1986 (British Library).

den Beweis, dass deutsches Drama entgegen allen Vorurteilen kein Härtetest für Theaterbesucher ist.[15]

Doch die Zeit der Beschränkung auf Teil I war zu Ende. Bereits 1985 zuvor hatte das Glasgow Citizens' Theatre beide Teile gezeigt, in einer auf einen Abend von dreieinhalb Stunden gekürzten Version. Wenngleich solch radikale Striche selbstverständlich viel von dem, was der Germanist für wichtig hält, dem Zuschauer vorenthalten, so muss doch anerkannt werden, dass diese Aufführung ein wichtiger Wegbereiter für die späteren großen Inszenierungen war. Das Glasgow Citizens' Theatre hatte den Durchbruch geschafft, und nun lag eine moderne, bühnentaugliche Übersetzung beider Teile des *Faust* vor, verfasst von Robert David MacDonald, einem der künstlerischen Leiter des Glasgow Citizens' Theatre, dem mehrere Schiller- und Goethedramen ihre englischsprachige Erstaufführung in den achtziger Jahren zu verdanken haben.[16] MacDonalds Übersetzung des *Faust* wird oft von britischen Germanisten dafür kritisiert, dass sie größtenteils den Shakespeare'schen Blankvers verwendet und nicht all die vielen verschiedenen Versformen Goethes wiedergibt. Doch ist sie nicht für Fachleute bestimmt: für die Bühne werden andere Kriterien wichtig. Einerseits zeigt die Rezeptionsgeschichte der deutschen Klassiker nach dem Krieg, dass die vorhin erwähnte Domestizierung, also Angleichung an die Hör- und Sehgewohnheiten des Publikums, oft entscheidend für den Erfolg ist. Da ist eine Angleichung an den Vers der klassischen Tragödie ein verhältnismäßig kleiner Einschnitt. Beim Knittel- oder Madrigalvers kommt eine weitere Schwierigkeit hinzu: im Englischen klingt er dem sogenannten Doggerel gefährlich ähnlich und führt zu Assoziationen mit den Figuren, die normalerweise auf der englischen Bühne Doggerel sprechen, nämlich den Clowns bei Shakespeare. Paarweise gereimte Verse wie in Fausts Eingangsmonolog entsprechen dem Stil des vorweihnachtlichen Kindertheaters, der so genannten „pantomime". Es besteht die Gefahr, dass Faust von Anfang an unbewusst mit diesen nicht tragödienfähigen Figuren assoziiert wird und somit eine direkte Anteilnahme an seinem Werdegang vereitelt wird. Viel wichtiger ist jedoch die inhaltliche Treue bei großer Eingängigkeit und Eleganz von MacDonalds Formulierungen. Faust und Mephisto gehen in dieser Übersetzung wieder eine Wette ein; für viele der sprichwörtlich gewordenen Verse fand er geglückte Übersetzungen, beispielsweise „and here I sit, as big a fool / as when I first attended school", vor allem aber auch für die humoristischen Passagen und Mephistos spezielle Frechheiten – beispielsweise „Erobert-marktverkauft-ver-

[15] Daniel Johnson, [Kritik ohne Titel], *Daily Telegraph*, 23. Januar 1987.

[16] Johann Wolfgang von Goethe: *Faust*: *a tragedy. Parts one and two.* Translated in a performing version by Robert David MacDonald. Birmingham: Oberon 1988.

tauschte Ware du!", wiedergegeben mit „you loot of war, twice-bartered, damaged goods!" Die Inszenierung selbst arbeitete erstmals den Aspekt der Stück-im-Stück-Struktur heraus, mit der Goethe die Künstlichkeit des Schauspiels betont und eine Distanz zwischen Zuschauer und Stück schafft, und schloss erstmals das „Vorspiel auf dem Theater" mit ein. Als die Schauspieler des Vorspiels dann die Rollen des Prologs übernahmen, machte MacDonald aus der Not seiner kleinen Besetzungsliste eine Tugend, um Goethes Illusionsdurchbrechungen durch Betonung des Rollenspiels zu betonen. So schuf er neue semiotische Beziehungen und Kontinuitäten, indem er beispielsweise den Theaterdirektor des Vorspiels in die Rolle des Herrn schlüpfen ließ. Sein Verständnis des Stückes als „wood, the new growth continually changing the aspect of the whole"[17] erinnert wiederum stark an Goethes viel zitierte Beschreibung seines *Faust* als eine aus der Erde wachsende "Schwammfamilie".[18] Dieser Rahmen wurde abgeschlossen, als in der Szene „Bergschluchten" die Schauspieler aus ihren Rollen des Stücks-im-Stück heraustraten, die Rollen des Rahmens, des „Vorspiels", wieder annahmen und die Schlussverse weniger an Faust, sondern an das Publikum richteten. Fausts Erlösung war MacDonald zufolge nicht in der Welt, in der er mit mephistophelischem Egoismus nach einer unerreichbaren Erfüllung gestrebt hatte, möglich, sondern nur jenseits der Welt des Strebens, in dem Moment, als er Egoismus und Destruktivität hinter sich ließ.[19]

Das Lyric Theatre in London wählte diese Übersetzung im Jahre 1988 als Grundlage für die erste professionelle auf zwei Abende verteilte Aufführung des *Faust*. Mit Simon Callow als Faust stand ein Star auf der Bühne. Doch das allein war nicht der Grund für den überwältigenden Erfolg der Inszenierung und die große Aufmerksamkeit, die ihr durch Zeitungskritiken zuteil wurde. Diese Aufführung, basiert auf einer originalgetreuen, vollständigen Übersetzung des Textes, war sehr gut durchdacht und kohärent. Die Kohärenz, und das war neu, war allerdings keine aufoktroyierte Charaktertragödie traditionell-britischer Prägung, sondern sie war aus Goethes Text entwickelt, basierte auf der Prämisse, dass der Text extrem symbolisch ist. Kleine Änderungen, die man aus germanistischer Sicht als Missverständnisse betrachten kann, gab es auch hier, allerdings waren sie schon durch die Übersetzung vorgegeben. So änderte MacDonald die Szenenfolge in Teil I

---

[17] Robert David MacDonald: „*Faust*: The Play in Production." In: Paul Bishop (Hrsg.): *A Companion to Goethe's* Faust *Parts I and II*. Rochester: Camden House 2001, S. 283-294 (S. 285).

[18] Brief an Schiller vom 1. Juli 1797. Schiller Nationalausgabe Bd. XXXVII/1, S. 56.

[19] Vgl. Programm der Inszenierung des Glasgow Citizens' Theatre, 1985.

und ließ „Auerbachs Keller“ auf die Hexenküchenszene folgen, statt umgekehrt. Somit wurde die Trinkorgie wie bei Marlowe und im *Urfaust* zum ersten Abenteuer in Fausts neuem Leben, statt wie in der endgültigen Fassung zu zeigen, wie falsch Mephisto Fausts Verlangen einschätzt, was ihn zu einer neuen Strategie zwingt – Verjüngungs- und Liebeserfahrung. Hier schimmerte noch die Dominanz des dramatischen Diskurses durch die kanonisierte Version von Marlowe durch – allerdings nur hier. Eine andere Änderung ist äußerst interessant und wurde auch von der Royal Shakespeare Company übernommen: der böse Geist im Dom, der zu Gretchen spricht, wird von MacDonald als Mephisto spezifiziert – in Freemans Inszenierung hing Mephisto an Christi Stelle am Kreuz, was Gretchens Verzweiflung symbolisierte, die an die Stelle der Hoffnung getreten ist, die ein gekreuzigter Christus repräsentieren würde.

Regisseur David Freeman verwendete einen durchgängig durchdachten Symbolismus. Im Gegensatz zu vielen seiner Vorgänger, die offensichtlich nur Teil I kannten (was man den Programmheften entnehmen kann), konnte er das Drama in seiner Gesamtheit verstehen und interpretieren und musste metaphysischen Aspekten nicht verständnislos ausweichen. Er sah Versöhnung als das Grundprinzip von Goethes Text an: einerseits Versöhnung des gotischen Nordens und klassischen Südens im Helenaakt, andererseits Versöhnung des männlichen und weiblichen Prinzips. Das Ewig-Weibliche – als Antithese zum Faustischen – war somit ein roter Faden, der sich durch die Inszenierung zog. Die Versöhnung der beiden Geschlechtsprinzipien, schrieb Freeman im Programmheft, war das Hauptaugenmerk der mittelalterlichen Alchemie, und diesen Gedanken verwob er mit dem Symbolismus der vier Elemente Feuer, Wasser, Luft und Erde.[20] Einer der beeindruckendsten visuellen Triumphe war der Auftritt des Homunculus, dargestellt von einer Frau, die in einem mannsgroßen Luftballon gefangen über die Bühne rollte und immer wieder vergebens auszubrechen versuchte. Um Goethes unmögliche Regieanweisungen zumindest annähernd zu realisieren, wurde mit Feuer gearbeitet. Statt den gravitätischen Goethe zu präsentieren, wie MacNeice es in seinem Hörspiel 1949 getan hatte, und alles Derb-Unterhaltsame zu streichen, das diesem Bild nicht entspricht, veranstaltete David Freeman ein visuelles Spektakel. Wie in der Alchemie war auch hier Land ein männliches Prinzip, Wasser ein weibliches, das Prinzip von Leben, Neuschöpfung und Geburt; in diesem Kontext schienen die Nacktszenen oder -auftritte auch nicht gesucht. Sie dominierten die Inszenierung nicht sondern waren durch den symbolischen Kontext motiviert und sinnvoll. Als beispielsweise Faust

[20] David Freeman, „Notes on Faust.“ In: *Programmheft zur Inszenierung des Lyric Theatre, Hammersmith*, März/April 1988.

dem Hexenkessel nackt entsprang, war dies vor allem Symbol seiner Neugeburt durch die Verjüngung, des Beginns seines neuen, von Genuss erfüllten Lebens. Die Reise des Homunculus zum Wasser stellte eine Parallele dar zu Fausts Übergang vom männlich-kämpferischen zur Erlösung durch das Ewig-Weibliche. Diese Kontinuitäten dienten als der Leim, der die von Freeman identifizierten sieben Stücke in Goethes *Faust* zusammenhielten, dessen Teil II allein schon fünf Faust-Figuren zeige, von denen jede das Faustische beziehungsweise die Geschichte Fausts auf unterschiedliche Weise erzähle.[21] Simon Callow bot diese Rolle somit die Möglichkeit, seine Vielseitigkeit zu zeigen und das ganze Spektrum von frustriertem Gelehrten bis zur jugendlichen Ausschweifung auszuspielen. Er war so wandelbar, dass Kritiker ihn unter anderem mit Arthur Balfour und Leonardo da Vinci assoziierten.[22] Mit Peter Lindford war ihm ein ebenbürtiger Mephisto an die Seite gestellt, dessen Liebenswürdigkeit, Intelligenz und beherrschter Zynismus einen Kritiker an Jago erinnerten.[23] Wie schon in der Glasgower Aufführung wurde die Rahmenstruktur des *Faust* herausgearbeitet und der letzte Chor der Bergschluchten-Szene als Teil dieses Rahmens begriffen. Die Schauspieler traten aus ihrer Rolle in der eigentlichen Tragödie hinaus und wurden wieder zu den Figuren des Vorspiels; die Schlussworte wurden als Kommentar zum gesamten Stück verstanden. Kurz nachdem er den Kampf gegen die Elemente zur Quelle des wahren Glücks erklärt hatte, wurde Faust durch einen ewig-weiblichen Gnadenakt von oben – möglicherweise gegen seinen Willen – versöhnt. In ihrer Subtilität und Offenheit für Goethes metaphysische Fragestellungen und theatralische Vorstellungen ist diese *Faust-A*ufführung in Großbritannien bis heute unübertroffen. Die Kritiken waren im Großen und Ganzen positiv, nur einzelne waren reserviert. Man gab zwar zu, dass es sich um ein Meisterwerk der europäischen Literatur handelt – das ist schließlich das seit Jahrhunderten überlieferte Goethebild. Doch ist es kein klassisches Charakter- oder Zieldrama; und so klassifizierten die Kritiker es als Satire oder als absurdes Theater, der Kritiker des konservativen *Daily Telegraph* behauptete schlichtweg, Goethe sei vor seinem Tode mit dem Werk nicht fertig geworden.[24] Während sich der Übersetzer und der Regisseur auf Goethes Stück einließen, waren die Kritiker noch dem britischen theatralischen Diskurs verhaftet. Dies zeigte sich darin, dass sie trotz MacDonalds eindeutiger Formulierung in der Übersetzung und Freemans aus-

[21] Ibid.
[22] Martin Hoyle, [Kritik ohne Titel], *Financial Times,* 8. und 13. April 1988.
[23] Charles Osborne, [Kritik ohne Titel], *Daily Telegraph*, 13. April 1988.
[24] ibid.

drücklichem Hinweis im Programmheft noch immer von einem Pakt statt von einer Wette sprachen: Marlowes Version war noch immer die kulturelle Folie. Sie reagierten auf das Ungewohnte und Fremdartige, indem sie Goethe mit ihrem Maß aller theatralischen Dinge, nämlich Shakespeare, verglichen und zu dem Schluss kamen, Goethe sei nun mal einfach kein Bühnenautor, sondern ein Poet, wohingegen Shakespeare ein „richtiger" „poet-playwright" sei.[25]

3. Aneignung

Sieben Jahre später stellt die Aufführung der Royal Shakespeare Company einen Übergang zur nächsten Phase, nämlich der Aneignung, dar. Sie beruhte auf einer eigens und in Zusammenarbeit mit dem Regisseur Michael Bogdanov angefertigten Übersetzung des englischen Dramatikers Howard Brenton.[26] Das lässt darauf schließen, dass inhaltliche Abweichungen von Goethes Text nicht einfach dem mangelnden Verständnis des Übersetzers zugeschrieben werden können, sondern auf einer interpretatorischen Entscheidung beruhen. Bogdanovs Interpretation des Stücks spiegelte den zynischen Nihilismus und die Desillusion der Intellektuellen angesichts der post-Thatcher-Ära wieder und knüpfte damit an die desillusionierten Interpretationen der frühen achtziger Jahre an. Ihm ging es darum, Goethes Optimismus und Fortschrittsglauben, den er vor allem in der Bergschlucht-Szene sah, als romantisches Wunschdenken zu entlarven, das in der heutigen Welt nicht mehr ernst genommen werden kann. Die Welt, die dem Zuschauer auf der Bühne präsentiert wurde, war oberflächlich und emotional kalt; Nähe zwischen den Menschen war nur noch im sexuell möglich. Mephisto war der Zyniker par excellence, der Liebe als Mumpitz abtat und ausschließlich an Triebbefriedigung glaubte. Sexualität trat an die Stelle des Dämonischen: Die Walpurgisnacht war eine Sado-Maso-Party, und Mephisto war ein allzeit bereiter Satyr, der in der Hexenküche einen überdimensionalen Penis auspackte. Viele Kritiker beanstandeten die Vulgarität und die große Menge an Sexspielzeug auf der Bühne; so scheint es Bogdanov zumindest gelungen zu sein, einen Eindruck von den menschlichen Niederungen zu geben, in die Mephisto Faust hinabsteigen lässt. Doch diese rein materialistisch-zynische Interpretation führte auch großen Abweichungen von Goethes Text. Schon der Prolog zeigte den Herrn als ein schwaches Häuflein Elend: alt, im Rollstuhl, in einem Plastikhimmel mit angeschwulten Engeln in Federboas, die „I"m in heaven" sangen – ein Vorbote des slapstick, der zusammen mit den zyni-

[25] Ibid.

[26] Johann Wolfgang von Goethe: *Faust Parts I and II.* A new version by Howard Brenton from a literal translation by Christa Weisman. London: Nick Hern Books 1995.

schen und derben Elementen die Inszenierung dominieren sollte, aber in keinster Weise durch die philosophischen Elementen ausbalanciert wurde. Mephisto lehnte sich herablassend über den Rollstuhl des Herrn und bot ihm eine Wette an – und Brentons schwächlicher Gott akzeptierte: „I concur. / As long as he lives, do your worst." – während Goethes erhabener Herr nicht auf Mephistos Wettangebot eingeht. Das einzige tragische Element, das Bogdanov in seiner Inszenierung ernstnahm, war die Gretchen-Episode. Auch hier dominierten Zynismus und Hoffnungslosigkeit, was sich an einem Eingriff in die Reihenfolge der Szenen und in den Text des Liedes am Spinnrad zeigt. In Bogdanovs Inszenierung sang Gretchen ihr Lied erst nach der Szene „Am Brunnen". Was bei Goethe Ausdruck ihrer jugendlichen Verliebtheit und Ungeduld ist, während sie auf ihren Geliebten wartet, war nun ein Ausbruch nackter Verzweiflung.

> My peace long gone,
> My heart will burn
> He"ll not return,
> Never forever." (I, Szene 16)

Der erste Vers verwies deutlich auf die Schreckensvision, dasselbe Schicksal wie die von Lieschen verfemte Bärbel zu erleiden; gleichzeitig erfuhr der Zuschauer, dass Faust sie verlassen hat. Die Domszene führte unerbittliche Gewissensbisse vor. Als böser Geist fungierte Mephisto, der hinter Gretchen lässig auf dem Sarg ihrer Mutter saß und sich an ihrem Leid ergötzte; dazu erklang ein durchdringendes „Dies irae, dies illa", das der Zuschauer wiederum sowohl auf den Giftmord an der Mutter als auch auf die Schwangerschaft und den Zorn der Gesellschaft beziehen konnte.

Der Schluss von Teil II, in welchem Goethes Optimismus kulminiert, wurde der Lächerlichkeit preisgegeben, indem er an das Ende von Brechts *Dreigroschenoper* zurückgreift. Mephistos Replik auf Fausts letzte Worte schienen das Ende der Aufführung zu sein; das Publikum applaudierte, die beiden Schauspieler verbeugten sich. Daraufhin erstürmte der Dichter des Vorspiels auf dem Theater die Bühne und verlangte, dass Goethes letzte Fassung der Szene gezeigt werde. Faust wurde an Seilen in den imaginären Himmel gezogen, der Theaterdirektor erhob Einspruch, daraufhin wurde Faust wieder hinuntergelassen, dann auf Verlangen des Dichters wieder hinaufgezogen, dann wieder hinuntergelassen. Schließlich wurde eine im Musical-Stil bearbeitete Version von „Bergschluchten" gezeigt, in der die homosexuellen Engel des Prologs Bein zeigten und mit Mephisto flirteten. In Brentons Version lauten die letzten Worte:

All that passes
Is merely a symbol;
Here the unwinnable
    Is won;
The impossible
    Is done;
The eternally feminine
Pulls us up to heaven. (II, V, 7)

Brenton zeigte, wofür er Goethes Schlussverse hielt: für den lächerlichen Versuch – nur aufgrund der Tatsache, dass er mit dem einzig logischen Ende der Faust-Handlung nicht glücklich war – in die Absurdität zu fliehen und so zu tun, als sei der Tod nur eine Illusion, ein böser Traum. Hier glaubte man nicht mehr an ein göttliches Prinzip der Liebe oder an eine Ewigkeit, deren Schatten der flüchtige Moment ist. Im Rückblick wurden Mephistos nihilistische Worte nach Fausts Tod zum eigentlichen Zentrum der Interpretation: wie ein Kritiker es formulierte, wurde eine Welt gezeigt, die zu tief in Schuld und Gier verstrickt ist, als dass sie noch erlöst werden könnte.[27] Ironischerweise wurden jedoch das gesamte Stück durch die Ironie an der „Bergschlucht"-Szene trivialisiert: wenn es also wirklich nichts Höheres, Transzendentes gibt, wie Bogdanovs Inszenierung postulierte, was hätte Faust dann gesucht? Und wenn er nur einem Phantom nachgejagt wäre, weshalb hatte Mephisto so viel Energie darauf verwendet, ihn von seinem eigentlichen Ziel abzubringen? Worin lag die Ironie des Stücks, wenn nicht in der Tatsache, dass Mephisto nicht begreift, wonach Faust strebt? Auch die Poesie spielte bei dieser Aufführung keine Rolle. Brentons Version ist weder eine Prosa- noch eine Goethes Versen verpflichtete Übersetzung, sondern eine freie Übertragung in Kurz- und Halbzeilen. Das Thule-Lied wurde in der letzten Szene ins Lächerliche gedeutet: „Then threw the cup/Into the sea: / The cup was full / And so was he." Nicht einmal Fausts erstes Interesse an Gretchen ging über rein körperliche Begierde hinaus:

Beauty, purity
    Yet
A hint of something
    Saucy,
Her red lips,
Her downward look
As she moved,
    The air

[27] Michael Billington, [Kritik ohne Titel], *Guardian*, 11. September 1995; Sarah Hemming, [Kritik ohne Titel], *Financial Times*, 12. September 1995.

Flowing over her hips;
My heart is a book,
She rips
It page by page. (I, Szene 9)

Es ging nicht darum, Goethes Stück in seiner zeitgenössischen Relevanz darzustellen. Man betrachtete es vielmehr als Folie für ein neues Kunstwerk, das das aktuelle Geschehen und den Zeitgeist kommentiert. Damit kam die Royal Shakespeare Company dem, was im deutschsprachigen Raum unter Regietheater verstanden wird, sehr nahe. Die Presse reagierte allerdings recht negativ darauf. Kritiker mit fundierteren Goethekenntnissen nahmen das Werk des deutschen Klassikers in Schutz und kritisierten, dass bei aller Unterhaltsamkeit der ironischen Elemente doch der Geist des Werks verraten worden sei. Weniger versierte Kritiker jedoch, und es waren leider nicht wenige, schlossen von der Inszenierung auf Goethes Stück: ohne die idealistische Dimension fehlte ein roter Faden jenseits der allgegenwärtigen Triebhaftigkeit. Dies verstärkte noch den Effekt, den das Stück ohnehin hat und der schon bei früheren Aufführungen ansatzweise kritisiert worden war: nämlich, dass es eine lose Assoziation von Themen ohne Struktur oder Zusammenhang sei, wobei der Autor nicht in die Psyche des Protagonisten eindringe – hier haben wir wieder die Erwartungen an die Charaktertragödie. Unter diesem Gesichtspunkt tat man Goethes Stück als verwässerte Version des Mythos ab, den Marlowe meisterlich in düstere Intensität übersetzt hatte.[28] Hatte der Kritiker des *Guardian* 1988 noch von einem „holy healthy Faust" gesprochen,[29] hieß es nun in der *Times*: „Too many damned scenes".[30]

Die Edinburgher Produktion im vergangenen Februar blieb keinen Schritt in Bezug auf Freeman und MacDonald zurück, sondern glich dem Regietheater. Eine solche Herangehensweise ist in Großbritannien noch heute eher selten, da das Autorentheater und der naturalistische Stil nach vie vor fest etabliert sind. Eigentlich müsste man bei der Edinburgher Inszenierung von Adaptionstheater sprechen, denn bereits die als Übersetzung deklarierte Fassung des schottischen Schriftstellers John Clifford wies deutliche Abweichungen von Goethes Text auf. [31]Wie Clifford im Programmheft unumwunden

[28] Brian Logan, [Kritik ohne Titel], *Time Out*, 18. September 1996; vgl. auch Neil Smith, [Kritik ohne Titel], *What's On*, 18. September 1996.
[29] Michael Billington: „A holy healthy Faust", *Guardian* 8. April 1988.
[30] Jeremy Kingston: „Too many damned scenes", *The Times*, 17. September 1996.
[31] Johann Wolfgang von Goethe: *Faust, Parts 1 & 2*. Translated by John Clifford. Drama Classics. London: Nick Hern Books 2006.

zugab, stand nicht Goethes Text im Mittelpunkt, sondern vielmehr Cliffords persönliche Reaktion darauf. Die Handlung folgte im Großen und Ganzen Goethes Tragödie, doch nahm Clifford Änderungen vor, um die Handlung vor allem des ersten Teils ins zeitgenössische Großbritannien zu verlegen. Marthe war eine Prostituierte aus der Arbeiterklasse; statt eines Schülers trat in der Szene „Studierzimmer" eine Studentin auf, und Goethes Satire auf das Universitätswesen seiner Zeit wurde in eine Satire auf Heutiges übertragen. Mephisto gab der Studentin den Rat, etwas „Nützliches" zu studieren, nämlich „business studies"; dieselbe Studentin trat in Teil II statt des Baccalaureus in Kostüm und mit Aktentasche auf und verkündete, die Universität werde verkauft und in Luxuswohnungen umgewandelt. Statt eines Trinkgelages in Auerbachs Keller sollte ein Fußballspiel für Fausts Unterhaltung sorgen: statt der Zecher standen nun drei schottische Fußballfans auf der Bühne, deren dumpf-nationalistische Sprüche den Chauvinismus bei Sportereignissen karikierten. Faust selbst trat als Antiheld in Erscheinung: nicht als leidenschaftlicher, nach Erkenntnis strebender und am ewigen Scheitern verzweifelnder Forscher, sondern als pedantischer und sexuell frustrierter Buchgelehrter, dessen Beschwörung des Makrokosmos eher einem Versuch des Ausbrechens als einer Suche nach neuen Quellen der Erkenntnis glich. Er sprach durchgehend mit weinerlicher Stimme und fand erst im Helena-Akt sein Selbstvertrauen wieder. Dieser Faust war folglich auch kein selbstbewusster Skeptiker, der gegen Mephisto wettet, sondern ein nach Leben und Selbsterfahrung Hungender, der begierig und dankbar des Teufels Vertrag unterzeichnete. Somit kehrte diese Bearbeitung wieder zu dem von MacDonalds Übersetzung überwundenen Irrtum zurück, es handle sich wie im Volksbuch und bei Marlowe um einen Pakt, keine Wette. Dieser lebensuntüchtige Professor wurde nun von Clifford auf eine Reise in sein eigenes Unbewusstes geschickt. Dies bedeutete zunächst, dass er Hemmungen jeglicher Art überwinden musste: als er Mephisto nach der Begegnung mit den Fußballfans auf seine etwas anspruchsvollen Sprüche hinwies, wurde er in ein französisches Restaurant versetzt, das wieder eher wie eine Karikatur eines solchen Etablissements wirkte. Der Kellner servierte ihm Kindsköpfe und forderte ihn auf, seine kleinbürgerlichen Vorurteile zu überwinden und das Gehirn aus den Köpfen zu löffeln, während der „Sterbende Schwan" aus Camille Saint-Saëns *Carnival des animaux* erklang, bis sich Faust nach redlichem Bemühen mit angeekeltem Gesichtsausdruck abwandte. Bereits in der Hexenküche hatte Faust seine sexuellen Hemmungen mit Hilfe von Meerkatzen überwunden. Das Thema Sexualität beziehungsweise sexuelle Identität war der eigentliche Leitfaden der Adaption, dementsprechend war auch die Bildersprache auf der Bühne wesentlich expliziter als bei der Royal

Shakespeare Company. Sie kulminierte in der Homunculus-Szene: Homunculus riet Mephisto, Faust ins sexuell freizügige antike Griechenland zu bringen, ein Land, das nicht von John Knox „infiziert" sei.[32] Zur optischen Emphase betrat ein als zwei Meter langer erigierter Penis verkleideter Schauspieler die Bühne und nahm neben Wagner Platz. Mehrere Sex-Akte wurden auf offener Bühne gezeigt, weshalb die Aufführung in Edinburgh auch nur für Personen ab 16 Jahren empfohlen wurde. Doch nicht nur erotische Selbsterfahrung an sich war das Ziel dieser erotischen Entdeckungsreise. Vielmehr wurde das Stück hier zum Sprungbrett für Cliffords sehr persönliche Auseinandersetzung mit (den) Geschlechterrollen. Wie er im Programmheft schrieb, habe er lernen müssen, seine verdrängte innere Weiblichkeit zu akzeptieren. Dieses Thema lag sowohl der Rahmenhandlung als auch dem Stück-im-Stück zugrunde und verknüpfte so die beiden Ebenen miteinander. Fast wie bei einer Steigerung der Behandlung der Rahmenstruktur in den vorangegangenen Inszenierungen trat Clifford selbst nicht nur als der Dichter des „Vorspiels" auf, sondern saß während des gesamten ersten Teils auf der Bühne, was den Rahmeneffekt unterstrich. Auf der Ebene des Stücks-im-Stück, also in der *Faust*-Handlung, wurde die Anerkennung der inneren, verdrängten Weiblichkeit nun auch zu Fausts Aufgabe. Somit war auch eine recht einfache Interpretation des Ewig-Weiblichen gefunden: das weibliche Prinzip, das Faust anerkennen musste, um zur wirklichen Entfaltung des Selbst zu gelangen. Symbolisch unterstrichen wurde dies wieder durch die Rahmenhandlung: eine Frau war im zweiten Teil an Cliffords Stelle getreten, um den „Dichter" des Vorspiels zu verkörpern. Vollkommen erreicht wurde die Gender-Dualität allerdings erst im Himmel, den die Engel Gretchen, Marthe, Valentin zum Ende des zweiten Teils als den Ort der Liebe anpriesen, in dem alles vergeben wird. Selbst Mephisto wurde als erlösungsfähig dargestellt, da er sich in der Grablegungsszene in einen der Engel verliebt habe; schmackhaft wurde ihm der Himmel mit dem Argument gemacht, alle Engel hätten sowohl weibliche als auch männliche Geschlechtsmerkmale. Was Faust – und wohl auch Mephisto – schließlich hinan zog, war also die nun endlich anerkannte innere Weiblichkeit: 'eternal womanhood". Die Reise zur eigenen verdrängten inneren Weiblichkeit wurde somit zum neuen roten Faden: im Gegensatz zu Freeman, dem Regisseur der Aufführung im Lyric Theatre, versuchte Clifford nicht, Goethes Metahandlung zu finden und herauszuarbeiten. Dieser neue rote Faden erleichterte es aller-

[32] John Knox war einer der prominentesten Reformatoren Schottlands, der die vom Puritanismus stark beeinflusste presbyterianische Kirche dort zur einflussreichsten machte.

dings den Zeitungskritikern sichtlich, die so oft bei Goethe vermisste Stringenz gerade in Teil II zu finden. Die Inszenierung wurde durchweg positiv besprochen.

Ausblick

Zusammenfassend lässt sich sagen, dass Goethes berühmtestes Theaterstück sich im Laufe der Jahrzehnte nach und nach auf der britischen Bühne etabliert hat. Dies ist hervorragenden Übersetzungen zu verdanken – und dass es so lange gedauert hat, ist ebenfalls der mangelnden Qualität der zuvor vorhandenen Übersetzungen zuzuschreiben. Nach und nach sind Theaterleute wie auch Kritiker dem so fremd anmutenden Stück gegenüber offener geworden; doch in den letzten Jahren ist man von der offenen Auseinandersetzung mit Goethes Stück wieder abgekommen. Nach wie vor bereiten also die Aspekte des Stückes, die so stark von allem Gewohnten, vom britischen Theaterdiskurs abweichen, Schwierigkeiten. Doch statt dieses Andere wie in früheren Jahrzehnten einfach abzulehnen, wird das, was aus Sicht dieses Theaterdiskurses fehlt, nämlich eine klare Grundaussage, eine Metaerzählung, hinzugefügt. Solche Abweichungen vom Goethe'schen Original müssen allerdings im Kontext anderer Aufführungen deutscher Klassiker in den letzten zwei Jahren betrachtet werden. Nachdem britische Theater viele Schillerjahre mehr oder weniger unbeachtet verstreichen ließen, waren 2005 allein vier Inszenierungen von *Maria Stuart* zu sehen. Vor allem die des Donmar Warehouse lief im Londoner West End monatelang mit großem Erfolg, mit größerem als Michael Grandages ebenfalls hoch gelobte *Don Carlos*-Inszenierung in derselben Spielzeit. In beiden Fällen wurden recht freie Neuübersetzungen verwendet, die aktuelle Bezüge herausarbeiteten, wenngleich nicht annähernd so explizit wie John Cliffords *Faust*-Bearbeitung. Der Trend des neu angebrochenen Jahrhunderts ist, nicht länger relativ wortgenaue Übersetzungen wie die von Robert David MacDonald zu verwenden, sondern stärker zu adaptieren. Der deutsche Klassiker ist also kein fremdländisches Museumsstück mehr, sondern ein Steinbruch, in dem sich der Bearbeiter und Regisseur bedienen, um zu einer persönlichen künstlerischen Aussage zu kommen. Es bleibt abzuwarten, ob diese Phase von einer Rückkehr zu einer strikteren Textarbeit gefolgt wird.

Bronwyn Tweedle

Die „Sinnliche Wahrnehmung"
Der Bau einer „körperliche Partitur" für Heiner Müllers *Quartett*

Im Unterschied zu vielen anderen Thalia-Germanica-Mitgliedern komme ich aus der angewandten Theaterwissenschaft. Das heißt, meine Beschäftigung mit deutschen Theatertexten beruht auf anderen Methoden bei Textauslegung und Textverständnis. Ich „lese" nicht nur in Gedanken, sondern denke auch mit den Körpern meiner Schauspieler. Der schnellste Weg zu einer „sinnliche Wahrnehmung", die ich für Heiner Müllers als nötig erachte, ist ein Prozess während der Proben, der das Denken beider Schauspieler und der Regisseurin, zumindest zu Beginn, ganz bewusst abschaltet. Dieser Aufsatz wird meine Methode kurz vorstellen und deren Angemessenheit für Stücke von Heiner Müllers aufzeigen.

Gegenstand meiner jüngsten Untersuchungen war Heiner Müllers *Quartett*. Der 1782 in Paris erschienene Briefroman *Gefährliche Liebschaften* (*Les Liaisons Dangereuses*) von Choderlos de Laclos dient dem Stück als Vorlage. Der Roman von De Laclos sollte der Erziehung dienen, indem er die moralische Fäulnis des *ancien régime* offen legte. Die Handlung verläuft folgendermaßen: Angestiftet von Merteuil soll Valmont ihre junge Nichte, die Klosterschülerin Cécile de Volanges, entjungfern. Ihn aber reizt die tugendhafte Präsidentengattin Madame de Tourvel. Merteuil und Valmont schließen eine Wette ab. Wenn er es schafft, die unerreichbare Tourvel zu verführen, wird Merteuil wieder seine Geliebte. Die Marquise und der Vicomte reduzieren die Liebe auf Sex und reine Körperlichkeit, die ein Ersatz für menschliche Beziehungen geworden ist.

Bei Müller ist aus dieser Geschichte einen gnadenlosen Zweikampf der Geschlechter geworden. Sein Stück findet in einem doppelten „Zeitraum" statt: „Salon vor der Französischen Revolution / Bunker nach dem dritten Weltkrieg".[1] Die zwei Hauptfiguren, Valmont und Merteuil, provozieren einander gegenseitig durch das ritualisiertes Wieder-Spielen der sexuellen Triumphe ihres Lebens. Aus masochistischer Freude schlüpfen sie auch in die Rollen der Opfer ihrer moralischen Pleite. Zuerst spielt die Marquise die Rolle des verführenden Valmont, und er die Rolle der treuen Präsidentengattin Tourvel. Dann folgt die Verführung der jungfräulichen Nichte der Merteuil, gespielt von Valmont als Valmont und von Merteuil als Nichte. Das

[1] Heiner Müller: „Quartett." In: *Herzstück*. Berlin: Rotbuch Verlag 1983, S.71.

Spiel im Spiel findet schließlich zum Höhepunkt im Endspiel, in der Verführung und dem Tod der Präsidentengattin, gespielt von Valmont als Präsidentengattin und von Merteuil als Valmont. So stirbt der Vicomte, vergiftet von seiner Gegenspielerin, im Kostüm und in der Rolle von der Präsidentengattin Tourvel.

Wie wir alle wissen, kann man einen Theatertext erst richtig durchs inszenieren wahrnehmen. Mit Müllers *Quartett* ist das in zweifacher Hinsicht so. Obwohl im Vergleich mit seiner frühere *Hamletmaschine* das Stück figurenorientiert und linear scheint; im Manuskript sieht das Stück unmöglich aus. Es gibt keine Regieanweisungen, dafür aber riesige Textblöcke – die Müllersche „Dialogunfähigkeit“ *in extremis*. Diese Figuren reden nicht miteinander, sondern aneinander vorbei.

Unsere Inszenierung von *Quartett* war in Neuseeland die Uraufführung durch ein Berufsensemble.[2] In Repertoirefragen neigen die Haupttheater Neuseelands eher zum Konservativismus. Wenige Zuschauer kennen dort die Werke Heiner Müllers, und wenn schon, dann die *Hamletmaschine*. In diesem Sinne steht das Theater in Neuseeland in Gegensatz zu Deutschland. *Quartett* wird in Deutschland öfters gespielt, aber in Neuseeland gilt Müller immer noch als „avant-garde“ und zu riskant, obwohl das Stück 1980/81 geschrieben wurde! Besonders das explizite sexuelle Angebot des Stückes ist hierzulande ein Gräuel. Manche Abonnenten des Fortune Theaters [Dunedin] haben sich sogar geweigert, meine Inszenierung von Wedekinds *Lulu* (2005) zu sehen, da sie *gehört* hatten, dass es „Unrat“ wäre – und die Inszenierung war viel subtiler als bei *Quartett*!

Diese Mentalität hat damit zu tun, dass im Vergleich mit den Theatertraditionen Europas, das Berufstheater Neuseelands wie ein neugeborenes Kind scheint. Obwohl Liebhabertheater vor dem Zweiten Weltkrieg sehr beliebt waren, ist das erste permanente Profitheater in der Hauptstadt Wellington erst 1964 gegründet, und eine Schauspielschule erst im 1970! Bevor es diese Schauspielschule, heute „Toi whakaari: New Zealand Drama School“, gab, musste Theatertraining im Ausland vorgenommen werden. Zu diesem Zweck wurde das britische System mit seiner Betonung des Sprechtheaters am häufigsten gewählt, da es dem neuseeländischen Theater als absolutes Modell diente. Die Theaterindustrie Neuseelands ist demnach eher sehr konservativ – ein Theater der „talking heads” [„redende Koepfe”], wo die Ausdrucksmöglichkeiten des Körpers, zumindest in den wichtigsten Theatern, vernachlässigt wird. Da meine Inszenierung des *Quartetts* großen Wert auf Körperlichkeit legt, wurde sie zu einer Provokation – wegen des Textes, des Inhalts, und der Inszenierungsmethode.

[2] Ich glaube, eine Studentengruppe hat ein Fragment des Stückes aufgeführt.

Der Prozess

Das Ziel meiner Proben war, eine Körpersprache zu finden, die mit Müllers drastischem Text in Einklang steht. Wir haben für das ganze Stück eine „körperliche Partitur" [auf Englisch: „physical score"] entwickelt. Das bedeutet eine Art Choreographie von Bewegungen und spezifischen Textzeilen. Wie eine Orchesterpartitur sind Abläufe von Bewegungen – die Ausdrucksform, der Rhythmus, die Stimmung, die Stärke der Bewegung, auch die Benutzung von Raumarchitektur, Requisiten und Gewichtstransfer mit dem Partner – festgesetzt. Es gibt von Aufführung zur Aufführung Freiraum für individuelle Variationen.[3]

Die Anordnung und Nutzung dieser Partitur umfasst folgende Schritte

1. Schritt: Das Skelett der „Partitur" wird errichtet

Heiner Müller hat einmal gesagt:

> wenn ich anfange, ein Stück zu schreiben [...] das erste, was auftaucht, ist ein Gefühl für einen Raum und für die Positionen der Figuren im Raum und zueinander. Daraus entstehen erst allmählich Dialog oder Text; aber zuerst ist etwas Nicht-Verbales da. [4]

Unsere Arbeit an Müllers *Quartett* fing ebenfalls mit dem Körper im Raum, mit dem Non-Verbalen, an. Die „Partitur" wird unabhängig vom Text entwickelt. Der Text dient wie ein Kleiderbügel – als reine Form, auf die man die Bewegung „hängt". Das heißt, die Zahl der Phrasen bestimmt, wie viele Bewegungen es geben muss. Der Inhalt des Textes wird aber nicht berücksichtigt. Im Gegenteil, wir wollen uns davor in Acht nehmen. Dafür gibt es zwei Gründe: Erstens, bei einem Müller-Text hilft eine Textanalyse nach der Stanislawski-Methode,[5] nicht viel. Seine vielschichtigen Figuren können

---

[3] Das Konzept einer „körperlichen Partitur" [a „physical score"] wird von vielen zeitgenössischen Theatercompanien benutzt. In meinem Fall habe ich die Terminologie zuerst bei Cristina Castrillo und dem Teatro delle Radici [aus der Schweiz] gehört. Eugenio Barba's Odin teatret in Dänemark war mit dieser Idee Wegbereiter. Eine frühe Anwendung von ‚score' in darstellende Künste gab es in den RSVP-Cycles, zuerst bei Laurence und Anna Halprin, bei Jim Burns für „community planning", hat diesen Prozess für ihre San Francisco Dancer's Workshop benutzt, und so ist es auch weitergegangen. „Physical scoring" [Bau einer „körperliche Partitur"] wird öfters für Entwicklung *neue* Theaterwerke benutzt. Ich weiß noch nicht über andere, die wie ich diesen Prozess auf schon geschriebene Theatertexte verwenden. Manche Regisseure wie z.B. Castorf haben einen sehr körperbetonten Inszenierungsstil, aber ob sie ihn durch ähnliche Prozesse erreichen, weiß ich nicht.

[4] Martin Linzer u. Peter Ullrich: *Regie: Heiner Müller.* Berlin: Zentrum für Theaterdokumentation und –information 1993, S. 19.

[5] Konstantin Stanislawski (1863-1938), der russische Schauspieler und Regisseur, der ein System für die Arbeit an der Rolle entwickelt hat, die später als Vorlage für Lee Strasbergs

nicht einfach auf psychologische Motivationen reduziert werden. Außerdem unterbindet die poetische, monologisch-dominante Form des Stückes solche Versuche. Die Unmöglichkeit, rein intellektuelle Interpretationen des Stückes auf die Bühne zu übersetzen oder überhaupt einen Anfang zu finden, besonders für Schauspieler, die an solche Texten nicht gewöhnt sind, lassen eine solche Methode scheitern. Der zweite Grund dafür, die Partitur textunabhängig zu entwickeln, ist die Vermeidung von Klischees. Wenn eine Geste nur aufgrund von Textlogik gewählt wird, sind die Möglichkeiten relativ begrenzt. Wenn Logik nicht erlaubt ist, können die Schauspieler sich nicht hinter Gewohnheiten oder emotionalen Tricks verstecken. Wenn die Partitur dem Zufall überlassen wird, entstehen unerwartete Juxtapositionen von körperlicher und verbaler Symbolik, die neue Resonanzen des Textes eröffnen. Der menschliche Zwang, Mustern zu finden, heißt dann, dass die Zuschauer ihren eigenen Sinn aus den Bildern zusammen suchen müssen.

Die Partitur besteht aus verschiedenen Übungen, die Gehirn oder Textlogik ausschalten – und dazu auch körperliche Instinkte frei setzen. Die einzelnen Bewegungen werden durch körperliche Improvisationen im Raum, Positionen im Bildermaterial oder assoziatives Arbeiten mit sonst nicht miteinander verwandten Themen gefunden.[6] Sehr wenige Impulse sind unmittelbar aus dem Text abgeleitet worden.[7]

Jede Textzeile erhält willkürlich eine Bewegung zugeteilt. Ein solcher Arbeitsablauf wäre für Müller wahrscheinlich in Ordnung. Wie er es ausdrückte:

---

berühmte „Method“ diente. Das System sucht eine Einheit psychologischer und physikalischer Prozesse, die zu einem Schauspielstil führen, die wie „echtes Leben“ [d.h. Realismus] aussehen. Extrem vereinfacht erfolgt das in einem Prozess, in dem man den Text analysiert, um die psychologische Motivationen der Figuren zu begreifen.

[6] Weitere Details zu diesem Prozess findet man in meinem Artikel: „Timespace – The Interplay of Material and Imaginative Spaces in a Physical Theatre Production of Heiner Müller's *Quartett*“. In: *le Dialogues*.

[7] In *Quartett* gab es eine Ausnahme: die Verführung der Nichte. In dieser Szene wurden wir mit den für Müller typischen Sätzen in Großbuchstaben konfrontiert. Da ich nie eine endgültige Erklärung für diese Gewohnheit gefunden habe, entschieden wir, dass jede Phrase einen Orgasmus für Valmont bedeutet. Wir haben uns entschieden, dass jeder Orgasmus in einer anderen Position passieren soll, und da der Text von drei ‚Eingängen zum Paradies' spricht, waren sie vorbestimmt. Die „Partitur“ für diese Szene war angelegt, um die Lächerlichkeit der Positionen zu erhöhen, und den Übergang von einer zur anderen zu erleichtern. Die großgeschriebene Sätze sind: ES IST NICHT GUT DASS DER MENSCH ALLEIN SEI; KURZ IST DER SCHMERZ UND EWIG IST DER FREUDE; RAUM IST IN DER KLEINSTEN HÜTTE und DIE LIEBE IST STARK WIE DER TOD. Müller [wie Anm. 1], S. 86f.

> Viele grosse Sachen entstehen aus Zufällen, aus Unfällen. [...] der Zufall ist ja der einzige Bereich, in dem wir noch Lebensmöglichkeiten und Freiräume finden können. Deswegen, geht es darum, den Bereich des Zufalls zu behaupten und auszuweiten.[8]

In unserem Fall bedeutet es, den „Bereich des Zufalls" bewusst einzusetzen, um eine unerwartete Bildsymbolik zu erzeugen.

2. Schritt: Bearbeitung von Bewegungsrhythmus und Text

Wenn jeder Phrase eine Bewegung zugeteilt wurde, geht es darum, Text und Bewegung zeitlich zusammenzufügen. Die Länge der Phrase legt fest, wie die Bewegung angeglichen werden muss. Vielleicht muss eine kurze Geste verlängert und verlangsamt werden, um zu einer langen Textzeile zu passen. Oder eine komplizierte Bewegung wird sehr schnell ausgeführt oder zerstückelt, um einer kurzen Phrase zu entsprechen. Wir bearbeiten auch die Zeichensetzung. Jedes Zeichen hat eine bestimmte Länge[9] und die wird gezählt, um den Rhythmus des Textes freizulegen. Für Kommas hält der Schauspieler meist still, aber bei längeren verbalen Pausen wird manchmal eine Übergangsbewegung während des Schweigens vorgenommen. Diese Arbeit führt zu einem körperlichen Verständnis des Textrhythmus – als Sinneswahrnehmung, nicht als intellektuelles „Verstehen". Von der Seite des Schauspielers, kann der Körper in einer Art, die dem Gehirn abgeht, „verstehen" und dadurch ein tieferes Engagement mit dem Text ermöglichen. Man spricht anders, wenn man sich dabei bewegt. Nach der physischen Anstrengung der tanzähnlichen Bewegungen empfindet man Stille im Körper ganz anders. Man empfindet die Pausen tiefer, wenn man sie nutzen muss, um genügend Atem zu holen, um einen langen Satz laut zu sagen. Wenn die Länge der Atemspause bedingt ist, muss man deswegen tief und langsam oder ganz schell und kurz atmen. Atmungsmuster sind ein körperlicher Ausdruck für den Textrhythmus. Obwohl ich das Stück sehr gut kenne, da ich Regie geführt habe, empfinde ich den Text ganz anders, seit ich die Rolle Merteuils übernehmen musste. Die Text-Echos sind klarer, die Verkörperung gibt der Poesie für mich eine größere Aussagekraft.

3. Schritt: Verinnerlichung durch Wiederholung

Der frustirerendste Teil der Arbeit ist die Integration von Text und Bewegung. Man muss beide zusammen ständig wiederholen, bis sie untrennbar

[8] Linzer und Ullrich [wie Anm. 5], S. 22f

[9] Vgl. das Komma = eine Sekunde; das Semikolon = zwei Sekunden; der Doppelpukt oder Querstrich = drei Sekunden; das Fragezeichen, Ausrufezeichen oder der Punkt = vier Sekunden. Da wir das Stück in Übersetzung spielen, wird dies nicht so streng beachtet; bei Shakespeare zum Beispiel ist diese Übung noch fruchtbarer.

sind. Das ist die Hervorbringung eines „Körpergedächtnisses". Die Bewegungen und ihre Texte müssen zur zweiten Natur werden, damit man die nächste Ebene der Arbeit erreichen kann.

4. Schritt: Textsinn und Emotionen

Bisher haben wir nur eine „körperliche" Analyse der Figuren ausgeführt, als wir etwas von ihren Sprachmustern und Rhythmen entdeckt haben. Wir kommen jetzt zu dem Punkt, wo viele Aufführungen beginnen – zur Psychologie. Keine Bewegung wird aber verändert, sondern nur gerechtfertigt. Die Eigenschaften einer Geste werden durch die psychologische Motivation dem Text angeglichen. Wenn man mit Psychologie beginnt, gelangt man zu einer naturalistischen Darstellungsart.

In unserem Fall ist die Rolle der Psychologie, aus der unnatürlichen „Partitur" einen 'Sinn" zu finden, ohne sie zu ändern. Das heisst nicht, dass dieser „Sinn" dem Zuschauer sichtbar werden muss. Nur in der inneren Welt des Schauspielers, das heisst, in der fiktiven Welt, muss es eine Logik geben, damit man überzeugend spielen kann. Jede Bewegnung und die dazugehörige Textzeile bekommen einen geistigen Antrieb. Zum Beispiel sieht es während Merteuils erstem Monolog so aus [die Beweggründe in Klammern]:

> Oder hat Ihre Mannheit Schaden genommen in meiner Nachfolge [*Ich kränke dich in der Ehre*]
>
> Ihr Atem schmeckt nach Einsamkeit [*Ich bemitleide dich*]
>
> Hat die Nachfolgerin meiner Nachfolgerin Ihnen den Laufpass gegeben [*Ich freue mich hämisch*][10]

5. Schritt: Freilegung der Rollenspiel-Schichten

Durch diese Arbeit wird deutlich, dass bei Müller keine einfache psychologische Entwicklung möglich ist. In seiner Welt hat keine Figur eine Einheitlichkeit der Zielsetzung, wie man sie bei Stanislawski-Methoden erwartet. Bei Müller handelt es sich um eine archäologische Arbeit, die Schichten des Rollenspiels ausgräbt.

Während unserer Proben fanden wir vier Schichten des Rollenspiels:

1. Die 'einfache" Figuren: Valmont und Merteuil an sich
2. Der Rollentausch: sie tauschen Rollen und spielen auch Volanges [die Nichte] und Tourvel [die tugendhafte Ehefrau]. Der Rollentausch hat zwei mögliche Ebenen. Spielen sie, was den Komplize sehen möchte? Oder benutzen sie die Maske, um zu sagen, was sie im tiefsten Herzen sagen möchten, aber nicht wagen?

[10] Müller [wie Anm. 1], S. 72.

3. Eintritt des Metatheaters – die Bewusstheit ihre Funktion als *Darsteller* vor Zuschauern. Diese Schicht hat auch zwei Ebenen. Spielen Merteuil und Valmont selbst für die Zuschauer? Oder sind „Valmont“ und „Merteuil“ eigentlich „Rollen“ von zwei Schauspielern, die sie spielen, um damit Zeit zu verbringen, bis zu ihrem Tod im Bunker. Das hat Folgen für das Verhältnis der Darsteller zum Zuschauerraum. Im ersten Falle sehen sie die Zuschauer an; im zweiten eher nicht.
4. Die „Schauspieler“-Ebene: hat auch zwei Schichten. Erstens gibt es die Personen der Handlung: die Schauspieler im Bunker als Teil der fiktiven Welt. Dann gibt es die echten Menschen: die Schauspieler unserer Inszenierung – Brian Hotter und Ciara Mulholland oder Bronwyn Tweddle – hinter dem fiktiven „Schauspieler“. Obwohl es Momente gab, wo es mir klar wurde, dass „Brian“ oder „Ciara“ den Text gesagt haben, weil die „aus der Rolle“ gefallen sind, haben wir diese Ebene nicht ausgearbeitet. Außerdem, wäre diese Ebene keinem Zuschauer sichtbar, der Brian und Ciara nicht persönlich kennt. Für eine tiefere Resonanz der letzten Ebene, müssen die Zuschauer etwas über die Schauspieler wissen.[11]

Für jeden Moment des Stückes müssten wir entscheiden: wer spricht – Rolle, „echte“ Figur oder Schauspieler – und für wen? Die Sprechpositionen aus den verschiedenen Schichten können innerhalb von Sekunden wechseln und zusammenbrechen. Zum Besipiel in Valmonts Sterbemonolog:

> Ich habe Sie geliebt [*„echter“ Valmont an „echte“ Merteuil*], Valmont [*Valmont als Tourvel an Merteuil als Valmont*].[12]

Welche Ebene gerade spielt, hat Folgen für die geistigen Motivationen, die in Frage kommen.

---

[11] Ein Beispiel, wo das funktionierte, wäre Müllers eigene 1994 *Quartett*-Inszenierung am Berliner Ensemble mit Marianne Hoppe als Merteuil. Die Persönlichkeit der Schauspielerin ist vielen deutschen Theaterzuschauern bekannt. Das färbt auf ihre Interpretation der Rolle des Merteuils ab: „Müller hoffte, dass Marianne Hoppe neben ihrer außergewöhnlichen Schauspielkunst den Rahmen des Stückes sprengen würde, dass ihre Biographie das zwanzigste Jahrhundert aufscheinen lassen würde, Politisches und Persönliches sich wie von selbst verband." [Stephan Suschke: *Müller macht Theater – Zehn Inszenierungen und ein Epilog*. Berlin: Theater der Zeit 2003, S. 219.] Hoppe war 85 bei der Premiere der Inszenierung, was ein extra Biss zum Textzeilen übers älter werden, dieValmont und Merteuil tauschen, gegeben hatte; besonders da Valmont von Martin Wuttke, ein viel jüngere Schauspieler dargestellt wurde – damals 32. [Bernhard Minetti wurde auch in die Wahl für die Rolle gezogen, er wäre bei der Premiere 89 gewesen!]

[12] Müller [wie Anm. 1], S. 89.

Im Nachhinein ist mir klar geworden, dass der Anfang meines Prozesses die Arbeitsweise des amerikanischen Regisseurs Robert Wilson bei Müllers *Hamletmaschine* ähnelt. Wie Müller erzählt:

> Und die Probenmethode von Wilson fand ich auch interessant. Er hat die Choreographie erst eine Woche ohne Text, dann eine Woche mit Text probiert und schliesslich eine Woche Choreographie und Text und Beleuchtung [...] Die Arbeit in Schichten finde ich interessant.[13]

Also Müller selber interessiert sich für das Nicht-Verbale als Anfangspunkt, die Reize des Zufalls und eine Probenmethode in Schichten – die alle in meinem Probenablauf vorkommen.

Die Rezeption

Obwohl es den Anschien hat, als ob meine Arbeitsweise mit Müllers Theaterphilosophie übereinstimmt, wurde mir vorgeworfen, dass ich Müllers Text mit meinen Inszenierungsstil „vernachlässigt" habe. Da seine Texte nicht besonders wortkarg sind, nehmen viele an, dass eine Inszenierung den Text bevorzugen muss. Ich bestreite das. Man kann den Körper so einsetzen, dass man dem Text auf ganz andere Art zuhört. Der Zuschauer muss nicht jedes Wort „verstehen" – Müllers Wortflut verhindert das sowieso. Mein Prozess, eine körperlicher „Partitur" textunabhängig zu bauen, stiftet absichtlich Verwirrung beim Zuschauer. Er muss sich anstrengen, einen „Sinn" der Bewegungen zu finden, dafür aber ist es eine reichere und offenere „Seherfahrung" für ihn. Wie Müller selbst meinte:

> Wenn ich einen Text, einen poetischen Text, lese, dann will ich den zunächst mal nicht verstehen. Ich will ihn irgendwie aufnehmen, aber mehr als eine sinnliche Tätigkeit denn als eine begriffliche. Und es gibt so eine Tradition von Rationalismus, die verhindert zum Beispiel die sinnliche Wahrnehmung von Texten. Erst wenn man einen Text sinnlich wahrnehmen kann, kann man ihn später auch verstehen. Das Verstehen ist aber ein Prozess und kann nicht eine erste Annäherung sein. Deswegen interessiert mich auch zunehmend das Ballett, weil es nichts zu verstehen gibt. Ein Körper ist unverständlich.[14]

Müller behauptet, der Zuschauer kann einen Körper eher sinnlich wahrnehmen. Bei *Quartett* muss dabei eine explizite Sexualität wahrgenommen werden. Manche Zuschauer fanden die Verkörperung der Sexualität in un-

---

[13] Linzer und Ullrich [wie Anm. 5], S. 20. Wilson hört aber eher bei meinen dritten Schritt auf – er suchte keine psychologische Rechtfertigung für die Körperbewegungen. Seine Schauspieler haben die Gesten einfach mechanisch ausgeführt. Meiner Meinung nach ist für *Quartett* eine Psychologie eher nötig als bei *Hamletmaschine*.

[14] Linzer und Ullrich [wie Anm. 5], S. 20.

serer Inszenierung übertrieben – sie folgte aber der Absicht des Stückes. In seinem Buch, *The Theater of Heiner Müller*, zeigt Jonathon Kalb, wie Müller die „Masken" von anderen Dramatikern, seinen literarischen Vorfahren, annimmt, indem er ihren Stils nachahmt. Müllers „Masken" im *Quartett* sind Choderlos de Laclos, Jean Genet und der Marquis de Sade. De Laclos verdankt er seine Hauptfiguren und die allgemeine Handlung. Die Schichten vom Rollenspiel, die zu einem Mord/Selbstmord führen, enthalten Nachklänge von Jean Genet's 1947 Stück *Die Zofen* (*Les bonnes*). Die „Maske" von de Sade ist vielleicht die wichtigste und ist – ganz klar – im pornographischen Angebot des Stückes vorhanden. Die sexuelle Ausschweifung der Aristokraten, die Zeit vergeuden; das Rollenspielen als Gedächtnisstütze, um ihres vorigen Lebens außerhalb der Sitten und des moralischen Gesetzes zu gedenken; die Verwandlung der Glaubenslehre zum Bösen– das sind Merkmale des Werkes von de Sade. Kalb erklärt, explizite Sexualität komme in anderen Stücke Müllers vor, aber in *Quartett* ist es die *grundlegende* Metapher.

Auch wenn die Zuschauer diese Körperlichkeit ablehnen, sind wir zum Kern des Stückes gekommen. Müller zeigt eine pervertierte Welt, wo für die zwei Figuren Gewalt und Ausbeutung an Stelle echte Beziehungen auftritt. Wie ein Theaterkritiker in Wellington meinte,[15] auch wenn jemandem die Inszenierung nicht gefällt, beweist es, dass Nachgiebigkeit gegen sich selbst nach einiger Zeit anödet.

Die Rezeption des Stückes hängt von Erwartungen der Zuschauer ab. Zuschauer haben völlig entgegengesetzte Meinungen: entweder für die Inszenierung oder entschieden dagegen. Das bezeichne ich als Erfolg – man kommt nicht gleichgültig heraus, und das heißt, wir haben einen empfindlichen Nerv getroffen. Die Uraufführung diese Produktion war im BATS Theatre in Wellington. BATS ist ein kleines Profi-Theater, wo neue und experimentelle Stücke aufgeführt werden. Wenn jemand dort eine Karte kauft, erwartet er etwas anderes als in den anderen Theatern der Stadt. Es gab verschiedene Meinungen zur Aufführung: verliebte Paare haben es meisten nicht gemocht, da es die dunkle Seite menschlicher Beziehungen zeigt. Christen fanden die Verdrehung der Religion schwer erträglich. Manche Schwerhörige fanden es toll, da die Bildersprache so reich war. Im allgemein galt es dort als „mutig", da dieser Stil in Wellington kaum zu sehen ist.

Wir haben auch in Dunedin [Südinsel Neuseelands] in Allen Hall Theatre gespielt, das zur Otago University gehört. Die Inszenierung hat den Theater-

---

[15] „Whether you find it intuitively engaging or an over-extended and self-proving treatise on how indulgence becomes inevitably tedious, it is a welcome production." [John Smythe: „Existential Angst at BATS", www.theatreview.org.nz, 25 January 2006]

studentInnen gefallen. Mehrere AkademikerInnen, aus verschiedenen Fachbereichen, die gerade bei einer Konferenz waren, haben sich sehr offen geäußert. Interessanterweise haben die Leute vom Profi-Theater es anscheinend nicht gemocht. Verständlich, wenn man weiß, dass *ihr* Repertoire aus leichten Komödien besteht. Eine ältere Frau fand die „Vergewaltigung" der Nichte abscheulich.[16] Eine andere Zuschauerin meinte, sie hat das Stück nicht gemocht, konnte aber nicht aufhören, darüber nachzudenken. Die Menschen aus beiden Orten Neuseelands hatten alle English [Sprache der Aufführung] als Muttersprache.

Als wir das Stück in Serbien und Rumänien gespielt haben, war es komplizierter, da die Zuschauer den Text in ihrer Zweitsprache hören mussten. Für die, die wenig Englisch können, war es gut dass das Stück so bilderreich war; aber auch für Leute mit ausgezeichneten Englischkenntnisse war der Text ziemlich schwer. Ein Zuschauer in Belgrad meinte, dass es einfach zuviel Text gab, aber bestimmte Zeilen haben ihm gefallen – z.B. „Nicht das ich etwas für Sie empfände. Es ist meine Haut, die sich erinnert."[17]. Ein Journalist in Temeswar/Timişoara hielt es für „nötig", so etwas auf der Bühne zu sehen, da er meinte, die Rumänen schweigen zuviel über Sexualität und persönliche Verhältnisse. Im Allgemeinen ist es bei den Rumänen gut angekommen. Ein Grund dafür, erklärte eine Theaterstudentin, sei dass im Theater dort eher klassisches Sprechtheater herrscht. Unsere Inszenierung war für sie etwas Neues: ein rumänischer Zuschauer in Klausenburg/Cluj-Napoca hat die Bewegungsart sogar als „barockes Ballett" beschrieben.

Eine Ablehnung der Inszenierung passierte auch in Klausenburg/Cluj-Napoca, aber eher unter den deutschen Zuschauer. Es kam eine Kritik, dass die Inszenierung zu „einseitig" war. Ich würde sagen, dass der Vorwurf der Einseitigkeit der Inszenierung viel mit der Aufführungssituation in Cluj zu tun hat. Es war eine Tourneefassung der Inszenierung. Manche Aspekte der Situation, z.B. der Bunker, kam in der Uraufführung durch technische Elemente, wie die Beleuchtung, zum Schein. Das fast geometrische Beleuchtungsdesign hat die Bewegung der Sonne als Sonnenlicht, die durch Löcher im Bunkerdach und durch die Bunkerwände strahlte, dargestellt. Leider hatten wir die Beleuchtung in Cluj nicht mit, sogar keine Bühnenbeleuchtung. Ohne sie sieht die Bühne ziemlich flach aus, und das Spiel mit Licht und Schat-

---

[16] Ich bestreite, persönlich, ob es unbedingt Vergewaltigung ist. Meine Interpretation ist, wie in der Originalgeschichte, dass die Nichte ihre Sexualität ausüben will. Sie hat nur Angst vor den gesellschaftlichen Konsequenzen. Wenn Merteuil es ihr klar macht, dass man Liebhaber haben kann, nur dass man sicher sein muss, dass keine das erfährt, macht das Mädchen mit Begeisterung weiter. Sie hat sich nur dagegen „gewehrt", damit man sie nicht für ihre Entjungferung verantwortlich hält, falls es bekannt wird.

[17] Müller [wie Anm. 1], S. 71.

ten, das Teil der Original-„Partitur“ war, fiel aus. Die Betonung war also eher auf Schauspielern, was recht ist. Es war aber ein Problem, dass der Techniker, den wir hatten, wenig Englisch verstand. Er musste die Lichter hinter der Bühne am Ende des Stückes ausschalten, aber er konnte die Schauspieler von dort nicht sehen. Das erste Mal, als wir eine Sprechpause hatten, dachte er, das Stück könnte vorbei sein, und er machte die Lichter aus. Danach hatten wir Angst, überhaupt eine Pause einzulegen, falls er das nochmals tut, bevor wir zu Ende waren! Das hieß, dass der ganze Rhythmus des Stückes verloren ging, den wir, wie oben erklärt, erarbeitet hatten. Leider kommen dann die Feinheiten der Psychologie der Figuren auch etwas zu kurz. Als Ersatzschauspielerin für die Tournee, saß ich auch nicht so fest im Sattel, dass solche Unterbrechungen keine Auswirkungen auf die Konzentration hatten. Da ich den ganzen Prozess, den ich oben geschildert habe, als Schauspielerin nicht persönlich durchgemacht habe, sondern nur Regie geführt hatte, war ich auch weniger überzeugend wie mein Kollege, da ich das Stück nicht so verinnerlicht hatte, wie er.

Man könnte auch sagen, dass die Rezeption in Klausenburg auch etwas mit den Zuschauerkenntnissen zu tun hat. Diese Inszenierung wurde für einen ganz anderen Theaterkontext gemacht. Es ist dann sehr interessant zu sehen, wie es anderswo herüberkommt. Für Neuseeland war die Inszenierung radikal, für Menschen, die an das deutsche Theater gewöhnt sind – wenn man zum Beispiel eine Inszenierung von Castorf oder Schlingensief gesehen hat – ist unsere Aufführung vielleicht langweilig. Man kennt in Europa Müller besser und hat entsprechende Erwartungen, wie man ihm spielen soll.

Meiner Meinung nach, passt unser Arbeitsablauf an *Quartett* zur Theaterästhetik Müllers und funktioniert, wenn sie konsequent durchgezogen wird. Während der Tournee durch Serbien und Rumänien hatte ich die seltene – und schöne – Möglichkeit, das Stück von innen und außen zu erforschen. Vielleicht hätte Müller sich gefreut, dass ich seinen poetischen Text auf beide von ihm geschilderte Arten aufgenommen habe: durch „sinnliche Wahrnehmung“ als Schauspielerin und intellektuelles „Verständnis“ als Regisseurin.

Bibliographie:

Hauschild, Jan-Christoph: *Heiner Müller oder Das Prinzip Zweifel – Eine Biographie*. Berlin: Aufbau Taschenbuchverlag 2003.

Kalb, Jonathon: *The Theater of Heiner Müller*. New York: Limelight Editions 2001.

Linzer, Martin, und Peter Ullrich: *Regie: Heiner Müller*, Berlin: Zentrum für Theaterdokumentation und –information 1993.

Müller, Heiner: „Quartett." In: *Herzstück*. Berlin: Rotbuch Verlag 1983.

Smythe, John: "Existential Angst at BATS." www.theatreview.org.nz vom 25 January 2006.

Suschke, Stephan: *Müller macht Theater – Zehn Inszenierungen und ein Epilog*. Berlin: Theater der Zeit 2003.

Jiří Štefanides

Identifizierung deutschsprachiger Stadttheater in Mähren und Schlesien

Das deutschsprachige Theater auf dem Gebiet der ehemaligen Tschechoslowakei wurde von tschechischen Forschern nicht als Bestandteil der regionalen Theatergeschichte aufgefasst und erforscht, aus bekannten historischen Gründen. Nach der Wende im November 1989 hat sich die Haltung der tschechischen Theaterhistoriographie zwar verändert, aber bisher ist die Forschung noch nicht sehr weit vorangekommen. Die Dokumentation zur Produktion der einzelnen ständigen deutschsprachigen Theater ist sehr wenig planmäßig durchgeführt und deshalb unvollständig (ganz abgesehen von deutschsprachigen Wandertruppen und Laiengruppen); die meisten deutschsprachigen Quellen befinden sich außerhalb der Tschechischen Republik und nur wenige tschechische Forscher haben Erfahrungen im Umgang mit solchen Quellen.

Eine erste systematische Recherche bezieht sich auf *Identifizierung deutschsprachiger Stadttheater in Mähren und Schlesien*. Gegenstand der Forschung sind die Stadttheater in Brünn, Iglau, Znaim, Olmütz, Mährisch-Ostrau, Troppau und Teschen. Außerdem wird der uns nahezu unbekannte Theaterbetriebs in Mährisch Schönberg, Jägerndorf und Freudenthal untersucht. Die Aufgabe der Beteiligten ist das Aufsuchen von möglichst vielen Quellen und reichhaltiger Fachliteratur zur Geschichte dieser Theater und die Erstellung einer Basisdokumentation über deren Betrieb. Die Wissenschaftler definieren die Zeitdauer der Existenz dieser Theater und den Charakter und die Veränderungen der jeweiligen Theatertätigkeit vor dem Hintergrund historischer Veränderungen – insbesondere im Laufe des 20. Jahrhunderts. Bisher wurde eine chronologische Liste der Theaterdirektoren erstellt, wurden Aufzeichnungen über Theatergebäude gemacht, über deren Bau und anfallende Renovierungen, auch wurden Kontakte zum tschechischsprachigen Theater ermittelt, usw. Die Liste der Direktoren der Stadttheater wird digitalisiert.

Ziel des Projekts ist, den Umfang der Kenntnisse, die wir heutzutage über diese Theater besitzen, zumindest teilweise zu erweitern. Bei manchen Theatern ist uns sogar das Repertoire bekannt (Brünn, Olmütz, zum Teil Mährisch-Ostrau). Das Ostrauer Theater verfügt über eine Monographie der Wiener Professorin Hilde Haider-Pregler, über andere Theater sind die Kenntnisse bisher ziemlich fragmentarisch. Sogar bei den großen und ältesten Theatern kennen wir nicht einmal das genaue Datum ihrer Eröffnung und wissen auch nicht, wie die ersten Spielzeiten verlaufen sind (Brünn, Olmütz, Troppau). Das Quellen- und Literaturverzeichnis erleichtert es anderen Fachleuten – einschließlich Theaterwissenschaft- und Germanistikstudenten – das monographische Studium der Geschichte der einzelnen Theater zu betreiben, deren Repertoire, die Schauspieler, Regisseure und anderen Persönlichkeiten kennen zu lernen.

Die Projektmitarbeiter gehen davon aus, dass die Theatergeschichte in der Tschechischen Republik seit jeher einen multikulturellen Charakter aufwies, der von verschiedenen europäischen Einflüssen geprägt war. Sie sind davon überzeugt, dass man zur Erstellung eines relativ objektiven Bildes des einheimischen Theaterbetriebs ohne eine umfangreiche und organisierte Recherche im Bereich des deutschsprachigen Theaters in der Tschechischen Republik nichts erreichen kann.

Das Projekt wird im Zeitraum 2006–2008 durchgeführt, und die ProjektmitarbeiterInnen sind: Margita Havlíčková (Theaterabteilung des Mährischen Landesmuseums Brünn), Sylva Pracná (Theaterabteilung des Schlesischen Landesmuseums Troppau) und Jiří Štefanides (Philosophische Fakultät der Palacký Universität Olmütz). Die finanziellen Mittel garantiert der Wissenschaftsfonds der Tschechischen Republik.

Franz Csiky

Praxiskurs in Osijek/Essek: Deutsches Theater

1. Konzeptionelle Vorüberlegungen

Die Idee zu solch einem Projekt entstand während eines Gespräches mit Josip Babic, Professor am Lehrstuhl für Germanistik, Prodekan der Philosophischen Fakultät der Universität Osijek und Vladimir Karabalic, Dozent am gleichen Lehrstuhl der Pädagogischen Fakultät der Universität Osijek (Lehrerausbildung): Dabei wurde seitens der Donauschwäbischen Kulturstiftung des Landes Baden-Württemberg bedauert, dass am internationalen Theaterfestival in Osijek keine Studententheatergruppen teilgenommen hatten.

Josip Babic informierte, dass er zwar bereits mit der Schauspielhochschule in Osijek eng zusammenarbeitet bzw. in den Lehrbetrieb für Studenten (deutsches Drama) eingebunden ist, dass aber seine Germanistikstudenten mit diesem Themenkreis praktisch nicht in Berührung kommen: In Osijek fehlen deutsche Fachkräfte mit germanistischen und theaterwissenschaftlichen Kenntnissen einerseits und praktischen Theatererfahrungen bzw. schauspielpädagogischen Fertigkeiten andererseits.

Sowohl Babic als auch Karabalic sind davon überzeugt, dass Theater bzw. eine komplementäre theaterpädagogische Ausbildung für die künftigen Deutschlehrer von Vorteil wäre. Beide waren dazu bereit, Theater als Wahlfach ins Curriculum aufzunehmen.

2. Zielsetzungen

Kulturpolitische

Es geht darum, den Germanistikstudenten Deutsch nicht nur als schwer erlernbare Fremdsprache näher zu bringen, sondern dies in spielerischer Form zu versuchen, die Freude beim Aneignen der Fremdsprache vermitteln kann. Dazu eignet sich das Theater, das Darstellen und Interpretieren wichtiger Texte der deutschen Literatur bestens. Wichtig für die Studenten ist auch, dass sie als Lehrer ihre Schüler beim Theaterspiel in deutscher Sprache anleiten können, dass jedoch vorläufig im Studien-Curriculum keine Theaterkenntnisse vermittelt werden.

Bildungspolitische

Grundsätzlich wird im Germanistikstudium zwar auf die verschiedenen literarischen Gattungen – Lyrik, Prosa, Dramatik – eingegangen, aber die Theaterliteratur wird wie jeder andere Lesestoff behandelt und nicht als Ausgangspunkt für eine Inszenierung auf der Bühne – wie des von den

Autoren intendiert ist. Bildungspolitisch geht es darum, die literarische Betrachtungsweise durch die theaterpraktische zu ergänzen. Das ist nicht nur für die Rezeption deutscher Theatertexte wichtig, sondern wirkt sich auf die Beschäftigung mit der gesamten dramatischen Weltliteratur aus – unabhängig davon, in welcher Sprache dies geschieht.

Künstlerische

Wie bekannt, trägt die Beschäftigung mit Kunst entscheidend zur Persönlichkeitsbildung bei. Eine Studententheatergruppe eignet sich hervorragend für eine künstlerische Betätigung, ohne dass die Aneignung der künstlerischen Techniken so langwierig wäre wie im Falle der Musik. Außerdem können Studentengruppen und ihre Leistungen durch ihre meist unkonventionelle Aufführungspraxis auch für das Berufstheater anregend sein.

3. Durchführung des Vorhabens

Geplant wurden ein 3-wöchiges Blockseminar und eine Hin- und Herwechseln von Theorie zur Praxis. Als literarischer Stoff wurde empfohlen: *Das Jahrmarktsfest zu Plundersweiler*. Goethe ist der Verfasser dieses Stükkes, das von Peter Hacks vor etwa dreißig Jahren bearbeitet wurde. Ein Vorteil dieses Stoffes ist, dass daran sowohl literaturgeschichtliche Fragestellungen als auch theaterpraktische Probleme exemplarisch behandelt werden können. Am Ende des Seminarblocks: Eine Aufführung mit z.T. gespielten, z.T. erzählten Szenen der Hacks'schen Bearbeitung sowie Begleitmaterialien vom Programmheft bis zum Plakat und der Presseankündigung.

Theoretische Unterrichtsinhalte:

- Analyse von ausgewählten theatertheoretischen Texten der beiden Autoren
- Theorie der Bearbeitung/Strichfassung im Theater
- Klärung ausgewählter theatergeschichtlicher und theatertheoretischer Grundbegriffe
- Der *Esther*-Stoff von der Bibel bis zu Hacks als Beispiel für die Wandlungen eines literarischen Stoffes im Laufe der Zeit
- Sprache, Stil, Vermaß bei Goethe und Hacks
- Wichtige traditionelle Versmaße der Theaterliteratur
- Vermittlung von Kenntnissen über den Theaterbetrieb und die Probenarbeit im Zeitalter der Klassik und heute

Praktische Unterrichtsinhalte

Primärpraxis – Darsteller und Spielleiter

- Tischprobe (Lesen des Textes mit verteilten Rollen; dabei Erläuterung von Charakteren und Darstellungsformen)
- Szenenproben (Erarbeitung der Rolle mit besonderer Betonung auf der Erarbeitung sprachlicher Fertigkeiten)
- Hauptproben (speziell das vereinheitlichende Zusammenführen von erarbeiteten Szenen)
- Generalprobe (vorstellungsreifer Durchlauf mit anschließender Kritik)
- Premiere (mit anschließender Publikumsdiskussion und Erarbeitung theaterpädagogischer Fertigkeiten bei der Erläuterung der Inszenierungsziele)

Sekundärpraxis – Technik

- Konzeption und Erstellung eines (improvisierten) Bühnenbildes
- Erstellung der Kostüme als Mittel der Personencharakterisierung
- Schminkpraxis als Typisierungs- und/oder Individualisierungsmittel
- Bühnenmusik und Musik auf der Bühne als dramatisches Gestaltungsmittel
- Requisite – das Spiel mit dem Gegenstand
- Ton und Licht als „atmosphärische“ Gestaltungsmittel
- Inspizienz als „Controlling“-Mittel während der Vorstellung

Tertiärpraxis – Dramaturgie/Öffentlichkeitsarbeit

- Produktionsdramaturgie als Partner und Korrektiv des Regisseurs
- Erstellung von Plakat und Programmheft
- Kontakt zu Medien (Pressekonferenz/Pressemitteilung)
- Kontakt zu Besuchergruppen (Schüler/Lehrer, Freundeskreise usw.)

Zeitlicher Ablauf

(es mussten allerdings nicht alle Studenten immer präsent sein, sondern in Abhängigkeit von einem noch zu erarbeitenden Probenplan)

- Woche 1 (täglich, 7 Tage)
  - 5 Stunden Praxis
  - 3 Stunden Theorie

  im Wechsel
- Woche 2 (täglich, 7 Tage)
  - 6 Stunden Praxis
  - 2 Stunden Theorie in Ergänzung zu konkreten Themen der Probenarbeit

- Woche 3, erste drei Tage
  - 5 Stunden Praxis
  - 3 Stunden Theorie

  im Wechsel
- Woche 3, letzten vier Tage
  - 4 Stunden Praxis
  - 4 Stunden Theorie

  im Wechsel

Dieses Arbeitspensum war das von den Dozenten Dr. Rolf P. Parchwitz und Franz Csiky zu leistende Maximum. Die Studenten mussten in toto am theoretischen Unterricht teilnehmen. Der Praxisunterricht erfolgte je nach Bedarf, wobei grundsätzlich natürlich der Besuch aller Praxisstunden auch allen Studenten offen stand. Alle Studenten wurden sowohl als Darsteller auf der Bühne eingesetzt bzw. übernehmen auch Aufgaben in den sekundär- und tertiärpraktischen Bereichen.

4. Ergebnis

Das erkennbare Ergebnis des sowohl praktischen wie theoretischen Theaterkollegs war die Premiere am 26. März 2006. Die Studenten hatten unter Anleitung auch die Werbematerialien (Plakate, Flyer, Pressemitteilung, Programmheft) erarbeitet – mit gutem Erfolg: Rund 200 Besucher kamen zur Vorstellung und waren begeistert: Im Gesprächen nach der Premiere konnte man differenzierte Bewertungen über die Aufführung hören, deren Tenor war: Überraschende sprachliche und sprechtechnische Fertigkeiten bei den Darstellern; gute gesanglich-musikalische Leistungen; obwohl Begabungen unterschiedlicher Art zusammenkamen, konnte man von einer einheitlichen Ensembleleistung sprechen. Grundsätzlich waren gerade die Lehrkräfte überrascht, welche „verborgene Potenziale“ in ihren Studenten schlummern, die im Verlauf des Projekts geweckt werden konnten.

5. Wirkung in der Öffentlichkeit

Auch dank des Einsatzes von Renata Trisler gab es eine beträchtliche Medienresonanz: Das Erste Kroatische Fernsehen hatte Szenen gefilmt und Interviews mit den Projektleitern Parchwitz und Csiky sowie dem Prodekan der Strossmayer-Universität, Prof. Dr. Babic geführt; zwei Radiosender, darunter auch das deutschsprachige Studio haben O-Töne von mehreren Interview-Partnern gesammelt; zwei Zeitungen haben fotografiert und über die Aufführung berichtet.

6. Zukunft

Die Theatergruppe will weiter aktiv bleiben. Als erstes wird das Ensemble die kroatische Universität beim deutschsprachigen Studententheaterfestival in Pécs/Ungarn (7.-9. April 2006) vertreten. Von Premierengästen sind Einladungen zu Gastspielen in weiteren Universitäten aus Kroatien, Bosnien und Montenegro ausgesprochen worden. Auch der anwesende ifa-Koordinator („beste deutschsprachige Aufführung, die ich in Essek gesehen haben“) warb für weite Auftritte und die weitere „Ensemblepflege“ der entstandenen Theatergruppe. Allein in Osijek – so Insider – könnten noch drei Vorstellungen gespielt werden. Weiterführend hat die Uni-Leitung dem DAAD-Lektor Sascha Preiss (der am Projekt auch als Schauspieler beteiligt war) ein Blockkolleg zugesagt – nach dem Modell dieses ersten Projekts.

Register

Horst Fassel, Paul S. Ulrich (Hg.)
„welt macht theater“
Deutsches Theater im Ausland vom 17.-20. Jahrhundert
Funktionsweisen und Zielsetzungen
Band 1
LIT

Trudis E. Goldsmith-Reber; Johanna Kremer
Die Geschichte des deutschsprachigen Theaters in Montreal von seinen Anfängen im Jahr 1953 bis 2004
Bd. 8, 2006, 224 S., 19,90 €, br., ISBN 3-8258-9606-4